U0503766

独角兽
历史文化

Darrin M. McMahon
[美] 达林·M.麦克马洪 编

Samuel Moyn
[美] 塞缪尔·莫恩

张智 左敏 等 译

重思
现代欧洲
思想史

RETHINKING

MODERN

EUROPEAN

INTELLECTUAL

HISTORY

上海人民出版社

致 谢

本书各章的最初版本提交于由拉德克利夫高级研究所资助的会议，编者对研究所的资助深表感谢。大卫·阿米蒂奇（David Armitage）、彼得·戈登（Peter Gordon）和朱迪丝·瑟吉斯（Judith Surkis）不仅贡献了文章，他们还无私地合作，为我们争取到拉德克利夫高级研究所的场地；在会议期间，研究所的工作人员阿利森·布莱克-弗利（Allyson Black-Foley）和菲利斯·斯特林（Phyllis Strimling）提供了完美的接待。之后，一些读者对本书提出了慷慨而精辟的批评，虽然他们不愿透露姓名，但他们应该得到热情的肯定。格温·科尔文（Gwen Colvin）负责本书的印制，戴夫·普劳特（Dave Prout）编制了索引。最后，从本书开始编撰到完成，牛津大学出版社的苏珊·费伯（Susan Ferber）都提供了专业的指导和支持。

撰稿人介绍

大卫·阿米蒂奇（David Armitage）是哈佛大学历史学劳埃·C.布兰克费恩教授，著有《大英帝国的意识形态起源》（*The Ideological Origins of the British Empire*，Cambridge University Press，2000，该书获朗文/今日历史年度图书奖）、《〈独立宣言〉：一部全球历史》（*The Declaration of Independence：A Global History*，Harvard University Press，2007，该书入选《泰晤士报》文学增刊年度图书）及《现代国际思想的基础》（*Foundations of Modern International Thought*，Cambridge University Press，2013）等书。他也是剑桥大学出版社"语境中的观念"书系的联合编辑。

沃伦·布雷克曼（Warren Breckman）是宾夕法尼亚大学历史学教授，著有《马克思、青年黑格尔派和激进社会理论的起源》（*Marx，the Young Hegelians，and the Origins of Radical Social Theory*，Cambridge University Press，1999）及《象征的历险：后马克思主义和激进民主》（*Adventures of the Symbolic：Postmarxism and Radical Democracy*，Columbia University Press，2013）等书。他是《观念史杂志》（*Journal of the History of Ideas*）的联合执行编辑，也是德国《观念史杂志》（*Zeitschrift für Ideengeschichte*）创始编委会的成员。

彼得·E.戈登（Peter E. Gordon）是哈佛大学历史学阿玛贝尔·B.詹姆斯教授，著有《罗森茨威格和海德格尔：在犹太教和德国哲学之间》（*Rosenzweig and Heidegger：Between Judaism and German Philosophy*，University of California Press，2003，该书荣获多个奖项），以及《大陆分歧：海德格尔、卡西尔与达沃斯》（*Continental Divide：Heidegger，Cassirer，Davos*，Harvard University Press，2010，该书获得了美国哲学学会小雅克·巴尊奖）等书。他还与人合编了一些文集，包括《剑桥现代犹太哲学指南》（*The Cambridge Companion to Modern Jewish Philosophy*，Cambridge University Press，2007）和《魏玛思想：一笔有争议的遗产》（*Weimar Thought：A Contested Legacy*，Princeton University Press，2013）。其最新著作《阿多诺与存在》（*Adorno and Existence*）即将由哈佛大学出版社出版。

施露蒂·卡皮拉（Shruti Kapila）任教于剑桥大学历史学系，是圣体学院的研究员和研究导师。她是一位研究近现代印度的历史学家，主要兴趣和出版作品集中于知识史、政治思想和科学史领域。其所著之《政治的形成：暴力、非暴力和印度的二十世纪》（*Formations of the Political：Violence，Nonviolence and the Indian Twentieth Century*）一书即将面世；她还编有《印度思想史》（*An Intellectual History for India*，Cambridge University Press，2010）一书，并参编了《行动中的政治思想：博伽梵歌与现代印度》（*Political Thought in Action：The Bhagavad Gita and Modern India*，Cambridge University Press，2013）一书。

安托万·里勒蒂（Antoine Lilti）是社会科学高等研究院的教授（directeur d'études）及《年鉴》杂志的前编辑。他出版、发表了众多关于启蒙运动的社会、思想和文化史的研究，其中包括《沙龙的世界：十八世纪巴黎的社交性和对社交的爱好》（*Le monde des salons：Sociabilité et mondanité à Paris au XVIIIe siècle*，Fayard，2005）一书。

苏珊娜·马钱德（Suzanne Marchand）是路易斯安那州立大学历史学教授，出版著作有《走下奥林波斯圣坛：德意志的考古学与希腊热爱》（*Down from*

Olympus：Archaeology and Philhellenism in Germany，Princeton University Press，1996）和《帝国时代的德国东方主义：宗教、种族和学术》（*German Orientalism in the Age of Empire：Religion，Race and Scholarship*，Cambridge University Press，2009），后一本书还获得了美国历史协会的乔治·莫塞奖。

特蕾西·马蒂西克（Tracie Matysik）是得克萨斯大学奥斯汀分校的历史学副教授，著有《改革道德主体：1890—1930 年间中欧的伦理与性》（*Reforming the Moral Subject：Ethics and Sexuality in Central Europe，1890—1930*，Cornell University Press，2008）一书，她还正在撰写一本关于现代斯宾诺莎主义、泛神论和近现代德国唯物主义的著作。

达林·M.麦克马洪（Darrin M. McMahon）是佛罗里达州立大学历史学本·韦德教授，著有《启蒙运动的敌人：法国反启蒙运动和现代性的形成》（*Enemies of the Enlightenment：The French Counter-Enlightenment and the Making of Modernity*，Oxford University Press，2001）、《幸福：一部历史》（*Happiness：A History*，Atlantic Monthly Press，2006）及《神圣的愤怒：一部天才史》（*Divine Fury：A History of Genius*，Basic Books，2013）等书。

塞缪尔·莫恩（Samuel Moyn）是哥伦比亚大学欧洲法律史詹姆斯·布莱斯教授。其著作包括《他者的起源：启示与伦理之间的伊曼纽尔·列维纳斯》（*Origins of the Other：Emmanuel Levinas between Revelation and Ethics*，Cornell University Press，2005）及《最后的乌托邦：历史中的人权》（*The Last Utopia：Human Rights in History*，Harvard University Press，2010）。最近，他参与编辑了《全球思想史》（*Global Intellectual History*，Columbia University Press，2013）一书。他还是《现代思想史》（*Modern Intellectual History*）杂志的联合编辑。

杨-维尔纳·米勒（Jan-Werner Müller）是普林斯顿大学政治学教授，并主持该校人类价值中心的政治思想史项目。其最近的著作为《宪法爱国主义》（*Constitutional Patriotism*，Princeton University Press，2007）和《民主之争：二十世纪欧洲的政治观念》（*Contesting Democracy：Political Ideas in Twentieth-Century Europe*，Yale University Press，2011）。

约翰·伦道夫（John Randolph）是伊利诺伊大学厄巴纳-香槟分校历史学副教授和康拉德人文学者，著有《花园里的房子：巴枯宁家族和俄国观念论的传奇》（*The House in the Garden：The Bakunin Family and the Romance of Russian Idealism*，Cornell University Press，2007）一书。他目前正在撰写专著《我当马车夫的时候》（*When I Served the Post as a Coachman*），该书研究的是近代早期俄国支撑交流的义务体系，以及这一体系如何影响了帝国的政治地理、社会地理及文化地理。

玛茜·肖尔（Marci Shore）是耶鲁大学历史学副教授，著有《鱼子酱和灰烬：马克思主义与一代华沙人的人生，1918—1968》（*Caviar and Ashes：A Warsaw Generation's Life and Death in Marxism*，1918—1968，Yale University Press，2006）及《灰烬的味道：东欧极权主义的来生》（*The Taste of Ashes：The Afterlife of Totalitarianism in East Europe*，Crown，2013）。目前她正在撰写一部关于中东欧现象学的著作。

朱迪丝·瑟吉斯（Judith Surkis）是罗格斯大学历史学副教授，她主要关注近代法国文化和思想史、性别和帝国，以及跨学科问题。《公民的性别化：1870—1920 年间的法国道德和男性气质》（*Sexing the Citizen：Morality and Masculinity in France*，1870—1920，Cornell University Press，2006）一书是其处女作。目前她正在撰写一部关于殖民时代阿尔及利亚的性别和法律的著作。

约翰·特雷施（John Tresch）是宾夕法尼亚大学科学历史学和社会学副教授，著有《浪漫的机器：拿破仑时代以后的乌托邦科学和技术》（*The Romantic Machine：Utopian Science and Technology after Napoleon*，University of Chicago Press，2012）一书，这本书荣获 2013 年辉瑞奖（该奖项表彰科学史领域的优秀作品）。他正在撰写一部关于内战前美国浪漫主义与工业化互动的著作，该书将聚焦艾德加·爱伦·坡的科学写作。

目 录

导言：过渡中的思想史

达林·M.麦克马洪　塞缪尔·莫恩

　　人们很难记得曾有过这么一段时期：思想史在更为宽泛的历史研究以及整个人文学科中占据着如此中心的地位。思想史领域当然只是众多相互竞争的学科路径中的一个。可对于它的精英主义以及无关紧要的指责却挥之不去，这些指责也许永远不会平息。不过，相对而言，目前思想史正享受着一个几十年来所未有的声名鹊起、充满自信的时刻。然而，对于一个其实践者以智识上的自知为傲的领域来说，与其名声的上升相伴的可能是自我反思的衰退，这就颇令人惊讶了。

　　最近，鲜有在理论上试图为思想史"正名"，试图解释是什么使其实践具有价值、在方法论上具有合理性的论述。这种情况颇具讽刺意味。关于思想史在人文学科中的地位，曾经存在激烈且引发分歧的种种争论，那个充满争论的时代可能仍是一段鲜活的记忆，但它是一段遥远得不可思议的记忆。大家如今似乎相处甚睦：思想史家与其他史学领域的史学家、思想史家彼此之间都是如此。然而就在一代人之前，这一领域还面临着强大的外部力量对它的边缘化——如果不是要将其灭绝的话，这意味着将它强制放逐；这导致一个时代的出现，那个时代充满激烈的理论上的自我审查和争论。现在，思想史正处于上升阶段；一种相互推崇在曾经发酵了尖锐争辩的地方蓬勃发展，甚至达到自鸣得意的程度。彼得·诺维克（Peter Novick）曾用《士师记》（21:25）中的箴言来描述当前的史学实践："以色列中没有王，

4　各人任意而行。"①事到如今，建立一种共同制度的希望也破灭了。每个人都在打理各自的私人花园，仿佛书写历史在很大程度上是一项个人任务。

　　这本论文集的目的，正是反思此种非同寻常的逆转，并规划该领域未来的方向。这些论文出现在一个"过渡"时刻，因为欧洲思想史这一领域正处于关键时刻。尽管思想史家在最近取得了一些成功，但他们如今无法宣称已经就如何开展研究工作达成广泛共识，而且他们似乎常常缺乏把替代方案讨论清楚的意愿。当前这种状态是轻松舒适的。然而，缺乏自我反思和理论竞争——这些曾经是强制性的，而且可以说是过度的——就可能演变成在一顶宽敞舒适的帐篷下对折衷主义的庆祝。

　　如果折衷主义是一种风险，那么它也是一种机遇，它为思想史家提供了一种前景，即通过新的开放和交流来丰富自己的领域以及进行更广泛的历史实践。一个更加广阔的学科世界在召唤着我们，一个往往难以捉摸的学科交叉（及国际）的空间也在召唤着我们。思想史家在培育这种空间方面扮演着重要角色，研究欧洲思想史的史学家尤应意趣盎然地去这么做，特别是在这样一个时刻：许多研究者与欧洲人曾经统治过的遥远土地以及他们的思想长期旅行的地方没有联系，"欧洲"研究对他们而言似乎越来越狭隘。在这个全球时代及全球化的时代，在这一领域的关键时刻，从实践中抽身出来，进行一次理论反思是合适的。现在正是总结欧洲思想史的发展历程，评估它在当前所处的位置，并反思其未来可能性的时候。②

---

① Peter Novick, *That Noble Dream：The "Objectivity Question" and the American Historical Profession*（Cambridge：Cambridge University Press，1988）.

② 思想史家在以前当然也作过这样的总结，也许没有人像唐纳德·凯利（Donald R. Kelley）那样勤奋地进行定期总结。在他关于这一主题的诸多作品中，可见"Horizons of Intellectual History：Retrospect，Circumspect，Prospect," *Journal of the History of Ideas* 48，no.1（1987）：143—169。

思想史的复兴

"一种萎靡不振的情绪正在思想史学家中蔓延，"罗伯特·达恩顿（Robert Darnton）在一篇首次发表于 1980 年，且经常为人引用的文章中说，"20 年前，他们将自己的学科视为历史科学的女王。今天，她似乎很卑微了。"①达恩顿承认，这种失势既不突然也不彻底。严格而言，思想史并未达到过他所暗示的高贵地位。然而，这篇文章很好地捕捉到了思想史家在 20 世纪大部分时间里所享有的声望是如何从 60 年代开始遭到质疑，并在随后的 20 年间不断受到侵蚀的。

这一变化的主要推动力是社会史的惊人崛起。这是方法论上的一次突破，它常常与量化方法联系在一起，并引导了这样一种普遍的情绪，即关注政治精英和知识精英就是忽略了人类中的很大一部分成员。通常，社会史学家有充分的理由指责，思想史翱翔于观念论式的抽象化，在飞行中迷失了自己，它低估了物质因素对于塑造人类过去的重要性，并忽视了普通人的困境。因此，他们尽一切努力将被排斥在外的人纳入历史记录。不久，社会史的潮流进入了其自身的自我审视和"危机"时期，因为一些最有能力的实践者开始感到，对量化的不懈关注使历史学家忽视了甚至是最卑微者的生活中富有意义的维度。长期以来，法国的"心态史"传统一直试图再现普通人的心态习惯，而 20 世纪 80 年代兴起的"新文化史"则旨在通过向人类学及其他理论的全新求助来解释意义，这些理论将"文化"作为一个无处不在的符号网络来加以理解。"新文化史"对传统思想史的影响与上一次的攻击相似。20 世纪 70 年代的社会史认为过去的思想形态只要不被其精英主义所沾染，

① Robert Darnton, "Intellectual and Cultural History," in his *The Kiss of Lamourette：Reflections in Cultural History*（New York：Norton，1990），191.

它在很大程度上就是无关紧要的，与之类似，新文化史对意义的关注，表现为给予对普通男性和女性精神世界的深描以特权，并倾向于不去考虑在它看来已经过时的思想史。①

社会史危机后意义的回归对思想史而言是不利的，这似乎令人惊讶，尤其考虑到新文化史的一些拥护者，追随被称为"新历史主义"的相关文学学术运动，他们最终最感兴趣的是利用对于意义的人类学重构，来阐释与高雅文化相关的文献。然而，就在这个时候，思想史家自己开始坚持一些理论的重要性及其中心地位，这些理论阻止他们自己的学科在文化史崛起中扮演任何公认的角色。对西方马克思主义、后结构主义和精神分析的日益关注表明，过去的历史学家对意义和文本性作了相当简单的理解，并以此为基础开展工作，现在则需要重新思考这一问题。正是这种新发现的复杂性导致了晦涩难懂的阅墙之辩，这些辩论意在于整个历史学科中将思想史边缘化。

因此，在思想史离开历史研究受优待的中心的同时，思想史家自身也在进行着尖锐的自我反思和批判性考察研究。20 世纪 70 年代，思想史家就已经在谈论他们学科中的"危机"。1980 年，多米尼克·拉卡普拉（Dominick LaCapra）和史蒂文·卡普兰（Steven L. Kaplan）在康奈尔大学组织了一次大型会议，主要就是为了应对这种自我诊断出的痼疾。由此出现的论文集，

6 《现代欧洲思想史：新评价和新视角》并没有声称自己是全面综合的，但它的确是变化的晴雨表。思想史是否应该进行一次语言转向？如果应该的话，那么转向什么方向？有哪些不同的方法可以用来将意义和语言理论化？后结构主义文学理论所开创的工具和批评视角是否可以为思想史家提供一种阅读文本的新方法论？罗杰·夏蒂埃（Roger Chartier）作为年鉴学派的最新接班人代表学派发言，他认为对于思想史学家而言，仍存在着撰写文化的社会史或

---

① 对这些"转向"的一份有益的自传式指南，参见 William H. Sewell, Jr., *Logics of History：Social History and Social Transformation*（Chicago：University of Chicago Press, 2005）, chap. 2。亦见 Lynn Hunt, ed., *The New Cultural History*（Berkeley：University of California Press, 1986）。

社会文化史的途径，这种文化的社会史或社会文化史更多关注思想的传播、接受、生产和消费等问题。论文集的撰稿人探讨了所有这些问题以及其他问题，并作出了回答，这些回答认真深入，在今天仍有价值。①

卡普兰和拉卡普拉的冒险事业将欧洲思想史带到敏锐性的高点，带到前所未有的自省式诘问。同时，这项事业似乎将思想史家与历史学科的其他分支分离开来，那些分支的成员并不总是有同样的紧迫感，感到需要理论性阐述和反思。事实上，思想史家的自省似乎让一些人几近"退役"。在一篇经典的评论文章中，约翰·特夫斯（John Toews）担忧，对思想的语言维度的关注以及随之而来的对史学实践的大量竞争性指导，正使得一些人绝望地举起双手。他写下了阅读理论严谨的思想史的经历："人们开始怀疑，是否有可能在不必停止'做'历史，且不必只限于思考历史的情况下，完全避免（有缺陷的）理论陷阱。"②

尽管该论文集的一些撰稿人仍然感到25年前的那个自省时刻有其必要性，或者渴望恢复它所失去的一些特征，但它也许已经值得研究者去超越了。对于危机和边缘化的反应引发了思想史家开创性的自我审视，这种自我审视不仅导致了阋墙之争，而且还造成了该领域的自我隔绝，因为对于怀有兴趣的行外人士而言，进入该领域——哪怕只是友好地理解该领域，其门槛都变得令人生畏。对一些人来说，专注于方法论和理论上的自我审视，就有将思想史转化为史学批评的风险，并由此放弃与更宽泛的历史学科建立更有成效的关系。

在当代人眼中，学术的视界却完全不同。敌对势力不再出现在大门口，这个领域似乎已经远离了危机时期。所谓的文化转向已经被它的一些最有影

① Dominick LaCapra and Steven L. Kaplan, eds., *Modern European Intellectual History: Reappraisals and New Perspectives* (Ithaca, NY: Cornell University Press, 1982).

② John E. Toews, "Intellectual History after the Linguistic Turn: The Autonomy of Meaning and the Irreducibility of Experience," *American Historical Review* 92, no.4 (October 1987): 886.

7　　响力的支持者所放弃，而史学政治的发展方式也有助于思想史摆脱其污名，甚至使它再次流行起来。①美国国内一些知名大学任命了思想史讲席教授，《观念史杂志》（*Journal of the History of Ideas*）等老刊物复兴，《现代思想史》（*Modern Intellectual History*）等新刊物创刊，学生、出版商和读者重新产生兴趣和激情，这些都证实了这样一种明显的感觉：某些变化已经发生。然而，这种成功本身也为自我质疑提供了新理由。今天，是什么将思想史家团结在一起？他们如何回应一种持续存在的当务之急，即找出一种合理性的依据以界定该领域的路径和方法？这些路径和方法与更宽泛的史学事业的路径和方法息息相关。

一系列提议

　　这里收录的论文代表了欧洲思想史的新一代研究者为了解决这些问题而作出的尝试。这些论文反映了作者对前几代历史学家的深切感激，那些历史学家培养训练了他们，并为他们提供了关键性的方法论指引。它们也表明了一种新的信心、种种新途径和出发点。

　　开篇的一组论文回顾了 20 世纪一些主要的思想史流派，并力图展现在理论和方法论的介入中，哪些流派延续了下来，哪些可能已然耗尽了生命。达林·麦克马洪首先考察了观念史的边缘化——也许是考察了它的回归。他认为，尽管该学科的创始人阿瑟·洛夫乔伊（Arthur Lovejoy）今天更多遭到忽视而鲜少为人所阅读，但他理应得到后人更高的评价，并且可能仍然是当前反思的一个富有成效的源泉。彼得·戈登质疑了昆廷·斯金纳（Quentin Skinner）这位杀死非语境"观念史"之龙的著名圣骑士对穷尽式语境解释的

---

① 　Victoria E. Bonnell and Lynn Hunt，eds.，*Beyond the Cultural Turn*：*New Directions in the Study of Society and Culture*（Berkeley：University of California Press，1999）.

热情。这两篇文章结合在一起，表明了一种精神：尽管该精神仍然是极度历史主义的，但它决心从事在短短几年前会被谴责为观念论的东西的研究。对麦克马洪而言，观念历经时间，具有足够的一致性，这值得在"长时段"中加以解释。对戈登来说，历史学家所参与的批判过程要求他们关注他们所研究观念的超越性语境以及具有约束性特征的语境。

麦克马洪和戈登对昆廷·斯金纳著作的讨论，都让人们注意到这样一个事实，即本论文集中没有一篇文章专门讨论与剑桥学派相关的思想史方法，而剑桥学派是由斯金纳和诸如 J. G. A. 波考克（J. G. A. Pocock）、约翰·邓恩（John Dunn）等同事一起创立的。这种排除既非故意，亦非有预谋。事实上，本书的不少撰稿人（最著名的是大卫·阿米蒂奇）是直接在这一传统中接受学术训练的，而很多论文本身，从麦克马洪和戈登的论文开始，到杨-维尔纳·米勒和塞缪尔·莫恩的文章，即便有时表现出批评，但它们显然是出于尊重以及邀人展开更进一步对话的目的而写的。如果说英国剑桥在这里更多是作为反思的对象和批评的目标，而非未来思想史的发源地，那么，其原因仅从地理因素就能体现出来：讨论这些论文的研讨会是在马萨诸塞州的剑桥举行的。这本论文集的美国来源、它的大多数撰稿人以及它在时间上对近现代思想史的关注，无疑和它的结构息息相关。出于一些从未有人作过恰当解释的原因，剑桥学派的影响在很大程度上仍然局限于对近代早期的研究，它并未对美国从事近现代研究的学者产生普遍的影响，而美国的"思想史"学科无疑提出了令人兴奋的理论建议，也有其本土传统。它们在这里比在其他地方得到更多的关注，但本论文集也为与"政治思想史"的英国传统的进一步对话留下了非常大的可能性。

米勒和安托万·里勒蒂则转向欧洲大陆，他们研究了近年来发生着重大演变的思想史流派和史学流派。里勒蒂是《年鉴》的前主编，他探讨了为什么迄今为止，思想史在法国难以找到学科定位，同时也回顾了法国的社会文化史传统是如何继续提供丰富的新方法，以供学科以外的人展开思考，并加以适应的。米勒对德国"概念史"（*Begriffsgeschicht*）进行了体现出最高研究水平的思考，尽管梅尔文·里克特（Melvin Richter）作出了英雄般的努力并开展了一些国际对话，但在英美范围内，"概念史"从未完全本土化。

下一组论文探讨了现代欧洲思想史与几个相关领域的关系。朱迪丝·瑟吉斯尖锐地提醒我们，如何最好地理解近期文化史对于思想史的、有时会引发分歧的替代。她提出，这两个领域之间繁杂的补充关系比对峙和相互蔑视更为可取。塞缪尔·莫恩着手讨论长期存在于思想史之中的对实践的文化领域和社会领域的厌恶，并同样认为维持怀疑和回避的关系不再有意义。他声称，有赖于社会理论的历史和如今广受讨论的"社会意象"范畴，社会史的地位上升得如此迅猛，以至于严重受损的思想史需要那些暂时被社会史征服的领地——反之亦然。接下来，苏珊娜·马钱德考察了"学科史"的兴衰。学科史提供了一种令人振奋的方法，让思想史与知识社会学联系了起来，这种联系的建立即便不是通过将观念与更广阔的生活世界相联而形成的，那么，至少也是通过展示建立和维持学术领域的政治活动如何严重阻碍了这些领域中的思想特征而形成的。最后，约翰·特雷施回顾了致使科学史独立的分裂。科学史是近期人文学科中在方法论上最能引人振奋的领域之一，这恰是因为它以种种新方式强调了观察和实验等社会实践。特雷施认为目前思想史和科学史之间明显的差别颇令人遗憾。马钱德对（经常与科学研究相关联的）学科史的持续创造力持更为悲观的态度，而在这方面，特雷施则与麦克马洪相似，在洛夫乔伊那里找到了未来和谐的丰硕源泉。

第三组论文提供了更多的主题性反思，这些反思多涉及往往为前几代思想史家忽视的主题，其中最突出的是性别和主体性主题。这组论文中的每一篇都表明，纠正过去的疏漏不再如发现自我（及其具体表现的维度和情感维度）如何有可能促使在未来对思想史的理论和方法加以修正那样有趣。特蕾西·马蒂西克展示了对西格蒙德·弗洛伊德和米歇尔·福柯的持续使用是如何超越性别史的，而性别史往往是他们影响力最重要的受益者。玛茜·肖尔则借鉴了当前欧洲现象学的研究成果，为观念的传记式语境化提供了一个案例。这两篇论文都证明了这一领域目前正在进行的"主体转向"，尽管对于将思想与自我联系起来意味着什么，尚无明确共识。事实上，马蒂西克的建议和肖尔的建议指向相反的方向，一个敦促加入正在进行的理论冒险，以便在观念领域（ideational realm）采取更敏锐、更积极介入的方法，另一个则呼吁某种不那么越俎代庖的移情，就像是思想史有时太过学术性，以至于无法把握对过去的行动者而言，什么攸关其个人成败。

作为思想史的故乡和本论文集的主题，欧洲大陆如今发现自己日益丧失中心地位，日益"地方化"。同时，在有关拓宽的思想史乃至全球思想史的新提议中，它有时似乎又回到了一种更为不可或缺的地位。为了引入这些话题，本论文集的最后一部分讨论了欧洲思想史与其更遥远的边界之间的关系，无论这些边界是最广泛的学科意义上的还是囊括全球的地理意义上的。①约翰·伦道夫对人文主义空间的种种理论进行了开创性的研究，近年来，这 10 些理论广受关注，他则将其应用于观念领域。大卫·阿米蒂奇为在地理层面拓展的思想史提供了一个例子，这种思想史超越了空间限制，就像洛夫乔伊超越了时间限制一样，他记录了超越对观念的民族解释、甚至大洲范围的解释的举动走得有多远，有多快。欧洲作为欧洲思想史唯一阵地的日子显然已一去不复返。作为研究全球语境下现代印度思想史的史家，施露蒂·卡皮拉思考着那些拥有欧洲以外的专业知识的人是如何看待欧洲思想史中这一变迁，并对此加以纠正的——在他们身处的这些地方，"欧洲的"观念经常被描述为降临和旅行。在论文集的最后一篇文章中，沃伦·布雷克曼细致入微地阐述思想史与一系列学科之间的关系，并将论文集中其他文章所提出的互补性个案的范围扩大到整个人文学科。

---

① 亦见 Samuel Moyn and Andrew Sartori, eds., *Global Intellectual History*（New York：Columbia University Press，2013）。

一个共同的空间以及竞争中的种种选择

回到是什么将思想史与它的当下结合在一起这个问题：即使从这篇简短的介绍中也应该能清楚看到，除了共同的热情和彼此的激励之外，这些论文中还出现了不少产生凝聚力的趋势。拥抱思想史作为一个跨越学科边界的领域所扮演的角色；重新激发对思想传记和自我的兴趣；超越对于时间或空间的直接语境限制而扩展的意愿；对于为观念本身而研究观念的、无可非议的兴趣；以及克服那些似乎不再有成效或不再可持续的、陈腐的二分法（思想史与社会史或文化史、上层与底层、科学与艺术）的愿望，在这里都很明显。读者会发现在当下也有某种当下主义（presentism），以及一种健康而自觉的愿望，即不只是把过去当作一个属于其自身的世界，而是把它当作一个揭示和回应在此时此地与我们有关的问题的场所。也许这反映了今天所有从事人文工作的人所面临的一个令人不快的问题：我们所从事的工作价值何在？或许它体现了一种对语境之必要性的更为微妙的质疑，这种必要性在一段时间以来主导着史学专业。无论如何，让过去与我们的时代相关联，似乎是本论文集中许多作者的共同目的。

如果说在对这些论文的分组中可以看到一些共同的趋势，那么，其间隙中出现的张力同样耐人寻味，这些张力通过更为激烈的对抗可能会变得更加明晰。论文集的作者们在他们各自的文章中提出，借由对文化的想象视域进行更广泛的探索，一种观念的历史和一种社会的历史在某种程度上也许能够互相兼容。但情况果真如此吗？例如，彼得·戈登所设想的观念史研究与安托万·里勒蒂所提出的文化的社会史是否仍存在根本冲突？类似的张力在向内转向知识分子的生活和自我的方面也很明显：对主体性的关注在多大程度上可以与塑造了它的更为广泛的社会生活相协调？最后，尽管将欧洲思想史推向国家边界之外，甚至超越欧洲本身的举动代表了一种无可否认的、富有成效的手段，以保持这门在全球时代可能显得狭隘的学科的重要性，但它到底在多大程度上告诉了我们应如何在它所开辟的广阔空间中实践思想史？如果《重思现代欧洲思想史》能够作为一种激发未来的因素，那么，它将成功地推动就这些问题展开更为严格的审视，并迫使思想史家面对他们的实践从何而来这一问题，以便围绕这些实践应该成为什么样子进行更加严肃的辩论。

目前，思想史家似乎不愿意就这些问题展开争论。这可能代表了一种信念，即折衷主义本身就是一种好处，而思想史本就是个折衷的领域。毕竟，不同的问题需要不同的方法，而提出不同的问题总会得到不同的答案。然而，危险在于一种自满的折衷主义，它拒绝承认不同方法的基本前提根本不兼容这一事实。如果不同的方法建立在相互冲突的假设之上，其结果可能就不是愉快的折衷主义，而是矛盾和混乱。贺拉斯对"诗艺"的评价很可能也适用于"史艺"。"但是，你们也许会说：'画家和诗人一向有大胆创造的权利。'不错，我们诗人要求这种权利，同时也给予别人这种权利。但不能因此就允许把野性的和驯服的结合起来，把蟒蛇和飞鸟、羔羊和猛虎，交配在一起。"①不过，这是个过渡时刻，也许是进行此种杂交和受孕的时候。至少，这些论文旨在澄清未来的种种选择，指出现代欧洲思想史的现在与其过去之间关系的种种轨迹。

① Horace，"Ars Poetica，" 9—13，trans. Leon Golden，in O. B. Hardison，Jr. and Leon Golden，*Horace for Students of Literature：The "Ars Poetica" and Its Tradition*（Gainesville：University Press of Florida，1995），7.（此处译文参考了《诗艺》，杨周翰译，人民文学出版社 1962 年版。——译注）

I 观念史的回归?*

达林・M.麦克马洪

> 从观念史研究中得出的最保险(也是最有用)的一种解读,是每个时代
> 都倾向于夸大自己的研究或是再研究的范围和结果,被它们弄得眼花缭乱
> 以至于不能清楚地辨别它们的局限,无法去反抗它原本反对的这类夸大情况。
>
> ——阿瑟・洛夫乔伊,《反思观念史》
>
> ("Reflections on the History of Ideas",1940)

在谈到历史学科的状况时,历史学家往往奇怪地迷恋着未来,似乎他们
对前方的事物和身后的事物同样感兴趣。我们所使用的比喻揭示了这一点:
我们会把杰出的同行称为"开拓者""开辟新路""开拓新天地"和"绘制着
未知领域的地图"。即便在我们远眺过去的另一个国家时,我们也永远在找
寻新方法和新理解,探寻未被发现的问题和未被揭示的答案。在过往的长河
中追寻新意可能看上去本来就是自相矛盾的,但历史学家自己十分了解,我们
对未来的兴趣本身就是过去的产物,是重新界定时间的结果。这种对时间的重
新界定,可以追溯到 18 世纪——在这一时代,未来犹如未被探索的地平线①。

---

* 作者感谢大卫・阿米蒂奇、大卫・贝尔(David A. Bell)、塞缪尔・莫恩、索菲亚・罗森菲
  尔德(Sophia Rosenfeld)、雅各布・索尔以及两位匿名评论人的建设性看法和观点。

① Reinhart Koselleck, *Futures Past: On the Semantics of Historical Time*, trans. Keith Tribe
  (New York: Columbia University Press, 2004), and Marcel Gauchet, *The Disenchantment of
  the World: A Political History of Religion*, trans. Oscar Burge (Princeton, NJ: Princeton
  University Press, 1997), esp.176—193.

在这个时代，进步、原创性和求新的观念不仅出现在工业和商业中，也同样
体现在艺术和文学中。历史领域和在自然科学和人文科学中得以发展的其他   14
智识领域一样，也需要持续的创新，它要求参与者与所有散发着陈旧气息的
事物保持恰当的距离。

鉴于这些游戏规则，一种史学类型（即观念史）的复兴似乎是有悖常理
的，在过去的 40 年中，它常常被认为是"过时的"，以至于"过时的观念
史"这一短语明显就是个赘词。然而，仍有一些处于职业生涯不同阶段的思
想史家各自独立工作，最近他们开始出版实际上属于观念史的作品。但很少
有人公开承认"观念史"这个标签，而且这些研究本身采用了不同的方法和
批评取向。但无论它们的主题是"经验"还是"创造力"，是"民主"还是
"自我"，是"常识""内战""幸福""天才"还是"平等"，这些作品都有一
个共同的意愿，即：拓展时间范围，在广阔时间长河中的多种话语和多个领
域中追求观念的延续和偏离①。这样做是为了对抗占主导地位的正统观念。
正如历史学家约翰·霍普·梅森（John Hope Mason）在介绍有关创造力观
念的丰富历史时所评论的那样：

---

① Martin Jay, *Songs of Experience*: *Modern American and European Variations on a Universal Theme*（Berkeley：University of California Press，2005）；John Hope Mason, *The Value of Creativity*: *The Origins and Emergence of a Modern Belief*（Burlington，VT：Ashgate，2003）；James Kloppenberg, *Tragic Irony*: *Democracy in European and American Thought*（New York：Oxford University Press，forthcoming）；Jerrold Siegel, *The Idea of the Self*: *Thought and Experience in Western Europe since the Seventeenth Century*（Cambridge：Cambridge University Press，2005）；Sophia Rosenfeld, *Common Sense*: *A Political History*（Cambridge，MA：Harvard University Press，2011）；David Armitage, *Civil War*: *A History in Ideas*（New York：Knopf，forthcoming）；Darrin M. McMahon, *Happiness*: *A History*（New York：Atlantic Monthly Press，2006；and McMahon, *Divine Fury*: *A History of Genius*（New York：Basic Books，2013）. 关于平等，参见 Siep Stuurman, *De Uitvinding van de Mensheid*（Amsterdam：Prometheus，2010），其英语版的基本理论说明见 Stuurman，"How to Write the History of Equality," *Leidschrift* 19，no.3（December 2004）:23—38。人们可能还会注意到像马克·里拉（Mark Lilla）和查尔斯·泰勒（Charles Taylor）这样学者的作品，他们虽然不是专业历史学家，但实际上进行了各种观念史的实践工作。

近年来断言这种历史不再有效的说法变得十分普遍：连续性的假设是错误的（不连续性应该是常态）；宽泛的视野导致忽视（或扭曲、压制）个人品质；不存在持久或普遍的人类本性；过去的文本只能在特定和有限的语境中加以理解。

然而，在权衡利弊之后，梅森得出的结论是"这一主题太有趣了，不能放弃"，于是他不顾一切地继续研究下去。①这种兴趣，以及由此开始产生的有趣研究，是否预示着思想史家的某种躁动，以及对梅森所描述的起支配作用的"参量和说服力"的不满？这样的工作可能预示着观念史的"回归"吗？

诚然，"转向"或"再转向/回归"（re-turn）的概念本身就存在问题。②而且在任何情况下，这种偏离总具有欺骗性。"回归过去的风格，"皮埃尔·布尔迪厄警告说，"和过去的风格本身从来都不是'同一件事'，因为这种回归和过去的风格被分离开了，分离它们的是对某种自我否定（或否定之否定，等等）的事物的否定性引证。"③从积极的方面看，或许会看得更清楚一点：新观念史将不可避免地与以前不同。但这种观察回避了一个问题：一种重塑的观念史究竟会是什么样子？④虽然这个问题没有固定答案，但解决它的一种

15

———————————

① Mason，*Value of Creativity*，vi，10.

② 见《美国历史评论》笔谈 "Historiographic 'Turns' in Critical Perspective," *American Historical Review* 117，no.3（June 2012）：698—813。

③ Pierre Bourdieu，"The Field of Cultural Production；or，The Economic World Reversed," in *The Field of Cultural Production：Essays on Art and Literature*，ed. and intro. Randal Johnson（New York：Columbia University Press，1993），60.

④ 大卫·阿米蒂奇在《什么是大观念？》一文中提出了类似的问题，并复述了一种会激起争端的回应，见 "What's the Big Idea？" *Times Literary Supplement*，September 20，2012，更完整的版本可见 "What's the Big Idea？ Intellectual History and the *Longue Durée*," *History of European Ideas* 38，no.4（December 2012）：493—507。鉴于我们在撰写各自的文章时一直保持联系，并和索菲亚·罗森菲尔德和詹姆斯·克洛彭伯格（James Kloppenberg）一起在于芝加哥举行的美国历史学会 2012 年年会上，组织了关于该主题的圆桌会议（"什么是大观念？ 长时段的思想史的挑战和前景"），我们的论点必然有很多重叠之处，这与更普遍意义上的思想交流相辅相成。

方法是思考最初导致观念史不再流行的原因是什么。通过重新审视观念史是如何过时的，我们才有可能对它有新的想象。①

观念史的过时

事后看来，"观念"（ideas）在西方大学里成为一个贬义词似乎颇具讽刺意味，大约从 20 世纪 60 年代末开始，历史学家似乎都倾向于不再考虑观念史研究，因为他们认为这种研究是一种过时的、甚至是完全反动的事业。这明显是一种跨大西洋现象。尽管观念史的创始人阿瑟·洛夫乔伊将其视为一门独立的学科，从许多方面而言，它都是一项典型的美式研究门类，但在欧洲也有类似的研究和重要的先行者。在唐纳德·凯利（Donald Kelley）对观念史的详尽研究中，他努力将观念史的历史追溯到古代世界。自启蒙运动以来，人们就一直有意识地尝试书写雅各布·布鲁克（Jacob Brucker）和詹巴蒂斯塔·维科（Giambattista Vico）在 18 世纪所称的"观念学说史"或"人类观念史"，它在 19 世纪和 20 世纪早期衍生出一系列历史研究路径，其中包括法国的折衷主义和观念史（*histoire des idées*），德国的精神史和观念史（*Geistesgeschichte and Ideengeschichte*），以及意大利的观念史（*storia delle idee*）②。在不同国家的背景下追踪对这些不同研究门类的反对，关注这种反

---

① 除了下文引用的安东尼·格拉夫敦（Anthony Grafton）和约翰·帕特里克·迪金斯（John Patrick Diggins）对阿瑟·洛夫乔伊和观念史深思熟虑的再评估，我们还应该参考 William F. Bynum, "The Great Chain of Being after Forty Years: An Appraisal," *History of Science* 13（1975）:1—28；Frank Manuel, "Lovejoy Revisited," *Daedalus* 116, no.2（Spring 1987）:125—147；以及在《存在的巨链》出版 50 周年之际，发表于《观念史杂志》（*Journal of the History of Ideas* 48, no.2 [1987]）上的许多向洛夫乔伊致敬的高质量文章。

② 见 Donald R. Kelley, *The Descent of Ideas: The History of Intellectual History*（Burlington, VT: Ashgate, 2002）。

对如何影响之后的批评，这无疑会很有趣，但本文的目标则更为温和。本文主要限于英美的讨论，聚焦于对洛夫乔伊本人所理论化和实践的"观念史"的具体反对。在此过程中，我们将密切关注两种传统，它们以强有力且富有影响的方式清楚地阐释了这种反对：其一是罗伯特·达恩顿（还包括其他人）所构想的"观念的社会史"，另一种则是昆廷·斯金纳、波考克及"剑桥学派"（还包括其他人）所倡导的对"语境中的观念"的研究。①尽管他们各自主要的批评路径在之前已然提出，但这两种传统仍然对观念史的接受发挥着重要影响。

当然，这两种传统都不是在真空中进行批评的。观念史这一史学分支所特有的命运与更广泛的思想史"危机"紧密相连，20世纪70年代初，批评家和辩护者开始承认这种"危机"的存在。②社会史在重建普通人的经历方面作出了值得称赞的尝试，它反对赋予精英的文化生产以特权，不信任任何形式的观念论，并经常在马克思主义的启发下将观念视为意识形态，这都使得社会史自出现之日起便对观念史展开了正面攻击。此外还有来自许多其他方面的攻击，包括来自思想文化史学家这个更为宽泛的家族的攻击；20世纪欧洲大陆的语言哲学及其在英美变种的发展，成了一股重要的推动力，促进了对传统观念史的指控，即：传统观念史对语言的构成性作用持一种幼稚且迟钝的观点。据说，著名的普林斯顿大学分析哲学系的学生在大厅里贴了一面横幅，上面写着："对观念史说不。"③在欧洲大陆，汉斯-格奥尔格·伽达默尔（Hans-Georg Gadamer）在其影响深远的著作《真理与方法》中，针对德国的观念史传统，从诠释学的角度阐释了此类观点。米歇尔·福柯则在《词与物——人文知识的考古学》中对观念史发起了直接攻击，他在书中明确地宣

16

---

① 我必须补充一点，这两个传统都是我非常敬佩的，并且在很大程度上影响了我自己的作品，在下文中，我主要关注的是我所看到的它们目前的一些局限性。

② 如，见 Gene Wise，"The Contemporary Crisis of Intellectual History Studies," *Clio* 5（1975）：55—71。

③ Anthony Grafton，"The History of Ideas: Precept and Practice，1950—2000 and Beyond," *Journal of the History of Ideas* 67，no.1（2006）：18。

称："我乐于切断与观念史的联系。"①同时，福柯也有着奇怪的强迫性担忧，他担心"毕竟我可能也是一名观念史家"，这让人怀疑他自己是否完全实现了所期冀的分离。②不过，在使观念史过时的方面，他的努力发挥了重要作用，这一点却是毫无疑问的。到了1980年，这些进展与文学理论、文化人类学和新文化史的趋势相结合，确保一种古板老旧的观念史，"被一系列新的社会文化史和令人迷惑的语言——心态、知识、范式、诠释学、符号学、霸权、解构和深描所包围"——一如达恩顿在当年发表的一篇颇有见地的文章中所说。③1980年，观念史已经过时了。

斯金纳和达恩顿都推动了这一趋势，他们明确拒绝了洛夫乔伊所构想和实践的观念史，借此在关于观念史命运的大争论中奠定和形成了自己的史学介入。斯金纳在他1969年具有里程碑意义的文章《观念史中的意义和理解》中，煞费苦心地强调他对于洛夫乔伊方法的背离，并指出，"我在这里的关注是概念性而非经验性的：不是坚持这样的历史有时会出错，而是坚持它们永远不会正确"。④斯金纳在20世纪70年代写了一系列重要的方法论论文。和他在其他地方所强调的一样，这些论文的明确目的就是去质疑"一种阿瑟·洛夫乔伊及其弟子所宣传的、产生了重大影响的假设，那种关于观念史学家的正确任务的假设"。⑤同样，从20世纪70年代初开始，达恩顿就

① Michael Foucault, *The Archaeology of Knowledge and the Discourse on Language*, trans. A. M. Sheridan Smith（New York：Vintage，1982），136.

② 同上，认为福柯事实上仍然是一名观念史学家的深刻见解，见 François Azouvi，"Pour une histoire philosophique des idées," *Le Débat* 72（November—December 1992）：17—28.

③ Robert Darnton，"Intellectual and Cultural History," in his *The Kiss of Lamourette：Reflections in Cultural History*（New York：Norton，1990），191. 该文初次发表于1980年。

④ Quentin Skinner，"Meaning and Understanding in the History of Ideas," *History and Theory* 8, no.1（1969）：35. 下文均引用该论文的略改版，见 Skinner，*Visions of Politics*，vol.1，*Regarding Method*（Cambridge：Cambridge University Press，2002）。

⑤ 见 Skinner，"Epilogue," *Visions of Politics*，1：176. 这些质疑文章有："Some Problems in the Analysis of Political Thought and Action," *Political Theory* 2（1974），及 "The Idea of a Cultural Lexicon," *Essays in Criticism* 29（1979）。

17 将自己的工作与他所宣称的存在于思想史之中的"山巅视角"现象区分开来，他批评后者"过于高深、过于形而上学"，容易迷失在"虚无缥缈的概括的云端"。①按照他后来的说法，观念的社会史起源于"对传统观念史的不满"。②时至今日，它仍然代表着另一位学者所描述的"对（通常被解读或被误读的）洛夫乔伊观念史方法的长期谴责"。③

这些批评从最初的表述开始，在经过相当详尽的阐述、提炼和辩论后，其主旨在现在已为所有关注人文学科方法论发展的人所熟知。斯金纳和波考克——尽管他们是亲密的盟友，但他们的方法和路径并不完全相同——开始运用维特根斯坦和英语国家分析哲学的见解来理解作为言语行动的政治语言。他们认为，要想历史地理解文本，就需要将它们置于更广阔的话语语境中，以突出它们的特殊性，并说明它们对惯例的依赖。在斯金纳看来，洛夫乔伊认为"在意识形态辩论的表面之下，总是存在一系列永恒不变的'观念单元'"，而斯金纳则试图为"思想史（history of thought）中更激进的偶然性说话"，说明"（观念）在不同时期被不同的代理人用于何种特定的用途"，他甚至断言："这些使用之下或之后空无一物，它们的历史才是唯一值得书写的观念史。"④

达恩顿也试图扩大观念研究的范围。他很早就对斯金纳、波考克、约翰·邓恩以及他们那些志同道合的同事们努力从语境中理解观念的做法表示

---

① 见 Robert Darnton，"High Enlightenment and the Low-Life of Literature in Pre-Revolutionary France," *Past and Present* 51（May 1971）:81—115，以及 Darnton，"In Search of Enlightenment: Recent Attempts to Create a Social History of Ideas," *Journal of Modern History* 43，no.1（1971）:113—132。

② Robert Darnton，*The Forbidden Bestsellers of Pre-Revolutionary France*（New York: Norton，1996），1.

③ Donald R. Kelley，"Horizons of Intellectual History: Retrospect，Circumspect，Prospect," *Journal of the History of Ideas* 48，no.1（January—March 1987）:143—169（citation on p.164）.

④ Skinner，"Retrospect: Studying Rhetoric and Conceptual Change," in *Visions of Politics*，1:176.

钦佩,尽管他自己的工作旨在"更准确地将观念置于社会语境中"。①达恩顿声称观念史的"山巅视角"已经被"如此频繁且如此详尽地"描述,而他的目标则是通过"查阅档案而不是思考哲学论说","自下而上地"审视18世纪的智识生活,以"深究"他所选择的研究领域:启蒙运动。除了"向下走"之外,达恩顿还提出要向"外"走:以法国学者丹尼尔·莫尔内(Daniel Mornet)和年鉴学派的开创性工作以及早期书籍史的成果为蓝本,通过量化方法和对出版史的细致关注,来追踪思想的传播。通过关注观念生产和传播的条件,达恩顿希望回答此类问题:"像启蒙运动这样伟大的智识运动是如何在社会中传播的? 它们延伸到多远,渗透得有多深? 当'哲人们'的思想被具体化成书时,它获得了何种形式? 这个转化过程又揭示了观念传播的哪些方面?"②

　　最后一问尤其值得注意,因为它提出了既显而易见又容易被忽视的一点:尽管无论是对语境中的观念的研究,还是观念的社会史研究,都是通过明确反对洛夫乔伊的观念史研究而形成的,但同时,它们依然保留了后者的某些特性,或者至少对旧观念史所作出了比它们所欣然承认的更多妥协。在某种程度上,这种连续性表现得十分直接,两种研究范式在自我描述中都使用了"观念"这一术语,斯金纳也偶尔称自己为"观念史家",即便他认为"这个看似不可避免的词语的各种使用方式都十分令人困惑"。③这个词本身是复杂而多义的,在古代、中世纪、近代早期和近现代思想中有着悠久的运用历史,而这一主题本身就可以成为一部有趣的历史,一部关于观念的观念史。无论新范式在多大程度上背离了旧方法,这两种实践都算得上是为了研究

18

----

① Darnton,"The Social History of Ideas," in *The Kiss of Lamourette*,219,and "Intellectual and Cultural History," 210.

② Robert Darnton,*The Business of Enlightenment*:*A Publishing History of the Encyclopedia 1775—1800*(Cambridge,MA:Harvard University Press,1979),1.

③ Skinner,"Meaning and Understanding," in *Visions of Politics*,1:57. 在该文的第一个脚注中,可以找到这句引文。

观念的历史，这种连续性导致了某种张力，在福柯身上也能发现这一张力。

至于达恩顿，他并非总能抵得住用某种民粹主义的修辞来谴责"精英观念"是"曲高和寡"的诱惑，这点可能最令人惊讶。根据他的观点，顺着观念往下走是为了"脚踏实地"，更接近民众。因此它似乎变得更为激进。这对于一个在哈佛学习、在牛津接受学术训练，并在普林斯顿取得教职的罗德斯学者来说可能颇具讽刺意味，对此我们不必详细展开。同样我们也无需赘述多米尼克·拉卡普拉的讽刺，他将达恩顿的研究描述为"拜档案教"（archival fetishism），这一描述在修辞上努力将社会史的方法（"挖掘档案"）与体力劳动联系起来，进而含蓄地贬损运用这种懒惰技法的思想史学家犹如躺在"扶手椅"上。①达恩顿在一些方面完美地捕捉到了 20 世纪六七十年代的某种风气，以及与之相伴的对"观念"以及研究"观念"的人的质疑。可是，尽管存在着这类辞藻，观念在达恩顿的研究中仍然发挥了重要作用。这点在他和莫尔内的联系中表现得尤为明显，莫尔内在其里程碑式作品《法国革命的思想起源》（1933）中提出要研究法国大革命"纯粹的思想起源"，但要做到这一点，就要深入研究观念的传播，去找寻 18 世纪的男性和女性到底读了什么书。莫尔内研究出版数据，详查私人图书馆，探寻旧制度下一流"哲人"作品的精确传播，以此，他希望为"革命是伏尔泰的错"这一旧有说法提供更多的细节。毫无疑问，他做到了；在随后的几年里，那些采用这种"传播论"方法的学者极大地丰富了 18 世纪文学史。然而，达恩顿自己观

19　察到，这里存在着问题。"莫尔内的理论就像一台法国过滤咖啡机：它假设观念从一名知识精英向下一点点传播到普通大众，一旦它们被吸收到政治体之中，就会激发出革命精神。"②最终，对社会史学家来说，这种涓流式思想史并不比涓流式经济学更具吸引力，而一些最优秀的实践者，其中最著名者如丹尼尔·罗什和罗杰·夏蒂埃，最先发展了书籍史和传播论方法，但他们

---

① Dominick LaCapra, "Is Everyone a Mentalité Case? Transference and the 'Culture' Concept," *History and Theory* 23, no.3（October 1984）:296—311.

② Darnton, *Forbidden Bestsellers*, 171.

在本质上放弃了对观念本身的研究，而倾向于将对制度、社交形式、文化实践和更宽泛的文化社会史的研究，视为决定革命起源因素的优先模式。不过，达恩顿对研究莫尔内传统中观念的扩散和流通保持了一定的忠诚，尽管他更关心的是显示思想如何向上渗透，而非向下渗透。

很少有人会否认达恩顿的这一学术工作是卓有成效的[①]，但就他对观念史的批评而言，还是存在着一些问题。在细致观察下，底层和上层之间的差异被打破。一些批评者指出，许多据说是从底层产生的 18 世纪激进小册子和诬蔑流言，实际上是受上层精英的煽动和资助，许多宫廷朝臣甚至大臣们希望借此来诋毁竞争对手，达恩顿自己最近的工作也清楚指出了这一点。无论如何，社会地位很难成为"激进性"的准确指标，正如罗伯斯庇尔在共和二年的著名声明"无神论是贵族的"所强调的那样。从达恩顿自己对 18 世纪"畅销书"的细致研究中也可以清楚地看出，经典作家的作品销量很大，完全配得上他们长期以来所受到的关注。毫无疑问，达恩顿找回了许多以前不为人知或鲜为人知的作品，在其出版的年代，人们热切地阅读这些作品。不过，在他自己列出的 18 世纪法国最受欢迎的禁书清单中（以订购书籍的数量来衡量），前十位作家中有五位是上层启蒙运动的成员（伏尔泰、霍尔巴赫、雷纳尔、卢梭、爱尔维修），这一点也是事实[②]。达恩顿早期宣称"人们如此频繁、如此完美地描述了 18 世纪思想史的山巅视角"，其中暗示着人们几乎无法再在上层启蒙运动中发现什么惊喜，但仔细观察，就能证明这一断言远非事实。斯金纳、波考克以及其他一些人不断披露新内容，不断带来惊喜，而基思·贝克（Keith Baker）也已经反复证明，在法国的语境中，在山顶和周围的山麓，还有很多东西有待发现。对上层启蒙运动和相关思想史的研究甚至到现在也还没有穷尽。乔纳森·伊斯雷尔（Jonathan Israel）坚持认

---

① 关于当前对达恩顿的作品在重构的启蒙思想史中的地位的评估，见 John Robertson, *The Case for the Enlightenment*：*Scotland and Naples* 1680—1760（Cambridge：Cambridge University Press，2005），esp.5—6，16—18。

② 见表 2.6，Darnton, *Forbidden Bestsellers*，65。

20 为，无论多么有争议，上层启蒙运动"仍未得到充分的理解和描述"，他说得很有道理。①最后，尽管达恩顿把对观念的研究往下移，但一如他本人所承认的那样，这些观念本身相当粗糙，它们是基于"彻底简化"的原则，这种原则"关闭了辩论"并导致"观点的极化"，强迫公众"选边站，绝对地看待问题：非此即彼、非黑即白、要么是他们要么是我们"。②诚然，复杂性很难成为影响力的指示器；达恩顿肯定此类文学在推翻旧制度方面发挥了重要作用，他也许是对的。但经过 40 年的细致探讨，也许是时候更多地强调那些能够经得起考验的观念了。

至于斯金纳和波考克，有人声称，尽管斯金纳在其早期作品中公开批评了洛夫乔伊，但他真正的对手与其说是洛夫乔伊，不如说是政治思想史学家；斯金纳主要是从后者的工作中总结出了"可怕的错误大纲"，这份大纲使他的标志性文章《观念史中的意义和理解》成为一篇绝妙的读物。③斯金纳针对洛夫乔伊的直接批评可以说有些偏离目标，甚至可以说是不公平的。反过来，洛夫乔伊自己可能也会赞同斯金纳和波考克的许多研究内容，尤其是他们对语境的强调。毕竟，洛夫乔伊坚决反对新批判主义内在的形式主义。他嘲讽斯金纳所描述的那种观点，即"一个文本的可解读性源于它本身，对它的理解不需要评论者考虑它的语境"，或者用洛夫乔伊自己的话来说，"无论是谁写的，什么时候写的，是什么样的人写的，出于什么动机写的，抑或是想表达什么意思……都没有区别"。④相反，洛夫乔伊强调，要想准确解读

---

① Jonathan Israel，*Enlightenment Contested：Philosophy，Modernity，and the Emancipation of Man，1670—1752*（New York：Oxford University Press，2006），v.

② Darnton，*Forbidden Bestsellers*，246.

③ 见 Francis Oakley，*Omnipotence，Covenant，and Order：An Excursion in the History of Ideas from Abelard to Leibniz*（Ithaca，NY：Cornell University Press，1984），30。

④ Quentin Skinner，"Some Problems in the Analysis of Political Thought and Action," *Political Theory 2*，no.3（1974）：279，及 Arthur Lovejoy，"Reflections on the History of Ideas," *Journal of the History of Ideas 1*，no.1（January 1940）：3—23（citation on p.9）。斯金纳在这里引用了他所认为的两位批评家对他自己立场的准确描述。

文本需要"超越作品本身",因为好的解读"取决于对(作者)想做什么的了解或是假设,而这种了解或假设无法总能从作品的表面内容中安全地或完全地推断出来"。①当然,洛夫乔伊反对任何把个人观念简化为仅仅反映其社会地位、个人传记、经济利益或类似内容的粗浅工作。但他也明确指出为了正确地重构文本的意涵,史学家应该在文本之外走多远。洛夫乔伊于《观念史学》一文中进行了反思,在这一为人熟知的反思里,他解释了"即便是对文学中单个段落进行的历史解读",如何"也常常驱使学生进入那些乍看上去与他最初研究主题相去甚远的领域"。②他以弥尔顿的《失乐园》为例,强调全面解读文本将会引导研究者进入历史哲学、科学、神学、宗教诗歌、美学和许多其他领域,并坚持"即便要去认识(弥尔顿的)风格或思想的与众不同之处,我们也必须对其他地方相同形式的思想有广泛且相当详尽的了解"。③这就要求我们尽量关注多重思想语境。

21

斯金纳和波考克对洛夫乔伊的描述,和所有论辩性结构一样,并不完美:事实上他们的研究方案要比他们所承认的更类似于洛夫乔伊的研究。波考克似乎有时感觉到了这种相似性,例如 2002 年,他在《马基雅维利时刻》的后记中提到:"有些人会觉得这就是在做观念史研究,但我觉得这一术语或其内涵都没有令人满意地解释我已经做的和正在做的研究。"④毫无疑问,波考克坚持认为他写的是观念的使用史,而非观念本身的历史。他在其他著作中也提到:"'观念史'应让位于语言、词汇、意识形态、范式的历

---

① Lovejoy, "Reflections," 13—14.

② Arthur Lovejoy, "The Historiography of Ideas," in *Essays in the History of Ideas*(New York:Capricorn Books, 196), 6. 洛夫乔伊后来在其《反思》一文中重复了这一主张,以示强调,"Reflections," 5.

③ Lovejoy, "Historiography of Ideas," 4. 正如达恩顿认为应该承认的那样,"事实上,洛夫乔伊在他的杰作《存在的巨链》中对哲学语境表现出了极大的敏感性"(*Forbidden Bestsellers*, 174)。

④ J. G. A. Pocock, *The Machiavellian Moment:Florentine Political Thought and the Atlantic Republican Tradition*, rev. ed.(Princeton, NJ:Princeton University Press, 2003), 554.

史。"①这很有道理，但我们也可以如已故的约翰·帕特里克·迪金斯（John Patrick Diggins）那样，认为波考克的一些话语与洛夫乔伊的"观念单元"非常相似，后者认为存在着本质上不变（尽管被不断地重新描述和重新表达）的基本元素，这些元素构成了更宽泛的"复合观念"，如"存在的巨链"（the Great Chain of Being）。②但相反，如果我们将"存在的巨链"重新描述为一种类似古典共和主义的话语而非观念单元的组合，并稍微多关注它的战略布局，那么洛夫乔伊的这部巨著对于剑桥学派来说可能就不会那么陌生了。无论如何，如果一个人能识别出"自然"一词在古代的 66 种不同意义和用法，那么他就不会轻易地将观念简单地视为抽象之物，或者完全忽略使用观念的不同方式。③

重塑观念史

重新审视观念史成为昔日模式的过程，恰好映衬了本文题语中提及的普遍看法：每个时代都往往倾向于"夸大自身发现的范围和终结性"，歪曲它

---

① J. G. A. Pocock，"The Machiavellian Moment Revisited：A Study in History and Ideology," *Journal of Modern History* 53，no.1（March 1981）：49—72（citation on p.51）.

② John Patrick Diggins，"Arthur O. Lovejoy and the Challenge of Intellectual History," *Journal of the History of Ideas* 67，no.1（January 2006）：181—208（esp.185—186）. 波考克在以下的文章中最彻底地发展了自己的理论取向："The Concept of a Language and the Métier d'historien：Some Considerations on Practice," in *The Languages of Political Theory in Early-Modern Europe*，ed. Anthony Pagden（Cambridge：Cambridge University Press，1987），19—41，and in "Introduction：The State of the Art," in *Virtue*，*Commerce*，*and History：Essays on Political Thought and History*，*Chiefly in the Eighteenth Century*（Cambridge：Cambridge University Press，1985），1—34。

③ 洛夫乔伊在各种著作中探讨了"自然"的多种意涵，但涉及古代部分，见他的 "Some Meanings of Nature," the appendix to Arthur Lovejoy and George Boas，*Primitivism and Related Ideas in Antiquity*（Baltimore：John Hopkins University Press，1935）。

对革新风尚的拒绝。像其他潮流一样，观念史的过时并不仅仅是因为其自身的缺陷或竞争对手的智识优势。在某种程度上，只是它过时了。

　　这并不是说观念史失去的只是风格而非实质。斯金纳和波考克对洛夫乔伊的"观念单元"进行了尖锐的批评，特别是对其将"观念单元"比作永恒之物，可以像元素周期表中的元素那样以某种方式组合和再组合进行了批评。这一批评完全合理，它还有力补充了对这一概念之前已有的批评。洛夫乔伊作了辩护，可以说，他在辩护中关于观念单元的理论陈述不如他实际的史学实践那么精妙——他在史学实践中，很少把思想复杂的相互作用看作简单的化学反应。不过斯金纳和波考克也明确提醒我们，观念并不会以某种方式神奇地存在于它们所嵌入的语言之外，如今，很少有从事思想史的历史学家会选择忽视观念是如何被使用的这一视角。他们一再坚持需要对意图的特殊性、观念具体化的危险、接受的细微差别和修辞表现的差别保持警惕，这一点毋庸置疑。同样，达恩顿呼吁放弃观念史的"山巅视角"，转而研究更贴近实际并广泛传播的思想，这也是基于对学术界现状的恰当调查。洛夫乔伊自己也提出过类似的呼吁，他指出，"我希望定义"的观念史尤其涉及"庞大群体的集体思想"，"而不仅仅是……少数深刻的思想家或杰出作家的学说或观点……简言之，它感兴趣的是那些得到广泛传播、成为许多人思想的一部分的观念"。他坚持认为，一名"小作家"往往比"如今被视为大师的作者""更重要"。[1]尽管洛夫乔伊及其追随者的观点经常为人忽视，但他们仍然比上述引文所暗示的更接近山巅。作为一名接受过专业训练的哲学家，洛夫乔伊坦率地将哲学描述为"共同的苗圃，写作中最初展现大量更基本、更普遍的观念的中心场所"。[2]观念的社会史迫使研究者考虑除一脉相承之外的其他传播方法，考虑哲学家头脑之外的其他起源点，就这一点而言，它对过

22

----

① Arthur Lovejoy, *The Great Chain of Being*: *A Study of the History of an Idea* (1936; Cambridge, MA: Harvard University Press, 1978), 19—20. 引文来自该书首章，"观念史研究"。

② Lovejoy, "Historiography of Ideas," 8.

去和专业的描画都会受到欢迎。历史的疆域辽阔而宽广。

然而，这一事实也表明，观念史仍然可能在学术界占据一席之地。当然，历史学家像殖民将军一样争夺自己领土和地盘的时代已经过去了。对观念史"回归"的想象不再是为了寻求对其他研究范式的帝国式"胜利"，而是遗憾于其最初的"失败"，或者说是渴望复生一种崇高的观念论，这种观念论将仅仅依靠精神的力量去推动它面前的一切。它只是要求在地图上获得一个位置，并从偏见中被解放出来——偏见意味着所要说的东西本身已经过时，因此也就完全无关紧要。

寻求这种宽容的一种方法是去思考洛夫乔伊著作序言的第二部分中提及的那些为人所遗忘的"真相的特征"，去询问新观念史如何能重新唤起它们，同时纠正当前史学实践的健忘而导致的某些"局限性"。在我看来，最

23 近观念史的大量专著表明，有四个主要领域尤其适于这类回忆。

第一个与时间上的雄心和范围有关。洛夫乔伊研究路径的优点之一是，其目标是追踪特定观念的"生命史"或"全部生命史"。[1]同生命相比拟，以及它对出生、成熟、衰落和死亡的暗示意味着一种元叙事，但观念和生命并不总是匹配甚至经常扭曲。不过，还有其他一些框架工具，从谱系学到马丁·杰伊（Martin Jay）在追踪"经验"的命运时常常作的比喻：他将其比作套曲的"主题和变奏"，以试图避免"总体化叙述"的危险。[2]大卫·阿米蒂奇将自己追踪从古代到现代"内战"观念的努力描述为"系列语境化"，即一种共时横切法，历史学家可以借助横切法来深入剖析一种观念在历时发展线上的特定战略点，并标出它的独特性、语境用途和作用。问题的关键不在于所采用的特定叙事（或非叙事）策略，而在于努力尝试去撰写阿米蒂奇所说的"跨时间的历史"，即在更长的时间范围内考察历史。另一种方式则是"思想的长时段"，费尔南·布罗代尔在刊登于1958年《年鉴》上的著名论

---

① Lovejoy, "Historiography of Ideas," 9.

② 见 Jay, *Songs of Experience*, 4—6。

文《历史与社会科学：长时段》中首次引入了这一概念，虽然很少有人注意
到。他在文章中煞费苦心地指出，社会结构中明显的"持久或幸存的同一要
素"也适用于"文化事务的广泛领域"。为了说明这一点，布罗代尔引用了
一部由文学学者撰写的精英思想史，即恩斯特·罗伯特·库尔提乌斯（Ernst
Robert Curtius）的《欧洲文学与拉丁中世纪》一书，以强调"直到 13 和 14
世纪……智识精英们被灌输了同样的主题、同样的比较、同样的常识和流行
语"。布罗代尔甚至强调了一些洛夫乔伊（以及柏拉图）所关注的东西："直
到伽利略、笛卡尔和牛顿的时代，亚里士多德的宇宙观一直没有受到挑战，
或者说几乎没有受到挑战。"①尽管约翰·特雷施在其收于本书的文章中指
出，洛夫乔伊是位不错的科学史学家，但科学史学家可能依然希望对这种
说法加以界定。部分出于这一原因，特雷施和西蒙·谢弗（Simon
Schaffer）等其他意图创新的研究者目前正在重新思考洛夫乔伊的贡献，尤
其是他在"系列"和"系列性"方面所做的创新工作。②而从更宽泛的观点
看，观念也存在一种"长时段"，追踪它们，就有可能打开视线，揭示那些因
为过多关注即时语境而可能被掩盖的联系。

　　提到语境是为了让人们注意到第二个领域，在该领域中，一种重新焕发
活力的观念史也许能够纠正当前的局限性，并唤起人们对一个被遗忘的事实
的关注。斯金纳最初呼吁更精确地聚焦于局部语境，去纠正他明确界定的那 24
些滥用情况："学说神话"、对"影响"无止境的研究、对永恒普遍性的假设
以及具体化的倾向。这恰恰是在反对洛夫乔伊研究中的跨时间维度，即反对
试图"通过某种特定学说'在历史长河中出现的所有地方'，来跟踪它的形

① Fernand Braudel, "Histoire et sciences sociales: La longue durée," in *Histories: French
Constructions of the Postwar French Thought*, ed. Jacques Revel and Lynn Hunt, trans. Ar-
thur Goldhammer et al. (New York: New Press, 1998), 122—123.

② 见 *History of Science* 48, nos. 3—4（September—December 2010）中的许多文章，尤其是西
蒙·谢弗的《洛夫乔伊的系列》（"Lovejoy's Series"）一文，其中对福柯和洛夫乔伊之间的
有趣关系这一主题的讨论很有见地。

态学"。①对斯金纳、达恩顿及其他人而言，从这种抽象的云雾中取出观念，意味着将它们根植于一个特定的时空，并注意它所有的局部变化和色彩。如果一个人在那里逗留的时间足够长，他就能学会那里的语言，听懂那里的笑话，养成对方言的鉴别力，了解这些观念隐含的意图和对它们的使用。然而，如果一个人逗留的时间太长，或者把注意力太集中在某个地方的细节上，他可能会忘记山外面的人是怎么说话的。简而言之，地方主义的危险与错位的普世主义相对应。事实上，正如彼得·戈登在其收于本论文集的文章中所指出的那样，各种语境主义是当前许多史学实践的默认哲学，它们的一个潜在前提是"单子前提"，即假设语境是自给自足、封闭的世界。如果将过去看作另一个国家，那么每一个语境单子都是一块边界封闭的孤立土地，在这种情况下，某种特定的地方主义就可以得到保障。

然而，很明显没有哪一种单一语境能够完全控制意义的边界，阻止消息和信息从另一个村庄，或是穿过另一个时代的草丛溜进来。斯金纳和波考克认识到这一点，他们承认"作者认为自己回应的问题**可能是在一个遥远的时代，甚至是在一种完全不同的文化中提出的**"，因此并"不意味着相关语境能成为即时语境"。②事实上，他们都写过跨越时空的典范作品，其中包括斯金纳的《现代政治思想的基础》和《自由主义之前的自由》，更不用说波考克的权威之作《马基雅维利时刻》和约翰·邓恩有着广泛影响的《民主的历史》了。但是，如果说斯金纳从未否认"西方的道德、社会和政治哲学存在着长期连续性，这些连续性反映在对一系列关键概念的稳定运用上"，那么可以说，他的工作（其追随者的工作更是如此）倾向于强调相反的结果。③尽

---

① Skinner, "Meaning and Understanding," in *Visions of Politics*, 1:62—63.

② Skinner, "Interpretation and the Understanding of Speech Acts," in *Visions of Politics*, 1: 116（黑体为笔者所加）。波考克在很大程度上坚持这一观点，《马基雅维利时刻》很好地在从古代一直到18世纪末的跨度中说明了这一点，如见 "Political Ideas as Historical Events: Political Philosophers as Historical Actors," in *Political Theory and Political Action*, ed. Melvin Richter（Princeton, NJ: Princeton University Press, 1980）, 139—158。

③ Skinner, "Meaning and Understanding," in *Visions of Politics*, 1:85.

管斯金纳自己最近对莱因哈特·科泽勒克（Reinhart Koselleck）所倡导的、影响广泛的"概念史"作出了谨慎的赞许评论，但他也承认，"这种概念命运的长期转变已不再是我的首要兴趣"。他的绝大多数追随者也是如此，他们同样反对"宽泛的编年"，支持"对概念的突然转变进行点描式研究"。①鉴于点描派的优点和美早已得到充分展现，对一些人而言，现在也许又到了尝试用更粗的画笔来绘画的时候。这样做是因为认识到，如果过去是异邦，那么它就不必总是被视为一个特定的、被囚在时间中的小村庄。跟随观念跨越时间界限，适当关注一些关键时刻，在这些时刻，观念在不同的地方环境中 25
改变形状和色彩，同时仍保持一种可识别的形式，这是为了使我们可以置身其中的景致更有前景。如果如戈登所言，语境主义是为了防范当下主义的历史罪行而竖立的避邪之物，那么，新观念史应该有助于保护我们不受当下的例外的影响。观察"经验"是如何在不同的时期变得贫乏和丰富，政治话语中的"常识"如何很少仅是如此，"创造力"是如何作为人类的最高禀赋被创造出来，或"内战"在历史上的定义如何直接影响到当前决策者的重大决定，这些只是新观念史在与当前问题和当代关注的对话中提出的许多方法中的一些；新观念史可能有助于提醒我们，并非所有的观念都是语境的囚徒，被困在时间中，早已被击败甚至已经死亡。历史当下主义不一定是个贬义词，事实上，在从事人文学科的学者不断受到挑战，要去证明他们的"意义"之时，当下主义可能是一种有用的生存策略。更重要的一点是，新观念史，或阿米蒂奇为了避免混淆新旧而更喜欢使用的"观念中的历史"，与当代的关注息息相关，它完全可以自觉地做最优秀的历史著作经常会做的事情：用过去阐明现在。有良知的历史学家必须始终设法避免把他们当下的问题强加于其他时代，对此，实在毋庸多言。但也许他们会尝试在不同时间中

---

① Skinner，"Retrospect," in *Visions of Politics*，1:180. 在最后一段，斯金纳认为："当然，我承认，如果我们对绘制特定规范词汇的兴衰感兴趣，我们必须致力于研究长时段。"鉴于杨-维尔纳·米勒为本书专门写了一篇文章来讨论"概念史"（*Begriffsgeschichte*），我决定不在这里讨论它，尽管探讨它与新观念史的关系问题无疑会很有趣。

倾听观念，这些观念告诉我们现在如何生活（或相反）。观念不仅在时间中传播，也在空间中传播。正如洛夫乔伊所强调的那样："观念是世界上最易迁移的东西。"①

提起旅行和迁徙（immigration）就涉及第三个领域，在这个领域中，一种重新构建的观念史可能会受益于对过往的再次审视。在洛夫乔伊的构想中，迁徙不仅跨越国界和地理边界——在这方面，观念史从一开始就包括比较研究和国际研究——而且还会穿越概念"空间"的各个区域，无论是哲学、文学、艺术、宗教、政治、民俗学、经济学、自然科学王国还是其他领域。正如约翰·伦道夫在其收于本论文集的文章中所认为的那样，洛夫乔伊努力追寻观念的踪迹，这使他成为一位早期的"心态地理学家"；亦如沃伦·布雷克曼所观察到的那样，这还使得他作为一名直言不讳的学科交叉理念的早期倡导者而显得与众不同。诚然，洛夫乔伊对空间的征服是帝国主义的，他把观念史视为"元学科"，统一并调和所有其他学科，而将哲学理解为王冠上不可或缺的宝石。在这方面，复兴的观念史无需追随他，而是应该比洛夫乔伊本人更认真地着重研究"获得广泛传播"的思想，以调查"人数众多的群体的集体想法"。通过这种方式，一种得到更新的观念史可以深入到基本上被剑桥学派忽视的领域，而该学派的关注压倒性地集中于精英的道德和政治思想史。它还有可能打破低、中、高各阶层之间的区别，这种区别不必要地限制了观念的社会史的视野。一本年历或一篇报纸文章与一篇哲学论文、布道文或一部戏剧一样，都是追踪许多观念之命运的良好来源。虽然专业哲学家的作品可能始终是思想史学家的重要试金石，但对复兴的观念史来说，最大的收获可能是创造性地迁移到其他领域成为可能。观念史学家没有理由不具有社会性：无论观念在哪里，他们都要追踪观念走出它们所在之地的过程，探究观念在制度上是如何得以形塑的，以及它们是如何得以传播、扩散和生产的。甚至可以说，即使只是在精英文化的各区域内跟踪观念

①　Lovejoy, "Reflections," 4.

在多个领域间的迁移，都将为塞缪尔·莫恩的文章所讨论的、更为宽泛的"社会意象"提供有价值的线索。无论如何，洛夫乔伊坚持认为"这些领域的共同点比通常所认识到的要多得多"。在今天，当人们往往将各学科和种种话语形构为各自截然不同之时，当历史学家接受训练，去寻找他异性、不连续性和差异，而不是去寻找共同点之时，这是一个有益的提醒。①一种重新焕发活力的观念史至少应该是折衷的，陶醉于最初定义它的跨学科理想，认为自己是拥有无限空间的公民，尽管很难说它就是国王。

当然，任何一个人所能做的事情都是有限的，如洛夫乔伊所言，"历史学家的史料所允许"做的事情也是有限的。②然而，搜索引擎、数据库、N-gram（N元语言模型）和数字人文学科工具的发展，为现在的观念史学家提供了超越阿瑟·洛夫乔伊的一切梦想的可能性。而这些还只是发展的早期阶段。尽管如此，要跨越长时段、多重语境和不同"区域"书写历史，就必须放弃穷尽调查的崇高理想，转而希求在广阔的视角中获得在细枝末节里失去的东西。要做好这一点，就需要进行叙事上的测绘，而这种整体的结构化需要花费比一般的历史专著多得多的精力。

这就指向了第四个领域，在这个领域中，新观念史也许能够纠正当前的局限性，并让人重新捡起一些总是被忽视的东西：写作技巧。在过去几十年里，思想史学家花了大量时间和精力，专注于思考他们所使用的媒介（语言）造成的限制，但我想说，这种反思性所带来的回报越来越少。思想史学家理应为自己的方法论意识和自我意识感到自豪；他们不可能放弃，也不应该放弃这种意识。他们也不可能再简单地回到一个更天真无邪的前批判时代。唐纳德·凯利坚持这一点，他用"观念的堕落"这一隐喻来形容这种长期的、历史的和方法论上的堕落：它们从一种崇高的、柏拉图式的改变世界（ *alter mundus* ）跌至大地和海洋，在那里，"语言是我们遨游其中的海洋"。在这个世界中，"观念不会长存"，他引用怀海特的话，强调：因为随语言转

27

---

① ②　Lovejoy，*Great Chain*，15.

向而来的是"怀疑主义或批评主义的回归",它"禁止恢复对观念的天真信念,除非是作为对更深层的问题未经检验的速记,例如强加给历史学家的语言、话语、解释和交流"。①即便冒着天真无知的风险,也让我承认我有点怀旧,怀念那样一个时代,那时,思想史家不仅思考语言及其与思想的(反)结构性关系,还将语言与艺术相结合,创造出迷人而美丽的作品,将这些精心组合在一起的作品鼓舞人心,让人感到即使观念不能长出翅膀飞翔,也肯定提升了智识,读者至少可以翱翔。而如今,它们往往被拆散。

洛夫乔伊不会是我的榜样——当然,各花入各眼——但在我年轻时,第一次读以赛亚·伯林(Isaiah Berlin)作品的时候,就感受到了一种让人飞翔的东西。我很赞同诺埃尔·安南(Noel Annan)的评论,他认为:"在我们这个时代,没有人比以赛亚·伯林更能赋予观念以如此个性,赋予它们实体形态,赋予它们生命。"伯林之所以能成功地做到这一点,是"因为对他来说,观念不仅仅是抽象的,它们活在……人们的脑海中,激励着他们,塑造着他们的生活,影响着他们的行动,改变着历史的进程"。②最近托尼·朱特(Tony Judt)以一种类似于生命力的优雅来感受、写作和思考。正如他的妻子珍妮弗·霍曼斯(Jennifer Homans)所言:"对托尼来说,观念是一种情感,是他感受和关心的东西,就像大多数人对待悲伤和爱这样的情感一样。"③为观念注入激情和生命,赋予它们优雅和美感,这看起来可能有点过时。不过,好的作品是永恒的。有太多思想史学家声称对语言感兴趣,可他们却对自己的母语造成了相当大的伤害。当波考克这样的人谈到他自己作品"复杂而草率的风格"导致"不易阅读"时,我提醒自己,并非所有阅读都

---

① Kelley,*Descent of Ideas*,300,313—314.

② Noel Annan,"Introduction," to Isaiah Berlin,*Personal Impressions*,ed. Henry Hardy (Princeton,NJ:Princeton University Press,2001),xxi.

③ Jennifer A. Homans,"Tony Judt:A Final Victory," *New York Review of Books*,March 22,2012,4—7(citation on p.4).

应如此。①尽管我对波考克的学问、渊博的学识和分析技巧极为钦佩，但我同时也渴望那种少一些散乱、多一些抒情的作品，这些作品可能会恢复一点激情和个性，而人们所说的那些观念和幻想就曾激发过这些激情和个性。也许，一种复兴的观念史可以给我们一些这样的东西。

---

① Pocock，"Afterword," *Machiavellian Moment*，554.

II　思想史中的语境主义及批评

彼得·E.戈登

> 开放的思想超越了其自身。
>
> ——T. W. 阿多诺,《顺从》("Resignation",1969)

　　思想史家宣称:只能在语境中研究一个观念（idea）。这话是什么意思? 一般说来,它意味着对于任何特定的观念,我们只有重构它曾经所属的唯一意义领域,才能理解那一观念所拥有的意义。尽管这一说法不乏批评者,但40多年来,人们普遍接受了其正确性,认为这是自称为思想史家的人在意识形态上所达成的某种共识。我将在下文对一些基本原则展开探讨,这些原则支持把语境主义作为思想—历史实践的最高规范这一观点。我将尤其强调,一旦我们接受一种作为批判练习的、更为宽泛的思想史,那么,思想史家便只应有条件地忠于语境主义,因为语境主义遇到了严重的困难。

　　本着同行提异议的精神,我将对这一观点加以展开,这部分是出于回应思想史家昆廷·斯金纳在1969年发表的极富影响力的论文:《观念史中的意义和理解》。借助时间距离带来的优势,如今我们可以看到,其独特的声望部分是源于它囊括了有关"意义"自身性质的各种更深层次的前提,这些前提之后会赢得足够多的拥趸,从而凝结为某种横跨解释性社会科学的正统观念。我将马上转向那些更为广阔的前提。眼下,则只需指出这篇论文的论证

力量在于它已经准备好应对一系列混乱——在斯金纳看来,这一系列混乱阻

碍了思想史的实践。①思想史陷入概念和方法论上的困难，这是主要的抱怨之
所在；斯金纳称为"神话"的这些困难，大部分得归因于这样一个事实，即
学者们并未充分意识到语境之于意义的决定性作用。从那时起，斯金纳就从
未停止详细阐述并完善他对于语境主义的复杂辩护，即便在后来的工作中，
他偶尔也会偏离自己的建议。不过，这篇最初的论文仍然可以代表更为广泛
的共识。尽管许多思想史家可能会对"剑桥学派方法论"（该术语严重低估了
其代表人物的多样性）的具体要素提出异议，但平心而论，将思想史视为一
门语境主义学科的总纲，仍是这个作为一个整体的学科领域的理想。人们也
可以反对说，斯金纳的方法论陈述最初只针对一个自称为"政治思想史"的
特定子领域。但人们不清楚如何才能将一个思考政治的独立领域明确地从智
识探索的其他部分中区隔出来，而又不忽视那样一些更为广泛的（形而上学
的、宗教的、认识论的，等等）、影响着我们对政治之思考的意义。如果强语
境主义涉及某一种思想模式，它就必然涉及所有思想模式。我在这里想要质
疑的正是这种作为关于意义的普遍理论的强语境主义。

为了避免误解，我应该解释一下，我并非建议思想史家放弃使用有限
意义上的语境主义，即作为一种注意到语境的方法。在这一有限意义上，
语境主义是历史理解的重要工具，因为它唤起我们去注意思想在不同的和
多样化的环境中所产生的共鸣和影响。我将在文章的最后回到这个更具限
制性和更为有利的语境主义。这里，我旨在建议，思想史家不应赞同一种
作为整体的、详尽的意义理论的语境主义，也就是说，不应赞同这样一种
观点，即：特定语境可以完全解释一个观念的所有可能性。这种穷尽性的
观点取决于一些前提，而在最好的情况下，这些前提也是不可靠的。我希
望通过展现这些前提，来打破我们当前关于如今思想史方法和目的的一些

---

① Quentin Skinner，"Meaning and Understanding in the History of Ideas，"最初刊于 *History
and Theory* 8，no.1（1969）:3—53。有关该论文较近的一个版本及最重要的方法论阐释，见
Skinner，*Visions of Politics*，vol.1，*Regarding Method*（Cambridge：Cambridge University
Press，2002）。

学科假设。①

思想史的两种理想典范（ideal）

我将从以下初步观察开始：我们对历史的现代理解总体上以两种理想典范之间的特殊张力为特征。一方面，我们倾向于认为历史是一种重构工作：

34 因为我们很容易把过去当作异邦，所以，我们的主要目的是为自己重建其语言和习俗，同时牢记这个世界与我们的世界是完全不同的。但另一方面，我们认为历史是一门主要致力于研究变化的学科：引起我们兴趣的不是作为一个地点的过去，而是作为过渡或转变的过去。因此，我们对历史探究的理解似乎涉及两种时间概念：作为一系列时刻的时间（精准时间，punctual time）和作为它们之间的延伸的时间（差分时间，differential time）。

这两种对时间性的理解之间的区别是瓦尔特·本雅明1940年的著名论文《论历史的概念》的重要主题。在该论文中，本雅明反对以一种基于精准时间的史学所造成的规范化和胜利主义，并倡导一种基于差分时间的批判——革命史学。然而，即便是本雅明也可能对这两个概念作出了过于明显的区分。②事实上，无论是精准时间还是差分时间都不能被完全摒弃不用。从逻辑的角度来看，它们实际上可能处于一种相互蕴涵的关系之中：如果没有

---

① 感谢马丁·杰伊、沃伦·布雷克曼、朱迪丝·瑟吉斯、邓肯·凯利及拉德克利夫工作坊的所有参加者对本论文早期版本所提出的评论，非常有帮助。同样感谢塞缪尔·莫恩和达林·麦克马洪。马丁·杰伊在一篇论文中提出了一些类似的主张，本论文完成于那篇论文发表之前。见 Martin Jay，"Historical Explanation and the Event：Reflections on the Limits of Contextualization," in *New Literary History* 42（2011）：557—571。

② 因此，本雅明错误地将历史性过去的神话概念称为"单子"，这里，我对这一观点进行了批评。见 Walter Benjamin，"On the Concept of History," in his *Selected Writings*，*1938—1940*，ed. Howard Eiland and Michael Jennings（Cambridge，MA：Harvard University Press，2003），389—411。

系列的概念，从一个系列到另一个系列的过渡将是不可想象的，但如果没有时间上的分离，任何系列都会崩溃，进而形成一个统一体。从这一观察中，我们可以得出这样的教训：史学实践涉及两种不同理想典范的有效结合，我们可以把这两种理想典范称为抑制之理想典范和运动之理想典范。第一种典范的典型代表是经典的黑格尔式的雄心，即达到一种系统性统一，在一个最终稳定的整体中理解其时刻。第二种类型是对这种统一体的批判：它试图揭示那些使现在消失的空隙或断裂的时刻，并始终指向一种尚未得到满足的超越。如果说前者与成熟黑格尔的更多保守因素有关，那么，后者则可能与左派黑格尔主义者，尤其是后来的阿多诺在《否定的辩证法》中对黑格尔的同一性理论的批判最为紧密相连。

尽管这两种理解之间存在着强烈冲突，但在史学实践中，也许特别是在思想史实践中，抑制之典范和运动之典范确实应该发挥重要作用。在这门学科中，我们为两名主人服务。当我们将思想置于语境中时，我们遵循抑制之典范，因为我们赞同这一原则，即一种语境是作为更广泛的意义领域而存在的，在其范围内，一个观念能够得到理解。而我们也遵从运动之典范，因为只有运动才能唤醒我们对任何特定意义领域的偶然性和无常性的认识；唤醒我们注意无止境的转变和变革的模式，一个观念正是借由这些模式在时间中旅行的。

虽然这两项原则在历史写作的实际工作中都发挥着重要作用，但我们必须小心翼翼地对其进行调整，以免出现无法实行的矛盾。我们可能无法彻底且无条件地同时效忠于这两种典范。如果不加限制地服从于运动之典范，我们不仅可能会失去任何对于调节力量的感觉——这些调节力量有助于解释为什么一种观念不仅仅是不变的，而且我们还无法解释意义的局部变化。如果我们不受约束地遵从抑制之典范，我们最终可能会把一种语境想象成一个自我稳定的统一体，在这个统一体中，没有任何历史。因此，这两种典范都是片面的：运动的典范本身就存在打破所有语境的风险，并造成这样一种错觉，即观念就像高速列车上的特权乘客一样，只是在历史中旅行，他们对其

35

周围环境只给予最肤浅的关注。至于抑制之典范，当它不受约束地统治时，将把历史连续体分解成一组离散的整体，每个整体都存在于一种崇高的孤立状态之中，这样，即便是从一个车站到下一个车站的过程也变得难以解释。

作为抑制的语境主义

有了这种区分，现在我们可以更好地看到，一般而言，过去 40 年间，思想史学科已经明显地从运动之理想典范转向了抑制之理想典范。阿瑟·洛夫乔伊开创的概念转型研究已经让位于语境主义的重建工作。[1]当然，在这个领域中也存在相互抗衡的种种倾向。而且，今天，最富成就的思想史家还撰写了许多这样的著作：有人将他们在这些著作中使用的方法描述为"新洛夫乔伊式"方法，因为他们通过多种语境来追踪单个"观念单元"，同时假定这一观念随着时间的推移表现出足够的同一性，从而在其自身的变化中生存下来。[2]但是，尽管异端或反叛的姿态偶尔存在，近年来，思想史家中的主导趋势却肯定了一条名言，即应该"在语境中"研究观念。

昆廷·斯金纳尤其如此，他那篇强有力的论辩文章《观念史中的意义和理解》，反对关于思想史的竞争性构想，该文首次发表于 40 多年前，至今仍具启发性。从那时起，斯金纳本人就一直在各种陈述和辩论中阐述和修正他对于思想史方法的构想。[3]我们应该承认，这个方法论研究的合集在

---

[1] 关于最初的模式，见 Arthur Lovejoy, *The Great Chain of Being: A Study of the History of an Idea* (Cambridge, MA: Harvard University Press, 1936)。

[2] 例如，可见 Jerrold Seigel, *The Idea of the Self: Thought and Experience in Western Europe since the Seventeenth Century* (Cambridge: Cambridge University Press, 2005); Martin Jay, *Songs of Experience: Modern American and European Variations on a Universal Theme* (Berkeley: University of California Press, 2005); Darrin M. McMahon, *Happiness: A History* (New York: Atlantic Monthly Press, 2006)。

[3] Skinner, *Visions of Politics*, vol.1, *Regarding Method*.

其深度和复杂性上几乎可以与任何曾经面向思想史家的方法论体系相媲 36
美。虽然近年来剑桥学派似乎已成为众矢之的，但毋庸置疑，其实践本身
在批评者们射出的箭雨中幸存了下来。①事实上，对许多思想史家来说，抑
制的普遍理想典范仍是学科实践的规范性指南，即便对一些就与剑桥学派
本身相关的某一特定理论陈述提出异议的思想史家而言，亦是如此。然
而，问题不在于任何一位历史学家或一个史学流派所阐述的精确论证。在
下文中，我不想对任何特定群体提出质疑，当然也不想对剑桥学派（这可
能是一个误导性的名称，因为其最杰出的成员很少使用同一种方法）本身
提出质疑。此外，语境主义的规范性理想典范似乎很有可能在它的多种当
代表达以及针对它的特殊挑战中幸存下来。事实上，我的主张之一是，正
因为语境并没有穷尽意义，这种典范才会不出所料地在有限制的历史时刻
存活下来。

　　在开始讨论我论点的具体内容之前，值得暂停一下，去思考这样一个事
实：语境主义的观念在压制运动原则的同时，却与抑制原则结盟。换句话
说，"一种语境"这一观念本身就意味着历史时间的停止或（至少是）放缓，
它肯定了一种将时间划分为时代和年代的静态逻辑，同时抵制超越这些限制
的时间性动力。最重要的是，"语境"的观念强化了一个适于某种特定时间的
"内部"和一个不合于该时间的"外部"的想法。在这篇文章中，我的目的
之一是探讨这类观念产生的进一步影响。但让我们继续讨论一个暂时的定
义。我所说的语境主义指的是这样一种认识论和规范性（以及隐含的形而上
学）前提，即只有在观念最初得以表达的语境中对其进行研究，才能正确地
理解它们。这种想法在一段时间内享有一种默认的地位，往往不需要论证或
为之辩护，因为它被假定为整个行业的常识。借用路易·阿尔都塞的说法，

---

① 例如，可见 James Tully, ed., *Meaning and Context: Quentin Skinner and His Critics* (Prin-
ceton, NJ: Princeton University Press, 1989)，及 Mark Bevir, *The Logic of the History of
Ideas* (Cambridge: Cambridge University Press, 2002)。

我们可以称之为"历史学家的自发哲学"①。

这种自发哲学的一个主要特征是，历史学科认同上文定义的语境主义前提，如同它恰是其自身实践活动的**意义**。在那些从事人文科学的学者中，历史学家并非一个习惯性地倾向于对支撑其实践的哲学忠诚进行精深辩论的群体。这本身可能不是一个错误，因为哲学工作有它自己的院系定位，而学术研究的复杂性很大程度上归功于合理的（尽管在历史上是偶然的）劳动分工。因此，许多历史学家不愿意放弃自己作为历史学家的实际活动，而去反思他们所做工作的元预设。在提出这一意见时，我并不想指责历史学家，也不想暗示他们都应该离开档案馆，成为关于自己职业性质的夸夸其谈的理论家。但关键是要注意到，没有任何一种实践与形而上学无关：作为常识的东西只是一种未被承认的形而上学（以及一种认识论和规范性），在原则上应该可以由哲学辩护。因此，历史学家自发的哲学是否正当有理，它是否准确地捕捉到了历史学家在其工作中实际做的事情，这颇值得一问。我们可以分离出某些似乎在语境主义理想典范中固有的潜在哲学前提，并以此来开启这项研究。

起源之前提

在激励思想史中的语境主义实践的最深层前提里，存在着这样一种假设：对于每一种思想观念、主题或意识形态，只有当我们将其恢复到其最初

---

① 我从路易·阿尔都塞及约翰·吉洛里（John Guillory）关于"索卡尔事件"的精彩论文那里借用了这一说法，并对其进行了修改。约翰·吉洛里的研究反对反现实主义的形而上学姿态的理论背景，他称这种姿态为"批评家的自发哲学"。见 Louis Althusser, *Philosophy and the Spontaneous Philosophy of the Scientists and Other Essays*，trans. Ben Brewster et al.（London：Verso, 1990）；John Guillory, "The Sokal Affair and the History of Criticism," *Critical Inquiry* 28（Winter 2002）：470—508。

表述的范围时，才能了解对于该思想观念、主题或意识形态实际意义的最佳解释。这个前提看上去几乎与历史学家从学科出发的自我构想密不可分：历史学家的目的是回忆那些可能已经被遗忘的意义，以及那些与我们今天可能使用的意义不同的意义。如今，这种自我构想乍看上去可能会让大多数历史学家觉得它是无可非议的。然而，这种实践通常伴随着一种规范性态度，因为历史学家呼吁的最初语境，不仅**不同于**某个观念所有后来的表现或展开，而且事实上对其所有后来的表现或展开都**具有权威性**，这至少应该引起我们的好奇心。这种规范性的态度有助于解释为什么一些思想史家会把一种观念在后来的展开描述为某种程度上的**不恰当**，特别是如果这些后来的表述不符合最初的意义。最初的意义被假定为**符合其自身环境**的意义。换言之，支持这一前提的是一个非常深刻的"整体契合"构想，根据这一构想，一种观点、论点或意识形态被视为一个更大的和谐整体中的一部分。因此，支持起源的态度来自这样一种信念，即在后来的表达语境中，这种最初的和谐被扰乱了，或者可能已完全丧失。

不难看出，这一前提有时会滋生一种规范性取向，即把一个概念的历史运动视为对正确意义的**偏离**。这种思想史（作为从起源的倒退）的观念已经找到了许多追随者，最著名的也许是马丁·海德格尔，他把人类的存在视为一种彻底的历史性的条件，却把历史想象成一种对于"存在的遗忘"（*Seinsvergessenheit*）或本体论遗忘的叙述。在海德格尔的哲学中，对理想源头的缅怀和对后来表现的颓废主义态度鼓励了一种"真实"存在的反神话，根据这种反神话，解决历史性困境的唯一办法是坚决要求与"最本己的"时间的意义组成专有联合。①当然，并非所有的历史真实性理论都会演变成一种不光彩的归属政治。不过，"契合"理论，即一个观念及其语境之间恰好契合，可能会带来强大的规范性后果。有思想史家认为对于中世纪真正的

38

---

① Martin Heidegger, *Being and Time*, ed. and trans. John Macquarrie and Edward Robinson（New York: Harper and Row, 1962）.

普世性观念的现代诉求（这种诉求无疑与支撑现代科学中自然的形象的一致性原则不一致）是**非历史性的，因此不具有正当性**；他只能根据这一假设，即真正的普世性观念只属于它最初得到表达的中世纪语境，得出此结论。因此，使这种结论具有生气的是区分适当与不适当、本土与异乡的隐含承诺。无疑，起源前提并不总是传递这样一种道德主义的信息，即异乡承受着不具正当性的污名。但它必然意味着对一种关于意义的整体理论的承诺。可是，通过这一观察，我们可能正在接近语境主义获取其力量的一系列前提。

整体论之前提

支持语境主义的最深层前提也许就是相信，对于每个观念、原则或意识形态，都**有一种且只有一种本土语境**，在其中，人们可以正确理解这一观念、原则或意识形态。对多重语境的排斥来自以下观念，即语境恰如一个家庭空间，一个由自足的和封闭的意义组成的整体领域，它（像莱布尼茨的单子一样）"没有窗户"。因此，语境被设想为某个特定观念可理解性的条件，或者是一种句法可能性的框架，该框架对正确理解这个观念的意义至关重要。现在，如果这个框架不是封闭的，就可以有另一种说法，认为意义的诸条件并不完全是内部的，实际上，它们可能允许观念超越其最初的表达语境而走进其他语境，在这些其他语境中，观念的可理解性仍将完好无损。然而，"家内生活"（domesticity）的前提意味着必须认为任何此类旅行都是非法的，或者至少是派生性的。这种观点认为，在一个观念姗姗来迟的表达中理解它，似乎远不如历史学家的优先理解，即对最初表达时观念的原本意义的理解重要。因此，要求对一个观念进行"**适当**"语境化的思想史家预设，一种语境就像一个离散又整体的领域，它包含相关观念，并严格限定了其运动能力。还要注意的是，如果某个特定观念有"一种以上"的适当语境，那

39

么**适当**的概念就会吸引力大减。因此，相信将一个观念恢复到"它的语境"，似乎意味着（正如"它的"这一恰当性所表明的那样），至少在原则上，只有一种环境且只有一种特定的整体和自足的环境，在这个环境中，该观念享有它原本的意义。

"家内生活"前提之所以赢得关注，部分是因为它呼吁将人类学观念、语言学观念及结构主义观念结合起来，所有这些观念都在过去的半个世纪中占据了主导地位，并促成了一种广泛传播的信念，即将世界想象成被分割为自我维持的文化领域或话语领域是有意义的。民族志整体主义成为有助于证实语境作为"家庭空间"这一观点的一大重要源泉，其部分灵感来自文化人类学家克利福德·格尔茨（Clifford Geertz），这种民族志整体主义在 20 多年前激发了文化史学家的想象。①譬如，某个事件（如巴厘岛的斗鸡，或者法国的屠猫）可能是一把开启整个本土意义系统的钥匙，在这样一种想法中，整体论前提是显而易见的。这些例子明显具有或怪异、或边缘、或神秘的特征，实际上，这些特征有助于加强民族志整体主义前提，因为一旦人们承认文化的前提是由逻辑上相互关联的各部分组成的一个自我维持和准有机的统一体，于是（或者，似乎是），一种文化的任何一个组成部分，即便是最不寻常的组成部分，也可以成为整体的代名词。民族志整体主义的前提也可以解释瓦尔特·本雅明之文化密码学模式所具有的巨大吸引力，根据这种模式，即使是物质文化中最原始的元素也可以被理解为整个时代意义的隐藏符号——本雅明对巴黎街道的分析只是一种解释性方法的最著名的例子，过去半个世纪以来，它已经成为文化研究中一种常见的方法。这种格尔茨式的整体论前提也是所谓的新历史主义的重要基础，新历史主义从旧历史主义中继承了浪漫主义整体论前提，即任何特定的文化都参与到一个共同的逻辑或共

---

① Clifford Geertz, "Deep Play: Notes on a Balinese Cockfight," in his *Interpretation of Cultures: Selected Essays* (New York: Basic Books, 1973), 412—454; Robert Darnton, *The Great Cat Massacre and Other Episodes in French Cultural History* (New York: Basic Books, 1984).

享的时代精神（*Zeitgeist*）之中。①

这一观念有着众多理论基础。如果说民族志整体论前提尤其在思想史家中享有巨大的规范性权威，那么，对此可能有这样一种解释：它可以自由地从一系列学科变化趋势中获取多种理论资源。对于剑桥学派（它对与分析哲学相关的方法论表现出了强烈偏好）而言，整体论前提的吸引力很大程度上来自后维特根斯坦的语言理论，根据这些理论，理解一个术语需要理解该术语在语言游戏中的部署，以及让这个游戏可以进行的"生活形式"②。这是对逻辑实证主义及其原子论式的知识理论的打击，它在验证意义的整体论理论方面发挥了重要作用，特别是当它在奥斯汀（J. L. Austin）的言语行动理论中获得了更容易理解和实用主义的特征时。③

但意义的整体论理论也可以利用其他理论资源。这一理论尤其得益于关于语言在现实建构中的超验功能的萨皮尔-沃尔夫（Sapir-Whorf）论题，该论题使得它在语言学和人类学中赢得了拥趸：语言的差异被认为意味着世界的差异。④意义—整体主义以多种风格呈现出来，它是斯金纳在其 1985 年出版的论文集《人类科学中宏大理论的回归》中总结的、社会理论形形色色的

①　然而，斯蒂芬·格林布拉特（Stephen Greenblatt）对这种历史主义整体论前提的杰出发展，引入了对这一整体论的微妙异议，因为它表明了一种文化（例如伊丽莎白时代的英国的文化）如何允许不同领域的逻辑发生"转向"或变化：换言之，格林布拉特的整体论是一种主题和变化的整体论。见 Stephen Greenblatt, *Shakespearean Negotiations*：*The Circulation of Social Energy in Renaissance England*（Berkeley：University of California Press，1988）。

②　Ludwig Wittgenstein, *Philosophical Investigations*（德语及英译修订，50 周年纪念版），ed. G. E. Anscombe and Elizabeth Anscombe（Malden，MA：Wiley-Blackwell，1991）。尤见 §241："是人类说，这是真或是假；他们在所使用的语言上达成一致。这不是意见上的一致，而是生活形式上的一致。"（75）

③　J. L. Austin, *How to Do Things with Words*，2nd ed.（Cambridge，MA：Harvard University Press，1975）．

④　见 Benjamin Lee Whorf, *Language*，*Thought*，*and Reality*（Cambridge，MA：MIT Press，1972），尤见 1939 年的论文 "The Relation of Habitual Thought and Behavior to Language," 134—159。

变迁中极少数的共同点之一。①它不仅在汉斯·格奥尔格·伽达默尔的阐释学哲学中占据中心位置，而且在托马斯·库恩关于由范式统治的规范科学世界的理论中也占据中心位置；它还对法国结构主义的多种模式产生了影响，这些模式在克劳德·列维·斯特劳斯的人类学、路易·阿尔都塞的马克思主义，以及米歇尔·福柯的早期概念史，尤其是他在 1966 年的杰作《词与物》中对历史先验的考古挖掘中成为现实。②

　　在过去的半个世纪间，这些理论运动所具有的力量和多样性可能有助于解释为什么意义的整体论理论会让那么多的思想史家感到它是其方法论武器库中一个无可非议的工具。思想史家们倾向于接受语境主义的观点，部分是出于这一前提，即人类的意义世界由多个整体性领域组成，也就是说，意义以独特的，甚至是无从比较的话语框架为条件。从所有这些不同的资源中，思想史家可以得出一个看似不证自明的真理：一种语境是一个自足的体系或领域，如果要理解它的任何组成性观念内容，就必须从内部理解它。

"地方主义"（Provincialism）③之前提

　　一些更具争议的假设为思想史的语境主义模型提供了支持，其中之一是

---

① Quentin Skinner，ed.，*The Return of Grand Theory in the Human Sciences*（Cambridge：Cambridge University Press，1985）.

② 尽管语境主义支持者普遍将伽达默尔视为其重要资源，但值得注意的是，他警告道："地平线不是一个僵硬的边界，而是随着边界移动并邀请边界进一步移动。"转引自 Hans-Georg Gadamer，*Truth and Method*（New York：Continuum/Seabury，1975），238。对于分析哲学传统中意义的整体主义理论的一般性讨论，见 John H. Zammito，A Nice Derangement of Epistemes：Post-positivism in the Study of Science from Quine to Latour（Chicago：University of Chicago Press，2004）。福柯对历史先验的观念的讨论，见 Gary Gutting，Michel Foucault's Archaeology of Scientific Reason（Cambridge：Cambridge University Press，1989）。

③ Provincialism 一般指空间意义上的地方主义，但在本文中，作者将其拓展到了时间方面。——译注

41 这样一种观念，即一种语境不能囊括一个庞大的领域，而必须在时间和空间上都有明确界限。该假设认为，此种**当时当地主义**（localism）正是某些东西作为语境的意义之所在。换言之，语境必须有时间界限，因为作者只能被视为是在同他自己所处历史时刻的其他作者进行实际对话。这可能有助于解释为什么语境主义的要求倾向于将思想史家的注意力固定在一种由年限界定的语境之上，也就是说，固定在一个足够短的框架中，以便人们可以合理地为一个思想领域分配一个政治标示、世代标示或编年标示，例如，将其界定为"旧制度""科学革命时代"或"世纪末"。出于类似的原因，一种语境必须有地理上的界限（尽管在跨国史时代，这种限制已经放得相当松了）。就从事实践的历史学家的角度而言，对于当时当地的语境或严格界定的语境的强调似乎发挥了不可或缺的作用，因为它将一个人的研究集中在某个特定范围内，并搁置了大量杂乱的事实，不然，这些事实可能会引起研究者的注意。但是作为一种意义理论，它远非毫无争议。

在《意义和理解》一文中，斯金纳试图通过诉诸意图的作用来捍卫狭义的语境概念。这种观点简而言之就是，如果不去理解使用某个特定观念的作者可能说了些什么，我们就无法重构一个特定观念的语境。一旦我们把解释的努力集中在作者的意图上，我们就似乎自然而然地被限制在一个相当有限的语义可能性的范围内。这种对意图的强调招致了相当严厉的抨击，特别是来自基于理论基础（特别是基于精神分析学和后结构主义）而持反对意见的批评者的批评，他们认为单一意图或适当意义的观念衍生自一个关于人文主义主体的神话观念，即一个人文主义主体享有对其自我表达的话语及行动的主权控制。也许，（正如雅克·德里达等批评家敦促我们承认的那样）文本意义永远会超出作者意图的界限。①对人文主义模式的挑战也来自诸如露西·伊利格瑞（Luce Irigaray）及埃莱娜·西苏（Hélène Cixous）等女性主义理

---

① 如见 Jacques Derrida，"Différance," in *Margins of Philosophy*，trans. Alan Bass（Chicago：University of Chicago Press，1982），1—28。

论家，她们在线性的、以标识为中心的意义的特权化中觉察到了某种"阳具中心主义"（phallogocentrism）。无论批评者拥护什么特定理论，所有这些抱怨都有着类似的见解，即认为文本并非是单义的，亦非基于离散的意向性行为。①

在不淡化这些抱怨的情况下，仍有一种提议值得我们思考，它认为交流本身可能依赖于对相互理解的准先验性承诺。②不过，即使是这样，我们仍然没有理由相信，这种对理解的承诺能够在独特的时间、地理或制度语境中得到充分履行。事实上，交流的理想可能会鼓励我们超越任何特定的语境限制，因为意图本身并不总是当时当地的。毕竟，当哲学家或政治理论家个人表达他们的观点时，他们往往打算超越自己身处的时间，与更广泛的受众交流——这些受众从现在延伸到间或遥远的未来。的确，即便是乐意接受作者意图在方法论具有优先性的思想史家，也必须对下述可能性保持开放，这种可能性即某位特定作家所发展出的文本意义也许并不意味着它们仅限于某个地点和时间。例如，斯宾诺莎肯定无意将《伦理学》中关于宇宙中只有一个延展实体的论点作为只向 17 世纪阿姆斯特丹或西欧居民提出的论点。因此，诉诸作者意图可能会鼓励我们想象一种跨越了很长时间界限的语境，人们甚至可能认为，由作者意图界定的合适领域必须是考虑到一种"异类"（*sub specie aeternitatus*）观念所具有的意义的领域。毕竟，一位思想家的有限性是一个衡量其意图实现程度的糟糕标准：如果一位思想史学家希望坚守她对过去意图的移情重建的承诺，那么，我们仍不清楚为什么这一责任应止于死亡。

人们可能会提出一个类似的、也许更具直觉性的论点，它涉及一种认为语境必须严格受空间限制的地方主义假设。当霍布斯阐述他关于自然状态及

42

① 尤见多米尼克·拉卡普拉对单一意义的批评。Dominick LaCapra，"Rethinking Intellectual History and Reading Texts"，in *History and Theory* 19，no.3（October 1980）：245—276.

② Jürgen Habermas，*The Theory of Communicative Action*，vol.1，*Reason and the Rationalization of Society*，trans. Thomas McCarthy（Boston：Beacon，1985）.

建立利维坦的理论时，他是打算将这一理论视为对人类政治状况的描述，而非仅仅将其意义和有效性限制在 17 世纪中期的英国，就这一点而言，似乎不存在争议。但是，某种方法论上的地方主义似乎阻止了思想史家认可这样一种想法，即用以理解某一特定思想的语境可能要宽泛得多（比如，整个近代早期，或者整个资产阶级原生自由主义时代，也许或者如甚至渗透到我们自身所处当代的整个欧洲现代性的时间跨度）。思想史家经常会将一种显而易见的老生常谈挂在嘴边，说没有任何观念是"在真空中"发生的，以此来推动一种他所偏好的语境。但是，如果人类层面的意义本身有资格成为一种语境（尽管这种语境的范围是无限的）的话，那么，似乎就没有任何原则性或先验性的理由，可以解释为什么那种跨越更长时间范围或更广地理范围的、更为广泛的有效性必然招致怀疑；为什么它们必须屈从于一种表面看上去更"历史"的前提，即观念只有在狭义的意义场域内才拥有其真正地位。

为什么在方法论上诉诸意图会促使我们重新思考地方主义前提？还有一个原因。语境主义的两条指导原则是：第一，我们应该"勾画出可以在特定场合下，按惯例通过特定言语表达进行的全部交流"；第二，我们应该"追踪特定言语表达与这一更广泛的语言语境之间的关系，以此为解读特定作者真实意图的一种手段"。[1]这些原则似乎意味着更为轻松和宽泛地理解一种语境，将其视为一个可能性的领域。如果我们只关注作者**可能的意思**，就能以实用的方式逐步建立起这些可能性："本可以"说什么是解释的唯一界限。然而，这一原则存在的一个困难是，它的可能性概念还是过于狭隘。因为文本解释的一个常见策略是，如果我们被迫考虑作者进一步的暗示，甚至是其主张中所存在的矛盾，那么，我们不仅要确定作者说了什么，还要确定她可能说了什么。因此，对可能的意图的全面重构应该按照想象中的情景进行，在此情景中，作者对于批评的回应会达到这样的程度：她们甚至可能会转向与

---

① Skinner, "Meaning and Understanding," 49.

她们所持观点完全不同的观点。此类回应终究属于对"论争"本身所持的观念。但这种对概念可能性的兴趣应该促使我们重新思考,任何确定的领域是否能够完全满足某个特定文本的可能性? 事实上,对可能意义的更为广泛的搜索似乎更准确地反映了我们实际的阅读习惯和论证习惯,因为我们对文本的典型做法是将它们视为开放的,而非封闭的语义可能性范围。这种方法不仅仅是一个方法论问题;它也是智识探索的"奇迹"——我们不应该对如此称呼它感到不好意思。毕竟,正是批判性阅读的典型经验,让人面对意想不到的意义;而对于任何方法论而言,它所想望的就是反映出智识上的震惊这一体验。

思想史就其定义,不仅仅是对可感知对象的描述,也是对意义的探究。从这一基本前提出发,思想史家承认,他们所研究的意义涉及他们自己的诠释,思想史家已经发展出了复杂的理论,以解释:任何对过去意义的获取都必然涉及历史学家的解释行为,而非客观主义的描述。①但这种对过去的解释关系很容易被掩盖,如果我们把一种语境想象为一个在解释行为之前就存在的单一领域,那么我们就尤为难以提醒自己,我们与过去之间存在着诠释性纠缠。这是因为语境的整体定义鼓励我们相信,语境是客观的,它可以以纯粹描述性和非解释的方式来加以识别。但这一信念真的可信吗? 重建事实的理想依赖于有一名保持疏离的观察者的客观主义理想:根据这种模式,历史学家应该完全置身于她想要了解的世界之外。我们可以称之为"描述主义前提"。只有当人们接受了语境是一个需要经验重建的单一客观领域这一观念,这种前提才会获得其合理性。但是,一旦人们放弃了单一语境的概念,她们就会面临各种解释和视角的问题,这些问题会立即把历史学家牵扯到她想要考察的意义领域之中。换言之,对一种过去语境所具有的独特性的怀疑,也应该让我们对描述语境的客观主义方法产生怀疑。

44

————————

① Gadamer, *Truth and Method*.

穷尽之前提

　　当这里所勾勒的各项前提汇集成完整的学说，它们就支持这样一种观点：对于任何特定观念来说，有**一种且只有一种**历史语境存在，它既能使该观念具有意义，又能穷尽其意义。这一结论，即穷尽之前提，或多或少是自动地从准超验假设中推导出来的，该假设认为语境是意义独一且狭义的条件。不过这个结论具有一些相当惊人的后果。一旦历史学家认可了穷尽这一前提，她就被禁止去想象在相当长的时间范围内语义延续的可能性，而且，更具戏剧性的是，她必须尤其对过去的观念**在现在**仍然可以被**批判性挪用**的可能性持怀疑态度。一个观念如果脱离了它最初得以表达的独特语境，就不再被视为同一个观念：它承受着非法这一污名。因此，穷尽之前提让我们面对上述众多前提带来的最终且最令人困惑的后果。也就是说，它鼓励了这样一种观点，即思想史应该局限于重构不连续的语境，它还阻止历史学家相信可能有长期存在的思想传统。

　　我猜想，大多数思想史家都会认识到，在我们这个学科的自发道德中，穷尽之前提仍占据着支配地位。如果损害历史职业的罪魁祸首是当下主义，那么穷尽之前提就是反对当下主义的方法论护身符。不过，穷尽式语境主义还有一个完全不同的特征，该特征可以使它成为一种对思想史家具有吸引力的学说：它可以成为直接批评的替代物。思想史家可以不直接与某个过去的观念相斗，而是简单地将其置于语境之中。将观念历史化，使之成为过去，从而**击败**该思想，并将其标记为"不再合法"。对于一些思想史家而言，这种历史化的姿态是一种经常性的求助手段。这些思想史家希望谴责过去的观念（通常是他们出于政治原因而不喜欢的观念），可作为历史学家，她们却对从事当下主义批评的可能性感到不安。不过，这种谱系姿态——我们可以称之为"失败主义的历史主义"，带来了非常矛盾的后

45

果。①揭示一个观念不光彩的起源或将其历史化至另一个时代，以此将该观念置于无足轻重的地位，这就是暗中诉诸历史胜利主义的逻辑，根据这种逻辑，当下享有之于过去的假定优越性。②这种姿态也是一种可疑的反智行为，因为它拒绝将过去的论点作为论点来处理，而且，它退回到语境主义重构这一明显保持疏离的立场，以此来逃避批判性参与的重任。

穷尽之前提阻碍了我们接触过去的观念，而这些观念的潜力可能尚未被发掘，这就更令人感到困扰。一些历史学家志在揭露某些高尚理想所带来的令人不快的政治后果，对她们而言，穷尽这一前提尤为诱人。当然，政治人物常常辜负他们所宣称的理想，这是普遍现象。但是，即使我们承认来自过去的观念受到意识形态的污染，它们仍然可能保留其潜力。换言之，过去的观念可能具有一种尚未实现的、激励人心的重要性，尽管事实是利用了这些观念的人背叛了这种重要性。这是哈贝马斯在研究资产阶级"公共领域"的意识形态时希望提出的见解，资产阶级"公共领域"的意识形态这一观念所蕴含的乌托邦式的承诺保持了其有效性，即使该观念的应用相当有限这一事实打破了该承诺。③如果我们得出结论，断定这种概念上的抱负缺乏一切合法性，那么，我们就在否定自己可能获得那些从过去流淌至当下的指导性资源。

反对承认过去在当下的持续存在，这一非难是穷尽式语境主义更令人困惑的后果之一。斯金纳的文章让人相信这样一种观点，即思想史家应该放弃对预示的吁求，因为如果我们允许自己持有一种"学说神话"，那么，我们就会把观念重塑为永恒的标准，用来衡量它们之前的观念。例如，易受此错

———————

① 见 Peter E. Gordon, "Continental Divide: Heidegger and Cassirer at Davos, 1929—An Allegory of Intellectual History," *Modern Intellectual History* 1, no.2（August 2004）:219—248。

② 瓦尔特·本雅明的《历史哲学论集》是有关这一论点的经典之作。该作品试图恢复辩证唯物主义中抵制历史主义的冲动：按照本雅明的定义，批判涉及打破历史连续体。

③ Jürgen Habermas, *The Structural Transformation of the Public Sphere: An Inquiry into a Category of Bourgeois Society*（Cambridge, MA: MIT Press, 1991）.

误影响的历史学家可能会想象，某种观念"预示着"一种之后更为成熟的表述，或者另一种观念"尚未"或"不完全"表现出它最终会成为什么。当人们以这一方式描述这些解释习惯的特征时，它们很容易被人认为是目的论的，因此也是愚蠢的。但是，对这些解释习惯的非难有一个不幸的后果，那就是阻碍了我们对观念如何在长时段中发生转变和分化的认识。

　　塞缪尔·莫恩在其最近关于人权的书中严厉批评学者们准备将较早的现象视为预示，他将他们与教会史学家进行比较，后者把犹太教视为基督教的预示。①这种比较值得注意。虽然人们可能会指责基督教取代论者（Christian supersessionists）没有认识到犹太教的完整性和独立性，但我们并不清楚为什么由此一名历史学家调查基督教的犹太根源是错误的。对预示的禁止应该是为了使我们不至于犯以下错误，即将先前的观点误认为是真正的先例。但（恕我与斯金纳相左）历史实际上充满了预示，这些预示常常以难以遏制的方式得到解释。如果思想史家坚持认为，一种观念只有在具有了我们于某个特定时刻赋予它的所有可识别的标志时才会首次出现，那么，他就会为一种奇怪的非历史性观点所困扰，即一种语境及与其相伴的观念必须瞬间诞生或"一蹴而就"。在这种情况下，许多属于更久远的过去的、最难以令人相信和最令人着迷的先例就会完全消失在视线之外。莫恩对有关人权起源的、更具推断性的叙述持有怀疑态度，从某种角度而言，这是令人钦佩的，因为这种怀疑态度正是被当作了对胜利主义人权历史的**批评**和对自我描述的"谱系"的反驳。不过，这也反映了历史学家如何运用语境主义的必要性来封锁历史的广阔领域。具有讽刺意味的是，历史主义的语境主义不仅孤立了过去，也孤立了现在，由此，它强化了一种彻底自我授权的自由主义意识形态。故而无条件的语境主义造成了一种自相矛盾的后果，这一后果就是坚持一种非历史的观点，认为每个时代都是一座孤岛。最终，最贫困的可能是当

---

① Samuel Moyn, *The Last Utopia: Human Rights in History* (Cambridge, MA: Harvard University Press, 2010), 6.

下。在 1969 年的文章结尾，斯金纳提出了一个振奋人心的建议："我们必须学会为自己思考。"①对于这个建议，我们可以转而建议谦逊和对死者的怀念。没有任何一个时期处于与先前时期极端隔离的状态，也没有任何一个时代应该把自己想象为与过去如此分离，以至于因智识独立的幻想而自感不凡。

作为一种批判实践的思想史

从以上评论可以看出，我对作为思想史最高目的的全盘语境主义所具有的优点持有某些保留意见。然而，我所说的一切并不妨碍思想史家认真对待语境主义，将其视为工作中可能诉诸的众多姿态之一。语境主义不但重要，它也是历史理解这一武器库中一件重要甚至不可或缺的武器。当人们以适度的方式有效利用语境主义时，它有助于理解，并加固了当下历史学家与其过去之间的诠释桥梁。因此，批评是以理解为前提的。

当语境主义是以完全禁止或阻止批评的方式展现出来时，困难就出现　47
了。在这一意义上，穷尽式语境主义往往不是促成而是终结了我们批判性参与过去思想的手段。如果我们把语境理解为一个被严格界定的意义领域，而这个意义领域在很久以前就已经耗尽了其关联性，那么我们就不会相信一种观念可以享受毫无限制的、跨越时间和空间的自由运动，我们就不会允许自己想象过去的观念对当下世界有何种批判意义。②一旦我们致力于一种有节

---

① Skinner，"Meaning and Understanding，" 52.
② 关于"开放阅读"伦理的进一步评论，见笔者对埃马纽埃尔·费耶（Emmanuel Faye）所著 Heidegger：*The Introduction of Nazism into Philosophy in Light of the Unpublished Seminars of 1933—1935*，trans. Michael B. Smith（New Haven，CT：Yale University Press，2009）一书的评论，载 *Notre Dame Philosophical Reviews*：*An Electronic Journal*，March 12，2010，网址链接：http://ndpr.nd.edu/news/24316/? id = 19228（2013 年 7 月 13 日访问）。

制的观念，认为过去的语境与现在的语境仍可分离，我们就会将历史研究视为一种与现实保持疏离的实践，这一假设只会强化我们的这样一种感觉，即过去乃异邦。

我在这篇文章的开头指出，历史理解通常涉及对抑制和运动这两种独特理想典范的忠诚。接着，我进一步指出，人们必须努力在这两者之间取得某种平衡。上文对语境主义的剖析是为了强调片面忠于抑制原则所带来的风险。对于思想史家而言，这些风险可能特别严重。这是因为，只有当人们与过去的思想活动建立起一种移情和交流联系，而不仅仅是一种外部的和客观主义的联系时，思想史的实践才成为可能：只有当人们相信有可能获得进入过去意义的诠释通道时，他们才能理解观念。没有这样的通道，理解就会成为不可能：过去将陷入寂静，死者将变得沉默。换言之，历史移情的实践本身应该足以向思想史家表明，不能不加限制地接受一种彻头彻尾的语境主义。①

语境主义的声望大多源于这样一种逻辑谬误，即将有效性坍缩至源起。当然，由于人类存在的有限性，所有意义都必须在社会历史语境中得以表达，这是人类离散性的一个无可更改的事实。这不仅是一种自明之理，也是一种只有诉诸关于意义的柏拉图主义才能宣告无效的真理。但从这一真理出发，并不意味着在任何特定的表达语境中，意义都是可穷尽的。尤尔根·哈贝马斯很好地说明了这一点，他将"今日历史主义"的特征归结为"一种经验主义"，它"否认普遍主义特征的有效性主张具有严肃性；在采取某种立场的主体所作的每一个肯定和否定的背后，都存在这种有效性主张"。虽然任何此类有效性主张"总是在'此时此地'，在一种当地的语境下提出的"；但其作为有效性主张所具有的特征必然"超出所有仅仅是地方的标准"。②如

① 关于历史移情，可见 Dominick LaCapra，*Writing History*，*Writing Trauma*（Baltimore：Johns Hopkins University Press，2001）。

② Jürgen Habermas，"Israel and Athens，or to Whom Does Anamnestic Reason Belong?" *The Frankfurt School on Religion*：*Key Writings by the Major Thinkers*，ed. and trans. Eduardo Mendieta（New York：Routledge，2005），293—301；quote from 297—298.

果这种对过去观念的诠释性复得是可行的，那么我们对过去潜在的有效性主张的把握能力应该根本不允许我们将一种语境想象成一个封闭的意义领域。 48
移情之桥并未止于亡者的门槛：它展示了一种人类理解的运动，这一运动打破了任何可能语境的边界，并揭示了观念相对于所有抑制努力的流动性。

从 19 世纪初开始，现代历史学职业就一直背负着双重创新身份。一方面，它赞同成熟的黑格尔式的同一性逻辑，即在时间中看到一种寻求时间自身最终完成的原则。另一方面，它打破了历史封闭的意识形态，在时间中看到了一种超越当下之自我满足的运动。①我们只需回顾一下对黑格尔《逻辑学》的总结性阐述就能发现这一点：精神完成了自身外在化的伟大旅行，却作为"自我理解的纯粹概念"的中介，以更高的知识回归自身。②可以肯定，在黑格尔去世时，与他的哲学联系在一起的自恋逻辑可能并不能充分捕捉到他思想中最具活力的东西。这位年轻的哲学家在辩证法中发现了一种批判工具和一个"与否定一起停留"的机会。事实上，黑格尔这样一种形象，即对正在进行的论证的不安分支持者，最近在罗伯特·皮平（Robert Pippin）和特里·平卡尔（Terry Pinkard）等新黑格尔主义者那里得到了复兴。但是，这位否定论的哲学家最终毁掉了自己的批判冲动，成为为单纯存在辩护之人。"真理即全体"成为一种表达意识形态上的自我满足的姿态，它将"完成"所具有的形而上学的威望赋予当下。黑格尔式的封闭的悖论在于，它把思想的消亡错误地描述为其满足，仿佛一种观念达到了某个停滞点，超过这个停滞点，就没有什么可期待的了。

正是黑格尔辩证法的这种自满，让阿多诺和霍克海默在 20 世纪 40 年代中期谴责同一性理论是对于批判性思想的背叛：

---

① 关于对黑格尔的批评及现代历史的起源，见 John Toews, *Becoming Historical：Cultural Re-formation and Public Memory in Early Nineteenth-Century Berlin*（Cambridge：Cambridge University Press，2004），尤见第 16 页。

② Hegel, *Science of Logic*, trans. A. V. Miller（New York：Humanities Press，1969），844.

真实性凯旋,知识却被限定在其重复性之中,思想则成了单纯的同义反复。思想的机器越是彻底地征服了存在,便越是盲目地满足于再现它。启蒙因此倒退到它一直无法摆脱的神话中。因为神话的形式反映了现存秩序的本质:世界的循环、命运和统治都被当成了真理,并且放弃了希望。如同在科学公式的清晰性中一样,在神话形象的严密性中,**真实的永恒性是被确认了的,纯粹的真实性被表达为它所禁止的意义**。①

49 我们可以将以上段落解释为阿多诺和霍克海默最担心的是黑格尔式的野心,即将思想置于一个独特的终极语境中。在他们看来,这种语境主义的雄心将讽刺地宣告其本身的终结:它将思想带入一种与周围环境的准神话式和谐,由此使得思想的批判能量变质,在这种准神话式和谐中,所有意义都将与"现实的永恒"相一致。

出于这一原因,反对同一性理论的黑格尔左派甚至采取了一种批判姿态,完全不允许调和语境这一可能性存在。特别是对于晚年的阿多诺而言,自我同一性始终具有意识形态色彩,因此应被谴责为反思的敌人。"主体与客体之间存在着幸福的同一性,这幅有关时间上的或超时间的最初状态的画面很浪漫",他指出:它"有时是一种充满希望的投影,但在今天不过是个谎言"。②因此,一种不应仅作为意识形态的观念所具有的批判性前景,预示着这种可能性:某个观念可以超越任何可能语境而运动。③这一前景促使阿多诺在 1969 年指出:"只要思考不被打断,它就能牢牢把握住可能性。它永不满足的品质,对琐碎温饱的抵制,使它拒绝屈服所包含的愚蠢智慧。思考中的

---

① Theodor W. Adorno and Max Horkheimer, *Dialectic of Enlightenment: Philosophical Fragments*, trans. Edmund Jephcott (Stanford, CA: Stanford University Press, 2002), 20, 黑体为作者所加。

② Theodor W. Adorno, "Subject and Object," in *The Essential Frankfurt School Reader*, 499.

③ 如瓦尔特·本雅明观察到的那样:"在每一个时代,都必须尝试把传统从即将压倒它的顺势主义中夺过来。" Benjamin, "On the Concept of History."

乌托邦冲动越强烈，它就越不把自己客体化为一种进一步的倒退形式：乌托邦。由此它破坏了自身的实现。开放性思维指向自身之外。"①

上面引自阿多诺的这段话与斯金纳为历史主义的语境主义所作的宣言出现于同一年。如果说阿多诺的批评有什么价值的话，那就是它可能有助于让那些将语境主义作为理解之最高原则的思想史家感到懊悔。总而言之，穷尽式语境主义的风险在于，它强化了一种具有意识形态色彩的想法，即一种观念有可能因其周边环境而完全停滞。这一想法所包含的静寂主义可能会继续吸引一些思想史家，他们对自己的任务应仅限于和谐地包容各种观念这种想法丝毫不会感到困扰。将思想重新描述为单纯的"策略"，并将批判性洞察降至"习惯"或"人格"的运行，这种知识社会学，也犯了一个类似的错误，即将思想和谐地化约为社会，即便它相信这种再描述合乎批判性揭发的利益。②然而，真正的批判，在原则上必须超越任何特定限制，且不允许语境主义拥有最后决定权。这一原则不只对思想史家具有指导意义：任何不希望陷入无思想状态的思维模式都必须禁止其自身把过去想象成一个封闭的世界，而活着的人将发现自己无法忍受那个世界。

无超验性的批判   50

人们可能会倾向于将上述反对穷尽式语境主义的论点解读为仅仅是对观念的"自主性"或"超验性"的反应性吁求。如同塞缪尔·莫恩所正确建议的那样，这里所探讨的论点支持以下观点，即思想中存在着某种东西，它抵

① Theodor W. Adorno，"Resignation," rpt. in Telos 35（Spring 1975），转引自 Martin Jay，*Marxism and Totality：The Adventures of a Concept from Lukács to Habermas*（Berkeley：University of California Press，1984），264。

② Pierre Bourdieu，*Distinction：A Social Critique of the Judgement of Taste*，trans. Richard Nice（Cambridge，MA：Harvard University Press，1987）.

制将思想全盘化约为某种特定的社会秩序。但莫恩过于急切地假定，思想史家接受社会理论的唯一途径是将表征"锚定"于实践之中。锚的概念本身就具有暗示性，因为它暗示着使运动停止的愿望，暗示着将意义固定在自身之外的东西上。如果我们假设处理社会理论时必然涉及此类化约，那么思想史与社会理论之间的最终和解就似乎不太可能了。不过，这样的结论是错误的，因为正如阿多诺的例子提醒我们的那样，"社会理论"可以承认思想本身的社会意义。将思想和社会整体之间的关系理论化，又不会使两者相互瓦解，这是可能的。社会理论家和思想史家都应该能够同意，思想和世界之间的关系是一种永恒的论争，而非完全的和解。在这篇文章中的任何地方，我都没有提倡一种认为理论活动完全超越其话语（或非话语）语境的观点。正是一种不幸但并不令人惊讶的语境主义整体论的姿态，把思考中的关键时刻的特征错误地描述为争取达到形而上学的超验性。这种姿态并非罕见：整体主义的意义理论总是将其对手的特征描述为某种返祖形而上学的拥护者，并以此来获得其威望。以马克思主义为名的语境主义理论已然是如此了（即使该理论放弃了马克思主义赖以在其自身语境中生存的批评姿态）。

把思想史具有的可能选择说成是社会的内在性与思想的超验性之间的严峻选择，就是忽视了内在性和超验性之间的复杂辩证关系，由于这种复杂的关系，内在性和超越性不能仅仅以抽象否定的立场相互对抗。那些希望探究观念的语境嵌入性的人将为这一辩证法作出贡献，但只有当他们抵制一种关于社会的虚幻概念——这种虚幻的概念认为社会是一个非批判性的和彻底的整体，观念则在其中获得表面上的最终、和谐的解释——才能做到这一点。对这种幻觉的方法论非难来自思考的现象学本身。如果我们听从苏格拉底所言（《泰阿泰德》，155 d），认为惊奇（或 *taumazein*）是智慧的开始，那么我们自己在面对过去和现在的观念时惊讶的能力可能会提醒我们，任何单一语境都不足以充分满足一种观念的关键潜力。相信这样一种最终语境（即任何的和所有的可能意义的终极丰富性）并非历史方法的要求；它是一种神学。同时，只要批判行为在自身中保留了曾经被赋予上帝的超验性的记忆痕

51

迹，神学主题也可以作为批判性抵抗的姿态，以反对抑制的力量。因为正是批判性反思的意义中所固有的悖论性真理，使情境性思考超出了自身的情境。

结论

瓦尔特·本雅明在其著名论文《论历史的概念》中表达了对救赎观念的敬意。他试图阐明一种批判性的替代方式，以取代语境主义的历史解释方式——他将这种解释方式与历史主义联系在一起。颇具讽刺意味的是，本雅明认为，一种真正的批判史学只有在将历史运动带入停滞状态的情况下，才能抵制历史主义的逻辑："思考不仅涉及思想的运动，而且还涉及思想的停止。"就这里的反思而言，本雅明的结论可能显得自相矛盾，因为人们很容易将历史的"停止"理解为对抑制而非运动的请求。但这是对他真正的批评对象的误解。本雅明认为，历史主义中最令人反感的是它希望实现和谐的雄心，即将历史连续体固化为一个封闭整体，以及它拒绝支持能超出特定语境的关键潜力。他声称，具有批判意识的历史学家将抵制所有这些驯化的姿态。这样的历史学家"让一个特定的生命从那个时代中挣脱出来，让一项特定的作品从生命作品中挣脱出来"，最终这将"挣脱历史的连续体"。①

当然，这些评论并不意味着对语境主义本身的彻底拒绝。语境主义不一定意味着一种观念的衰竭。相反，当我们恢复一种遭到忽视或遭到误解的语境，并以一种更受限的方式有效利用它时，这一语境的恢复很可能会促进对于某一特定思想的批判性了解，它甚至可能帮助我们增加该观念的可能性。我的评论只针对穷尽性或超验性语境主义整体论，这种整体论常常被视为自发的历史实践哲学。我们应该拒绝的是这种自发的哲学，而非语境主义本

---

① Benjamin，"On the Concept of History，" 396.

身。因此，我们应该注意到对方法的宏大陈述与真正的实践之间的差距。因为讽刺的是，每当冒险进入一种更具批判性的分析方法时，思想史家通常会违反他们声称效忠的穷尽式语境主义原则。①

52　　我的反思也可能包含这样一种建议，即重新考虑思想史家想象他们与相邻学科之间关系的方式。在过去的半个世纪里，语境主义的要求深化了思想史的方法论自觉能力，以此，它为思想史作出了巨大贡献；但它也带来了不幸的后果，即为哲学和政治理论（以及其他批评模式）设置了障碍。这篇文章的隐含建议是：拆除这一障碍，重新构想思想史，更多将其构想为折衷实践而非独特的学科。沃伦·布雷克曼在本论文集中称之为"交汇学科"，也就是说，它是各学科之间的一个交易区，可以作为从历史视角展开的、有见地的批评繁荣发展的空间。②对思想史的这种理解，也许不那么完整可靠，但更具创造性。它或许能让我们放松一些限制，这些限制由于一种过度热衷于学科专业性和技术理性的伦理而在该领域获得权威。这种理解将使我们有勇气在一个越来越坚决要终结开放性思维实践的社会秩序中，捍卫此类实践。

---

① 如见 Quentin Skinner，*Liberty before Liberalism*（London：Cambridge University Press，1998）。

② 见 Warren Breckman，"Intellectual History and the Interdisciplinary Ideal，"载于本论文集。

III 法国存在思想史吗？——为预言中的复兴编年

安托万·里勒蒂著 威尔·斯劳特（Will Slauter）英译

思想史在法国从来没有取得它在美国，或在英国、德国和意大利那样的突出地位。对法国历史学家来说，思想史几乎不存在。他们倾向于用其他名称和形式来了解它，但他们几乎不尊重以下形式：首先是观念史，观念史因为具有观念论色彩而饱受负面评价，它既过于抽象，又缺少足够的理论基础；其次是哲学史，它是长期为哲学家把持的领域，很少有历史学家胆敢擅自涉足。在解释这种情况时，人们通常会归因于社会史的首要地位，以及年鉴学派在法国史学中扮演的重要角色，特别是自 1946 年以来所扮演的重要角色。情况实际上更为复杂，对思想史的不信任并不像通常认为的那样明确。近年来，越来越多的法国历史学家对思想史产生了兴趣，或者至少对史学不能简单地摒弃哲学文本和科学文本这样的观点产生了兴趣。但是，应该如何将它们整合至社会研究之中？是如同人们定期建议的那样，采用已在他处证明了其价值的方法和传统，还是去发展新路径？本文的目的是对在某种意义上，法国历史学家和思想史之间所错失的一系列机会进行反思；同时也对近期的一些研究进行评述，这些研究揭示了一种 动态的思想史形式的前景，这种思想史形式与法国史学的主要传统相一致，尤其与人们所说的"年鉴学派"以及同历史社会学联系紧密的传统相一致。

学科的重要性

　　法国缺乏思想史的传统，这首先得归咎于学科的发展方式。法国历史学家中缺少盛行于德国或意大利的真正语文学传统，这一点尤其值得注意。在德国，语文学对洪堡式大学模式的创建和 19 世纪人文学科的发展起到了重要作用。这种影响的遗产体现在语文学研究对历史问题的重视，以及历史研究对文本批评和批判诠释学的重视。①这种交叉融合在法国并不存在，法国的语文学一直是一个次要和辅助性的研究领域，甚至是一个有争议的领域。在法国，历史学的理论和实践并不以文本科学为指导，而是以叙事与知识、文学与社会科学之间的张力为指导。将历史学建成为有别于文学的学科，这种努力涉及与其他社会科学的一系列和解：从 19 世纪末与地理学的和解开始，到 20 世纪 20 年代与经济学和社会学的和解，最后是在 20 世纪 60 年代与人类学的和解。这些学科间的联合，在认识论和方法论上对研究方向产生了合理的影响，但它们也影响了对历史学家的培养。较之训诂技艺，历史学家在统计分析方法和地图解读方面变得老练。这具体表现在，法国中学将历史和地理放在一门课中教，所有专业历史学家都接受了地理学教育。

　　法国特有的另一个因素是，哲学史一直是学术性哲学实践不可或缺的组成部分。在英国和美国，由于分析哲学占据主导地位，情况则大不相同。在法国，哲学史首先是一种哲学活动，由从事哲学史研究的哲学教授理论化。他们首选的方法是对一部作品进行专题研究，他们将作品视为一个封闭的系统，认为需要对这一系统的连贯性和真实性进行评估。这种哲学史的写作有着严格的哲学视角，这一视角以发展概念性问题为目的，它让这类研究格外

---

①　Michael Werner, "Le moment philologique des sciences historiques allemandes," in *Qu'est-ce qu'une discipline?*, ed. Jean Boutier, Jean-Claude Passeron, and Jacques Revel (Paris: Editions de l'EHESS, 2006), 171—191.

能够抵制对社会或话语的语境化。①因此，在法国，哲学史变得对历史问题，   58
特别是对社会和文化史的发展尤为冷淡。与此同时，法国历史学家也变得对
哲学这一研究领域尤感不安。两个学科之间似乎形成了巨大的鸿沟。

年鉴学派的错？

除了这一结构性问题，法国历史学家对思想史的有限兴趣还取决于 20
世纪法国史学的主导趋势，尤其是年鉴学派出现之后的主导趋势。其中广为
人知的要素包括：历史与社会科学而非人文学相结合；偏好建模和解释而非
诠释学；对量化和建立资料序列的重视；最后，强调经济和社会史以及普遍意
义上的物质文化。举个例子，从 20 世纪 70 年代开始的文化史转向造就了一种
特定范式：心态史。其实践者往往非常怀疑思想史。一边是一种普通人心态工
具的历史，它基于整理排列过的文本证据；它是一种研究文化现象的定量方
法，无论其主题是宗教信仰、对待死亡的态度，还是识字模式。另一边则致力
于细致研究由文人精英创作的文本，分析它们的独特性、不可简化性和内在统
一性。这两种路径似乎差异过大，以至于无法提供任何达成共识的可能性。②

---

① 关于哲学史的经典定义，可见 Martial Guéroult, *Philosophie de l'histoire de la philosophie*
（Paris：Aubier，1979）。更近期的定义，可见 Charles-Yves Zarka, ed., *Comment écrire
l'histoire de la philosophie?*（Paris：puf，2001），19—32。不过最近一些展现了不同哲学
史视角的尝试，其更关注历史时刻、共同问题和文本网络，见 Frédéric Worms, *La philoso-
phie en France au XXe siècle*（Paris：Gallimard，2009）。

② 罗杰·夏蒂埃强调了这一点，见 Roger Chartier, "Intellectual or Sociocultural History? The
French Trajectories," in *Modern European Intellectual History：Reappraisals and New
Perspectives*, ed. Dominick LaCapra and Steven Kaplan（Ithaca，NY：Cornell University
Press，1982），13—46。夏蒂埃强烈主张这两种传统之间存在差异，其暗含的目的是倡导第
三种方式，他后来称之为 "表征的历史"（见 "Le monde comme représentation," *Annales
ESC* 44，no.6 [1989]：1505—1520）并成功地塑造了一种新文化史。在这一章中，我将不分
析研究的这一重要部分，它本身仍然远离思想史。

这些发展解释了为什么在法国鲜有伟大的思想史学家,为什么那么多重要的思想史著作都是由文学史家撰写的。以18世纪为例,从丹尼尔·莫尔内(Daniel Mornet)到让·斯塔罗宾斯基(Jean Starobinski),从保罗·阿扎尔(Paul Hazard)到让·埃拉德(Jean Ehrard),文学教授们对启蒙思想史进行了一系列最富影响的研究。但是我们不应因这一事实就假定年鉴学派的传统与思想史不容,事实上,年鉴学派的传统比对它的标准解释要多样得多,而且充满矛盾。这种误解是基于对年鉴学派史学家的漫画式印象,似乎他们一直只对经济和社会史以及可量化的集体现象感兴趣。特别是吕西安·费弗尔,他一直表现出对思想史的兴趣:在《年鉴》和《综合评论》中,他评述、讨论了恩斯特·卡西尔(Ernest Cassirer)对文艺复兴时期哲学的研究、艾蒂安·吉尔松(Etienne Gilson)对中世纪哲学的研究、莱昂·布伦施维奇(Léon Brunschvicg)对"欧洲精神"的研究,他甚至还讨论了托马斯·莫尔《乌托邦》的校注版。诚然,费弗尔指出了他所认为的、正在把"他们的历史和我们的历史"分开的一切因素,并指责哲学史家以一种非历史的方式研究"概念的产生,这些概念源自脱离实体的思想,随后在时间和空间之外获得了自己独立于时空的生命"。他这么做是为了呼吁两个学科之间的和解,这两个学科的"研究者被限制在各自的研究领域中,仍然不了解彼此"。①此外,关于他的《16世纪的无信仰问题:拉伯雷的宗教》一书,也存在着几种解释方式。可以将其解读为心态史的先驱,试图展现这位16世纪的代表人物、《巨人传》独一无二的作者的努力。也可以将其解读为某种试图探索知识和科学演变的思想史。②1946年,在新《年鉴》的第二期中,费弗尔撰

① Lucien Febvre, "L'histoire de la philosophie et l'histoire des historiens," *Revue de synthèse* 52, no.1(1932):97—103, and in *Combats pour l'histoire*, in *Vivre l'Histoire*, éd. B. Mazon(Paris: Robert Laff ont/Armand Colin, 2007):238—244, quotation on p.240.

② 在法国,科学史无疑是一个以历史认识论传统保留了思想史形式的领域,这要感谢巴舍拉(Bachelard)、柯瓦雷(Koyré)和康吉扬(Canguilhem)。在本文中,我没有去讨论这些作者,但必须强调的是,他们大多是哲学家,在历史学家看来尤其如此。

写了一篇关于艾蒂安·吉尔松的中世纪哲学史的文章，题为《思想史，社会史，一个环境问题》。在文中，他强调了思想史之于更宽泛的历史学的重要意义。他反对化约论，推崇对观念进行更为细致的历史化："关键是不要低估观念在历史中的作用，更不要让观念屈从于利益。关键是要表明，一座哥特式大教堂、伊普尔的大厅、永恒的野蛮的受害者以及伟大的思想大教堂之一，艾蒂安·吉尔松在书中所描述的这些，都是同一历史时期的产物……是在同一环境下长大的孩子。"①鉴于这样一个雄心勃勃的计划，有人可能会反对说，环境隐喻很难代替认识论，不过它至少显示了当"文明"这一术语出现在《年鉴》杂志的标题中时，费弗尔并不打算放弃思想史，将它让给哲学家和文学批评家。

在随后几十年间，布罗代尔的"长时段"和拉布鲁斯的经济史都取得了成功，同时，还有对量化的幻想，这些都不利于费弗尔方案的继续发展。相比之下，20世纪70年代开始的对历史确定性的质疑，以及20世纪80年代（在微观史学以及社会科学实用主义转向的双重影响下）年鉴学派范式的重新定义②，都推动了思想史的发展。这方面的证据从法国人对莱因哈特·科泽勒克和昆廷·斯金纳作品的接受中就能发现，这种接受比人们所宣称的更为重要。③政治思想史在法国的腾飞则得益于弗朗索瓦·孚雷（François Furet）、马塞尔·戈歇（Marcel Gauchet）和皮埃尔·罗桑瓦龙

---

① Lucien Febvre, "Histoire des idées, histoire des sociétés, une question de climat," *Annales ESC* 1, no.2（1946）：158—161.

② "Histoire et sciences sociales：un tournant critique？," *Annales ESC* 43, no.2（1988）：291—293；"Tentons l'expérience," *Annales ESC* 44, no.6（1989）：1317—1323；Jacques Revel（dir.）, *Jeux d'échelle：La micro-histoire à l'expérience*（Paris：Gallimard/Seuil, 1996）；Bernard Lepetit（dir.）, *Les formes de l'expérience*（Paris：Albin Michel, 1995）.

③ Jacques Guilhaumou, "L'histoire des concepts, le contexte historique en débat," *Annales HSS* 56, no.3（2001）：685—698；Julien Vincent, "Concepts et contextes de l'histoire intel-lectuelle britannique：l'École de Cambridge' à l'épreuve," *Revue d'histoire moderne et contemporaine* 50, no.2（2003）：187—207.

（Pierre Rosanvallon）的工作①，这些作者越来越有力地批评了社会史，他

60 们敦促历史学家放弃社会科学，转而拥抱思想史和政治理论。②另外，尽管
许多历史学家对福柯作品的兴趣来自福柯对传统观念史的拒绝，但这种兴
趣也为一种新形式的知识史铺平了道路，这种知识史更关注话语时刻。与
此同时，尽管出于史学的批判性关注，《年鉴》编委会的几位成员写了各自
领域的重要思想史，但那些致力于继承年鉴学派史学遗产的历史学家仍然
不愿公开支持思想史。③可能是因为长期以来对思想史的诋毁，年鉴学派
的确从未明确推动过思想史。不过，某些领域的研究正向它靠拢。米歇
尔·德·塞尔托（Michel de Certeau）关于 17 世纪神秘主义思想和宗教著
作的作品就是高度创造性思想的产物，当然，塞尔托扎实广博的语文学
知识，也塑造了这些作品的模样。④同时，新科学史提出了一个新的史学议
题，即：将对科学理论的研究与科学实践的社会、政治和物质史结合起
来⑤。在这种情况下，从理论上阐明年鉴学派史学家如何以一种忠于自己的
史学遗产的方式来处理思想史的某些问题，就成为一项关键而又困难的
任务。

---

① 首先可参见 Marcel Gauchet，*La Révolution des droits de l'homme*（Paris：Gallimard，
1989）and *La Révolution des pouvoirs，la souveraineté，le peuple et la représentation*（Par-
is：Gallimard，1995）；Pierre Rosanvallon，*Le moment Guizot*（Paris：Gallimard，1985）
and *Le Sacre du citoyen. Histoire du suffrage universel en France*（Paris：Gallimard，Bib-
liothèque des histoires，1992）。亦可见塞缪尔·莫恩在本书中的文章。

② 参见 Marcel Gauchet，"L'élargissement de l'objet de l'histoire," *Le Débat*，no.103（January—
February 1999）:131—146，以及罗杰·夏蒂埃在同一期中的回应。

③ Jacques Revel，"Histoire et sciences sociales：les paradigmes des Annales," *Annales ESC* 34，
no.6（1979）:1360—1376；Jean-Yves Grenier and Bernard Lepetit，"L'expérience
historique. A propos de C.-E. Labrousse," *Annales ESC* 44，no.6（1989）:1337—1360.

④ Michel de Certeau，*La fable mystique，XVI—XVIIe siècles*（Paris：Gallimard，1982）.

⑤ Dominique Pestre，"Pour une histoire sociale et culturelle des sciences. Nouvelles définitions，
nouveaux objets，nouvelles pratiques," *Annales HSS* 50，no.3（1995）:487—522.

一次错失的机会

　　如果从观念史的缺陷和心态史的化约论中解脱出来，思想史将会是什么样子？城市史及政治经济学专家让-克洛德·佩罗（Jean-Claude Perrot）的观点最为连贯一致。他承认当前史学方法论正在重构，并总结道："鉴于当前极端的题材自由，可以期待思想史的复兴。"但他马上又感叹道："在法国，它在找到发展的起点方面进展缓慢。"他特别担心一种劳动分工，它会让历史学家去研究智识职业和机构、错误的信仰和集体心态，但将研究知识各分支的主要文本的工作交给各自学科的专家。为了防止这种碎片化，佩罗为政治经济学思想史提出了一个连贯的计划，他希望重新对文本进行真正的历史解读，而经济学家们往往根据当代的关注和学科知识的现状来解释这些文本。①

　　佩罗的研究路径包含了某些方法论方面的选择，他对"当前思想史只探索了它的一小部分来源"表示强烈反对，呼吁学者们将文本库扩展到政治经济学所确立的狭隘经典之外。思想史不应局限于后续研究证实的若干主要理论进展，而应考虑众多后来为人遗忘的文本。同时，历史学家应该注意在思想争辩中发挥作用的社会条件、物质工具和出版技术，以避免无实体的观念史所采用的那种观念论。因此，佩罗鼓励书写思想传记，他将其设想为社会

61

<hr>

① Jean-Claude Perrot, *Une histoire intellectuelle de l'économie politique*（Paris：Ed. de l'EHESS, 1992）. 1975 年，佩罗出版了一本关于卡昂的重要著作，之后，他又发表了几篇关于政治经济史的文章，大多刊登在《年鉴》上。例如 "La comptabilité des entreprises agricoles dans l'économie physiocratique," *Annales ESC* 33，no. 3（1978）：559—579 和 "Premiers aspects de l'équilibre dans la pensée économique française," *Annales ESC* 38，no. 5（1983）：1058—1074。《政治经济学思想史》一书的出版是由时任《年鉴》编辑、佩罗曾经的学生贝尔纳·勒珀蒂（Bernard Lepetit）和时任社会科学高等研究院出版社社长、《年鉴》编委会成员雅克·雷韦尔（Jacques Revel）促成的。因此，佩罗的作品在当时显然与年鉴学派在思想上颇为接近。

文化语境与构成思想史的文本生产互动的场所。此外，他还借用了德国诠释学传统中的一个关注点，即致力于探索适用于特定文本的解释范围，尤其是最终能将我们与过去联系起来的解释链。佩罗将这种把对历史主义的承诺同对解释过程本身的兴趣相协调的方式称为诠释学。与那些致力于遵守社会史经典规范的历史学家相反，佩罗肯定抽象过程也是历史对象。与经济学家和观念史学家不同，他主张以思想史的复杂时间性为中心，对经济思想采取一种历史的研究路径：一个人必须将文本置于文本自身的时代，以防止谱系学显而易见的危险，但同时，也要认识到这些文本有能力解决当代问题。思想史首先表现为对一些独特历史对象所具有的多重时间性的反思——那些独特的历史对象被称为文本；正是在这一意义上，思想史可以证实它真正具有历史维度。

这种方法论上的洞见是在政治经济学领域中形成的，这一点值得人们注意。佩罗显然是在鼓励社会史学家批判性地审视他们自己的分析工具。其间，他一直在发展一个在他关于卡昂的论文中就已经勾勒过轮廓的论点。①在那篇论文中，他认为，当涉及近代早期的城市，城市史学家就不能完全依赖当前的人口学和经济学方法，他们还必须研究存在于当时的关于城市的知识，研究这一知识对城市管理的影响，以及它以何种方式塑造了城市直至今日的发展。佩罗承认，那种基于将社会划分为不同类别，并考察其如何运转的城市史模式正在失去活力，由此，他为对经济知识和社会思想的历史性进行方法论反思扫清了道路。所以，佩罗的提议可以被视为知识谱系学和福柯的考古学的替代，知识谱系学经常受阻于对初始形式的探索，而福柯的考古学往往过于强调不连续性。

这一经验本可以，也应该被应用于政治经济学之外的领域。②但事实果真

---

① Jean-Claude Perrot, *Genèse d'une ville moderne*，Caen au XVIIIe siècle（Paris-La Haye，Mouton，1975）.

② 佩罗在政治经济学这一领域留下了重要的遗产，如：Eric Brian, *La mesure de l'Etat. Administrateurs et géomètres au XVIIIe siècle*（Paris：Albin Michel，1994）；Jean-Yves Grenier，*L'économie d'Ancien Régime：un monde de l'échange et de l'incertitude*（Paris：Albin Michel，1996）。

如此吗? 在佩罗提出建议将近 20 年后, 这个问题的答案仍模棱两可。人们可能会倾向于作出否定的回答, 这仅仅是出于思想史在法国仍难以被承认为一个正规的历史研究领域。"那是观念史"仍然是历史学家的一句口头禅, 用来贬低以文本为主要对象的研究, 无论其历史分析多么精妙。人们很难找到致力于思想史的制度形式, 如期刊、学术会议等, 而致力于思想史研究的历史学家有时会给人以孤军奋战之感。至于年鉴学派, 在 20 世纪 90 年代, 它选择与社会科学, 特别是实用主义社会学重新结盟; 同时, 它接受了微观史, 以此, 它用一种新的形式确认了社会史的首要地位。不过, 我们仍需细致考察这种说法。首先, 佩罗的研究方法获得了成功, 最明显的是政治经济学史和更广泛意义上的社会思想史, 以及《综合评论》(Revue de synthèse) 这样的期刊获得了成功, 而佩罗曾经担任该刊物的编辑。此外, 一系列从不同角度展开的研究于近期面世, 它们证明了当前思想史的活力。2009 年,《年鉴》甚至出了一期"历史与哲学"专刊。事实上, 当前形势似乎有助于法国历史学家重新从事思想史研究。①以下三个研究领域揭示了佩罗所强调的部分观点的价值: 文本与语境之间的多种调和形式、历史学家的知识体系和历史主体的知识体系之间的相互影响, 以及最后的传记问题。

智识工作

近期有一组研究涉及智识工作的历史。这些研究并不是对作为最终产物的思想, 即以概念系统或固定文本形式存在的思想进行分析, 而是试图理解思想发展的条件。其中有两种研究路径变得清晰易见。第一种是智识劳动的历史社会学, 它强调思想形成和传播的物质条件: 图书馆的角色、论战动

---

① "Histoire et philosophie," *Annales HSS* 64, no. 1 (2009). 亦见专号: "Regards sur l'histoire intellectuelle," *Revue d'histoire moderne et contemporaine* 59, no.4 bis (2012)。

态、书籍的历史、社交和智识网络、学习场所、师生关系、认证机构、审查机构和智识劳动的正规化。①其目标不是要把思想史化约为社会史模式下的知识分子史，而是认真对待一个事实，即：智识活动是一种包括一系列社会、物质和认知工具，以及规范、训练和学习期的工作。思想史和哲学史常常掩盖了智识生产的这些方面。因此，历史学家应该研究学术工作的具体形式：从对科学技术的掌握到智识团体的组织。

书籍史专家发挥了重要作用，他们提出新问题，强调文本的意义取决于文本得以传播、阅读的物质形态和编辑形式。这些历史学家还强调不同读者和不同阅读公众对文本的积极占有。罗杰·夏蒂埃为书目资料和阅读史提供了双重经验，这种经验使得人们有可能将在特定语境下阅读哲学和科学作品的方式历史化。相较于哲学史学家，文学史学家更频繁地使用这种方法；哲学史学家往往并不愿考虑某一特定哲学文本的意义是如何为其初始的生产语境或接受语境所塑造的。尽管如此，书籍史和阅读史仍然是思想文化史的共同基础，②科学文化史学家关注塑造知识生产和流通的物质和文本条件，尤其

---

① Daniel Roche, "l'intellectuel au travail," *Annales ESC* 37, no.3（1982）：465—480, reprint in *Les Républicains de letters*（Paris：Fayard, 1986）；Etienne Anheim and Sylvain Piron, in the special issue, "Le travail intellectuel au Moyen-Age," *Revue de synthèse* 129, no.4（2008）；Alain Boureau, *Théologie, science et censure au XIIIe siècle. Le cas de Jean Peckham*（Paris：Les Belles Lettres, 1999）；Christian Jacob, ed., "Mondes lettrés, communautés savantes," *Annales HSS* 60, no.3（2005）and *les lieux de savoir*, 2 vols.（Paris：Albin Michel, 2007—2011）；Dinah Ribard, "Le travail intellectuel：travail et philosophie, XVIIe—XIXe siècle," *Annales HSS* 65, no.3（2010）：715—742；Christophe Prochasson and Anne Rasmussen, eds., "Comment on se dispute：les formes de la controverse," *Mil neuf cent. Revue d'hisoire intellectuelle* 25（2007）．

② 如，让-皮埃尔·卡瓦耶（Jean-Pierre Cavaillé）关于 17 世纪自由放荡者写作和出版策略的作品：*Dis/simulations. Religion, morale et politique au XVIIe siècle. Jules-César Vanini, François La Mothe Le Vayer, Gabriel Naudé, Louis Machon et Torquato Accetto*（Paris：Champion, 2002）；及 "Libérer le libertinage. Une catégorie à l'épreuve des sources," *Annales HSS* 64（2009）：45—80。关于书籍史和思想史的交汇，亦可见：Jacob Soll, *Publishing the Prince：History, Reading and the Birth of Political Criticism*（Ann Arbor：University of Michigan Press, 2005）。

是塑造自然史领域中知识生产和流通的物质和文本条件，以此为研究铺平了道路。

与此同时，对学科形成及智识辩论的诸阶段的研究表明，所产生的知识的本质在很大程度上有赖于科学网络组织。①即使是那些宣称自己具有普遍性的知识分支，如数学和哲学，也必须努力耐心地构建这种普遍性，它们常常抹去它们对知识得以产生的当时当地条件的援引，以达到这一目的。②因此，思想史的双重任务是揭示知识形成过程中的这些痕迹，并研究这些痕迹是如何被科学工作者所掩盖的，或是如何更巧妙地被科学学科构建其经典的方式所掩盖的。

智识工作也可以从严格的思维过程的层面上加以分析，这种思维过程是知识形成的中心，但它们，譬如描述、比较、预测或概括，不专属于任何思想传统或哲学传统。研究这些实践情况需要另一种不同的语境化。其目的不再是记录智识活动的社会条件，而是展现思考模式是如何从一个探究领域迁移到另一个领域的。研究的关键之处与其说是重建制约思维或是引导其焦点的知识形态（episteme）或思维方式，不如说是将常常被视为普遍的智识过程历史化。例如，雅克·瑞维尔（Jacques Revel）就已说明，对于在18世纪初的某些民族志文本中被发现的比较模式，可以将它们与近代早期文学中的比较技巧联系起来加以分析，从而更好地理解它们，而不是完全将把它们置于比较人类学的谱系中。③同样，启蒙思想史的主要特征之一是依靠描述来了解这个世界。④这种路径的优点是，它将通常由不同领域的专家研究的文本同

64

---

① Boutier et al., *Qu'est-ce qu'une discipline*?

② Stéphane Van Damme, *Paris capitale philosophique, de la Fronde à la Révolution* (Paris: Odile Jacob, 2005).

③ Jacques Revel, "The Uses of Comparison: Religions in the Early Eighteenth Century," in *Bernard Picard and the First Global Vision of Religion*, ed. Lynn Hunt, Margaret Jacob, and Wijnand Mijnhardt (Los Angeles, CA: Getty Publications, 2010).

④ B. Lepetit, "En présence du lieu même ... Pratiques savantes et identification des espaces à la fin du XVIIIe siècle," in *Carnet de croquis* (Paris: Albin Michel, 1999), 186—223.

思维工具结合在一起。该做法揭示了技术创新的重要性，这些创新，如复式簿记法和平均计算，首先在商业、金融或政府中发展起来，然后才在政治经济学和更普遍意义上的社会科学中为人所采用。佩罗呼吁书写"一种具体的抽象历史"，以此来鼓励学者们思考一系列此类创新以及它们的传播范围。例如，对现代科学非常重要的分类模式，可以说很大程度上有赖于商人记账的书写形式。①

这种对智识过程在不同话语领域之流动的关注，提供了一种颇具吸引力的方法，将思想史与哲学史或科学史区分开来。这种方法追踪思维模式、写作形式，乃至学科经典之外的整个智识传统的流动，以此，它大大扩展了与思想史相关的文本的范围。它还鼓励研究者使用更为大胆的比较形式，这样就能推动思想史研究跳出欧洲思想或西方思想的领域。那么，思想史的经典工具能否适用于其他文献？我们能想象一种勾连的思想史吗？②

思想史和社会科学史

人文和社会科学史的研究常常与科学史的方法论进展相分离。当历史学家回顾自己学科的过去时，他们往往会陷入本应避免的陷阱：对创始者的英雄崇拜、对先驱的徒劳寻找、趋势和思想流派的谱系以及观念史，这显得颇为自相矛盾。幸运的是，近来的一些研究作品正在使社会科学史重新焕发活力。在这个领域，前几年已有一种刊物出版发行，该领域也成为许多方法论反思的主题。

智识工作的历史为人文和社会科学史开辟了新的视角，一些研究聚焦于

---

① Perrot, *Une Histoire intellectuelle*, 30.

② Romain Bertrand, "Les 'splendides paroles' du Taj-us Salatin (1603). Pour une histoire à parts égales des idées politiques," in *Les idées en science politique*, ed. Jean-Gabriel Cont-amin and Jean-Philippe Heurtin (Paris: Presses Universitaires de Rennes, 2013).

历史学家和社会科学家的个人档案，以准确记录他们是如何工作的：从笔记到写作，从研究方法到课程准备，都在其记录之列。①以往的研究往往是基于过去的一些伟大历史学家的主要著作，特别是他们的方法论陈述（如导论、宣言等）。而现在，更为广泛的材料使得学者们能够走出这种典范样式，去分析历史实际上是如何被制造出来的。这一变化部分受到历史学家们从认识论角度展开的、关于其学科性质的激烈辩论的启发。如今人们普遍认为，既应该将历史学理解为知识的生产，也应该将其理解为一种文学活动；我们应该注意历史学家如何处理史料，以及如何选择风格或叙事。②此外，这种路径现在正向其他人文学科扩展。例如，文森特·德巴纳（Vincent Debaene）对法国人类学家对于文学写作的矛盾心理的研究，或让-路易·法比亚尼（Jean-Louis Fabiani）对法国哲学家在作家身份问题上的立场的反思。③

65

将史学辩论所具有的利害关系历史化的第二种方法，是将史学趋势置于更广泛的认识论辩论之中。一系列研究展现了史学专业中的辩论是如何依靠更广泛的理论和智识趋势，并对其作出贡献的。借此，这些研究已经开始将这些辩论语境化。恩里科·卡斯泰利·加蒂纳拉（Enrico Castelli Gattinara）关于两次世界大战期间认识论辩论的研究就是其中一例④。从历史学家的视角实践一种历史人类学，还可以进一步扩大探讨的范围，就像弗朗索瓦·阿

---

① Jean-François Bert, *L'atelier de Marcel Mauss*（Paris：CNRS Editions，2013）. 在正在进行的研究作品中，亦可见帕特里克·布舍龙关于乔治·杜比的作品，克里斯托夫·普罗夏松关于弗朗索瓦·孚雷的作品，菲利普·阿蒂埃和朱迪丝·瑞维尔关于米歇尔·福柯的作品。

② 在海登·怀特、保罗·利科、米歇尔·德·塞尔托、罗兰·巴特及雅克·朗西埃等人的开创性作品后，许多研究都强调了这一选择的重要性。显著的例子如 Paul-André Rosenthal，"Métaphore et stratégie épistémologique：la Méditerranée de Fernand Braudel," in *Alter-Histoire*，ed. D. Milo and A. Boureau（Paris：Les Belles Lettres，1991），109—126。

③ Vincent Debaene，*L'adieu au voyage*，*L'ethnologie française entre science et literature*（Paris：Gallimard，2010）；Jean-Louis Fabiani，*Qu'est-ce qu'un philosophe français?*（Paris：Editions de l'EHESS，2010）.

④ Enrico Castelli Gattinara，*Les inquiétudes de la raison*. *Épistémologie et histoire en France dans l'entre-deux-guerres*（Paris：Vrin/Éd. de l'EHESS，1998）.

赫托戈（François Hartog）所做的那样，他从对希腊历史理论所具有的利害关系的反思，转向对历史性体制的分析。在这个例子中，就像在莱因哈特·科泽勒克后期的作品中一样，历史学家之间关于历史功能的争论被置于一个更加广泛的文化语境中，该语境就是：社会与时间的关系，以及两者经验领域和期待视阈之间的联系。相关研究再度需要包括文学文本在内的、范围更广的资料。①

最后，还需将历史学家经常使用的一些概念视为思想史的材料。无论是明确地从其他社会科学中借鉴而来，还是取自日常语言，这些概念通常都有一段单凭词典学分析无法揭示的历史。不幸的是，历史学家的反思性通常仍局限于讨论特定术语在其各自学科中的历史用法，至多讨论它在其他社会科学中的历史用法。但是在德国概念史（*Begriffsgeschichte*）的传统中，一种真正的概念史通常会将更谨慎和有意识的使用考虑在内。以文明的概念为例，对于许多研究者——其中最著名的无疑是布罗代尔——来说，它曾是法国史学的旗帜之一，但现在这个术语几乎已被无声无息地抛弃了，它从《年鉴》的副标题和历史学家的普遍使用中消失了。今天，人们指责这个概念将文化差异本质化，并斥之为欧洲中心主义。然而，文明概念的真正思想史——从 18 世纪这一概念的发明，到它在 19 世纪转变为历史哲学的一个关键词——将表明："文明"这个术语的模糊性是一种历史写作形式所固有的，这种历史写作形式一直期待兼具欧洲中心主义和普世主义。这一研究路径说明，不应以当代的"文明冲突"理论来解读布罗代尔的"文明语法"，而是应该将其视为启蒙运动历史方案的内在矛盾间接造成的后果（在当时基本没有人认识到这一点），年鉴学派则在很多方面继承了这一历史方案。人文学科中的概念的思想史必须再一次超出它们在哲学文本中的使用，涵盖构建这些

66

---

① François Hartog, *Le miroir d'Hérodote. Essai sur la représentation de l'autre* (Paris：Gallimard，1980)， *Evidence de l'histoire. Ce que voient les historiens* (Paris：Editions de l'EHESS，2005)，及 *Régimes d'historicité，Présentisme et Expériences du temps* (Paris：Le Seuil，2003)。

概念的知识、文学和社会活动的所有领域。例如，一个研究"社会"概念在18世纪的源起的合作项目，分析了作为社会概念、政治原则和研究领域的"社会"一词。该项目汇集了研究文学史、政治文化史和哲学史的学者，来探索社会科学出现的智识条件①，这一研究对战后史学在语言转向的影响下将社会词汇具象化的方式，提出了质疑。②

智识生活

历史学家和传记之间存在着一种矛盾关系。③在思想史领域，传记既是一种走捷径的诱惑，是研究中不可或缺的一步，也是一种陪衬，因为它看起来十分接近作为哲学史特征的专题研究，或者接近那种长期以来在文学史中处于中心地位的那种基于传记的解释——这也许更糟。人们可能会认为，文化史、新批判派和福柯知识考古学所积累的影响已经明确结束了传记的统治地位。不过，传记有时仍被认为是一个尤为有用的主题，因为它使历史学家能够（根据个人的思想轨迹）检验一系列有助于理解一部作品的语境。

最近，思想史和传记之间的关系在两方面有所改变。首先，其目标不再是将作者的生活作为一个研究单元孤立出来，而是分析困扰思想史的专有名词的含义。例如，自近代早期以来，传记在哲学的文学史中占据了什么位置？④一

---

① Laurence Kaufmann and Jacques Guilhamou, *L'invention de la société. Nominalisme politique et science sociale au XVIIIe siècle* (Paris: Editions de l'EHESS, 2003).

② Keith Baker, "Enlightenment and the Institution of Society: Notes for a Conceptual History," in *Main Trends in Cultural History*, ed. W. Melching and W. Velema (Amsterdam: Rodopi, 1992), 95—120.

③ Sabina Loriga, *Le petit X, De la biographie à l'histoire* (Paris: Seuil, 2010).

④ Dinah Ribard, *Raconter, vivre, penser. Histoire (s) de philosophes, 1650—1766* (Paris: Vrin, 2003).

个人是如何成为"大哲学家"的?①思想史的经典或传统是如何建立起来的?

67　人们不再理所当然地认为传记类参照物是为了获得用以解释某位作者作品的线索而必须仔细查阅的东西;他们也不会拒绝传记类参照物而只倾向于文本。相反,传记被视为一系列社会行动、文学行动及理论行动的结果,这些行动使得一部特定作品成为其领域的中心。

其次,皮埃尔·阿多(Pierre Hadot)有关古代哲学和精神训练传统的作品所产生的影响表明,传记能够以另一种方式对思想史作出贡献。阿多认真地对待这样一种观念,即在某些语境中,哲学不仅是一套学说或连贯的理论体系,它还是一种生活方式,一种哲学家自己努力追求的伦理理想。这一观点要求将"哲学"概念历史化,并恢复其历史书写方式的生机。阿多本人也将这种观点应用于其他时期,例如对歌德的研究。此外,尤利乌什·多曼斯基(Juliusz Domanski)将这种观点应用于对文艺复兴的研究,马修·琼斯(Matthew Jones)则将之应用于对科学革命中主要人物的研究。②

这种路径的优点是打破了不同领域之间的壁垒,将道德和宗教问题重新引入知识史,并在知识分子的社会史和思想史本身之间打开了对话的空间。在法国,有几位学者已经采用了这一路径。知识分子史在很大程度上受职业史和文化领域的历史社会学的启发,其中,产生了由雅克·勒高夫(Jacques Le Goff)、丹尼尔·罗什(Daniel Roche)、克里斯托夫·夏尔勒(Christophe Charle)、克里斯托夫·普罗夏松(Christophe Prochasson)等

---

① Stéphane Van Damme, *Descartes, essai d'histoire d'une grandeur philosophique* (Paris: Presses de Sciences Po, 2002). 亦见 François Azouvi, *La gloire de Bergson* (Paris: Gallimard, 2007)。

② Juliusz Domanski, *La philosophie, théorie ou manière de vivre? Les controverses de l'Antiquité à la Renaissance*, preface by P. Hadot (Paris: Cerf, 1996); Matthew L. Jones, *The Good Life in the Scientific Revolutions: Descartes, Pascal, Liebnniz, and the Cultivation of Virtue* (Chicago: University of Chicago Press, 2006); Stéphane Van Damme, "Méditations mathématiques. Retour sur une pratique morale des sciences à l'âge classique," *Annales HSS* 67, no.1 (January—March 2012):135—152.

人所写的法国史学经典著作。然而,这类著作有时会因为没有分析文本本身的哲学意义而受到批评,目前的研究正试图填补存在于知识分子和其作品之间的鸿沟。①

这一路径还受益于米歇尔·福柯在法兰西公学的最后一次演讲中所讨论的"parrhesia"("说真话的直率")概念。Parrhesia 是一种真诚的说话方式,而说真话的人需要勇气,这种冒险行为既是一种道德行为,也是一种政治行为。②让-雅克·卢梭的例子表明,研究可以从这一视角中获益。卢梭当然陷入了启蒙运动的动力和内部矛盾之中,以此为主题的著作为数众多。但遗憾的是,互不交流的专家们瓜分了他的作品。当哲学家们研究他更具理论性的文本(《论不平等的起源》和《社会契约论》)时,文学史学家们则偏爱其自传体文本和《新爱洛伊丝》。与此同时,历史学家更感兴趣的,往往是对他的接受,以及他之于现代感受性或法国大革命的"影响"。此外,由于要弄清卢梭的中心学说是很难的,一些人将他视为雅各宾共和国的先驱,另一些人则将他视为启蒙运动的敌人,将两者分开的是一种几近彻底的误解。

卢梭的作品中最一以贯之的特点之一是他坚持自己的生活和思想是对等 68
的,其目标是每个人都可以同时是伦理自我的典范和社会批评的工具。对卢梭来说,一个思想家必须使他的生活和哲学一致,他的话才能让人信服。同样,我们也可以部分地将其作品解读为对相互依存的现代性世界中真实生活状况的反思。这种将卢梭作品视为一个伦理和政治方案的观念,鼓励我们去研究他在那个时代的文学世界中的独特立场(譬如他与其他哲人及他的社会保护人之间的冲突),他对写作和出版的态度(尤其是他对匿名这一普遍做法的拒绝),以及他关于认知的人类学。这一探讨的目的显然不是要将卢梭

① Etienne Anheim, "Pétrarque, l'écriture comme philosophie," *Revue de synthèse* 129, no.4 (2008): 587—609.

② Michel Foucault, *Le gouvernement de soi et des autres I* (Paris: Gallimard/Seuil, 2008) 及 *Le Courage de la vérité, le gouvernement de soi et des autres II* (Paris: Gallimard/Seuil, 2009)。

的思想解释为其矛盾立场的产物，也不是要通过他的哲学著作来解读他的一生，而是要弄清他在启蒙思想史中的独特地位。事实上，卢梭在很大程度上得益于古代哲学对自我关怀的关注，这其中既有苏格拉底的传统，也有犬儒学派说真话的直率。但他确认了一种完全属于现代主体性的个体性和独特性，由此，他明显与众不同。①这样一来，卢梭便构建了一种极其有力的批判立场，这对后来的艺术天才和社会行动主义的观念产生了相当大的影响。这种立场被证明是非常不稳定的，因为它使得批判的真实性依赖于公众对作者人格的判断，包括他的私人生活。卢梭发现了一种社会批判形式，其基础是在一个对新名流开放的公共领域中，展现出一种模范生活。认识到这一方案中的固有矛盾成了卢梭一生的悲剧，因此，也成为一种幽暗沉思的主题，这种幽暗沉思，是他最后的那些作品的特征。②

　　在史学已成为跨国的，乃至全球的时刻，在民族国家框架下介绍思想史的演变可能显得很奇怪。这种选择导致了一种不完整解释，因为所讨论的大多数近期作品都是"国际"趋势的一部分。然而，历史学仍是一门主要在民族国家语境下发挥作用的学科，这不仅因为存在着对招收学者和评估其研究加以管理的制度性规定，而且还因为在对学生的培养、对已出版作品的评论以及优先研究主题的确定方面存在着不同方式。在法国国内外，存在着一种流传甚广的观念，即思想史在法国未能得到真正的承认。但正如我试图表明的那样，形势正在发生变化，这种变化不是表现为通过宣言、期刊或是机构来赋予思想史以正式身份，然后把那些研究它的人员聚集在一起——一如 20 世纪 80 年代的文化史那样，而是以一批共享某些战略和关切的研究和出版物的形式表现出来。这些作品聚焦于知识和观念的生产和流通，强调智识工

① Barbara Carnevali，"Le moi ineff açable：exercices spirituels et philosophie moderne，" in *Pierre Hadot，L'enseignement des antiques，l'enseignement des modernes，ed. A. Davison and F. Worms*（Paris：Editions Rue d'Ulm，2010）.

② Antoine Lilti，"The Writing of Paranoia：Jean-Jacques Rousseau and the Paradoxes of Celebrity，" *Representations* 103（2008）：53—80.

作的形式，包括其物质形式。它们努力与其他社会科学进行富有成果的对话，并强调佩罗所倡导的批判诠释学：这是一种细致的解释实践，它由坚实的历史文献支撑，关注我们自身知识形式与我们着手研究的时期的知识形式之间的关系。

这种对知识的时间性的关注对思想史来说尤为重要。和文学史家及艺术史家一样，思想史家研究的是产生于特定历史语境中的文化对象，但随着时间的推移，从最初读者或评论者的反响到最近学者的解释，这些文化对象的意义和重要性发生了变化。这就是哲学史家和历史学家之间的主要区别：前者与过去的作者进行对话，来将自己的写作置于与他们所引文本相同的哲学层面，而后者将过去的文本本身视为研究对象。彼得·戈登在他收入本论文集的文章中，捍卫了用当下的关注来处理过去的哲学文本这一观点，他警告要防止过度语境化的危险。相较而言，法国的整个文化史传统是建立在一个前提（有时它比其他前提得到有力得多的说明）之上，这个前提就是：历史学家身处的现在与在他所用史料中发现的过去之间存在着不可逾越的距离。吕西安·费弗尔的《拉伯雷》体现了这种对过去和现在之间的异质性的坚持，他坚持认为历史学家有义务通过揭示特定文本在过去的意义来避免时代错置。这种对语境化的承诺是历史学家研究路径的独特之处。只要不牺牲历史学家对我们理解文化对象所作出的特定贡献，就不能放弃这一承诺。另外，历史学家也需要认识到这些文化产物并非停留在过去。事实上，对拉伯雷的研究耗费了费弗尔多年功夫，部分原因就在于不间断的评论、批注版和大众版本，使得拉伯雷的作品直到 20 世纪还活在法国文化之中。因此，思想史必须考虑到各种各样的媒介力量，它们使得文本保持生命，并向解释开放。其次，思想史需要去重构不同解释群体所使用的批判工具，这些群体一直在与这些文本打交道。这样的视角意味着一种不同的语境化，即在承认历史学家自身依赖于某些诠释传统和文化传统的同时，保留了对记录和批判史料的承诺。

70

本文并不试图对在法国以各种名义从事的思想史实践进行全面的或不偏

不倚的评论。相反，我试着去更好地理解思想史长期以来在法国史学中的不稳定地位，并试着提出一些研究思路，即通过从文化史和社会科学史中汲取灵感、获取工具，思想史有望重获活力。在本文所引用的作品中，思想史并没有（如同存在于美国的那种模式一样）作为一个独立的分支学科出现，也没有与社会文化史发生冲突。相反，思想史成为历史、文学研究、哲学和科学研究等领域交流和辩论的特殊场所。这种思想史研究的优势在于鼓励反思，从而使历史学家体验到其自身知识的历史性；在于设法建立与其他学科的联系。由于思想史未被高度规范，它也许可以成为一个自由试验的场所。

IV 论概念史 *

杨-维尔纳·米勒

关注概念史成为批判性思维的本分。

——汉斯-格奥尔格·伽达默尔

概念就像关节,把语言和言外世界联系起来。否认这**一特征**就是自我催眠,是如同希特勒那样,沉湎于一种自己杜撰的意识形态。

——莱因哈特·科泽勒克

言辞亦能毁坏。

——莱因哈特·科泽勒克

莱因哈特·科泽勒克是战后德国最伟大的历史理论家。然而,却没有一种真正的理论,可用以解释那种使科泽勒克享誉德国与国际的思想史研究方法:概念史,或德语中的 *Begriffsgeschichte* ①。这显得有些吊诡。尽管科泽勒克终

---

* 我很感激与尼古拉斯·奥尔森(Niklas Olsen)、梅尔文·里克特(Melvin Richter)、博·斯特雷斯(Bo Strèth)和马丁·范·盖尔德伦(Martin van Gelderen)关于概念史富有启发性的交流,也向牛津大学出版社的两位匿名审稿人致谢。

① 可以肯定的是,理论与方法不同。卡里·帕洛宁(Kari Palonen)有效地区分了六种将概念史含义概念化的方法:作为"历史编撰学的一个子领域"、作为"一种历史编撰学的方法"、作为"文本分析策略"、作为"概念变化的微观理论"、作为"概念变化的宏观理论",以及最终,作为"概念理解的一场革命"(后者本质上是对概念史价值的判断)。我同意这一判断,(转下页)

其一生都在寻求他所称的真正史学（proper *Historik*），即一种解释可能历史的特有条件的理论，但概念史仍然是一个与之相关、却在许多方面尚未充分理论化的项目。最终，他为那部著名的《历史基本概念》（*Geschichtliche Grundbegriffe*）辞典撰写的词条或是与之相关的内容，大多采用了一种实用的方法。①

75 　　然而，这种实用主义也有助于概念史的传播。除了那些在德国的最初项目，如今不但在欧洲其他地区（特别是北欧），而且在更遥远的地方（其中拉丁美洲是一个特别重要的发展区域）都有重大的集体研究项目。然而，概念史在全球的扩展也因对这种方法的一些疑虑而蒙上阴影。这种怀疑有些纯粹是方法论上的，尤其是当它以"剑桥学派"成员从思想层面展开抨击的形式出现时更是如此。有人尤为质疑概念是否真的会发生变化，抑或所有能探究的不过是"变化中的词语用法"。也有人担心，概念史是否真的能从广义上为语言和社会历史之间的关系提供一种连贯的解释，而这在很大程度上是它最激动人心的初始承诺。

　　有些人始终质疑，在更具政治色彩的层面，概念史（*Begriffsgeschichte*）与一种深刻的反现代主义，与那些关于政治和社会生活本质之问题的重重假设捆绑在一起，或者不客气地说，为其污染。这种反现代主义及种种假想从根子上来自卡尔·施密特（Carl Schmitt）和奥托·布伦纳（Otto Brunner），他们分别是法律理论家和历史学家，并和国家社会主义联系甚密。许多评述者认为，概念史可以从科泽勒克和施密特有关现代（modernity）是危险的"意识形态化"时代的断言中解脱出来。与此同时，主张概念史需要考虑现代性的特殊动力机制（尤其是"集体单数术语"，如"历史"这一术语本身的兴起，就其抽象性质而言，容易出现某种形式的"意识形态化"），正是科

（接上页）但我也发现，这两种理论、方法和策略都存在问题，缺乏明确性。参见 Kari Palonen，"An Application of Conceptual History to Itself: From Method to Theory in Reinhart Koselleck's Begriffsgeschichte," *Finnish Yearbook of Political Thought* 1 (1997) : 39—69; here，41。

① 科泽勒克虽然深受马丁·海德格尔、卡尔·洛维特（Karl Löwith），尤其是汉斯-格奥尔格·伽达默尔的影响，但他自己并不是一位哲学家，当然对分析的观点和尖锐区别的发展也没有耐心。

泽勒克及其追随者最初实践的概念史如此令人振奋的原因——而非乏味地比较，譬如比较 50 年间，辞书中收录的词汇用法（唉，在《历史基本概念》的一些章节中依然能找到这种方法）。那么，在何种意义上，种种颇为不同的现代性可能需要种种颇为不同的概念史呢？换言之：迄今为止，概念史是否完全与一种特定的欧洲经验，或者至少是西方经验联系在一起？而且，对于多种现代性来说，多种概念史能否存在？或者说其传播终究存在着边界？

　　在这篇文章中，我将从重建概念史的起源入手，接着，我将讨论《历史基本概念》的巨大成功，并同时尝试将概念史拓展到它最初的德国语境之外。随后，我将探讨我已经暗示了的有关概念史的一些疑虑和担忧。我将表明，概念史确实可以与某些关于现代性的特定假设区隔开来，这些假设可能更多地告诉我们 20 世纪 50 年代和 60 年代西欧的境况，而非现代性本身的境况。此外，我将证实这样一种怀疑，即：在许多方面，概念史的实际"方法"或潜在理论假设并不像人们所希望的那样清晰。事实上，概念史一直保持着某种程度的不确定性：它承诺在"社会史和意识观念史"之间进行调解，或者，换言之，"在语言和现实之间"进行调解；但它从未充分阐明这种调解如何能够一以而贯之地进行，也未能充分阐明，就此而言，假定语言和"现实"可以分离这一做法实际上是否合理。①这种不确定性并非概念史所获成功的唯一解释，但是，正如汉斯·乌尔里希·贡布雷希特（Hans Ulrich Gumbrecht）所指出的那样，它对此可能有着重大贡献。②换言之：研究概念史本身打开了某些期待视阈，它们涉及人们对如何真正理解大规模的历史变化进程（不单是思想史中的历史变化进程）；不过，在这些期待实际上能在

76

---

① 这些措辞是科泽勒克的。参见 "Begriffsgeschichte, Sozialgeschichte, begriffene Geschichte：Reinhart Koselleck im Gespräch mit Christof Dipper," *Neue politische Literatur* 43（1998）：187—205；here, 188。

② Hans Ulrich Gumbrecht, "Pyramiden des Geistes：Über den schnellen Aufstieg, die unsichtbaren Dimensionen und das plötzliche Abebben der begriffsgeschichtlichen Bewegung," in *Dimensionen und Grenzen der Begriffsgeschichte*（Munich：Fink, 2006），7—36.

多大程度上得到实现方面，依然存在着一些合理的质疑。

话虽如此，但如果我们仍期待这样一种方法，即使这种方法对历史认识的野心有所收敛，仍能以某种方式机械地应用于更多主题、时代和地理区域，直到所有地区和历史经验都被"它们"的概念史所覆盖，那我们就显得有点天真，或者至少是缺乏想象力了。那么，我们应该期待什么，或者朝着什么努力呢? 这个问题开启了这篇文章的最后一部分，我在其中对概念史的哪些内容过时了、哪些还具有生命力给出了明确判断。按照科泽勒克最初设想的方式（在他摆脱过分规范的考虑之前），概念史可以提供"语义检验"（semantic check），并具有澄清当下的政治理论化的功能——特别是如果它再结合对于历史时间经验的当下理解所作的令人信服之解释（这听上去可能相当晦涩难懂——请容忍我）。然而，我不太确信概念史能充当实现崇高理想——譬如"欧洲的相互理解"、甚至是有时候所宣称的"文明间对话"——的工具。

其次，我想鼓励更多关于概念如何在非常不同的"真实历史"环境下传播与演变的研究。最后，我希望表明，概念史能够卓有成效地将其目标和抱负转向理解生活经验（lived experience），而非局限于精英话语。例如，它能够如有时人们所建议的那样，将对政治图像学的关注囊括进来。然而，最重要的可能是更加关注语义场而非单个词汇，特别是存在于日常使用和生活经验中，而不仅仅是在社会和政治理论家口中的那些语义场。[1]最后一点并非一种廉价的平民主义视角。如同我将要展现的那样，概念史本身需要一种对历史时间和经验的解释（account of historical times and experience），而且解释范围越广越好。从这个意义上说，"平民主义"始终是概念史本身的前提假设。

本文末尾将提出三点建议：对当下概念史进行批判性研究；撰写更多翻译史、挪用史、误译史和错误挪用史；最后，更复杂地使用关于概念史的这样一种观念，即把它视为将历史变化过程理论化，特别是经验本身变化中的本质理论化的手段，并且在比"基本概念"（或 Grundbegriffe）更广阔的基础

---

① 另见 Mark Bevir，"*Begriffsgeschichte*，" *History and Theory* 39（2000）:273—284。

上使用它。在所有这三个领域里，人们都可以有效地使用科泽勒克自己的历史理论。在科泽勒克本人的著作中，概念史和历史（*Historik*）之间的关系并不总是完全清楚确切的，但它们无疑都对彼此产生了深刻影响，并在一定程度上造就了如此丰富的思想遗产，而这一遗产尚未得到充分评估。

将概念史历史化（Historicizing *Begriffsgeschichte*）：
与欧洲现代性和二十世纪史角力中的立场和概念

"概念史"（*Begriffsgeschichte*）的概念史告诉我们，黑格尔最早使用了这个词。①而概念史作为一种研究方案（以及较为不明显地作为一种独特的"方法"）则是出现在 20 世纪 50 年代末、60 年代初的联邦德国。广义上说，它可以被解释为语言转向的一部分，但需要附上至关重要的声明。对这一点的强调是很重要的，因为今天，"历史语义学""话语分析""语境主义"等往往与概念史一起出现，但它们的研究对象却大相径庭，所使用的语言哲学亦有差异，而且至少在某些情况下，它们的规范性背景假设和目标也不同。

人们可以将德国概念史（*Begriffsgeschichte*）理解为一场历史学家和哲学家的共同运动，尽管这场运动的内部是复杂的，存在许多有时根深蒂固的哲学和政治分歧。例如，约阿希姆·里特尔（Joachim Ritter）的哲学词典项目就与科泽勒克的项目不同，后者专门研究某个国家（德国）语境下现代性的形成和历史变迁。里特尔的方法更多仍属于尝试去厘定哲学术语基本含义的传统。诚然，汉斯-格奥尔格·伽达默尔对他们都产生了影响，但这一运动的不同部分从《真理与方法》中获得了颇为不同的见解。②

---

① H. G. Meier, "Begriffsgeschichte," in *Historisches Wörterbuch der Philosophie*, ed. Joachim Ritter, vol.1(Basel: Schwabe, 1971), 788—807.

② 另见 Hans-Georg Gadamer, *Die Begriffsgeschichte und die Sprache der Philosophie*（Opladen: Westdeutscher, 1971）。

为什么概念史的巨浪会恰逢其时地发生？对此，有两种看似合理，但可能颇为化约论式的解读。一方面，人们实际上可以将其理解为与过去达成妥协的一种形式：它是对第三帝国之后的概念的一种追溯和考查，更明显的例子是维克多·克伦佩雷尔（Victor Klemperer）的《第三帝国的语言》（*Lingua Tertii Imperii*）和道夫·斯特恩伯格（Dolf Sternberger）的《人类词典》（*Wörterbuch des Unmenschen*），这些作品都把政治语言作为过去（*Vergangenheitsbewältigung*）的一部分加以研究。①与此同时，另一方面，正如贡布雷希特所说，概念史允许更广泛地重新利用民族传统。②概念史是一个更为特殊的过程，它对继承下来的德语政治语言进行"语义矫正"。除此之外，概念史用据称是决定性的"意识形态化"过程，而非刚过去的纳粹历史，既和过去达成一种协议，也和现在达成一种协议，但更广泛地说，是与现代性的过去和现在达成一种协议。③

概念史最初有许多准官方目标。在最雄心勃勃的纯粹哲学形式中，即伽达默尔的哲学形式，以及在某种程度上的里特尔的哲学形式中，它为人文学科（*Geisteswissenschaften*）提供坚实的哲学基础；更具挑衅性的提法或者是，诠释学和概念史最终应该合而为一。该主张的主要媒介阵地是（创刊于 1955 年的）《概念史档案》（*Archiv für Begriffsgeschichte*）杂志和后来的《词典》（*Wörterbuch*）（最初由里特尔编辑，第 1 卷于 1971 年出版）。

在其最具雄心的历史编撰学形式下（或者，批评者可能会说，在几乎不

---

① 关于为什么概念史在德国出现，也有更为雄心勃勃的解释：一些人强调黑格尔的独特作用，另一些人强调 19 世纪教义史（*Dogmengeschichte*）的兴起，科泽勒克本人认为，正是近代时期翻译拉丁语的需要导致了德语语境中人们对概念的高度敏感性。

② Gumbrecht, "Pyramiden," and Stephan Schlak, "Am Erwartungshorizont der Begriffsgeschichte: Reinhart Koselleck und die ungeschriebenen *Grundbegriffe* der Bundesrepublik," in *Theorie in der Geschichtswissenschaft: Einblicke in die Praxis des historischen Forschens*, ed. Jens Hacke and Matthias Pohlig (Frankfurt/Main: Campus, 2008), 171—179.

③ Schlak, "Am Erwartungshorizont," 173.

加掩饰的政治学形式下），概念史是为了阐明启蒙辩证法（即科泽勒克论文的最初标题，当他意识到这个标题已为人使用，就将论文重新命名为《批判与危机》）。《历史基本概念》项目作为一个整体，深深受到一种有关现代性的视角的影响，这种稍具怀疑主义色彩的视角把现代视为一个"意识形态化"的时代（这并不是说每个单独的章节实际上都讨论了这一主题）。科泽勒克以及为他撰稿的人所说的现代鞍型期（*Sattelzeit*）是基本概念开始具有现代意义的时期，或者至少是它们的意义可争辩范围变得有限的时期，它也是一个社会剧烈动荡的时期，一个具有普遍加速感，越来越抽象的概念"意识形态化"和"民主化"的时期，这个时期因此形成了一种新的大众政治，尤其形成了危险的历史哲学的统治。①现代被诊断为进行着实际上的或潜在的意识形态内战的时代（科泽勒克曾令人难忘地提到一个"由内战组成的火环"［"Feuerkranz von Bürgerkriegen"］），暗示在他自己的时代，所有内战都可能以核毁灭而告终）。为什么？因为，除了要求其他事物外，现代概念还要求变革，要求政治运动，最终要求冲突。

　　谁对《历史基本概念》产生了特别持久而重要的影响？官方记载该词典有3名编辑：科泽勒克、布伦纳和社会史学家维尔纳·康策（Werner Conze）。但事实上它变成了科泽勒克的项目。他从头到尾都在监督项目，编辑了大部分章节，最后还亲自撰写了其中一些章节（比他曾经期望的还多）。回过头来看，科泽勒克参考了很多公认的权威，但其中4个主要参照点尤为突出。首先，作为社会史工作小组（*Arbeitskreis für Sozialgeschichte*）主要成员的奥 79托·布伦纳和维尔纳·康策已经把社会史和概念史联系在一起；其次是一种可以追溯到黑格尔的传统，这一传统将概念史理解为哲学术语史，它在当代最重要的支持者是伽达默尔（以及间接支持者海德格尔，科泽勒克在海德堡

---

① Reinhart Koselleck，"Einleitung," in *Geschichtliche Grundbegriffe*，vol.1（1972；Stuttgart：Klett-Cotta，1992），xiii—xxviii. I. 除了民主化和意识形态化，科泽勒克主张鞍型期概念的"政治化"和"时间化"（*Verzeitlichong*）。

的各种学术研讨会上遇到过海德格尔）；①第三是科泽勒克的博士论文指导老师约翰内斯·屈恩（Johannes Kühn），他关于不同类型的宽容的历史著作实际上就是对不同历史概念的分析；最后，但同样重要的是卡尔·施密特，他关于独裁的书就是一部原初概念史（protoconceptual history），在其著作以及他与科泽勒克的直接交流中，施密特都坚称需要将法律和政治概念语境化，尤其是要将概念的意义与整个历史时代的特征联系起来。②

然而，最初官方为概念史给出的正当理由几乎没有提及这些名字或传统中的任何一个。毫无疑问，只有在 20 世纪 60 年代和 70 年代德国历史学专业主要趋势这一语境下，人们才能完全理解它们。这听起来可能有些化约论，但几乎没有人质疑科泽勒克一些追溯性尝试的诚意，这些尝试把一些最初宣扬概念史的重要性和特殊作用的主张相对化。当时，他们相当谦虚地将概念史描述为辅助社会史的研究工作，甚至描述为社会史的婢女，所有这些都是为了使概念史自身正当化，并与传统的观念史（*Ideengeschichte*）和精神史（*Geistesgeschichte*）保持适当距离，而后两者被广泛质疑不仅在方法论上存在缺陷，而且已经产生了有害的政治后果（无论这些政治后果是民族主义、保守主义，抑或仅仅是政治消极性）。

与社会史的联姻是便宜之举，很快，争吵就接踵而至。科泽勒克曾更加公开地质疑比勒费尔德（Bielefeld）模式的社会史或多或少带有目的论（特别是其关于德国特殊发展道路的理论，亦称 *Sonderweg*［特殊道路］）。他还认为社会史学家不加批判地，且在某种意义上，非历史地采用了 19 世纪的概

---

① 与伽达默尔的关系并不像人们想象的那样简单：社会和政治概念的概念史无疑极大受益于伽达默尔的哲学概念史。但后来科泽勒克坚持认为，他的历史学——关于可能历史的条件的理论——不能被纳入诠释学。科泽勒克所标识的对立——死亡与杀戮能力、朋友与敌人、公开对秘密，以及"早—晚""内—外"和"上—下"（或"支配—受支配"）只能在语言中被理解，但它们本身并不一定是语言现象。参见 Reinhart Koselleck and Hans-Georg Gadamer, *Hermeneutik und Historik*（Heidelberg: Carl Winter, 1987）. I。总的来说，概念史与科泽勒克的历史学之间的关系尚未得到深入探讨。

② "Begriffsgeschichte, Sozialgeschichte, begriffene Geschichte," 187.

念，如阶级、国家和资产阶级。①最后，科泽勒克将完全放弃"社会史"一词，而只谈事实的历史或事件历史（*Sachgeschichte* 或 *Ereignisgeschichte*）。

社会史学家对此给予了回应。在他们看来，概念史充其量是一条"死胡同"，正如社会史元老汉斯·乌尔里希·韦勒（Hans Ulrich Wehler）曾指出的那样。在最坏情况下，它是"历史主义"（historicism），或者是某种观念论（idealism）的保守主义复兴的一部分，对社会史的进步事业而言，它尤其会带来危险的政治后果。

诚然，概念史从一开始就以某些当下关注来证明其正当。在科泽勒克的构想中，它可以作为对当下语言使用的一种"语义学控制"形式，它甚至导致"政治澄清"。科泽勒克和他的同事们还坚持认为，当下，概念在某种意义上无需历史解释，因为任何人都可以掌握它们的意义（他的优雅表述是不可译的：在一个人自己的时代，术语突然变得可理解 [*Begrifflichkeit* collapsed into *Begreifbarkeit*]）。换言之，根据官方的自我陈述，对于现代的诊断根本无法带来任何直接规范性。

然而，事实上，至少由此出现了一种温和保守主义或自由保守主义的立场②（科泽勒克在偶尔所写的一些作品中倡导这一立场）：它感觉到我们的期待领域终归应由过去的经验"控制"，感觉到谨慎需要一种预知控制假设（*Postulat der Prognosenkontrolle*），即要谨慎地控制对于未来的预测这一假设。③此外，科泽勒克最终承认了一种"反思的历史主义"（*reflektierter*

80

---

① Schlak，"Am Erwartungshorizont," 175.

② 或者可以说是方法论上的保守主义。参见 Jan-Werner Müller，"Comprehending Conservatism: A New Framework for Analysis," *Journal of Political Ideologies* 11（2006）：359—365。

③ 然后还有科泽勒克关于失败者优势的托克维尔式观点："在被击败过程中，获取知识的无穷潜力。"事实上，胜利者和被征服者之间的区隔构成了科泽勒克历史人类学的一部分。另参见 Michael Jeismann，"Wer bleibt, der schreibt: Reinhart Koselleck, das Überleben und die Ethik des Historikers," *Zeitschrift für Ideengeschichte* 4, no.3（2009）：69—80, and Stefan-Ludwig Hoffmann，"Was die Zukunft birgt: Über Reinhart Kosellecks Historik," *Merkur* 63（2009）：546—550。

Historismus），他对"复合单数"术语，特别是"历史"这一术语提出了质疑，后者提出了一种单一的、以目标为导向的全球进程，而各种暴行可能在这种进程名义下，获得正当理由。科泽勒克说，没有单一历史，只有多元历史，雅各布·陶布斯（Jacob Taubes）将他描述为一名反对单一历史的"多元历史党人"。这种对人类经验不可化约的多元性的洞察，随后被转化为一种规范的自由多元主义（normative liberal pluralism）①。

《历史基本概念》研究项目的成功可以说是参差不齐的：至少有一些撰稿人并没有真正揭示对概念的理解所发生的变化，而只是追踪了词汇的官方定义或半官方定义（及语义环境）的变化，特别是随着时间的推移，从一个词典条目到另一个词典条目所发生的变化。尽管如此，不管个别章节的词汇测定学价值如何，人们还是能感觉到，那本约有 7 000 页、通常被简称为"GG"的书，代表着一项不朽的学术成就。以至于像甘布雷希特这样的撰稿人后来总结道，这部词典真的是一座"精神金字塔"——真是个令人印象极为深刻的词。就完成所需的时间而言（大约 20 年），它类似于金字塔，但永远不会再建，哪怕是采用不同版本的方式，而且它更像是一座博物馆，而不是任何人会考虑在当下使用的东西。

然而，这一结论似乎有些草率。欧洲及其他地方的另一些项目也在进行当中。当然，在不同语境下，人们选择了不同的概念（有时选择了一些令人惊讶的概念：例如荷兰的项目选了"质朴"［simplicity］②）；对历史发展的不同解释则构成了研究框架。例如，英国或荷兰的鞍型期，即概念获得现今人们所熟知的意义的时期，显然与科泽勒克为德国确定的 1750—1850 年间不

---

① 另见 Niklas Olsen, *History in the Plural: An Introduction to the Work of Reinhart Koselleck*（Oxford: Berghahn, 2012）。

② 关于寻找"典型的荷兰人"的论述，见 Karin Tilmans and Wyger Welema, "Applying Begriffsgeschichte to Dutch History: Some Remarks on the Practice and Future of a Project," *Contributions to the History of Concepts* 2（2006）:43—58。

同。①专业期刊创刊，暑期学校得以举办。概念史向北传播，特别是到了斯堪 81
的纳维亚半岛，然后诞生了欧洲范围的概念史的这一观念。②这种方法随后走
向全球，人们考察诸如西班牙和葡萄牙的概念是如何在拉丁美洲的语境下，
被接受、被重塑，甚至被彻底重新创造的。③虽然有人可能怀疑这是尚在机械
复制时代的概念史，但毫无疑问，这些研究不仅对了解历史大有帮助，而且
还开启了更广泛的史学问题，促进了社会和政治思想史中的比较工作。④它们
是否真的有助于"理解"，甚至如有时所许诺的那样有助于创造新概念？我
将回到这些问题上。

净化概念史，澄清概念史

　　概念史是否像一些评论家怀疑的那样，在某种程度上为问题严重的政治

---

① 尽管伊比利亚—美洲计划也恰好把 1750—1850 年定为"现代性出现"时期。

② 参见《欧洲概念史项目（ECHP）：任务说明》（"The European Conceptual History Project
（ECHP）：Mission Statement"），*Contributions to the History of Concepts* 6（2011）：
111—116. 文集预计将有八卷，其中一卷是介绍性的，之后是关于"文明、联邦主义、国家
和市场、历史领域、自由主义、议会主义和规划"的集合。该项目还有望"在规划新概念方
面发挥作用"。人们可能会怀疑，概念的选择将为欧洲一体化提供一种社会民主/左翼自由
主义式的合法化叙述——但显然现在下结论还为时过早。

③ 或者更确切地说是重生（reborn）：科泽勒克自己构思了这样一个项目，将法国、英国和德
国的概念作比较，三栏并排排列，以便进行直接的国家比较。但他的结论是，各国经验的非
共时性，以及缺乏可供比较的元语言，使得这样的项目实际上无法进行。

④ 例如，*Diccionario político y social del mundo iberoamericano：La erade las revoluciones，
1750—1850*，ed. Javier Fernández Sebastián，vol.1（Madrid：Centro de Estudios Políticos y
Constitucionales，2009），以及 http://www.iberconceptos.net/网站中更广泛的伊比利亚—
美洲概念史项目（另见《观念生活》［*la vie des idées*］对哈维尔·费尔南德斯·塞巴斯蒂安
的采访，《伊比利亚—美国政治现代性的字母表》，http://www.booksandideas.net/IMG/
pdf/20110610_JFS.pdf［2013 年 7 月 13 日访问］），还有赫尔辛基大学的"东亚基本概念交
流项目"和"世界和全球翻译的概念史：社会和经济的欧亚和非洲语义学"（Conceptual
Histories of the World and Global Translations：The Euro-Asian and African Semantics of
the Social and the Economic）。

假设，或某些原则性的反自由主义和反现代主义所污染？评论家通常明确将这种怀疑表述为某种谱系的形式，而不是表述为一种真正方法论，或者更加宽泛的史学论证或哲学论证。①所以故事往往是这样说的，布伦纳伊以其开创性作品《领地与领主统治》（*Land And Lordship*）成为第一位强调并系统地坚持概念历史性的人。施密特在他的《政治神学》中强调了"概念社会学"（sociology of concepts）的必要性，并在 20 世纪 20 年代末的一次演讲中明确要求建立一种概念史：

> 精神领域所有相关概念都是存在性而非规范性的。如果精神生活中心在近 400 年来不断变化，那么所有概念和词汇也都会随之发生变化，因此有必要记住每个词汇和概念的多重意义（*Mehrdeutigkeit*）。一个概念毫无拘束地从一个领域被错误挪用……到精神生活的其他领域，可以为最大、最严重的误解（然而，许多骗子就靠这些误解生活）提供解释。②

当然，施密特并不仅仅对作为一种价值中立的研究项目的概念史感兴趣。他明确实践了一种旨在"捕捉"或"占领"概念的政治写作形式。施密特认为概念是"政治能量的真正载体"，可以有效区分敌友。③成功的政治行

---

① 出于篇幅原因，我略去了对孔茨的叙述，他在第三帝国时期也扮演了很有问题的角色。

② Carl Schmitt, "Das Zeitalter der Neutralisierungen und Entpolitisierungen（1929），" in *Positionen und Begriffe im Kampf mit Weimar—Genf—Versailles*（Hamburg: Hanseatische Verlagsanstalt, 1940），120—132; here, 124—125.

③ 正如施密特所描述的那样，社会学（既不是唯心主义，也不是唯物主义形式的）：它应该"发现基本的、根本系统的结构，并将这种概念结构与某一时代概念上代表的社会结构进行比较"。Carl Schmitt, *Political Theology: Four Chapters on the Concept of Sovereignty*, trans. George Schwab（1922; Cambridge, MA: MIT Press, 1985），59。另见 Schmitt, "Reich-Staat-Bund: Antrittsvorlesung an der Kölner Universität am 20. Juni 1933," in Schmitt, *Positionen und Begriffe*, 190—198; here, 198。相关总体性论述，参见拙文 "Carl Schmitt's Method: Between Ideology, Demonology and Myth," *Journal of Political Ideologies* 4（1999）:61—85。

动不仅意味着将概念所具有的意义强加给政治上较弱或被击败的政党。如其 82
所言，"当一个伟大的民族决定其他民族的说话方式，甚至思维方式、词
汇、术语和概念时"，它"是真正政治权力的标志"①。简而言之，如同施密
特想要指出的那样，"Caesar dominus et supra grammaticam"（恺撒也是语法
大师），在这个意义上，他与霍布斯并没有什么不同。②

　　布伦纳还用他的那种概念史来追求政治目标：《土地和领主统治》（*Land
und Herrschaft*）的重点不仅仅是告诫历史学家，把 19 世纪国家和社会之间的
区别投射到封建秩序是严重的误导；他积极寻求削弱并最终取消这一区别本
身。1937 年，在德国史学界的一次会议上，布伦纳要求"修订基本概念"。③诚
然，战后，布伦纳用"结构"（Structure）一词取代了《领地与领主统治》全书
中的民族（*Volk*）一词。被禁止教学的施密特，退回到一个半私密的世界，这
让他几乎无法（至少在官方层面上）推进他早先呼吁的各种概念史和概念社会
学。当然，他确实对个别历史学家产生了影响，尤其是让他们意识到不断变化
且有争议的术语（*Begriffe*）的重要性；在受其影响的历史学家中，科泽勒克和
古代史学家克里斯蒂安·迈尔（Christian Meier）只是最知名的两位。

　　然而，上述这些都无法确凿地证明，反现代的意识形态，无论是直接的
纳粹主义还是其他民族主义的观念，在某种程度上污染了《历史基本概
念》，更不用说污染了更宽泛的概念史。评论家们争辩说，"具体"语境的重
要性以及把政治本质视为斗争的观念，是施密特在科泽勒克著作中留下的富
有争议的思想遗产，以至于有人声称后者实质上提出将概念史作为"某种形
式的思想的军事史"（把历史学家视为"战地通讯员"）。④其他一些同样有思

---

①② Schmitt，"Völkerrechtliche Formen des modernen Imperialismus," in Schmitt, *Positionen
und Begriffe*，62—80；here，178.

③　Gadi Algazi，"Otto Brunner— 'Konkrete Ordnung' und Sprache der Zeit," in *Geschich-
tsschreibung als Legitimationswissenschaft*，ed. Peter Schöttler（Frankfurt/Main：Suhrkamp，
1997），166—203.

④　Timo Pankakoski，"Conflict, Context, Concreteness：Koselleck and Schmitt on Concepts,"
Political Theory 38（2010）：749—779；here，749—750.

想战争战地通讯员经验的人，也间接证实了这一印象："科泽勒克和我都认为，我们需要把我们的规范性概念视为意识形态辩论的工具和武器，而非关于世界的陈述。福柯的尼采式观点，即'承载和决定我们的历史具有战争的形式'，可能对我们俩都产生了影响。"①大概人们注意到昆廷·斯金纳可能发明了福柯之于科泽勒克的影响，但他正确地提醒人们，他和科泽勒克有某种共同的政治观点，尽管斯金纳似乎没有像科泽勒克那样接受过施密特式的教育，或者说，布伦纳式的教育。简而言之，仅仅表明科泽勒克有一种将政治视为斗争的观念，或者指出布伦纳和科泽勒克一样，坚信一种历史的断裂，即"鞍型期"，是不足以声称概念史在某种程度上是神秘的施密特式的。此外，科泽勒克自己对现代概念意识形态化的阐释在某种意义上可以解释发生于布伦纳和施密特这样的知识分子身上的事情，或者，换句话说，概念史本身可以将一些概念史之父历史化，因为他们自觉地将其概念和理论"意识形态化"。②

83

然而，这样的说法使得厘清概念史到底是什么变得更为迫切，因为事实上这一点远非显而易见。人们如何知道自己是否已经确定了一个"基本概念"？概念在历史上究竟扮演着什么角色？概念史学家应该收集何种证据来证实有关概念史的那些主张？归根结底，人们在多大程度上能真正将概念史理解为一种"方法"或"路径"，在理解社会和政治语言与事实的历史（*Sachgeschichte*）之间的关系时，它能以某种有意义的方式迁移。

可以说，概念史从未完全弄清楚它与"真实历史"的关系，尽管在其最初的自我陈述中，它与社会史联系紧密。著名的"历史和概念融合"方案所混淆的东西远比它澄清的多，但它也使主张者坚信，他们的方法从根本上与

---

① Quentin Skinner, "Retrospect: Studying Rhetoric and Conceptual Change," in his *Visions of Politics*, vol.1, *Regarding Method* (Cambridge: Cambridge University Press, 2002), 175—187; here, 177.

② 这与科泽勒克的历史人类学不同。本文认为，关于敌友对立（以及内外对立）的人类学地位的断言，看起来可能像是施密特提供之观点的毫无根据的特权。

米歇尔·福柯或海登·怀特的方法不同（尽管科泽勒克对怀特的思想表现出了特别热切的赞许）。科泽勒克坚持认为，概念史绝对不是"当代将现实简化为语言而非其他任何东西的现代理论"之一。①

为了标明与此类理论的区别，科泽勒克一次又一次试图澄清他所说的"概念史的关键"，即"概念和现实环境之间的时间关系（是）如何得以设定的"这一问题的关键之处。他确信，"每一种语义都指向自身之外，即使没有语言的语义表现就无法理解和体验任何主体领域（subject area）"。此外，"现实"和概念并不相互映射，也不同步："一个词的意义和用法与所谓的现实之间从来没有一一对应的关系"；并且"概念和现实以不同的速度变化，结果是有时概念超越现实，有时现实则反过来超越概念"。②

这种非共时性意味着，存在着主要记录经验的概念（*Erfahrungsregistraturbegriffe*）和实际创造经验的概念（*Erfahrungsstiftungsbegriffe*）。此外，现代性中有一些概念本质上是乌托邦式的，也就是说，根本不基于任何现存"现实"，因此它们纯粹是关于正在生成的期待（*Erwartungsbegriffe*）。所有概念都包含一个"内部时间结构"，但现代基本概念，尤其是那些以"主义"结尾的概念，要求并激发"运动和变革"（反过来，它们很少或根本没有"经验内容"）。正如科泽勒克对这一思想所作的著名总结，概念不仅仅是**指示器**（indicator），它们也是历史的**因素**（factors）。可以肯定的是，概念和事实（*Sachverhalt*）之间总是存在偏离，这种偏离一直在推动历史变革。但在现代性中，或者在科泽勒克的描述中似乎是，概念更加迫切地、甚至是咄咄逼人地寻求缩小差距。

84

这就进一步提出了一个问题：概念史应该主要关注"基本概念"，可人

① Reinhart Koselleck, "On the History of Concepts and the Concept of History," in *Disseminating German Tradition: The Thyssen Lectures*, ed. Dan Diner and Moshe Zimmermann (Leipzig: Leipziger Universitätsverlag, 2009), 29—49; here, 34.

② Koselleck, "On the History of Concepts," 40.

们如何确定它们呢？据科泽勒克说，基本概念在某种意义上是那些在特定时期必然存在的概念：它们是"不可替换的"；如果没有它们，就"不可能认识和解释社会和政治现实"。对于获得这种地位的概念来说，它们首先必须成为"排他性的"，并失去一系列意义，然后才会变得特别有争议，因为可以说，语义斗争（以及最终的政治斗争）的所有各方都试图让它们的核心意义有利于自己。简而言之，概念要成为基本概念，实际上必须是模棱两可的或具有多重含义的（Vieldeutig）。

概念可以兴起，也可以消亡。它们甚至可以成为奥尔特加·加塞特（Ortega y Gasset）曾经所说的"死尸概念"（cadaverous concepts）。人们如何知道一个基本概念是否不再是基本概念，或者是否已经为另一个概念所取代？科泽勒克声称："只有当一个词失去了其能力，无法将这个概念所产生的足够多的经验捆绑在一起，亦不能在那个单一通用术语（single common term）中表达它所有被压抑的期待时，它才耗尽了作为基本概念所拥有的力量。然后这个词就会慢慢从传播中消失。"①

这种"概念生生灭灭"的观点可能容易让人觉得，概念史最终不过是科泽勒克一度驳斥的"实证主义式记录"，即一种对概念的产生和消失的记录。然而，让概念史成为历史的，是科泽勒克所说的"历史时间理论"；实际上，正是这一理论首先真正使得概念史可能成为历史。《历史基本概念》的具体项目依赖于鞍型期理论，鞍型期约为 1750 年至 1850 年，在此期间，概念具有了如今的现代意义。也正是在这一时期，时间经验据称发生了根本改变，或者更准确地说，它的性质已被改变（denaturalized）。亚里士多德式的意义消退，时间化的、动态的概念取代了拓扑式概念（topological concept），"集体单数词"开始出现，如历史、进步和自由。换言之，只有在现代性理论作为一个自动加速、政治化、时间化、民主化的时代这一背景下，对"鞍型期"概念变化的具体解释才成为可能。

---

① Koselleck, "On the History of Concepts," 43.

诚然，科泽勒克总是坦率地承认，鞍型期只是一种启发工具，与其说它 85
是一种定论（*Begriff*），不如说它是一种探索（*Vogriff*），就字面意思而言，
它是一种理论预期，一种试图超越自己来组织一项研究的尝试，否则这项研
究就只是"实证主义式记录"（甚至可以说连实证主义式记录都不是，因为人
们一开始就不知道去哪里寻找分析单元）。科泽勒克甚至若无其事地透露，
鞍型期这一特定术语是他临时想到的，目的是让自己在社会史鼎盛时期提出
的经费申请更具说服力。①

不过鞍型期的基本观点依然成立：科泽勒克和他的同伴坚持认为，没
有某种历史时间的先验理论，没有某种对特定时期的时间经验的解释，就
不可能有概念史。没有概念就没有经验，同时没有经验就没有概念。②这并
没有自动为概念史应用于何处、如何应用设限，但它确实清楚地表明，概
念史绝不能简单地在一套国家或地区的政治语言中挑出可能看上去很重要
的词语，然后考察这些词语在一段时间内是如何被使用的。正如卡里·帕洛
宁（Kari Palonen）强调的那样，对于恰当的概念史而言，语义学路径和称名
学路径（semasiological and onomasiological approches）要齐头并进，同时，
不仅要解释一般"现实"的变化，还要解释一种有关如何体验历史和时间的
理论。③

迄今为止，关于"现实"的看似天真的言论可能已经引起了人们的注

---

① "……'鞍型期'这个措辞当然是我用来获得资助的艺术化术语！"（Der Ausdruck "Sattel-
zeit" is natürlich ein kunstbegriff，den ich benutzt habe，um Geld zu bekommen！），载于
"Begriffsgeschichte，Sozialgeschichte，begriffene Geschichte，" 195。在另一处，他声称
"我发明了这个词，并第一次在商业广告中使用这个词来推销《历史基本概念》——以卖出
更多的杂志"。在回想时，他还认为，临界期（*Schwellenzeit*）一词可能更为可取。

② 这就是为什么科泽勒克声称鞍型期与《历史基本概念》的方法没有任何关系是相当令人费解
的。见 Reinhart Koselleck，"A Response to Comments on the Geschichtliche Grundbegriffe，"
in *The Meaning of Historical Terms and Concepts：New Studies on Begriffsgeschichte*，ed.
Hartmut Lehmann and Melvin Richter（Washington，DC：German Historical Institute，
http://www.ghi-dc.org/publications/ghipubs/op/op15.pdf），60—70；here，69。

③ Palonen，"An Application."

意。根据科泽勒克的观点，概念史永远停留在"纯粹意识史"和"纯粹现实史"之间的中间位置。因此，概念史仍始终不足以理解应该理解的东西，科泽勒克就曾论及这一点。①那么，就某种意义上而言，相较其他方法，概念史的优势就在于，它至少试图摆脱那些或直言不讳或含蓄暗示的观念论，正如塞缪尔·莫恩在他收于本论文集的文章中所指出的那样，这种观念论是20世纪思想史的特征。昆廷·斯金纳在某种意义上承认了这一点，他声称"我没有关于社会转型机制的普遍理论，我对那些有这种理论的人有些怀疑"。②当然，科泽勒克等人也没有"普遍理论"，但他们至少试图将表征与无法用语言把握的"不可磨灭的实在性残留物"③联系起来，而不是退回到追溯科泽勒克所说的"纯粹意识史"。如今，科泽勒克已明确陈述了一些人认为是显而易见的事情，即"所有语言都受历史制约，同时，所有历史都受语言制约"，而且，"没有一个行动中的人类共同体不是通过语言来确定自己的"。④

86 但他仍然试图坚持语言的历史和事实的历史之间存在某种本体论差异：并不是所有表征都是行动，也不是所有行动总是语言的。⑤科泽勒克在这里坚持了希罗多德的智慧："有些事情不能用语言解释，只能用行动来解释。还有一些

---

① 这可能是对科泽勒克惊人说法的一个相当糟糕的翻译/暗指："概念史微妙之处在于，概念史本身永远不足以描述想要描述的事物。"

② Skinner，"Retrospect," 180.

③ Elías José Palti，"From Ideas to Concepts to Metaphors：The German Tradition of Intellectual History and the Complex Fabric of Language," *History and Theory* 49（2010）：194—211；here，198.

④ Reinhart Koselleck，"Linguistic Change and the History of Events," *Journal of Modern History* 61（1989）：649—666；here，649 and 652.

⑤ 另见 Martin van Gelderen，"Between Cambridge and Heidelberg：Concepts, Languages and Images in Intellectual History," in *History of Concepts：Comparative Perspectives*, ed. Iain Hampsher-Monk，Karin Tilmans，and Frank van Vree（Amsterdam：Amsterdam University Press，1998），227—238. I。在去世前不久的一次采访中，科泽勒克将斯金纳描述为一位"关注大量规范概念（normative concepts）的传统历史学家"。参见 "Conceptual History，Memory，and Identity：An Interview with Reinhart Koselleck," *Contributions to the History of Concepts* 2（2006）：99—127；here，109。

事情可以用语言来解释，但从中却没有模范行为出现。"科泽勒克指出了
"早期/晚期""内/外"和"上/下"的元历史对立，并毫不犹豫地称之为
"自然馈赠"（给予包括动物在内的所有生命）。由此，他对"人类历史的前
语言条件和语言外条件"作出了更为精确的表述。①

当然，正因为概念史走了一条特殊道路（*Sonderweg*），人们可以指责
它：它不知何故未能完全采取语言转向；它错误地坚持一种神秘的"历史之
剩余"（surplus of history），而语言永远无法捕捉到这种"历史之剩余"；科
泽勒克任意选择了他的"元历史"前语言条件。但是，尤其对那些不满于语
言转向的人，或者那些认为我们在假设思想和实践如何不可分割地联系在一
起时变得有些懒惰的人来说，概念史的这种特殊性可能被证明是一个富有成
效的挑衅，而且它还展示了思想、时间和历史存在的不变性如何以新颖的方
式联系在一起的前景。

有些人承认他们根本没有作出这样的解释，但他们也暗示我们不需要
这样的解释。例如，斯金纳承认他对时间本身的理论化没有兴趣，甚至对
在解释某些概念的意义时加入时间维度的可能性也不感兴趣。②但科泽勒克
的观点是，如果没有一种历史时间理论，更具体地说，没有一种关于如何
将经验和期待嵌入概念意义的理论，就不可能有任何形式的概念史，同
样，也就不可能理解现代社会和政治概念。换言之：如果我们不能掌握他
们经历时间的方式，我们就不能按照他们的方式看待事物。这一点肯定不
能一概而论。我可以向街上的人打听去火车站的路，并希望能够理解他们的
回答，而无需解释他们是如何构思时间的（尽管可能会有奇怪的例外）。但
是，如果我问及"进步"或"民主"的概念史，这些关键概念中"希望和行
动结合"（科泽勒克语）的方式，或指导原则（*Leitbegriffe*），以及他们预见
未来的方式，那么我需要理解这些概念在现代是如何变得不仅"承载"了不

---

① Koselleck, "Linguistic Change."
② 同上书，第181—182页。

同的经验，还"承载"了对未来的期待，以及由此形成的对于时间和历史的特定形象。[1]

人们可能会因此得出结论，认为比勒费尔德学派和剑桥学派互相之间只是在不断顾左右而言他，尽管梅尔文·里克特这样的协调者尽了最大努力，但这两种方法之间仍存在着根本分歧。[2] 但这一结论可能过于草率。认为前者关注长时段，而后者对"顿悟"或一次性行为感兴趣的观点尤其只在表面上正确。在某种意义上，两者都同意概念实际上根本没有改变；改变的是词的用法，正如科泽勒克曾经说过的那样，斯金纳提出了一个本质上和他类似的论点，即根本没有"概念变化"，只有"表达我们概念的术语用法的转型"。[3]在某种意义上，科泽勒克"反思的历史主义"和他自己所说的斯金纳"严格的历史主义"（根据该理论，所有概念都以独特的言语行动出现）可以趋同。如科泽勒克所言，"言语行动的历史独特性似乎使任何概念史都变得不可能，但实际上它却创造了循环使用过去的概念化的必要性"。[4] 那么，我们所拥有的是本质上不变的概念，以及却不断变化的概念化，这些概念化至少采用了某种"语言的循环使用"的形式——这不完全是剑桥学派的观点，也不完全是斯金纳长期以来所声称的概念史的核心缺陷。

两者之间无疑还存在着一些重要差异：概念史明确关注非语言语境，剑桥学派则不然。概念史需要研究"话语"和"语言"，但是概念在一种语言或话语中如何相互联系（按照波考克的说法，一种语言或话语几乎如同一个"活物"）并不是它主要的关注点，而且概念史中的确存在一种致命的诱惑，它将单个词汇当作可以或多或少孤立分析的单元（即使事实上，在一种

---

① Reinhart Koselleck, "The Temporalisation of Concepts," *Finnish Yearbook of Political Thought* 1 (1997) : 16—24; here, 21.

② Melvin Richter, *The History of Political and Social Concepts : A Critical Introduction* (New York: Oxford University Press, 1995).

③ Skinner, "Retrospect," 179. 科泽勒克甚至承认，概念史的概念是一种"逻辑冷漠"（Logische Lässigkeit）。

④ Koselleck, "A Response," 62.

波考克式的语言中，它们总是必须与波考克所说的"半特定的语言使用者群体"相联系）①。概念和话语无法分离，它们都是诠释环的一部分。但是，正如《历史基本概念》一些章节所阐明的那样，人们在实践中很容易忽视这一基本观点。②

概念史中什么东西过时了，什么依然具有活力？

我想提出三个可以有效运用和拓展概念史的领域——与其说是这是结论，不如说是尝试性建议。首先是我们可以称之为当前的批判性概念史的领域。科泽勒克和其他概念史学家都理所当然地认为，至少在他们最初感兴趣的德国语境中，对概念史的探究决不能超出概念对活着的人而言是可以立即理解的那一刻。当然，这并不意味着这些概念最终是没有争议的。恰恰相反，对于那些基本概念而言，它们必须同时是不可避免的、模棱两可的和处于持续争论之中的。

88

一部社会和政治术语的批判概念史会考虑到这样一种观点，即只有那些没有历史的东西才能被定义；这部概念史将追踪争论的历史，直到当下。③同时，它可能会将研究领域从精英话语（特别是《历史基本概念》重点探讨的政治和社会理论学术史）扩大到生活和日常经验，罗尔夫·赖查特（Rolf Reichardt）有关法国概念史的著作就是范例，它考察了从讽刺诗到歌曲再到

① J. G. A. Pocock, "Concepts and Discourses: A Difference in Culture? Comment on a Paper by Melvin Richter," in Lehmann and Richter, *The Meaning*, 47—58; here, 47. 另一个我不能在此详述的重要分歧是，科泽勒克在他后来的《历史》（*Historik*）中坚持"重现结构"（recurring structures）的重要性——而且，在他历史人类学背后对立对（the oppositional pairs）的背景下，他几乎赞同这样一种观点，即确实存在他所称的"永久性挑战"，也就是长期存在的问题。

② Van Gelderen, "Between Cambridge and Heidelberg," 234.

③ 另见 Michael Freeden, *Ideologies and Political Theory*（Oxford: Oxford University Press, 1996）。

游戏等众多类型的体裁，以便理解大众心态①。对后者的强调可能会带来这样的研究，即研究我们的一些基本政治和社会概念到底有没有因其获得的不同程度的经验和期待，而发生了变化，换言之，它们的内在时间性可能已经改变。当我们谈论民主时，就政治制度的基本形象而言，我们很可能与鞍型期的人们有类似的直觉，但与民主相关的时间政治可能已经发生了根本变化。就像我们对一些"集体单数概念"的理解发生了根本变化一样，这些"集体单数概念"代表了社会和政治概念的某种意识形态化。有人会认为，我们中很少有人相信无条件的"进步"或一种单一的、以目标为导向的进程，这一进程被称为"历史"。

其次，概念的传播方式尚未得到充分探索和理解。如果概念史依赖于一种历史时间理论，那么，当概念在不同类型的现代性以及与其相联的时间性之间移动时会发生什么？概念确实得到传递和翻译，但它们是如何得以传递和翻译的？尤其是它们为什么得到了传递和翻译？人们会认为，只有借助对语言变化的解释，将事实的历史（*Sachgeschichte*）和经验的历史有意义地联系起来，这些问题才能得到适当的回答。例如，想想"自由主义"或"新自由主义""全球化"和"民主"一旦走出盎格鲁-撒克逊语境，它们意味着什么（拿我们这个时代一些相当陈词滥调的例子来说），以及这些术语如何被用以适应"压缩的现代性"的经验，其适应方式既不只是寻求复制现代化理论，也不只是寻求以那些本土民族主义来加以应对。② 我们缺乏对非同一时期（的概念）的同时期共存（the contemporary coexistence of the noncontemporaneous），

---

① 见多卷本《法国基本政治—社会概念手册，1680—1820 年》（*Handbuch politisch-sozialer Grundbegriffe in Frankreich 1680—1820*），特别是罗尔夫·赖查特（Rolf Reichardt）：《引言》，载于 *Handbuch politisch-sozialer Grundbegriffe in Frankreich 1680—1820*, ed. Rolf Reichart and Eberhard Schmitt, with Gerd van Heuvel and Anette Höfer, vols.1 and 2 (Munich: R. Oldenbourg, 1985), 39—148。

② 对韩国的概念史的综述为这种尝试使用概念史来商议达成一种特定的现代性经验的做法提供了一个上佳例子，见 Myoung-Kyu Park, "Conceptual History in Korea," *Contributions to the History of Concepts* 7 (2012): 36—50。

或称"历时共时性"（diachronic synchronicity）的良好理论把握。

第三，我认为没有理由不在两种意义上扩大概念史的范围。特别是如果它应该更多地关注日常生活经验（而非从或多或少抽象的社会和政治理论中提取的东西），它就可以包括隐喻和图像。①它也可能从关注单一术语转向关注威利鲍尔德·施泰因梅茨（Willibald Steinmetz）所说的"基本句子"，即那些经常重复的说法，套用施泰因梅茨关于19世纪英国议会辩论的开创性著作的标题，它们可能会扩大可说和可做的范围。②当然，人们可以反对说这根本就不再是概念史。图像确实可以引起争论，但它们并不像基本概念那样必不可少或存在争议。③然而，一方面是意象和隐喻，另一方面是基本句子，它们在构建社会意象方面可能同样重要——如果这确实是对"纯粹意识史"和"真实历史"之间中介合理的概念化。当然，人们也有可能想要彻底打破这种差异，可这样一来，他们就会决定性地超越莱因哈特·科泽勒克和希罗多德的思想。

89

---

① 科泽勒克本人在晚年曾广泛研究政治图像学。参见 Hubert Locher，"Denken in Bildern：Reinhart Kosellecks Programm *Zur Politischen Ikonologie*，" *Zeitschrift für Ideengeschichte*，no.3（2009）：81—96。另见 Rolf Reichardt，"Wortfelder—Bilder—Semantische Netze：Beispiele interdisziplinärer Quellen und Methoden in der Historischen Semantik，" in *Die Interdisziplinarität der Begriffsgeschichte*，ed. Gunter Scholtz（Hamburg：Felix Meiner，2000），111—134。

② Willibald Steinmetz，*Das Sagbare und das Machbare：Zum Wandel politischer Handlungsspielräume England 1780—1867*（Stuttgart：Klett-Cotta，1993）.

③ 隐喻的问题更少也更直接：隐喻可以成为概念，但很难说社会和政治隐喻在某种程度上是不可避免的。

V 丑闻与增补：关于思想史与文化史[*]

朱迪丝·瑟吉斯

1923 年，莱昂·阿邦苏尔（Léon Abensour）将女性主义史学描绘成这样一项工程：把女性的活动"拖出轶事和丑闻的层次"，以便"将它纳入主流历史（*grande histoire*）"。①半个多世纪之后，娜塔莉·泽蒙·戴维斯（Natalie Zemon Davis）在她 1976 年总结研究现状的文章中，向阿邦苏尔致以敬意。②她对阿邦苏尔著作的诸多方面赞许有加，包括他批判性地使用档案，讨论所有阶层的妇女而非少数贵族妇女。然而，戴维斯的文章也标志着历史编纂来到了修改女性主义史学目标的新时代："我们的目标是理解两性和性别群体在史学上的过去中的重要作用。"③戴维斯用以实现这些目标的策略在某些方面与阿邦苏尔恰好相反。戴维斯不是要将妇女拉出丑闻，而是要将丑闻置于主流历史中。从描绘狂欢式的仪式，到充满想象力地演绎《马丁·盖尔归来》，戴维斯让历史学家相信，丑闻和妇女都是合宜的历史主题。

一些年后，琼·斯科特（Joan Scott）描绘的妇女史工程，不仅是一场从边缘到中心的运动，也是一项正在进行的批判性增补工作。斯科特用解构主义的方式理解"增补"，并在此基础上主张，将妇女视为历史主体的新思维

* 感谢沃伦·布雷克曼、玛扬蒂·费尔南多、彼得·戈登、多米尼克·拉卡普拉、达林·麦克马洪、塞缪尔·莫恩、琼·斯科特及两位匿名读者给本文的批判性反馈。

① Léon Abensour, *La femme et le féminisme avant la Révolution* (Paris: E. Leroux, 1923).

② Natalie Zemon Davis, "'Women's History' in Transition: The European Case," *Feminist Studies* 3, nos. 3/4 (1976): 85.

③ Ibid., 90.

方式不仅填补了历史空缺，而且批判性地超越了人们理解历史学科的传统方式。在她看来，妇女史这项工程，不仅将"历史"补充完整，而且持续不断地质疑历史学科的惯例和边界。这种批判性破坏会激起防卫性抵触，包括对戴维斯本人争议性作品的抵触。①受维克多·特纳（Victor Turner）等人类学家及米哈伊尔·巴赫金（Mikhael Bahktin）等文学批评家的启发，戴维斯用跨学科的方式，分析丑闻的社会意义。不论对性别史还是文化史而言，这都着实是突破性创举。我希望指出，丑闻和增补这对双子主题非但没有败坏女性主义史学和文化史，反而为我们提供了富有成效的方式，去思考这两个关系密切的史学领域之间的关系。

95

在《新文化史》（*The New Cultural History*）的献词中，林·亨特（Lynn Hunt）将戴维斯描绘为"我们所有人的灵感源泉"。从卡罗琳王后的风流韵事到旧制度下著名的诉讼案件，从"开膛手杰克"（Jack the Ripper）到《卡约夫人的审判》（*The Trial of Madame Caillaux*），从奥斯卡·王尔德（Oscar Wilde）到奥伊伦贝格事件（Eulenberg Affair），丑闻已然成为重要的历史分析场域。依靠从西格蒙德·弗洛伊德到米歇尔·福柯的洞见，学者们利用犯罪、堕落和阴谋的故事，来探求政治、文化和精神之间的历史联系。正如亨特本人对色情文学的研究所显示的，丑闻性的再现和对丑闻的再现给理解政治和权力的种种精神—象征维度提供了新洞见。②

---

① Joan Wallach Scott，"Women's History," in *New Perspectives on Historical Writing*，ed. Peter Burke（Oxford：Polity Press，1992）. 戴维斯批判性回复的范例，参见 Natalie Zemon Davis，"'On the Lame,'" *American Historical Review* 93，no.3（June 1988）：572—603；Robert Finlay，"The Refashioning of Martin Guerre," *American Historical Review* 93，no.3（June 1988）：553—573。

② Edward Berenson，*The Trial of Madame Caillaux*（Berkeley：University of California Press，1992）；Ed Cohen，*Talk on the Wilde Side：Towards a Genealogy of a Discourse on Male Sexualities*（New York：Routledge，1992）；Alain Corbin，*The Village of Cannibals：Rage and Murder in France，1870*（Cambridge，MA：Harvard University Press，1992）；Ruth Harris，*Murders and Madness：Medicine，Law，and Society in the fin de siècle*（Oxford：Clarendon Press，1989）；Lynn Avery Hunt，ed.，*The Invention of Pornography：Obscenity* （转下页）

要以文化史的新路径展开研究的话，丑闻是一片理想地带。在档案层面，轰动性的故事迅速贯穿"高雅"文化和低俗文化，催生出已出版和未出版的史料宝库。丑闻给我作为历史学者的研究提供了丰富的材料，以把对"再现"的分析整合到对社会和政治生活的解释中。它们还重塑了有关历史"事件"的观念，质疑了宏大历史叙述。

经过美学和人类学的启示，丑闻让我们洞见共同体如何惩罚或允许那些为人所感知的有违社会规范的行为。在研究过程中，它们展现了社会的断层线，展现了在建立共同体时寻找替罪羊的令人不安的动力。[①]通过重点关注结构与事件、一般与特殊的关系，对丑闻的研究邀请历史学者反思象征主义的问题，反思那些被更具经济学和量化特征的历史分析模式所摒弃的叙事。

戴维斯的研究是重思丑闻的范例，而重思丑闻发展至方法论的关键转折点，主要是在法国史研究领域，不过它并不仅限于该研究领域。到 20 世纪 80 年代早期，唯物主义的社会解释模式和"年鉴学派"的长时段"范式"的局限性都越来越清晰可见。对激情四溢的丑闻的探究，给历史学者提供了诱人的方法，以绕过在方法论上具有限制性的模式。

96　　大约在同时，与之相似又独具特色的对文学和哲学领域的丑闻的关注，

（接上页）*and the Origins of Modernity*，*1500—1800*（New York：Zone Books 1993）；Lynn Avery Hunt，*The New Cultural History*（Berkeley：University of California Press，1989）；Thomas W. Laqueur，"The Queen Caroline Affair：Politics as Art in the Reign of George IV，" *Journal of Modern History* 54，no.3（September 1982）：417—466；Sarah C. Maza，*Private Lives and Public Affairs*：*The Causes Célèbres of Prerevolutionary France*（Berkeley：University of California Press，1993）；J. D. Steakley，"Iconography of a Scandal：Political Cartoons and the Eulenberg Affair in Whilhelmine Germany，" in *Hidden from History*：*Reclaiming the Gay and Lesbian Past*，ed. Martin B. Duberman，Martha Vicinus，and George Chauncey（New York：NAL Books，1989）；Judith R. Walkowitz，*City of Dreadful Delight*：*Narratives of Sexual Danger in Late-Victorian London*（Chicago：University of Chicago Press，1992）；Larry Wolff，*Postcards from the End of the World*：*Child Abuse in Freud's Vienna*（New York：Atheneum，1988）.

① 最近尝试描绘部分动力的成果有：Ari Adut，*On Scandal*：*Moral Disturbances in Society*，*Politics*，*and Art*（Cambridge：Cambridge University Press，2008）。

也吸引了思想史学者的注意。这些丑闻提出了有关作者身份，以及作家的伦理和政治观点的问题。此类问题与文化史学者对作为政治和文化症状的丑闻的研究截然不同。①尽管思想史研究更循规蹈矩地关注作者及其作品，但由知识分子卷入丑闻而带来的问题，无疑与文化史学者提出的问题产生了共鸣：文本与语境之间、高雅文化与低俗文化之间、政治与观念之间究竟存在何种关系？在此进程中，思想史家探讨了"高雅文化"文本所具有的广泛社会与政治意义。从"观念的社会史"视角出发，罗伯特·达恩顿将"格拉布街"的雇佣文人所写的淫秽和煽动性的小册子，与成名的启蒙作家并列，并且将"屠猫狂欢"的离奇故事解读为社会内含丰厚的故事。②多米尼克·拉卡普拉则将审判中对《包法利夫人》的解读（误读）视为一个契机，来质问接受史和社会语境化的局限性。③

20世纪80年代末，年代上更晚近和更公开的政治丑闻成为争论与骚动的源头。文学评论家保罗·德曼（Paul de Man）发表的战时作品，以及一系列关注马丁·海德格尔在政治上信奉纳粹主义的书籍，进一步推动学界就文本与语境的关系问题展开讨论。一些人批评共产主义知识分子未能谴责苏维埃，这些批评同样关注思想史在政治上和方法论上的得失。经过这些讨论之后，思想史是个自足完备的研究领域这一观点变得难以为继。④

---

① 吉塞勒·萨皮罗（Gisèle Sapiro）最近追溯了"作者身份"的观念和现代作者的责任伦理如何从文学审判中诞生。在这个意义上，可以说丑闻在"知识分子的"社会角色和政治责任史上扮演了至关重要的角色。Gisèle Sapiro, *La responsabilité de l'écrivain：Littérature，droit et morale en France，XIXe—XXIe Siècle*（Paris：Seuil，2011）.

② Robert Darnton, "The High Enlightenment and the Low-Life of Literature in Pre-Revolutionary France," *Past and Present*，no.51（1971）：81—115.

③ Dominick LaCapra, *Madame Bovary on Trial*（Ithaca，NY：Cornell University Press，1982）.

④ 关于德曼：Werner Hamacher，Neil Hertz，and Thomas Keenan，*Responses：On Paul De Man's Wartime Journalism*（Lincoln：University of Nebraska Press，1989）。关于海德格尔：Pierre Bourdieu, *The Political Ontology of Martin Heidegger*（Stanford，CA：Stanford University Press，1991）；Víctor Farías，Joseph Margolis，and Tom Rockmore，*Heidegger and Nazism*（Philadelphia：Temple University Press，1989）；Dominick LaCapra，（转下页）

欧洲的文化史和思想史用彼此类似、偶有交叠的路径展开研究工作，它们开始探究在情感和政治上受到指责的主题。这并不是说"丑闻研究"是一个能进行连贯分析的领域。不过，对丑闻的解释从根基上打破了社会和思想的长时段观念。它们将新演员、新文本和新方法论问题引入思想史和"新文化史"这一新兴领域。丑闻的历史编纂学表明，在如今经常相互结合的领域——"思想史和文化史"中，是什么结合或分化了双方的立场。在此，我关注丑闻是为了凸显双方紧张又彼此增补的关系。两个研究领域之所以联系在一起，既是因为它们的共同点，也是因为它们之间的差异。它们有相似之处，但并不相同。在这个意义上，可以认为它们之间存在着一种彼此增补的关系，同时超越和纠正对方的方向和目标。为了分析这种增补性，我们可以观察双方的交合点，辨识那些让它们进行频繁而又成问题的结合的张力。

97　史学的结合点

经由双方的结合点而表现出来的"思想史和文化史"的相互靠拢有其历史。数字技术允许我们准确地定位两个学科的配对开始显著攀升的时间：1980 年左右。

这一快捷的量化实验得到了两个质性研究的肯定，它们都是对双方关系的里程碑式的方法论反思，都出版于 1980 年：一是罗伯特·达恩顿的文章

（接上页）*Representing the Holocaust：History，Theory，Trauma*（Ithaca，NY：Cornell University Press，1994）；Hans D. Sluga，*Heidegger's Crisis：Philosophy and Politics in Nazi Germany*（Cambridge，MA：Harvard University Press，1993）；Richard Wolin，*The Politics of Being：The Political Thought of Martin Heidegger*（New York：Columbia University Press，1990）；Richard Wolin and Martin Heidegger，*The Heidegger Controversy：A Critical Reader*（New York：Columbia University Press，1991）。关于知识分子与共产主义：Tony Judt，*Past Imperfect：French Intellectuals，1944—1956*（Berkeley：University of California Press，1992）。

《思想史与文化史》，该论文收于迈克尔·卡门（Michael Kammen）总结研究现状的论文集《我们面前的过去》（*The Past before Us*）；二是多米尼克·拉卡普拉发表在《历史与理论》（*History and Theory*）上的文章《重思思想史与文本阅读》（后于论文集《现代欧洲思想史》［*Modern European Intellectual History*］中重版）。①这两篇文章开启了对思想史和文化史结合而成的领域的讨论，同时它们也示范性地代表了由于这种结合而出现的新讨论。如果我们可以将知识生产置于宽泛的"文化"范畴之下来理解（例如认为它是"精英文化"的一种表达），那么，是什么（如果有的话）让两个领域有所区别呢？是它们处理的文本或实践的类型之间的差异？是它们采用的方法？还是它们各自对"文化"的理解？从一开始，这些问题就激发了双方学科内部的讨论。

达恩顿的文章以另一对组合——"社会史与思想史"开篇，这颇为引人注目。他认为，自20世纪初起，这两个子领域就在合作，以对抗"历史是过去的政治"这种理解。②但是，它们的联盟到20世纪60年代宣告瓦解，当时思想史似乎丧失了对更为宽广的社会语境的兴趣，社会史则变得越来越激进。达恩顿分析了期刊文章、学位论文和课程目录的数据，以此描绘出两种路径的分道扬镳。思想史丧失活力，而社会史追求大步流星的发展。达恩顿并没有为思想史的衰退而感到绝望，他宣称1980年是个复兴的时刻，此时老旧的精英主义观念史让位于新趋势：剑桥学派的语境主义、科学史的新路

---

① Robert Darnton, "Intellectual and Cultural History," in *The Past before Us*: *Contemporary Historical Writing in the United States*, ed. Michael Kammen（Ithaca, NY: Cornell University Press, 1980）, reprinted in Robert Darnton, *Kiss of Lamourette*: *Reflections in Cultural History*（New York: Norton, 1990）. And Dominick LaCapra, "Rethinking Intellectual History and Reading Texts," *History and Theory* 19, no.3（1980）: 245—276, reprinted in Dominick LaCapra, "Rethinking Intellectual History and Reading Texts," in *Modern European Intellectual History*: *Reappraisals and New Perspectives*, ed. Dominick LaCapra and Steven L. Kaplan（Ithaca, NY: Cornell University Press, 1982）.

② Darnton, "Intellectual and Cultural History," 329.

98　径、"观念的社会史"，最后还有"文化史"。达恩顿对这些路径的研究明确显示出，"没有统治性的问题域"，没有共同的研究对象或研究方法。它们的共同之处在于，都置身于一个错落有致的文化秩序模式之中，该模式在文化上从"高雅"向"低俗"排列。①

　　在达恩顿描绘的空间图里，思想史关注有教养的阶层和书面文本，而文化史则将社会下层置于聚光灯下，优先考虑作为精英文化对立面的"大众"文化。尽管"文化史"在文章标题中与思想史并列，但在正文中"文化史"是一个新兴、独立的研究入口。它们的差异不只是程度上的，而且是类型上的。正如达恩顿所解释的那样："在转入文化史时，关注点转移到识字水平之下，转移到历史学与人类学相遇之处。"②"文化史"置身社会史领域之外，实际上与"思想史"有着谱系上的联系。

　　达恩顿的文章由此从"存在巨链"的制高点，行至新社会史的谷底，而后停靠在"文化史"上——这一领域将前二者结合起来，表面上带来它们恰如其分的调和。为实现这样的解决方案，达恩顿诉诸人类学，将人类学视为万能钥匙。更具体地说，他提出，格尔茨的人类学提供了"一套具有一致性的文化概念"，这是年鉴学派的心态史框架"没能提供的"。在达恩顿看来，克利福德·格尔茨将文化视为一种"历史上遗留下来、体现在符号中的意义模式"，这样的文化观念可以应用到"从'高'到'低'的所有思想史类别中"。③对"文化"的这一理解和与之相伴的分析模式，让有可能分门别类的领域成了一个整体。

　　拉卡普拉的《重思思想史》涉及的部分领域与达恩顿重合，但在风格和论证方面截然不同。它显然是纲领性而非描述性的。这篇文章没有追求综合性，而是奋力开拓思想史的独特学科角色：即便不是一种"似是而非的自主

①　Darnton，"Intellectual and Cultural History," 337.

②　Ibid.，344.

③　Ibid.，347—348.

性"，也是"一种相对而言的独特性"。①这两篇文章创作于共同的历史编纂语境中，在思想史应当如何与一些学科内和学科间的"他者"接轨方面，双方展现出类似的关怀。但是两者对此问题的看法大相径庭。

拉卡普拉认为历史写作有两个相互区别，但又相互关联的目标：记录过去和与过去对话。对拉卡普拉来说，记录和对话的结合是"与所有历史编纂紧密相关的问题"，因此"并不局限在思想史领域"。②尽管如此，这篇文章的关注点主要是，如何通过区分经典文本记录性或指涉性的方面和批判性的、具有变形潜质的方面，来阅读它们。在后者那里，"似乎经过加工"的元素超越了记录性的内容，它"对经验事实进行增删，以此对其加以补充"。③

由此，拉卡普拉的路径需要多种方法论，既需要记录的解读模式，又需要对话的解读模式。他在解构的意义上理解"增补"，主张两种路径各自指示出了对方的局限性，又相互补充。④它们的结合将提升对文本的理解，但同时也产生"冲突"、相互质疑和争论。⑤拉卡普拉的探究模式引出了这些张力，而非解决了它们。在他看来，"文化"并不是"和谐"的，因此也不能成为万能钥匙。⑥

拉卡普拉的文章尖锐地反对达恩顿基于人类学的研究方法，后者暗示思想史是"追溯既往的符号人类学或文化人类学"。⑦拉卡普拉认为，人类学路径将文本简化为文化表征，因而忽视了它们"似乎经过加工"的维度。对它们的整体性文化理解依然受到年鉴学派式的"总体史"的诱惑。拉卡普拉认为，一份批判性文本并不全是文化表征，它"常常指出所盛行的释义的缺

99

---

① LaCapra，"Rethinking Intellectual History and Reading Texts," 48.

②③ Ibid.，50.

④ 参见雅克·德里达对增补的论述，他认为增补概念包含补充和替代两种意义，而"两种意义的并存是奇怪的，也是必然的"。Jacques Derrida，*Of Grammatology*，1st American ed.（Baltimore：Johns Hopkins University Press，1976），144.

⑤ LaCapra，"Rethinking Intellectual History and Reading Texts," 54.

⑥ 类似的对"和谐的"文化概念的批判，参见彼得·戈登在本书中的文章。

⑦ LaCapra，"Rethinking Intellectual History and Reading Texts," 83.

陷，以此对现存事实加以增补"。①这种将文本理解为增补而非表征的观点，使得我们有必要以不同的方式，理解思想史与更广泛的"文化史"之间的关系。如果说达恩顿采用"文化概念"，在方法论上统一起"思想史和文化史"的联合领域，拉卡普拉则表达了对这一解决方案的怀疑。他转而强调文本与多重语境——包括"文化"语境——之间的增补性关系。同时，拉卡普拉的方法如此抵制一般化，乃至到了大部分时候只处理精选的"批判性"文本的程度。

增补性丑闻

继这些方法论文章之后，达恩顿和拉卡普拉将他们的方案付诸实践，最有名的是两人对丑闻的研究。达恩顿分析了 18 世纪印刷工人对"屠猫狂欢"的回忆；拉卡普拉则专注于对居斯塔夫·福楼拜《包法利夫人》中淫秽内容的审判。他们的这两项研究在主题和问题上存在共同点，但也将"思想史和文化史"引向不同的方向。②

两项研究都探讨了文本细读如何使过去模糊不清的事件可以被理解：一个是 18 世纪 30 年代负载着象征意义的屠猫狂欢；另一个是对居斯塔夫·福楼拜经典小说的道德审判。两项分析都牵引出两个"事件"背后更广泛的历史意义和史学意义。两个事件都提出了有关历史理解的问题：为什么是猫？为什么是这本小说？两个故事都既包含了祭献和替罪羊的维度，又包含了狂欢的维度。然而，尽管主题上确有交叠，但在史学"解读"的目的应该是什么这一问题上，达恩顿的观念与拉卡普拉的观念有着根本区别。

100

---

① LaCapra, "Rethinking Intellectual History and Reading Texts," 68.

② 约翰·特夫斯（John Toews）当时强调二者的强烈差异，并且质疑二者的综合在多大程度上是可能的，参见 "The Historian in the Labyrinth of Signs: Reconstructing Cultures and Reading Texts in the Practice of Intellectual History," *Semiotica* 83, nos.3/4（1991）: 361—384。

《屠猫记》用社会下层而非上层的案例，给"文化史"实践做了示范。①书中文章按照达恩顿想象的垂直社会文化结构排序，逐级攀登始于农民终于卢梭的阶梯。该书有意兼收并蓄，用"民族志"和"注释"的解读方式统合书中论文。这种方式通过破译象征意义，让因年代久远而显得陌生的精神世界重现生机。达恩顿驱除了"对过去的虚假熟悉感"，由此带来"诸多文化震撼"。②在屠猫狂欢的例子中，这种处理方式类似于移花接木。表面上残忍的屠猫震惊了当今读者的感官，然而文章最终能够在结尾时解释为什么当时的人认为这种虐杀有趣。跟随达恩顿的分析，读者应该都能明白这一行为中残忍得离奇（或许还带有熟悉的厌女情绪）的玩笑——它涉及女主人的"猫咪"（pussy，也有"阴门"的意思）。

在达恩顿的文章中，人人最终都能领会这个笑话的内涵。而拉卡普拉的研究令人震惊的地方在于，几乎没人领会到审判的内涵。对于拉卡普拉来说，福楼拜因违反道德而遭受的审判成了误读的契机。它展示了福楼拜的同时代人对《包法利夫人》的解读多么糟糕，进而揭示出这些人的心态。按照拉卡普拉的解释，审判事实上无助于更好地阐释这部小说。拉卡普拉倒转了此前假定的文本与语境的关系，透过小说的棱镜来解读审判。更具体地说，拉卡普拉通过展现小说的批判性维度，进而主张，福楼拜的作品对作为审判基础的、尚未定型的道德框架提出质疑。小说质疑了婚姻与通奸、神圣与亵渎、高雅艺术与通俗文化之间的根本区别，因而逐步削弱了作为法庭判决最终根据的道德前提。③对于拉卡普拉来说，讽刺之处在于当时参与审判的人，包括福楼拜自己的律师，都没能完全理解小说中的真正丑闻。从这个意义上说，小说对语境是一种增补关系。审判（徒劳地）试图理解和牵制小说，这即是小说增补性超越的例证。

---

① Robert Darnton, *The Great Cat Massacre and Other Episodes in French Cultural History* (New York: Basic Books, 1984), 3.

② Ibid., 4.

③ LaCapra, *Madame Bovary on Trial*, 31.

在某种程度上，达恩顿和拉卡普拉都强调"解读"的重要性。因此，可以说他们都是 20 世纪 80 年代兴起的对语言的广泛兴趣——所谓的语言转向——的例证。此外，如上述简短评论所示，他们对"解读"的理解仍存在极大分歧。在将"语言转向"作为共享方法论的时刻提及时，近来的历史编纂学叙事倾向于消解或忽视上述分歧。①而回顾这些分歧有助于厘清，我们应当怎样理解"思想"史与"文化"史之间的关系，不论是它们之间过去的关系，还是今天的关系。

101 达恩顿的文化概念和随之而来的"文化史"在其折衷主义和平民主义方面都包容甚广。这种拓展性源自受格尔茨启发的文化概念，它还引起了批判者相当大的关注。罗杰·夏蒂埃在一篇著名的文章中强调，达恩顿对"文本"及象征式"解读"的隐喻性使用，将文字描绘成对"文化"的透明转播，仿佛它是透向过去精神和社会世界的窗户。②夏蒂埃宣称，达恩顿假定"象征意义"具有稳定性，因而他的解读没能理解符号"不稳定、变动和模棱两可"的本性。③通过假定文化的单义性，达恩顿抹杀了文本与社会世界之间的区别。拉卡普拉提醒读者注意那些猫所遭遇的命运，从而对达恩顿的社会、文本总体论提出类似的质疑。他认为，这场恼人的动物献祭显示出，达恩顿对"文化"的总体化解释，如何遮蔽了差异问题。④这篇文章对性别问题

---

① Judith Surkis, "When Was the Linguistic Turn? A Genealogy," *American Historical Review* 117, no.3（June 2012）:700—722.

② Roger Chartier, "Text, Symbols, and Frenchness," *Journal of Modern History* 57, no.4（1985）:685. 哈罗德·马（Harold Mah）扩展了这一论断，并对尼古拉·孔塔（Nicolas Contat）的文本进行了反向解读，参见 "Suppressing the Text: The Metaphysics of Ethnographic History in Darnton's Great Cat Massacre," *History Workshop Journal* 31, no.1（1991）:1—20。

③ Chartier, "Text, Symbols, and Frenchness."

④ Dominick LaCapra, "Chartier, Darnton, and the Great Symbol Massacre," *Journal of Modern History* 60, no.1（March 1988）:95—112, reprinted in Dominick LaCapra, *Soundings in Critical Theory*（Ithaca, NY: Cornell University Press, 1989）. 亦见该书中的 "Culture and Ideology: From Geertz to Marx" 一文。

的处理引起了类似的问题。

　　从这一方面而言，思想史或许强调一种对统一意义框架的"渴望"，但它也意识到社会力量和文本力量会瓦解这种总体化愿望。[1]在拉卡普拉看来，思想史是在观念上起到批判统一"文化"概念的作用，而不是被这个统一的概念限制。

文化主义与总体性

　　在林·亨特1989年的开拓性论文集《新文化史》中，达恩顿至关紧要的同事兼合作者格尔茨也是重要的试金石。然而，对这片处于上升期的研究领域而言，他的"文化概念"并未构成唯一的方法论导向。事实上，亨特的导论直言不讳地强调，将文化史作为集体意义复兴的工程会带来问题。她的表述呼应了拉卡普拉的观点：当心意义宏大的总体性及其局限性。亨特呼吁："如果没有差异感，就不可能有统一；而没有与之相对的统一感，差异也必然不可把握。因此，文化史家无须（事实上也不可能）在统一性与差异性、意义与运作、阐释和解构之间作选择。"[2]亨特指出将"语言作为隐喻"来使用是共同的方法，但同时她也主张"新文化史"的各条路径不可能"宛如经过事先规划那样，严丝合缝地拼到一起"。[3]尽管各条路径确有交叠——事实上

---

① LaCapra，"Chartier，Darnton，and the Great Symbol Massacre，" 98. 拉卡普拉近来重申了这一立场，并强调了有关兽性和暴力的问题，参见 "Intellectual and Cultural History，and Critical Theory，" in his *History and Its Limits：Human，Animal，Violence*（Ithaca，NY：Cornell University Press，2009）。在提出对总体性的思想和政治渴望的问题上，拉卡普拉并不是孤军奋战。事实上，马丁·杰伊同一时期的《马克思主义与总体性》研究尽管出于不同脉络，但也能解读为对同一套问题的延伸思考。Martin Jay，*Marxism and Totality：The Adventures of a Concept from Lukács to Habermas*（Berkeley：University of California Press，1984）。

② Hunt，*New Cultural History*，16.

③ Ibid.，21.

也正因如此，这一领域显得斑驳凌乱："它"不可能被总体化得像个内在一致的领域。"新文化史"有着开放的结局，而不是统一或完满的结局。

正如许多评论家所言，开放性似乎在十年前，在亨特和维多利亚·邦内 102 尔（Victoria Bonnell）共同编辑出版论文集《超越文化转向》（*Beyond the Cultural Turn*）的时候就关闭了。[①]在她们修正主义的导言中，亨特和邦内尔描绘了对今天所说的"文化转向"的普遍不满。过去从各种方法论出发的活动如今汇聚成了一场共同的运动。这个传说的"转向"似乎越来越像个死局。格尔茨的"文化概念"（或者说，至少是历史学家对这一概念的占用）不再是历史学家理解文本的钥匙，而成了问题的根源。在邦内尔和亨特的论文集中，格尔茨式的对符号解释的关注，与其他"语言学"认识论一样，显得过于"系统性"（且隐蔽地总体化）。文集的导言和文章都在质疑这个将文化视为"一个象征、语言及再现系统"的动力。[②]撰稿人尽管依旧批判化约论式的唯物主义（reductive materialism），但"对将文化定义为全然系统性、象征性和语言学的东西，也同样不满"。[③]这种夸张的定义（即文化是"全然系统性"的）将一种总体化的文化概念（及其不可避免的局限性）视为新的方法论问题。

《超越文化转向》全书反复出现这样的矛盾情绪。撰稿人预设，他们视为"文化史"的东西标榜总体性、主张似是而非的自主性，并对这一点进行批判。当然，这种批判其实并不新颖，对达恩顿作品的批判性反馈就可以视为优秀先例。[④]亨特本人也在《新文化史》的导论中，表达了对同质、统一的文

---

① 例如参见《美国历史评论》的论坛专栏文章，尤见 Ronald Suny, "Back and Beyond: Reversing the Cultural Turn?," *American Historical Review* 107, no.5（December 2002）: 1476—1499。更为晚近的是詹姆斯·W. 库克对区分"文化转向"与"文化史"的呼吁: James W. Cook, "The Kids Are All Right: On the 'Turning' of Cultural History," 117, no.3（June 2012）:746—771。

② Victoria E. Bonnell and Lynn Avery Hunt, *Beyond the Cultural Turn: New Directions in the Study of Society and Culture*（Berkeley: University of California Press, 1999）, 6.

③ Ibid., 26.

④ 相关谱系参见本书 Darrin McMahon, "The Return of the History of Ideas" 一文。

化概念的忧虑。

然而，《超越文化转向》的作者们还作了新的对比：一方是对文化的总体化解释，另一方是新兴的对社会语境和社会"实践"多样性的兴趣。社会主义者理查德·别尔纳茨基（Richard Biernacki）认为，新文化史家有违常理地将"文化作为一个在根本上非数据的领域来对待"。①他宣称，这种认识论的帝国主义是建立在社会史这只学科替罪羊身上的。类似地，威廉·休厄尔（William Sewell）也质疑"文化意义的系统性和符号系统的自主性"——法国结构主义和格尔茨的人类学就是例子。②

为寻找走出困境的方法，休厄尔主张这样的观点：文化不是总体性的，而仅有"弱一致性"。在阐述这个对文化不那么系统性的理解时，他利用了另一种人类学，即马歇尔·萨林斯（Marshall Sahlins）的人类学以作补充。在萨林斯的著作中，符号是斗争的场所，而非本质上共享的场所。"实践"维度由此将动态和差异引入对文化的理解。休厄尔尤为引人注目的地方在于，其"弱一致性"观点中系统与实践之间的辩证关系，恰好与"解构主义"对意义的观点相合。"解构主义，"他写道，"并不否认一致性的可能。事实上，它是在与我描绘的观点相似的意义上，假设内在于符号系统的一致性是微弱 103 的：它一次次证明，被认为是文本或话语确定性或真相的东西，事实上是有争议且不稳定的。这似乎与实践角度的文化观完全相符。"③在休厄尔"解构式"的理解里，文化中围绕象征符号的活动与斗争必然有着"弱一致性"。他含蓄表示，"文化"不应该被视为总体的、同质的或边界确定的。

---

① Richard Biernacki，"Method and Metaphor after the New Cultural History," in Bonnell and Hunt，*Beyond the Cultural Turn*，73.

② William Hamilton Sewell，"The Concept（S）of Culture," in Bonnell and Hunt，*Beyond the Cultural Turn*，44.

③ Bonnell and Hunt，*Beyond the Cultural Turn*，50."实践理论"的进一步发展，参见 Gabrielle M. Spiegel，*Practicing History：New Directions in Historical Writing after the Linguistic Turn*（New York：Routledge，2005）."实践理论"的批判性探究，参见"Vicissitudes of Practice and Theory," in LaCapra，*History and Its Limits*。

这种"文化"内部存在竞争性意义的观念，显然会影响人们如何看待作为一个学科的"文化史"。它显示出文化概念本身在历史上具有竞争性，而非一个稳定的观念，我们难以将一套固定的方法应用到它身上，这一点或许至关重要。从这个角度来说，"文化史"欢迎增补，甚至需要增补。休厄尔在重塑这一领域的启发性概念时，力图复兴与社会科学的对话。[1]这些洞见原是用于理解可视为"文化史"自身存在的"弱一致性"的东西；但它们也可以扩展到文化史与思想史的关系上。通过提供"象征"和"文化"这类关键概念的谱系，思想史也对文化史进行了批判性增补。[2]

拉卡普拉最近将这种关系表述为"铰接"（articulation），以便同时指示连接和差异。他还指出"文化史"通过对思想史进行补充、展示其局限性，进而给思想史带来了什么益处。拉卡普拉写道，"文化史（以及整个文化研究）的一个魅力之源在于，它使用的文本（广义上的）不局限于传统经典，并且显然与更广阔的社会和政治进程，以及经验问题相联系"。这一领域囊括了种族、宗教、殖民主义、性与性别，以及人与动物的关系问题。如他所述，"文化史"直接处理"社会政治问题"，而这些问题"在思想史中有时被边缘化"。[3]文化史由此质疑思想史潜在的狭隘性，以及后者所标榜的超越性。将拉卡普拉本人的某些论点进行延伸，我们或许会再次想到增补性关系。

---

[1] 休厄尔在他随后的著作中扩展了许多论断，参见 *Logics of History：Social Theory and Social Transformation* （Chicago：University of Chicago Press，2005）。尤为重要的是 "History，Synchrony，and Culture：Reflections on the Work of Clifford Geertz"，在这篇文章中，休厄尔主张，可以通过阅读格尔茨，来关注"文化"内部的差异，以及文化随着时间的演变。也可参考塞缪尔·莫恩对休厄尔的讨论，以及对"再现"推定的自主性的批判，参见本书 "Imaginary Intellectual History" 一文。

[2] Camille Robcis，*The Law of Kinship：Anthropology，Psychoanalysis，and the Family in France* （Ithaca，NY：Cornell University Press，2013）；Andrew Sartori，*Bengal in Global Concept History：Culturalism in the Age of Capital* （Chicago：University of Chicago Press，2008）.

[3] LaCapra，*History and Its Limits*，22.

尽管拉卡普拉称赞文化史开拓了思想史的社会和政治视野，但他依然警惕文化史那种过度"驯化"——或者说简单化——的语境化形式。与过去一样，拉卡普拉依然担心文化史同质化，以及将"文化"和语境物化的倾向。他一直主张"思想史"具有至关重要的和具有批判性的独特地位，而不是从属于文化的一般历史。

拉卡普拉的表述似乎将社会政治差异的问题置于语境和文化一方，而他这样做的时候，或许有再次将它们边缘化的危险。当然，这绝非拉卡普拉本人写作的真实意思，他的作品一直关注社会差异的问题，正如他关注文本差异一样。但是一个更为宽泛的问题依然存在：为什么政治化的特性依然难以置身于传统的思想史框架中？①当人们将思想史设想为一种同时具有记录性和批判性的学科时，它在探测自身学科边界的过程中，为性别史、种族史、宗教史，以及"文化"概念作了巨大贡献。②把这些议题独独交给文化史学

104

---

① 关于性和后现代殖民主义这些主题的进一步探讨，参见本书的 Tracie Matysik，"Decentering Sex：Reflections on Freud，Foucault，and Subjectivity in Intellectual History" 和 Shruti Kapila，"Global Intellectual History and the Indian Political"。

② 一些近期的例子包括 Rita Chin，*The Guest Worker Question in Postwar Germany*（Cambridge：Cambridge University Press，2007）；Carolyn J. Dean，*The Frail Social Body：Pornography，Homosexuality，and Other Fantasies in Interwar France*（Berkeley：University of California Press，2000）；Karuna Mantena，*Alibis of Empire：Henry Maine and the Ends of Liberal Imperialism*（Princeton，NJ：Princeton University Press，2010）；Tomoko Masuzawa，*The Invention of World Religions；or，How European Universalism Was Preserved in the Language of Pluralism*（Chicago：University of Chicago Press，2005）；Tracie Matysik，*Reforming the Moral Subject：Ethics and Sexuality in Central Europe，1890—1930*（Ithaca，NY：Cornell University Press，2008）；Sandrine Sanos，*The Aesthetics of Hate：Far-Right Intellectuals，Antisemitism，and Gender in 1930s France*（Stanford，CA：Stanford University Press，2012）；Judith Surkis，*Sexing the Citizen：Masculinity and Morality in France，1870—1920*（Ithaca，NY：Cornell University Press，2006）；Gary Wilder，*The French Imperial Nation-State：Negritude and Colonial Humanism between the Two World Wars*（Chicago：University of Chicago Press，2005）。近期一篇评论文章部分讨论了我本人和特蕾西·马蒂西克的作品，参见 Sandrine Sanos，"The Subject and the Work of Difference：Gender，Sexuality，and Intellectual History," *Modern Intellectual History* 8，no.1（April 2011）：213—225。

科，可能会冒着让上述双重批判性工作受限或变得模糊不清的危险。与此同时，我们也没必要将文化史和文化研究缩减至化约作用。彼得·戈登在本论文集中，提醒人们警惕当时当地的意义这一意识形态，而文化史就有可能落入这一陷阱。不过，文化史的"弱一致性"概念可以起到批判性增补的作用，而不是危险的驯化作用。

本论文集的诸位撰稿人展示了，增补如何成为近来思想史发展必不可少的部分。借用各个领域的研究（科学研究、宗教研究、社会政治理论、地理、女性主义与后殖民主义研究、法律、国际关系），作者们共同建议，思想史不应按照单一或自主的（学科）观念逻辑发展。这一结论显示，思想史正在进行方法论的突破，甚至是检验自身的自主性和内部一致性。在一本献给"现代欧洲思想史"的论文集中，这样的主张似乎是"令人愤慨的"。但是，容纳内部的多样性，抑或容纳沃伦·布雷克曼称为严肃的折衷主义的东西，应当被视为一种美德，一种活力的象征，而非恶行。

回到丑闻

为了让本文论述圆满（但不解决内部矛盾），我希望以对丑闻的最后反思结束本文。在"文化转向"兴起和所谓衰落的过程中，对丑闻的研究，或者说达恩顿所谓的"事件分析"，一直是历史写作的一大主题，学术历史写作和通俗历史写作都是如此。①沿着这一脉络进行的新研究表现出对殖民和后殖民时期的暴力与剥削的关注，还有对如战争与犯罪、性与轰动性事件、反犹主义、公开审判这些更为人所熟知的主题的关注；这些研究也显示出更广泛的转变。②近十年来的新帝国主义战争、恐怖主义、国家批准的严刑拷问

---

① Robert Darnton, "It Happened One Night," *New York Review of Books*, June 24, 2004.
② Louis Begley, *Why the Dreyfus Affair Matters* (New Haven, CT: Yale University Press, 2009); Anna Clark, *Scandal: The Sexual Politics of the British Constitution* (Prin-（转下页）

和企业的违法行为，无疑会让丑闻主题在接下来的一些年里仍必不可少。不过，为了形象说明本文讨论的广泛方法论问题，我希望集中讨论与"思想史"之间的关系或许不那么直接明了的一系列特定丑闻：近来欧洲关于穆斯林头巾和"面纱"的争论。

　　穆斯林头巾的问题有着意味深长的思想史。1989 年法国克雷伊（Creil）　105
镇围绕三名女学生的危机将公众的关注点引向这一问题，自此以后，头巾问题引发了来自社会学家、政治理论家、哲学家、人类学家和历史学家的大量评论，记者和漫画家当然也参与其中。面纱的问题关乎"思想"和更宽泛的"文化"，它在众多、相互交叠的语域中激发了对头巾意义的激烈讨论。①这

（接上页）ceton, NJ：Princeton University Press，2004）；Ruth Harris，*Dreyfus：Politics，Emotion，and the Scandal of the Century*（New York：Metropolitan Books，2010）；Sarah C. Maza，*Violette Nozière：A Story of Murder in 1930s Paris*（Berkeley：University of California Press，2011）；Frank Mort，*Capital Affairs：London and the Making of the Permissive Society*（New Haven，CT：Yale University Press，2010）；Samuel Moyn，*A Holocaust Controversy：The Treblinka Affair in Postwar France*（Waltham，MA：Brandeis University Press，2005）；Helmut Walser Smith，*The Butcher's Tale：Murder and Anti-Semitism in a German Town*，1st ed.（New York：Norton，2002）. 有关殖民地丑闻的近期研究，参见 Nicholas B. Dirks，*The Scandal of Empire：India and the Creation of Imperial Britain*（Cambridge，MA：Belknap Press of Harvard University Press，2006）；James Epstein，*Scandal of Colonial Rule：Power and Subversion in the British Atlantic during the Age of Revolution*（Cambridge：Cambridge University Press，2012）；Bertrand Taithe，*The Killer Trail：A Colonial Scandal in the Heart of Africa*（Oxford：Oxford University Press，2009）。

① 最广为人知的作品包括：Françoise Gaspard，*Le foulard et la République*（Paris：Découverte，1995）；Charlotte Nordmann and Etienne Balibar，*Le foulard islamique en questions*（Paris：Amsterdam，2004）；Talal Asad，"Trying to Understand French Secularism," in *Political Theologies：Public Religions in a Post-Secular World*，ed. Hent de Vries and Lawrence Eugene Sullivan（New York：Fordham University Press，2006）；Etienne Balibar，"Dissonances within Laïcité," *Constellations* 11，no.3（2004）：353—367；John R. Bowen，*Why the French Don't Like Headscarves：Islam，the State，and Public Space*（Princeton，NJ：Princeton University Press，2007）；Jürgen Habermas，*Between Naturalism and Religion：Philosophical Essays*（Cambridge：Polity，2008）；Christian Joppke，*Veil：Mirror of Identity*（Cambridge：Polity，2009）；Cécile Laborde，*Critical Republicanism：The Hijab Controversy and Political Philosophy*（Oxford：Oxford University Press，2008）；（转下页）

也带着鲜明的政治性。

女学生的服饰选择考验了人们对欧洲思想史核心概念的思考，考验了格尔茨的符号解释模式。对共和主义、民主、世俗主义、权利、普世主义、自由、平等、同意、良心、隐私和公共领域进行政治思考的历史，全都为这些女孩的行为及其引发的后续讨论所检测和改变。①尽管在公共话语中，头巾被用作法国国内"伊斯兰"问题的提喻，但对戴着它的妇女而言，其意义不能简化为这种比喻。②人类学家强调，将面纱视为隐藏的主观意义或意图的象征性外现，是有问题的。他们对头巾的解释挑战了符号解释的"深度"及其阐释模式，揭露了这种文化"解读"的限制性。③

人类学家玛扬蒂·费尔南多（Mayanthi Fernando）在其最近对法国关于

（接上页）Neil MacMaster，*Burning the Veil：The Algerian War and the "Emancipation" of Muslim Women，1954—1962*（Manchester：Manchester University Press，2009）；Anne Norton，*On the Muslim Question*（Princeton，NJ：Princeton University Press，2013）；Joan Wallach Scott，*The Politics of the Veil*（Princeton，NJ：Princeton University Press，2007）；Todd Shepard，*The Invention of Decolonization：The Algerian War and the Remaking of France*（Ithaca，NY：Cornell University Press，2006）；Charles Taylor，"Why We Need a Radical Redefinition of Secularism," in *The Power of Religion in the Public Sphere*，ed. Eduardo Mendieta and Jonathan VanAntwerpen（New York：Columbia University Press，2011）；Patrick Weil，"Why the French Laïcité Is Liberal," *Cardozo Law Review* 31（2008）：2699—2714。

① 2004 年有关在法国（非宗教性质的）公共空间的宗教管理法案通过，人们对头巾的关注并没有停止，尽管原则上说，这部法律意在一劳永逸地解决这一问题。新的问题出现，如女学生戴头巾的母亲，以及所谓的完整面罩——尼卡布或布尔卡。参见 Sylvie Tissot，"Excluding Muslim Women：From Hijab to Niqab，from School to Public Space," *Public Culture* 23，no.1（2011）：39—46。

② 关于头巾作为一种提喻，及其阐释问题，参见 Scott，*Politics of the Veil*。

③ Saba Mahmood，*Politics of Piety：The Islamic Revival and the Feminist Subject*（Princeton，NJ：Princeton University Press，2005）；Saba Mahmood，"Secularism，Hermeneutics，and Empire：The Politics of Islamic Reformation," *Public Culture* 18，no.2（2006）：343—344. 这一论述利用了塔拉勒·阿萨德对格尔茨的批判，参见 Talal Asad，*Genealogies of Religion：Discipline and Reasons of Power in Christianity and Islam*（Baltimore：Johns Hopkins University Press，1993）。

头巾讨论的研究中，尤为清晰地概述了这些矛盾。①她指出，这些矛盾是由对头巾的两种成双成对又可能相互排斥的解读而造成。一种将戴头巾视为女孩个人选择的象征；另一种认为这是服从宗教义务的象征。按照第一种解释，头巾是女孩自由意志的表达（在将自由理解为个人自主性的框架中，这种论述是可以接受的）。按照第二种解释，它象征着女孩服从的宗教义务（在法国公共话语中，这通常被理解为女性对外国父权制规范的服从）。第一种理解尽管显然更具自由色彩，却产生了如下矛盾：一旦将戴头巾定义为个人自由选择，而不是义务问题，它就不再以宗教自由之名而受保护。费尔南多没有在这两种解释中进行选择，她的民族志研究将这一事件理解为既是个人选择，又是宗教义务。对于主张戴头巾的意义非此即彼的法国公共话语而言，这种双重性依然令人愤慨。费尔南多的研究揭示了虔诚的穆斯林妇女遭受的话语和法律束缚，指出了"世俗"共和主义自由在观念和实践上的局限。它也强调了"象征性"解读的局限。

重要的是，费尔南多的解释拒绝这样的解读，即头巾象征着相互独立、互不相容的文化之间的"冲突"。这不是一个"穆斯林"女孩不赞同"法国"世俗共和文化的故事，也不是与此相伴随的"多元文化主义"危机。对费尔南多来说，戴面纱的实践及其激发的争论显示出法国共和主义内部的历史矛盾，即权利与义务之间、自由与平等之间的矛盾。她的论述没有为文化总体论（不论是"穆斯林的"还是"法国的"）提供洞见。通过关注法国共和主义中持续存在的概念和历史问题，费尔南多动摇而非确证了作为有边界的身份认同的穆斯林性和法国性。

对思想史家或政治理论家而言，这类张力决不是新的。不过，费尔南多的研究在一些重要方面，为传统思想史研究作了增补。费尔南多把虔诚的穆

106

---

① Mayanthi L. Fernando, "Reconfiguring Freedom: Muslim Piety and the Limits of Secular Law and Public Discourse in France," *American Ethnologist* 37, no.1（2010）:19—35, and *The Republic Unsettled: Islam, Secularism, and the Future of France*（Durham, NC: Duke University Press, forthcoming）.

斯林妇女所表达的困境置于故事中心，由此，她所提供的不仅仅是一个关于为人熟知的法国和当代欧洲问题的具体例子。她厘清了世俗主义与宗教之间的政治性关系，其方法是解释这些概念如何被种族和性别差异的观念包容。在详细阐述这些空洞的概念忽略了什么时，她涉及有关世俗主义、普世主义和自我的思想史，同时又和它们有着关键性的差异。

以这一民族志研究结尾，我的目的并不是提供另一个"人类学锚点"，或更好的"文化史与思想史"综合体。事实上，我希望强调，即便是在涉及这些学科时，丑闻与增补这对双子主题是如何突显差异与独特所具有的价值。思想史对概念及其史实性的批判性关注和自我批判性关注，可以为语境和文化的总体化观念提供矫正意见。我们应当将这些活动理解为对学科自身边界的检测，而非重申学科边界。将"思想史和文化史"放在一起的提法，最好被理解为增补性的，或至多有"弱一致性"。它们参与同一话题的讨论，也引发激烈的争论。增补质疑着确定的边界，同时抵制着自主和融合。人们应当鼓励这种相互质询，而非完美地解决它。

VI 意象中的思想史

塞缪尔·莫恩

　　思想史从未真正地面对社会理论所带来的影响，社会理论这一格外强大的传统起源于启蒙运动对社会的发现，于埃米尔·涂尔干（Émile Durkheim）和马克斯·韦伯（Max Weber）处达到顶峰，并在此后的诸多版本中延续。事实上，对思想史在过去几十年中的衍变进行阐释时，存在着一种令人不安的方式，这种方式是记录它如何自始至终、几乎明确地回避社会理论参与其实践所造成的最为严肃的后果。我指的是对表征的自主性的攻击，攻击它们仿佛与社会的形成和解体相分离。在下文中，我试图说明人文科学最近的一些发展，尤其是社会意象（social imaginary）概念的兴起，已经改变了这种攻击的形式，并使得思想史有条件容纳它，而不仅是以概念的超越性为名继续其抵抗策略。

　　如果从思想领域的自主性这一角度来看，20 世纪思想史各种方法和流派的兴衰很像是在某个始终不变的单一前提下所发生的一系列变异。抵御实践所捍卫的究竟是概念"单元"（conceptual "unit"）这一堡垒还是思想的语言—话语化身那一堡垒，就这一问题，阿瑟·洛夫乔伊和昆廷·斯金纳之间当然有争论；但从围攻堡垒者的角度来看，两场战斗其实并无分别。在对所谓剑桥学派方法理论细节的占主导地位的关注中，这一方法的创始姿态，即 以拒绝所有其他方法为代价引入话语语境，并不常常受人重视，但它显示出斯金纳在创立其学派无可争议的开拓性工作中是多么忠实于洛夫乔伊（甚至是列奥·施特劳斯）。当然，将斯金纳与他的对手在一开始就区分开的是语境，而非多种语境，因为他与他的论敌一致认为在文本之外，除了其他文本，没有任何决定性的东西。尽管斯金纳自己后来有创造性的冲动，但这一承诺使得奠基于其上的剑桥学派与迄今为止的其他大多数撰写思想史的方法团结起来。

举一个例子来说，多米尼克·拉卡普拉在他自己对著名的语言转向的诠释版本中，为文本与（有时是非文本的）语境之间某种对话性的、亦可能是批判性的关系提供了更多理论空间。但他的建议仍然是围绕着"阅读文本"提出的，而并不寄希望于消除表征和实践之间的区别①。拿一个更近的例子来说，彼得·E. 戈登极力捍卫观念的自主性，反对剑桥式的语境主义。但戈登在表达他长久以来对文本的语境式"化约"（reduction）的担忧之前，就假定剑桥学派对其他大多数形式语境的排斥是不言而喻的。这颇能说明问题。它表明，在将文本所形成的话语环绕视为历史解释的唯一潜在来源方面，他与剑桥学派的立场是多么一致。而到了戈登自己的写作中，由于他强调重建过去辩论的纯粹话语性框架，这些作品就似乎使他成了剑桥学派的精神分支，尽管在概念如何能够摆脱只是暂时和部分地构建它们的思想讨论这一问题上，他留出了更多余地②。一场表面上的重大争论

---

① Arthur O. Lovejoy, *The Great Chain of Being：A Study of the History of an Idea*（Cambridge，MA：Harvard University Press，1936）；Lovejoy, "The Historiography of Ideas," in his *Essays in the History of Ideas*（Baltimore：Johns Hopkins Press，1948）；Q. R. D. Skinner, "Meaning and Understanding in the History of Ideas," *History and Theory* 8, no.1（1969）：3—53；Skinner, *Visions of Politics*, vol.1, *Regarding Method*（Cambridge：Cambridge University Press，2002）；Dominick LaCapra, "Rethinking Intellectual History and Reading Texts," *History and Theory* 19（1980）：235—276, rpt. both in LaCapra and Steven L. Kaplan, eds., *Modern European Intellectual History：Reappraisals and New Perspectives*（Ithaca，NY：Cornell University Press，1982），and LaCapra, *Rethinking Intellectual History：Texts，Contexts，Language*（Ithaca，NY：Cornell University Press，1983）.

② 见彼得·E.戈登的 *Continental Divide：Heidegger，Cassirer，Davos*（Cambridge，MA：Harvard University Press，2010）以及本论文集中他对"黔驴技穷"的剑桥学派语境主义提出批评的文章，但他没有意识到他的目标与剑桥学派对于相较于其他类型的社会实践的思想的自主性的承诺更为一致。

实际上掩盖了两者的共识，即哲学家所从事的理论活动不会"扩散"到明显非理论的其他实践的社会世界中。（然而事实是，概念与实践一样，扩散得杂乱无章。）

人们应当清醒地认识到，从该领域的确立到今天，在思想史的城墙内，那些看起来最为凶猛的争端往往掩盖着更深层的护墙协议。定义和整合这一领域的一直是它的防御性姿态，而不是别的什么。但时至今日，思想史的观念论似乎仍或多或少对与社会理论的教诲建立联系不感兴趣。它保护观念不受外来游牧部落的冲击，直到先进的文明人到来；城门不必向征服者开放，而是向愿意以应有的尊重对待思想以及更广义的高雅文化的盟友开放，这看上去似乎很高尚。但它并未承认，社会理论将表征锚定在实践中的基本冲动是一项持续的事业，思想史家应该参与其中，而不仅仅是许诺等它完成后才加入其中。

同样重要的是，对思想自主性的承诺使其并不承认野蛮人不太可能自己学习。鉴于史学专业在理论上的无知，防御性策略使思想史家放弃了其可能的主要使命之一，即让其他历史学家意识到，与其自身实践相连的是关于社会认同和社会代理（social identity and agency）之本质的理论，而这一理论相当不可靠，亟须为更具说服力的理论所取代。我并不打算在下文中提出一种更可信的方法，而只是提出一些理由，以说明"社会意象"的兴起是一种有前途的尝试，之所以如此，是因为它有着正确的愿景：检验甚至可能克服表征和实践之间的区别。

用另一种说法来表达我的观点，那就是，思想史家需要一种意识形态理论，以免自我禁锢于概念或语言之中。通常来说，思想史家们要么避免与意识形态问题有任何严肃的接触，除非信仰和体系本身足够有趣，值得单独分析处理；要么他们对意识形态进行了模糊的定义，强调思想主题的可竞争性，或者按某种拙劣模仿马克思主义的定义，强调表征可能发挥的普遍的正

114

当化功能①。意识形态的这些特征无疑很重要，但作为表征与实践之间关系的指南，它们尚不能真正等同于一种严肃的理论。它们只是暗示了一切版本的这类理论都必须共享的基本前提，但它们系统地回避了**解释**的问题，即，表征在社会秩序的历史中究竟发挥了什么具体作用。

正如思想史家对行外人的典型态度一样，这种对马克思主义意识形态理论中所涉各类问题的防御性回避有着充分的借口：意识形态理论的历史表明，对其感兴趣的人往往会将表征视为对首先出现的非智识性实践的二次映射。甚至在卡尔·马克思之前，这种立场就有许多不同的表述版本。"这种叫做美术的泡沫是某种发酵的必然产物，"司汤达写道，"如果你要解释泡沫，就必须解释发酵。"当然，在思想史中，"庸俗"通常以马克思主义以外的形式取得了胜利。如何实现"思想的社会史"？罗伯特·达恩顿对提出这一概念的彼得·盖伊（Peter Gay）进行了令人耳目一新的重释，他提出了关于这一问题最引人注目的建议，而这一建议让一些思想史家有理由担心，以书籍史研究为思想史的物质基础的做法是否意味着不必再阅读书中内容了。②

就算观念论式的预防措施在抵御化约时能派上用场，它仍局限重重。联

---

① 基斯·贝克（Keith Baker）在著名的思想史方法一卷中是如此使用"意识形态"的；大卫·阿米蒂奇援引他的做法"在这两个意义上"定义意识形态："首先，在社会运作的系统模式的纲领性意义上，其次，作为一种世界观，它被那些不赞同它的人认为是可以质疑的。" Keith Michael Baker, "On the Problem of the Ideological Origins of the French Revolution," in LaCapra and Kaplan, *Modern European Intellectual History*；David Armitage, *The Ideological Origins of the British Empire*（Cambridge：Cambridge University Press, 2000），4. 更为晚近的是，昆廷·斯金纳提到了"我们的评价性语言在帮助社会行动合法化方面的作用"。Skinner, "On the Idea of a Cultural Lexicon," in *Visions of Politics*, 174.

② 见 Peter Gay, "The Social History of Ideas：Ernst Cassirer and After," in *The Critical Spirit：Essays in Honor of Herbert Marcuse*, ed. Kurt H. Wolff and Barrington Moore（Boston：Beacon, 1967），尤见 Robert Darnton, "In Search of the Enlightenment：Recent Attempts to Create a Social History of Ideas," *Journal of Modern History* 43（1971）：113—132, 重刊于 Darnton, *The Kiss of Lamourette：Reflections in Cultural History*（New York：Norton, 1989）。

系表征与实践的糟糕尝试呼求优秀的尝试。因此，尽管马克思主义有其缺点，但它在 20 世纪对这一领域进行了最为深入的探索。思想史家和它仍如此密切相关，以至于保持与马克思主义理论史的对话显得至关重要——即使只是出于用更好的路径来取代它。在这个意义上，颇具讽刺意味的是，上一代对现代欧洲思想史贡献最大的学者并未承担起这个任务，尽管他们经常在关于现代欧洲思想史的理论阐述中，把马克思主义作为他们的主题。事实上，在语言转向的时代，他们自己对观念论式的思想史的承诺变得愈发坚定。

斯图尔特·休斯（H. Stuart Hughes）之于现代欧洲思想史研究，可能就像阿瑟·洛夫乔伊之于前现代观念史研究一样关键；塔尔科特·帕森斯（Talcott Parsons）对社会理论的综合让休斯印象深刻，这使得休斯对其代表作中所记录的伟大人物表现出钦佩之情，而这种钦佩又不会对他的假设和方法产生影响。休斯至多对一种智识精英的个体心理史持开放态度。他那些来自"1968 年一代"的学生，常常致力于重新发现马克思主义之过去的隐藏维度所蕴含的理论财富，这些学生中，最突出的有马丁·杰伊和多米尼克·拉卡普拉。然而，出于叙事连贯性的考虑，或以显示其构成性张力为由，他们认为这些理论基本上是自主的。他们很少触及这些理论之外的世界。这些最优秀的历史学家最多只是对以下事实表现出轻微不安，即：他们正在研究的理论体系即便不是排除了他们自己的史学前提，也是严重破坏了它们。①

当然，除了马克思主义，现代许多最为有趣的思想流派也否认观念是自

---

① H. Stuart Hughes，*Consciousness and Society*：*The Reorientation of European Social Thought*，*1890—1930*（New York：Knopf，1958）；马丁·杰伊提及"1968 年一代"及其成员，见 Martin Jay，*Marxism and Totality*：*The Adventures of a Concept from Lukács to Habermas*（Berkeley：University of California Press，1984），19。可以肯定的是，也有反对守城协议的人，包括休斯的其他学生，但他们并没有赢得同样多的受众。约翰·特夫斯（John Toews）在《语言转向之后的思想史：意义的自主性和经验的不可复制性》中以将"经验"作为对"意义的自主性"的必要补充而闻名——尽管很含糊。见 "Intellectual History after the Linguistic Turn：The Autonomy of Meaning and the Irreducibility of Experience," *American Historical Review* 92，no.4（October 1987）：879—907。对比 Gerald Izenberg，"Text，Context，and Psychology in Intellectual History," in *Developments in Modern Historiography*，ed. Henry Kozicki（New York：St. Martin's，1993），这是其最有说服力的论据，代表休斯对心理学传记的试探性尝试。

由流动的。究其根本，想要将过去的社会理论研究与该研究自身一些最根本的教训彻底分离和隔绝开来，是不存在任何可信的方法的，至少不会有一种长久的学科实践。思想史家决定在短期内让他们自身的理论和方法，同（观念自主性）倡导者的理论和方法之间维持一种公然的矛盾关系，这似乎可以理解。但从长远来看，它不可持续。

纵观社会理论的历史，一直存在着设计另一种意识形态理论以替代马克思主义的诸多尝试。例如，马克斯·韦伯在他的《新教伦理》（*Protestant Ethic*）中回答说，有时表征驱动实践，而并非反之。但为了表明这一点，虽然他没有回到观念论（亦译为唯心主义，idealism），但他也没有重新思考唯物主义，更重要的是，没有努力超越唯心主义和唯物主义之间的对立①。这个问题一直延续到"社会意象"概念兴起、科尔内留斯·卡斯托里亚迪（Cornelius Castoriadis）和其他人在马克思主义陷入危机之际将这一问题理论化之时。这一事件对思想史家来说十分重要，因为它提议思想史家挑战甚至取消表征和实践之间的界限，而不是简单地让文本的领土被"语境"的军队吞并和征服。假以时日，它可能准允用一种新的方法来解决这些窘境，而不用像其他每一代人重复发现的同一结果那样：为思想的相对自主性提供新的理论辩护，以对抗野蛮人。

社会意象这一概念有着复杂的谱系脉络，到如今，它在人文学科中的使用已是无边无际，近乎肆意随机，这也是我们回顾它讨论表征和实践所存对立之初衷的一个原因。卡斯托里亚迪，这位希腊裔法国理论家，在 1964 年提

---

① "那么，下面的研究也许可以在说明'思想'在历史中生效的方式方面发挥适度的作用……然而，我们的目的当然不能是用同样片面的精神解释来取代对文化和历史的片面的'唯物主义'因果解释。" Max Weber, *The Protestant Ethic and the "Spirit" of Capitalism and Other Writings*, ed. Peter Baehr and Gordon C. Wells（New York：Penguin，2002），35，122.

出了"社会意象"的概念①。卡斯托里亚迪与他曾经的同事克劳德·勒弗尔（Claude Lefort）一起，在断定马克思主义需要被取代之前就开始试图拯救它，这一点相当重要。他们看到在他们所继承的马克思主义之中，有两个巨大的难题：决定论和唯物主义。即使是卡斯托里亚迪——他能够洋洋洒洒地写出人类在创造新社会世界方面的能力——也没有抱着取代社会理论的目的引入这些批评②。在思想史中存在着强大的观念论倾向的背景下，社会意象概念的发展具有什么智识意义？即便在那些对社会理论课题的态度最为开放的人之中，其意义也就在于，这一概念的提出是为了严肃对待马克思主义对表征在社会秩序中的作用的关注，而又不把表征化约为社会秩序，这里，对社会秩序的理解是，在其中，表征除了作为正当化的马后炮之外，起不到任何其他作用。

根据社会意象，概念和语言很重要，但它们并没有被封锁在实践领域之外。因此，拮抗马克思主义的意象所作出的最终论断，绝不是为了消除人们可能很容易与富于意象的词汇或"意象的"词汇联系起来的观念论/唯心主义。相反，它正是旨在以坚持其中的富于意象的或意象性的因素或维度，来修正马克思主义解释社会实践的愿望。正如勒弗尔曾说："批判马克思根本不意味着我们必须主张表征的首要地位，并重新陷入他所谴责的一种幻觉，即观念具有独立的逻辑。"社会意象针对的是表征与实践的整个区别：前者是

---

① 对这一发展轮廓的最早阐述之一，至今仍最容易理解和最有意义的研究：John B. Thompson, "Ideology and the Social Imaginary: An Appraisal of Castoriadis and Lefort," *Theory and Society* 11 (1982):659—681, rpt. in *Studies in the Theory of Ideology* (Berkeley: University of California Press, 1984)。我也同样受惠于沃伦·布雷克曼，其主要研究 *Adventures of the Symbolic: Post-marxism and Radical Democracy* (New York: Columbia University Press, 2013)，对卡斯托里亚迪的概念给出了最好的看法，因其分享了关于这个主题的一些想法和著作。

② 社会意象的自愿主义色彩，由于它对马克思主义的断言，同时导致了那些没有认识到它与马克思主义和社会理论传统的连续性的人对它的庆祝和诋毁。如，见 Richard Rorty, "Unger, Castoriadis, and the Romance of a National Future," in his *Essays on Heidegger and Others* (*Collected Philosophical Papers 2*) (Cambridge: Cambridge University Press, 1991)。

概念的领域，后者是非智识活动的领域，但智识生活以某种方式源于此。事实上这更为大胆。勒弗尔指出，从社会意象的角度来看，"事实证明……不可能在必须归入行动的东西和必须归入表征的东西之间确定一条边界"①。

117

相较于探究卡斯托里亚迪和勒弗尔如何阐述这一方法的具体细节，我选择从其局部和细节中抽象出来，以便分离出这一冒险事业最具理论意义以及最适用于思想史在当代所处窘境的东西。直截了当地说，社会意象提供了一种对实践的智识化观点。社会意象这一范畴的根本目的在于表明，既然表征有助于构成社会秩序，那么就无法在研究前者和后者之间进行选择。显然，将"概念"和"观念"（本身有具体历史的概念和观念）分开进行学说研究或谱系研究在分析上是可能的，也是重要的。但就行动者（agent）而言，这样做是在伪造观念产生的条件，因为虽然行动者并非完全由表征决定，但也从未能在创造和维持某种社会秩序或其他方面上避免与表征有所牵连。卡斯托里亚迪将他最著名的作品命名为《社会的意象机制》（"the imaginary institution of society"），就是这个意思。假如没有意象就无法创造或重塑社会，那么，没有它帮助造就的某种社会（同时将其他社会排除在外），意象也无法独存。关注经济的马克思主义或唯物主义的社会历史忽略了智识范畴如何使实际身份和活动产生活力，与之相对，从社会意象的视角来看，化约论的威胁之类的东西，在社会解释中实际上不存在。没有什么观念不是社会的，也没有什么社会不是以观念为基础的。在这个意义上，一部名副其实的观念的社会史是唯一合理的观念史。

关于一切社会实践的智识化，一些英美哲学家，从英美辩论的内部发展中，已经得出与卡斯托里亚迪和勒弗尔类似的结论。②加拿大哲学家查尔斯·

---

① Claude Lefort, cited in my "On the Intellectual Origins of François Furet's Masterpiece," *Tocqueville Review* 29，no.2（2008）：72—73.

② Robert Brandom, *Making It Explicit：Reasoning，Representing，and Discursive Commitment*（Cambridge，MA：Harvard University Press，1994. See also Gillian Rose，*Hegel contra Sociology*（Atlantic Highlands，NJ：Humanities Press，1981）.

泰勒（Charles Taylor）受莫里斯·梅洛-庞蒂（Maurice Merleau-Ponty）的启发——卡斯托里亚迪在寻求化约论式马克思主义的替代品时，也将梅洛-庞蒂视为自己的思想源泉——早就对"社会现实与描述该社会现实的语言之间区隔的人为性"发起了类似的攻击，并且确实发展了他自己对社会意象的解释，以争取超越这个术语的范畴。①罗伯特·布兰顿（Robert Brandom）甚至走得更远，他的明确目标是将理性赋予的推论空间（inferential space）与改变实践的社会现实联系起来。与泰勒在其职业生涯大部分时间里一样，作为一个深受现象学影响的新黑格尔主义者，布兰顿对当下而言似乎是一名尤具价值的向导，这正是因为他试图提供一种对（应根植于局部地方和特定时间下全部实践生活中的）语言推论作用（inferentialist）的解释②。

描述这些英美学者及其法国同侪所取得的进展的一种方式，在某种程度上是回到马克思之前：回到那种德意志哲学——马克思以论战形式提出了著名的"迷失在云端"，目的就是把它带回地面。③最近研究马克思的"观念论/唯心主义"前辈的学生们已经告诉我们，他们在马克思著名的断言之前，就已集中关注智识主题与社会实践的交融——无疑，黑格尔就是如此。对德国观念论而言，这样一种认识至关重要：哲学史和社会史并非关于独特对象的独立项目；在某些方面，思想史应该继续遵循黑格尔的律令，以寻求它们两者之间的联系。这只是一个使思想史的任务更加明确的问题，尤其是要避免那种使黑格尔主义长期处于低迷状态的观念论风气，这种风气使得思想史最近在对庸俗化约的回应中，自己进入了理论的死胡同。

118

---

① Charles Taylor, "Interpretation and the Sciences of Man"（1971）, in Paul Rabinow and William M. Sullivan, eds., *Interpretive Social Science：A Reader*（Berkeley：University of California Press, 1979）, 8；Charles Taylor, *Modern Social Imaginaries*（Durham, NC：Duke University Press, 2004）.

② 但要对比 Stephen Turner, *Explaining the Normative*（Cambridge：Polity, 2010）, 他对布兰顿将讲道理与社会实践割裂开来的一些担忧极为令人信服。

③ Consider Paul Redding, *Analytic Philosophy and the Return of Hegelian Thought*（Cambridge：Cambridge University Press, 2007）.

换句话说，如果考虑到入侵者的原始主义和偶尔的野蛮行径，对思想史堡垒进行的防御不再有意义，那会如何？用我在文章开头的比喻，即使征服者对思想自主性的挑战仍然像以前一样严峻，现在他们对观念的关注也已经足以使其对它们采取某种新态度。如果对实践之智识基础的新见解是正确的，那么将历史学家分为关注智识活动的历史学家和关注非智识事务的历史学家，从一开始就不对。一种将概念贬低为"精英主义的"的社会史，除了反映出政治上不可信的民粹主义外，其作为社会哲学本身也是受到了误导。

转向概念与实践之间的衔接，这一转向与一些根深蒂固且在近期举足轻重的观点截然不同。后者将智识生活的历史本身视为公共领域内的一套实践或活动。过去二十年来，它们在该研究领域颇为引人瞩目，不过这些观点同样是朝社会理论转向的代名词，因为它们往往完全不将思想概念与社会活动之间的关系加以理论化。①毕竟，智识精英（intellectuals）只是社会生活中的某种行动者（actor），但与此同时，他们也是许多社会所缺失的行动者。哪怕事实证明，在所有类型的社会和社会的全部层面中，思想概念和智识原则都为社会代理树立了原则；可即便如此，把智识精英作为行动者来研究，关键的第一步也是要弄清楚什么是"思想"，什么又是"社会"或"实践"。

但是，人们可能会问，与人文学科普遍强调的"文化意义"（cultural meaning）这一概念相比，社会意象有什么特别之处？从而，相对于那些可能从人类学或文学批评中汲取其表征理论的学者，这一概念同思想史家有什么特别关系？我认为，答案是，无论就人类社群的性质还是就研究它所需要的方法而言，社会意象都比文化概念传统上所允许的要"高概念"（high concept）得多。想要清楚地了解社会意象与"文化"之间的相似之处和不同之处，可以考虑阅读威廉·休厄尔写的《历史的逻辑》（Logics of History）一书，该书无

119

---

① Tony Judt, *Past Imperfect: French Intellectuals, 1944—1956*（Berkeley: University of California Press, 1992），是最杰出的作品。当然，以打击观念论解释的方式研究知识分子的历史是可能的，如知识社会学，例如，见 Jean-Louis Fabiani, *Qu'est-ce qu'un philosophe français?*（Paris: Editions de l'EHESS, 2010）。

疑就历史学家认真对待社会理论家的主张（反之亦然）的必要性问题，作出了英美世界中最前沿、最有影响力的论述。

　　休厄尔将他的一些既清晰易懂又具开创性的论文加以组织，以讨论"文化转向"之后社会解释的命运。在他从接受作为定量社会史学家的训练转至分析社会史范畴的语言暨文化构成时，休厄尔采纳了这一转向。①休厄尔回过头来总结说，只是现在，文化转向已经显示出其自身的局限性，部分是因为在对社会秩序形成的研究方面，它已经失去了全部的落脚处，而它原本应该对这一研究有所增补。休厄尔确实对从结构解释走向文化解释的变化给出了一种结构性阐释，这种解读应能促进两种解释在未来的结合。在这方面，休厄尔的期望，即超越文化转向中的观念论，看上去完全合理②。

　　对休厄尔来说，结构是由文化塑造的，这一点实属不言而喻；阐述一种结构理论而不承认（毋宁说是不坚称）意义是如何被注入结构的，就是愚蠢的。例如，劳动并不是人类社会互动的一个自然事实，相反，就像其他类型的权力和律令所促进的关系一样，它所促进的关系来自有意义的符号构成。它们之间的确切关系很少成为明确的理论关注的目标，这部分是因为休厄尔认为所有结构的文化塑造都是不言而喻的。原因很明显：他正在与化约论式的社会理论作斗争，这些理论认为文化在社会秩序的形成中不起任何作用。休厄尔在对文化的探索中，显然更着力于确保文化的"相对自主性"，而非探索和解释它与社会的结构性决定之间的确切关系，这丝毫不令人感到惊讶。

　　休厄尔的成就在于他表明了，考虑到文化自身的内在逻辑，以及文化意义无法被化约为语境中任何可能塑造此种意义的具体使用，人们为什么可能不得不

---

①　William H. Sewell, Jr., *Work and Revolution: The Language of Labor from the Old Regime to 1848* (Cambridge: Cambridge University Press, 1980).

②　William H. Sewell, Jr., *Logics of History: Social Theory and Social Transformation* (Chicago: University of Chicago Press, 2005), 147—148 and chap.5, passim. See also Sewell, "Language and Practice in Cultural History: Backing Away from the Edge of the Cliff," *French Historical Studies* 21, no.2 (1998):241—254. 我很感谢休厄尔帮助我重新规划下面的讨论，尽管他肯定不会同意我的讨论。

分离出文化来单独分析。但他并没有使用任何具体方法去研究文化相应的异质性，以配合他对文化自主性的讨论。在对克利福德·格尔茨的唯物主义的相关考察中，休厄尔就文化在人类所处自然秩序中的适应性（因其是开放式的）角色进行了精彩的讨论。但这对于解释文化与人类持续构建的社会秩序之间的关系并没有多大作用。举例来说，即使赋予意义的种种人类实践有其生物基础，也没有理由像看待自然秩序那样，认为社会秩序的结构特征是非符号性的。真正的重点必须精确地落在如何象征性地建立、维持和取消结构；而就某些方面而言，休厄尔在概念上过于轻率，以至于他继续在构成上轻视这一重点。①

120

如果人们不完全放弃结构与文化之间的交互——作为"无法溶解的锑"②，它理应被取代；那么，它就是社会理论目前面临的最困难的谜题之一。我无意表明社会意象在任何方面都能决定性地替代文化概念。但我怀疑，无论理论多么隐性或无法言说，是否从以下前提出发，确实至关重要。这一前提就是：意义是如马丁·海德格尔（Martin Heidegger）所主张的那样，首先是实践性的和低位的，而非部分理论性的和高位的。虽然勒弗尔深受现象学和存在主义传统的影响，但相较之下，他坚持"这一观念：人与世界的关系产生于一条原则或一组原则"。这种立场与文化概念的通常模式截然不同。③卡斯托里亚迪和勒弗尔不断谈及社会的符号构成，但他们强调的是具体的概念，而不是笼统的"意义"。大胆而言，这种差异将对理论提议的承诺归于所有人，而在塑造一种社会秩序而非另一种社会秩序时，这类提议与未经反思的律令一样影响深远。

没有必要在社会意象和文化意义之间强加对比。社会意象的目的并不是在于暗示智识精英建立了社会秩序，而只是表明很可能最明确地由精英理论

---

① Sewell，*Logics*，164—165，185—189.

② 即难以使用的或无用的重要之物。——译注

③ Claude Lefort，*Essais sur le politique*，*XIXe—XXe siecles*（Paris：Seuil，1986），8；in English，*Democracy and Political Theory*，trans. David Macey（Minneapolis：University of Minnesota Press，1988），2.

化的并建构其冲突的概念充斥于社会秩序之中。因此，我们可以把社会意象
的概念解读为一种有争议的文化概念。与休厄尔类似，格尔茨本人明确假
设，精英的概念性话语可以是一个文化实例；休厄尔在他（对神学话语和领
导人物给予了极大关注的）对法国历史中"劳动"的意涵所建立的精彩概念
谱系中表达了同样的假设。而正是达恩顿以他下里巴人式的反智识精英主义
分散了读者对这种可能性的注意力，这对整个文化分析的理解来说是致命
的，在那些对这样一种文化概念有恐惧感的思想史家中尤其如此——若非如
此，这种文化概念可能会让他们的证据和分析具有相当的重要性。[1]颇为讽刺
的是，英美历史学家正是在一种颠倒黑白的混乱诠释中接受了社会意象，这
在一代人的时间里，阻断了它在克服思想与社会之间，或文化与结构之间的
任何强烈区分方面的潜在用途。林·亨特（Lynn Hunt）在阅读弗朗索瓦·
孚雷具有勒弗尔色彩的文本，《思考法国大革命》（*Interpreting the French* 121
Revolution）时，以"政治文化"史为名，模糊地关注"表达和塑造集体意图
和行动的价值观、期望和隐性规则"，从理论上清算了社会意象对概念和原
则的强调。一些人，如基斯·贝克，对这一举动的回应却是，以"社会和政
治变本本身就是语言的"这一观念论理由，轻易放弃了对于文化如何与结构
相关的所有探讨，而另一些人则将亨特的政治文化同化为民族志的深描，以
作为破译符号世界的关键。[2]

---

① 尤见 Dominick LaCapra, "Chartier, Darnton, and the Great Symbol Massacre," *Journal of Modern History* 60, no.1（March 1988）:95—112。

② Lynn Hunt, *Politics, Culture, and Class in the French Revolution*（Berkeley: University of California Press, 1984）, 10; Keith Michael Baker, *Inventing the French Revolution*（Cambridge: Cambridge University Press, 1990）, 8; Moyn, "On the Intellectual Origins," 因其中孚雷"修正主义"的原意和对此乱七八槽的接受史。后来"社会意象"在英美人中的庸俗化过程，只是使社会意象的迂回更加明显——将"社会意象"转化为实际上是为了避免如此而引入它的语言观念论。See in particular Sarah Maza, *The Myth of the French Bourgeoisie: An Essay on the Social Imaginary 1750—1850*（Cambridge, MA: Harvard University Press, 2003）, and Jan Goldstein's excellent critique, "Of Marksmanship and Marx: Reflections on the Linguistic Construction of Class in Recent Historical Scholarship," *Modern Intellectual History* 2, no.1（2005）:87—107.

在这场洗牌中，如何将文化与结构联系起来以及概念的作用这两大问题都被遗失了。其中的任何观点在本质上都不是从文化观念本身出发的，尽管没有人——甚至格尔茨和休厄尔也没有——接受将概念在建立社会秩序中的作用理论化这一挑战，即使他们描述了这种作用。换句话说，如果有人愿意，我们可以把社会意象的概念重新表述为下述前提，即：如果不考虑构成文化的概念，就没有办法研究作为文化的表征，文化不仅仅是一个厚重的意义系统，更是这样一种系统，其中，社会秩序的原则性依据以及社会秩序的正当化总是很重要，而且它们事实上居于社会实践的核心。哪怕最终人们没有理由用社会意象清算文化概念，但是前者确实提供了一种预防措施，以防止后者的一些最站不住脚的影响。显然，人们甚至不会部分出于一种意识形态的解释让思想史不可或缺（这与上一代的人类学史不同）这一原因，就想要选择这种意识形态解释。但事实是，近来历史学所表明的恰恰正是这样一种转变：从作为文化的"表征"变为一种智识化的坚持，坚持概念在社会秩序的形成中所具有的相关意义。

一种将消除智识活动和非智识活动之间的边界纳入考量的思想史会是什么样的？勒弗尔的方法在皮埃尔·罗桑瓦龙（Pierre Rosanvallon）跨度广泛的历史著作中得到了最好的实践检验，它是这一方法现有最好的范例。社会意象将罗桑瓦龙引向了如达恩顿等美国人所称的观念的社会史，但其形式完全不同，它对思想史的主旨更为友好。

勒弗尔对"社会"（the social）下过一个著名的定义，即离开了"政治"，就无法想象社会，他是这一短语普及的推手之一。正是社会秩序不可避免的政治性构成，使概念研究有了可信度，因为就定义而言，正义的概念一直是思想性的，但它对社会的影响却无处不在。罗桑瓦龙等人所实践的社会史最初类似于对伟大文本和观念论历史的回归，这部分是因为思想史"长期以来被法国学术界所抛弃，以至于在试图对其进行一种更具概念性的解释

122

之前，往往需要从最传统的历史重建开始"。①它立即引起了法国年鉴学派继承人的抨击，他们认为（正如罗桑瓦龙所做的）这"是一种陈腐的、观念论式的尝试，它试图恢复自由主体的陈旧哲学，这种哲学的光泽或多或少因社会科学而暗淡"。罗桑瓦龙对这一指控进行了回应，他强调，将思想史纳入社会科学对社会的解释这一方法，其意义在于把握使社会得以形成的社会意象。他写道，"认识到社会表征无法被简单地类同于意识形态的秩序；它们也无法被化约为反映特定社会关系状态的偏见，正是政治的哲学史（the philosophical history of the political）的本质。政治的哲学史认为，在意识形态和偏见之外，还有一些需要被认真对待……实在表征：它们构成了社会生活中真实而强大的基础结构。观念论愿景无视构建人类行动领域的经济和社会决定因素，与之相反，这种方法旨在丰富'决定'（determination）这一概念，并使之更为复杂"。②

此类口号完美体现了对一种历史的呼吁，只有在智识与社会生活的所有其他方面的结合中才能发现这种历史。这相当于呼吁重新关注意识形态问题，以避开对表征的观念论描述。（罗桑瓦龙似乎避免了这一暗示，因为他面对的是对"意识形态"的庸俗解释，这些解释把表征变成了仅仅是社会秩序的映射；在这一点上其彻底程度，与观念论使表征独立于社会秩序的彻底程度一致。）值得注意的是，近年来，在其更具社会科学和功能主义色彩的全盛时期消退后，年鉴学派重新发现了激励学派创始人的"心态"（*mentalités*）概念，现在，这一概念似乎证明着对意象概念的广泛使用，而非证明摒弃它是

---

① Pierre Rosanvallon，"Towards a Philosophical History of the Political," in Rosanvallon，*Democracy Past and Future*，ed. Samuel Moyn（New York：Columbia University Press，2006），66；也可参见他在法兰西学院的就职演讲，以英文发表在同一本书中，以及本论文集中安托万·里勒蒂的文章，以了解对法国和思想史的叙述。

② Rosanvallon，"Towards a Philosophical History,"72，discussing Roger Chartier，"L'histoire aujourd'hui：des certitudes aux défis,"*Raison présente* 108（1993）：45—56. See also the Lefortian approach in Marcel Gauchet，"L'élargissement de l'objet historique,"*Le Débat* 103（January—February 1999）：131—147，with responses from Chartier and others.

正当的。安德鲁·比尔吉埃尔（André Burguiere）在他最近关于年鉴学派的历史研究中引用了卡斯托里亚迪的观点，以得出如下结论："意象保留了年鉴史家的概念的活力，它使我们不但将心态视为一个时代的独特色彩或构造社会领域的统治关系的结果，还将其视为变革的深刻动力。"[1]与文化一样，曾经似乎是一种高概念思想史的不共戴天之敌的"社会史"，现在也变得在其议题上和它有重叠之处。

123 继勒弗尔之后，罗桑瓦龙也认为民主是现代社会意象的重要组成部分，是现代环境下政治的心脏，是法国民主史首个三部曲中的关键概念。[2]人民统治的民主原则，是理解现代社会的性质，特别是理解现代生活构成性困境的第一步，因为它是一项原则，而不仅仅是一个分散的文化意义问题。人们可能会顺带注意到，社会意象的方法论假设与现代的人民主权概念之间存在对应性或同源性；社会意象的方法论假设人类部分地通过原则来创造他们的社会世界，而在人民主权的概念中，一切人类社群的真实情况变为了作为一种原则的自我意识。

显然，我们有可能以观念论的方式接近人民确实或应该自我统治这一学说：询问哪位哲学家发明了它，以及它如何在不同的地点和不同的时刻接受不同的哲学解读。但"政治的历史"并不是英美式的政治思想史。罗桑瓦龙的意图是撰写一部历史，将思想史与"社会经验中最密切、最具决定性的事项"联系起来。"与经典的思想史相反，这部政治的哲学史的材料不能局限于对伟大文本的分析和注疏，尽管在某些情况下，这些文本可以理所当然地被视为一些极点，环绕它的，是一个历史时期提出的种种问题以及它试图提供

---

[1]　André Burguiere, *The Annales School: An Intellectual History*, trans. Jane Marie Todd (Ithaca, NY: Cornell University Press, 2009), 242.

[2]　罗桑瓦龙最近完成了关于当今民主的第二个三部曲。罗桑瓦龙的第一个三部曲已在我与安德鲁·詹奇尔（Andrew Jainchill）共同撰写的文章中用英文作了总结。Andrew Jainchill, "French Democracy between Totalitarianism and Solidarity: Pierre Rosanvallon and Revisionist Historiography," *Journal of Modern History* 76, no.1 (March 2004): 107—154.

的明确答案……这种类型的政治史不会将任何主题真正排除在外。"①如果关于社会的政治构成的历史始终包含概念，那么那些历史就必须在任何可能发现其概念的地方找寻它们。

　　无论学者接近社会意象的具体路径如何，都很难避免这样的印象，即今天欧洲思想史领域最有趣的工作是尝试书写一种作为（构成性）意识形态的观念史。但使思想史超越其所继承和固守的观念论，以探索表征在实践构成中作用的多样而普遍的潜在方式，实际上可能比这场运动的某种特定版本更为重要。一些充满前景的研究参与以多种方式表达了这种多样性，它们既没有恢复为实践的庸俗优先性，也没有诉诸对语境主义——无论是传记语境主义、文化语境主义、政治语境主义还是其他类别的语境主义——的模糊或纯文学的呼吁。它们都有一个共同的目标，即关注社会秩序形成过程中的构成性表征。

　　想想昆廷·斯金纳自己对他宣誓投身的观念论展开的斗争。鉴于他在建立一个由专门研究政治思想史的人员组成的观念论学派中所留下的主要财富，这么说或许会令人惊讶。他后期的理论转变，迄今已证明的确在其追随者中影响甚微。这些转变只有在细致的语境中才能得以解释，不然，它们就违背了斯金纳自己指责连贯性神话的立场。但同样，斯金纳对更全面的社会理论——它们主要处于所谓的大陆传统之中，但又不完全属于该传统——的了解，使他相当早就意识到，语言转向可以有很多形式，但它对寻找一条能走出表征与实践的僵局的道路并不特别友好。②

　　斯金纳在他的职业生涯中，偶尔会冒着加强他早期反马克思主义的观念

---

① Rosanvallon,"Towards a Philosophical History," 73，63.

② 我非常感谢乔尔·艾萨克（Joel Isaac）坚持要我注意斯金纳后来的变化，尽管由于上述原因，我认为艾萨克大胆地声称"斯金纳语境主义的根源在于早期的社会意象概念"并不正确，因为斯金纳早期和最具影响力的（实际上是建立学派的）理论声明是反马克思主义的。（本注释内容来自个人通信）

论的风险。然而，自人文学科以及他自己职业生涯身处的那个泛文本主义时代以来，斯金纳看到了解释智识实践的前景和需要。这倒不大是因为斯金纳实际上一度援引"社会意象"，将其作为他的目标，尽管他乐于看到其理论错综复杂的演变与他多年来所熟悉的、大量其他理论尝试之间的对应关系。"简而言之，我们需要准备好把科尔内留斯·卡斯托里亚迪所描述的整个社会意象，即构成一个时代的主体性的所有继承的符号和表征，作为我们的研究领域"，斯金纳在 2002 年写道。请注意，他自己对什么是"社会意象"的解释，已经将社会意象转化为了主观文化，而不是寻求它与结构或实践之间的交互。①

但更宽泛地说，人们完全可以宣称，斯金纳的大部分冲动都与这一目标相协调，尽管他从未直截了当地将其理论化。很明显，斯金纳深刻洞察到历史上的规范性语汇（normative vocabularies）在塑造和约束人类行动中发挥的相关作用，同时，智识生活本身也被开创性地理论化为一种语境下的行动——也许在他职业生涯的大部分时间里，他的工作都基于这种深刻洞察。如果这是正确的，那么剑桥学派所面临的挑战就不只是要在其众多研究中超越对严格意义上的语言语境的探索，更要直接地探索语言游戏和社会生活之间的交互，这比其迄今为止的所有理论工作或历史实践都要重要。

现在，以朱迪丝·瑟吉斯近期的思想史研究为例，该研究主要受到米歇尔·福柯的启发。②在马克·波斯特（Mark Poster）为一本讨论理论和方法的经典论文集所写的文章中，或者在伊恩·哈金（Ian Hacking）的科学史著作中，具有代表性的情况是，福柯在《词与物》中提出的考古学时刻被

---

① Q. R. D. Skinner，"Motives，Intentions，and Interpretation," in *Visions of Politics*，102. 请注意，这句话是在千禧年之后才姗姗来迟地加到一个文本中的，其根源是 1972 年和 1996 年出版的另外两个文本，其本身的语境分别是英美的普通语言哲学和大陆的泛文本主义。

② Judith Surkis，*Sexing the Citizen：Morality and Masculinity in France，1870—1920*（Ithaca，NY：Cornell University Press，2006）.

视为典范。①与此同时，福柯于其结构主义的高潮之后转向知识与权力的关系（或一致性），在历史学界，这种转向则很大程度上是以"文化史"出现的，这主要是由于从事这类研究的绝大多数是如斯蒂芬·格林布拉特（Stephen Greenblatt）这样的新历史主义者以及伯克利表征小组（Berkeley *Representations* group）中的一些历史学家②。因此，福柯式的思想史基本上早已在远处等待着我们的时代抵达。阅读朱迪丝·瑟吉斯对 19 世纪末男性气质危机的规范功能所作之研究，就是引入了这种方法后的一次创新体验。

　　在这一研究中，作者没有像许多美国人在阅读福柯时暗示的那样，轻易地将表征与实践的对立解释为与一种只不过是可化约为或最终可化约为权力（或等同于权力）的知识息息相关。诚然，瑟吉斯的主要关注点是社会规范（social regulation）。然而，她的主题远远超出了作为控制代理的概念化，特别是考虑到她对性别概念之构成性不稳定性的强调，就更是如此。瑟吉斯宣称，她的主题是她所考察的场所和时代下"婚恋对社会意象的强大控制"，"这种'性'是如何被不断地想象和重新想象的"。可以说，瑟吉斯的研究实际上依赖于一种隐含的理论，在这种理论中，主体不是单纯的"概念"，而是表征和实践之间的互动区域，在这一互动区域里，它们之间其实没有可辨别的根本区别。在书中，瑟吉斯的注意力主要落在公共辩论上，而不是落在该著作必须传达的社会实践的密集程度之上——这可能会引发有关规范性话语和被规范的实践之间确切关系的问题，就像她说的那样，理想化的男性气质概念"既依赖实践事业又建立了实践事业"。然而，《公民的性别化》

125

---

① Mark Poster, "The Future According to Foucault: *The Archaeology of Knowledge* and Intellectual History," in LaCapra and Kaplan, *Modern European Intellectual History*; Ian Hacking, *The Emergence of Probability: A Philosophical Study of Early Ideas about Probability, Induction and Statistical Inference* (Cambridge: Cambridge University Press, 1984).

② 尤见 Patricia O'Brien's significantly entitled "Michel Foucault's History of Culture," in *The New Cultural History*, ed. Lynn Avery Hunt (Berkeley: University of California Press, 1984).

（*Sexing the Citizen*）无可争议地成功展示了像涂尔干那样的精英理论家的文本与他那个时代的整体监管事业之间的深刻关系，这种关系不是单向的依赖，而是共同的构成。因此，与福柯式方法的常见例子相比，瑟吉斯的研究明确强调要避免在尊崇概念和关注实践之间作出选择。①

最后，让我们看看安德鲁·萨托利（Andrew Sartori）的一项开创性研究，这一研究试图革新马克思主义（或更如实地将马克思主义概念化），并将其作为"全球概念史"的框架。有意思的是，萨托利依靠的是（西方）马克思主义的某个流派，它包含主观的表征，并拒绝等级化的物质/意识形态划分。萨托利的研究致力于解释"文化"概念如何能够在世界各地，在遥远的地方，包括在孟加拉国，以类似的方式被采纳。他声称，要做到这一点，就需要发现"社会的普遍实践结构，而非要么与特定语言共同体、要么与必然因地而异的具体制度装置或实践惯例相连的实践结构"。然而，这样的"结构"对萨托利来说，不单单是智识生活的物质基础，更是在现代境况下对马克思的抽象中介的阐释，它跨越了马克思传统中更朴素的对立，如"意识"与"存在"的对立。萨托利拒不考虑超结构分析，因为他说，"主体性的结构……是社会再生产的真实时刻，只要它与外部约束发生冲突，它就会产生相应的潜在变革性效果……实践活动（是）**客体性和主体性**共同的构成基础"。②我们也可以说，正如主观性是"客观地"构成的，客观性在某种意义

126 上也总是主观的：实践活动从来都离不开主观的构成和参与。概念在某种程度上是社会的构成部分，当社会采取批判性分析以揭示它们在社会中的含意及其对社会的反思时更是如此。

---

① Surkis, *Sexing the Citizen*，1，7，13（意象的概念是全书中最经常引用的概念之一）。在早期现代研究中，福柯（与皮埃尔·阿多［Pierre Hadot］一起）影响了包括伊恩·亨特（Ian Hunter）和马修·琼斯（Matthew Jones）在内的一个学派的建立，将哲学视为禁欲主义的精神实践，但据我所知，没有现代主义者跟随他们的步伐。

② Andrew Sartori, *Bengal in Global Concept History*：*Culture in the Age of Capital*（Chicago：University of Chicago Press，2008），48，61. 我非常感谢安德鲁·萨托利对这篇文章的有益思考。

今天，欧洲思想史的研究方法有了可喜的变化。但这种变化又与有计划的停滞结合在一起，以至于该学科自鸣得意地接受了重建过去思想的种种不同风格，这些风格本应相互排斥而非和平共处。矛盾之处在于，在一个大家似乎都赞同"语言转向"的时代，各种方案在彼此斗争，而今天相反的诱惑占据统治地位，每个思想史家都觉得在缺少对新方向的纲领性呼吁的情况下，自己独一无二的方法是合理的。在这一背景下，我们似乎应该把这一领域最近的那些尝试放在一起，无论它们多么不同，而这样做，是提示我们社会意象的新类别与未来的研究风向息息相关。跨越看似对立的学派，看起来人们正创造着一种针对表征和实践之间的区别而不把表征化约为实践的思想史——甚至在马克思主义者的思考中也是如此。（当然，这并不意味着这些不同的方法不存在分歧。）

对于这些前景光明的发展，值得在结论中添上发生于更为宽泛的历史学科内部的另一起事件，该事件要求我们对思想史这一分支学科在其更宽广的家园中的传统地位进行一些反思。随着社会史的危机和文化史的衰落，思想史在今天已经变得为人熟知，以至于人们不清楚在何处它将终结，而探究过去的其他形式将出现。事实上，有许多历史学家已经欣然将思想史纳为他们研究过去的方法的一个维度，这使得火种得到了传播——上个时代，在其闪烁飘零时，少数思想史家守护了它——尽管这同时也有让其脱离专业控制的风险。而如果这一发展走得更远，我们有理由担心，这种本来令人兴奋的发展将使独特的思想史冰消瓦解，因为它将无处不在。然而，即使剧情真的如此发展，在我看来，这一领域仍有一项持续存在的任务，那就是协调历史和社会理论之间的关系。

如上所述，历史学家们往往对理论化自己的实践，进而思考自己将如何提议整合表征和实践保持谨慎（或不擅于此），即便在一个许多历史学家不仅认真对待高雅文化而且认真对待过去的高位理论的时代也是如此。历史书写是不加思索地纳入智识材料，还是建立于某种更丰富多彩的、研究表征在社会秩序的创造、维系和变革中所起作用的路径之上，这一点关系重大。在这种处境下，关注社会意象的思想史便也显得更为重要了。

VII 学科史是否大势已去？*

苏珊娜·马钱德

　　历史研究不像夜空那般古老，但几乎与夜空一样繁星闪耀。一些变动不居的恒星自己组成了星系，如"经济史"或"文化史"，它们从未停滞不前，却具有某种经久不衰的永恒性。其他更为专门的历史研究类型可以说构成了星系中的星座，例如"微观史"就可以算是"社会史"星系中的一个星座。当然，随着季节的变化和地球的公转自转，星座对我们而言时隐时现；史学星座可能闪耀一时，而后永远黯淡。我希望在这篇文章里追踪自20世纪70年代至今，一系列被称为"学科史"（the history of the disciplines）的研究的兴衰。"学科史"从来都只是一个星座，它存在于一个更为恒久的星系之中，我们可以把后者称为学术史。尽管如此，"学科史"一度得到广泛的实践，并且在思想史领域广受讨论。虽然在我看来，这一星座如今已然黯淡，但或许现在是时候评估我们从中学到了什么，并讨论相关研究在未来会采取什么新形式。

　　抛开星座隐喻不谈，"学科史"在很大程度上是地球时间和空间的产物。实践它的主要是北美学者，尤其是思想史和科学史学者。研究受到两位先驱
思想家的影响：一位是物理学者和科学史家托马斯·库恩（Thomas Kuhn）；另一位是法国哲学家米歇尔·福柯。不过如我们将看到的，还有许多其他学科奠基之父和奠基之母、影响其成形的语境以及不同研究流派。鉴

---

* 感谢本卷书的各位编者和两位匿名评论者，他们的批判性评论共同推动我反思和修改本文。它依然是相当不精致的篇章，希望读者将它视为抛砖引玉之物，而非该主题的"盖棺定论"，甚或更糟，将它视为证据，证明读福柯或写学科史不再重要。

于我实际上在这一次级宇宙中成长,并且在 1985—1991 年间热衷于参加芝加哥大学名为"人文科学史"的工作坊,我或许对这一星座的重要性有所夸大,我可能也不是描绘它的合适人选。20 多年过去了,我感到这一系列研究让我获益良多,也为它所取得的成就骄傲,但是我却不愿意把它推荐给下一代的学生,个中缘由在本文末尾会清晰明了。在我看来我的子领域正在衰落,但我并不特别为此哀伤;这是本质于学术发展之事。不过,考察一下我们曾经处于什么位置或许是有益的。部分原因在于,我认为学科史,至少是以我们先前所知的形式,曾深刻而持续地影响了思想史的形成发展,尤为重要的一点是,它在科学史与思想史之间搭建了桥梁,今天,这两个子领域都离不开它。

当然,自文艺复兴以来,学者们就对学术史抱有一定的兴趣——人们需要定期回顾过去的成果和谬误,赞扬或谴责前人,论证所谓新观点的优越之处或不足之处。对"技艺"(craft)史的自觉探索至少可以追溯到乔尔乔·瓦萨里(Giorgio Vasari)的《艺苑名人传》(*Lives of the Painters*,1550 年)。他赞颂当时的意大利画家是优于中世纪画家的英雄,并提供了一种依据个人的新观点而给予他支持的模式。"古今之争"激励人们采纳瓦萨里模式,用伽利略或牛顿的成就替代拉斐尔和米开朗琪罗的成就。18 世纪炮制出了大批天文学史以及文明史,它们拥护科学和艺术领域的新进程;这一世纪也见证了卢梭《论科学与艺术》(1749 年)的出版,它是对上述模式的重大颠覆,主张科学与文化的进步,是以人类道德败坏为代价而取得的:随着制度和风俗的逐步形成,人类丧失了自由和自然状态,成了惯例、体制和彼此的奴隶。这种对科学进步的道德批判低声悄悄地持续着;而与此同时,19 世纪的学者则投身于庆贺一众学科缔造者和英雄取得的成就。像黑格尔一样,他们常常支持世俗科学从神学这个博大的母学科的统治下解放出来。在 19 世纪中后期,随着学术变革(以及学科分化)的加速,人们可以找到为数众多的赞颂性史学作品,以及有关学科之父的使徒式传记,如德意志语言学家弗朗茨·葆朴(Franz Bopp)或法国化学家安托万·拉瓦锡(Antoine Lavoisier)的传记。 133
人们会发现,与这种大肆吹捧相伴,卢梭的保留意见也得到热烈回应,不过这种回应在学术界基本听不到。马克思就是一个例子。他还补充了至关重要的一点，即"占统治地位的观念"是如何只用于统治的；而与此同时他正试图打造对资本主义的科学批判，这将改变世界。同样著名的是尼采的主张，他认为科学企图揭开自然的面纱，却不过是解剖和摧毁了面纱之下鲜活且常常具有反抗性的身躯；在他看来，知识意志显然也是权力意志。这当然为日后关于知识与权力关系的讨论提供了资源，但我们应谨记，这些讨论是在学术界之外进行的（当学者们确实在讨论尼采、卢梭或马克思时，他们并非要批判自己的学术成果，而是试图理解其他社会力量）。19 世纪末和 20 世纪初盛产学科史作品：其中一些批判其他学科（如东方学学者批判古典学学者，社会学家批判神学家），但大多数作品由学科内部人士撰写，致力于赞颂该领域的进步。①

　　第一次世界大战之后，人们发现对科学机构和学术专业化的道德和政治批判复兴：一些批判是新浪漫主义的（它们抨击专业化的语言学家"杀死了希腊精神"，抨击解剖学的实践没能成为理解生物体整体机能的方式）；一些批判是马克思主义的；另有一些我们可以称为是原反文化的（proto-counter cultural）。20 世纪 20 年代和 30 年代满溢着哲学和精神分析学对实证主义科学模式和弗洛伊德主体理论的挑战，这是海德格尔（Heidegger）和霍克海默（Horkheimer）的世界，是葛兰西（Gramsci）和年轻的加斯东·巴什拉（Gaston Bachelard）的世界，是 C. G. 荣格（C. G. Jung）和亚历山大·柯瓦雷（Alexandre Koyré）的世界。同样在这个世界里，极其古老的、追寻西方科学和东方哲学起源的传统也得到复兴，它体现在奥托·诺伊格鲍尔（Otto Neugebauer）和李约瑟（Joseph Needham）的著作中，体现在对文化相对主义的讨论中——这类讨论盛行于从鲁思·本尼迪克特（Ruth Benedict）到奥斯瓦尔德·斯宾格勒（Oswald Spengler）的研究光谱。新世纪伊始，法西斯

① 参见如下例子：Sir John Edwyn Sandys, *A History of Classical Scholarship*, 3 vols.（Cambridge: Cambridge University Press, 1903）；Ernst Windisch, *Geschichte von Sanskrit-Philologie und Indischen Altertumskunde*, 2 vols,（Stuttgart: K. J. Trübner, 1917—1920）；Karl Hugo Bauer, *Geschichte der Chemie*, 2 vols.（Leipzig: G.-J. Göschen, 1905）。

主义和第二次世界大战就再次展示出欧洲"文明"的灾难性毁灭力。这样的经验使得上述思想战线进一步深化和激进化。在美国，一系列对科学史更为严谨的历史学和社会学研究在 1918 年后开启，推动者是乔治·萨顿（George Sarton）。他把《艾西斯》（*Isis*）期刊带到美国，并于 1924 年创立科学史学会。萨顿在哈佛大学是罗伯特·K. 默顿（Robert K. Merton）博士学位论文指导委员会的成员。这是伟大的科学社会史学家默顿首次真正涉足这一领域，该论文研究的是 17 世纪英格兰的科学与社会，并于 1938 年出版。同样在哈佛，托马斯·库恩于 1946 年之后开始教授科学史，也是在这里他写了《哥白尼革命》（*The Copernican Revolution*，1957 年）一书。

134

　　所有这些研究都为 20 世纪 50 年代到 60 年代早期的一系列发展作了关键准备，尽管两者并没有直接关联。五六十年代，美国及英国的人类学家、社会学家和心理学家（这三个学科在行为科学史的早期研究中发挥着中心作用）开始反思各自领域成功与失败并存的历史，担忧各自研究中过度实证主义、当下主义和自鸣得意的特点。一些人，如小乔治·W. 斯托金（George W. Stocking, Jr.），是通过私交进入这一领域的。1957—1960 年间，作为宾夕法尼亚大学美国史的学生，斯托金修读了数门带有强烈社会科学倾向的史学史课程，包括默里·墨菲（Murray Murphey）和欧文·哈洛韦尔（Irving ["Pete"] Hallowell）开设的课程。墨菲偏好人类学的路径；而哈洛韦尔是位人类学家，他开设的人类学史课属于首批人类学史课程。斯托金评论道，哈洛韦尔将人类学史视为一个走向胜利的故事，追溯了他那个时代从"原生人类学"到"科学"人类学的演变。这绝不是斯托金日后的历史主义立场，不过哈洛韦尔至少是严肃对待自己学科的历史的。①其他社会科学和自然科学学者也开始对自己学科的历史感兴趣，并且表现出相当强的批判性——与斯托金的情况相似，这部分是在回应冷战时期军事—工业国家的扩张，②或回应医学、

① George W. Stocking, Jr., *Glimpses into My Own Black Box: An Exercise in Self-Deconstruction* (Madison: University of Wisconsin Press, 2010), 70—71.

② Ibid., 155.

社会和精神分析更具压迫性的"常态化"形式的发展。

1960 年，一份致力于行为科学史研究的刊物创立；仅仅两年之后，托马斯·库恩便出版了划时代巨著《科学革命的结构》（*The Structure of Scientific Revolutions*，1962 年）——这时的库恩刚刚去往加利福尼亚大学伯克利分校，进入哲学系。《行为科学史杂志》（*Journal of the History of the Behavioral Sciences*）于 1965 年面世，斯托金是创刊人员之一，正如他的一篇评论所清晰表达的那样，如今有相当多的社会科学学者阅读库恩，他们发现他关于"范式"和"革命"的讨论虽然依旧太过内史论（internalist），却是大有裨益的，这主要是因为它有助于弥补"'为当下目的'著史而犯的罪过"。①1965 年之后出现了行为科学史的短暂繁荣，涌现出如下作品：斯托金本人的《种族、文化与进化：人类学史论集》（*Race，Culture and Evolution：Essays in the History of Anthropology*，1968 年），J. W. 伯罗（J. W. Burrow）的《进化与社会：维多利亚时代的社会理论研究》（*Evolution and Society：A Study in Victorian Social Theory*，1966 年），菲利普·里夫（Philip Rieff）的《治疗的胜利：弗洛伊德之后的信仰运用》（*The Triumph of the Therapeutic：The Uses of Faith after Freud*，1966 年），多萝西·罗斯（Dorothy Ross）的《G. 斯坦利·霍尔：作为先知的心理学家》（*G. Stanley Hall：The Psychologist as Prophet*，1972 年），以及史蒂文·卢克斯（Steven Lukes）的《埃米尔·涂尔干，生平与工作：一项史学和批判性研究》（*Émile Durkheim，His Life and Work：A Historical and Critical Study*，1973 年）。许多作者此后将继续写作库恩式的历史。我想斯托金的经历颇具代表性：他一开始的研究兴趣是一位学科创建人弗朗兹·博厄斯（Franz Boas），随后他拓展自己的研究领域，以更广泛地涵盖该领域的"常规科学"，并于 1987 年出版《维多利亚时代的人类学》（*Victorian Anthropology*），于 1995 年出版《泰勒之后》（*After*

135

---

① George W. Stocking, "Editorial：On the Limits of 'Presentism' and 'Historicism' in the Historiography of the Behavioral Sciences," *Journal of the History of the Behavioral Sciences* 1，no.3（1965）：214—215，quotation on 215.

Tylor）。与其类似，罗斯以霍尔开启研究，进而撰写权威性著作《美国社会科学的起源》(*Origins of American Social Sciences*，1991 年）。卢克斯则开启了一系列更为理论性的、对权力和个人的研究，创作了《道德冲突与政治》(*Moral Conflict and Politics*，1991 年）等作品。尽管这代学者确实阅读福柯，也或许认为他在某些方面是惺惺相惜的同行者，但他们最初并非受到福柯的启发，也没有采用他的方法。①

　　如果要进一步阐述是什么激励了这代人，我会指出是对以下问题的关注，即关注社会思想转变为入侵性、非历史、有时是迫害性的社会科学形式；以及对以下现实的深重忧虑，即忧虑心理学医学化，将激进科学手段应用到少数群体身上，用人口统计学的数据去打造社会规范或损害民主。上述三门学科都在方法论问题上经历着激烈的内部斗争，其采取的部分形式则是对学科创建人的争论，如博厄斯与马林诺夫斯基，弗洛伊德与荣格，涂尔干与马克斯·韦伯。在进化论生物学家中，各位学科创建人的作品都遭到抨击。其中彼得·鲍勒（Peter Bowler）和斯蒂芬·杰·古尔德（Stephen Jay Gould）提出了有关达尔文遗产和进化论"科学性"的问题（后一点始于 1977 年的《自达尔文以来》[*Ever since Darwin*] 一书）；其他科学史家也发现这些问题极易激起争端。②弗洛伊德遭到尤其多的审查和谴责，不过其他"学科之父"也被发现存在缺陷。甚至为数不多的"学科之母"也感受到年轻一代的愤怒，他们不愿意信任奠基时期的学术。曾经备受赞誉——且依然在世——的玛格丽特·米德（Margaret Mead）在德里克·弗

① 在《美国社会科学的起源》中，罗斯将波考克的《马基雅维里时刻：佛罗伦萨政治思想和大西洋共和主义传统》(J. G. A. Pocock's *The Machiavellian Moment*：*Florentine Political Thought and the Atlantic Republican Tradition* [Princeton：Princeton University Press，1975]）描绘为"本书最大且唯一的思想促进因素"(xxi)；该书索引甚至没有提到福柯。

② 援引芝加哥人文科学史工作坊另一位成员的著作：Robert Richards, *Darwin and the Emergence of Evolutionary Theories of Mind and Behavior* (Chicago：University of Chicago Press，1987)。

里曼（Derek Freeman）的《玛格丽特·米德与萨摩亚：一个人类学神话的形成与破灭》（*Margaret Mead and Samoa：The Making and Unmaking of an Anthropological Myth*，1983 年）一书中遭到抨击。该书极具争议性，它不仅深刻质疑米德的人格，而且质疑更一般性的田野调查法。在有关"人类学何去何从？"的广泛讨论中（参与者众多，包括克利福德·格尔茨、詹姆斯·克利福德［James Clifford］和克洛德·列维-斯特劳斯［Claude Lévi-Strauss］等人），人们提出的问题包括：这一学科曾经置身何处，它有什么存在的必要性。人类学与殖民主义的联系被提及，不过在我看来这时仅是顺带提及。真正的问题是"科学"方法的问题：他者是能被认知的吗？自然科学中存在同类问题：自然是能被认知的吗？这些问题当然早就被哲学家提出了，至少在尼采之后就如此，但是如今更为激进的科学史家（注意，他们还大多是内部的"反叛者"）将问题带回这些科学学科内部。①

136　　从语境方面看，我们或许能说最初的学科史是对冷战实证主义的回应，它发生在这样的语境中：1960 年之后，（美国）州立大学和私立大学都大规模扩张，这让多得多的"常规科学"得以推进。斯普特尼克（*Sputnik*）1 号发射之后，忽然之间出现了更大量的实验室、教科书，以及重复着相似结论的出版物。也许这也是人文主义对社会科学量化运动的回应：将它们的历史作为被建构的产物呈现，进而提供了一些途径，去提醒人们——如顽固的经济学家：他们赞颂为"科学的"的许多东西，实际上产生于与其他学科的斗争，产生于用特定的方式定义世界的需要，产生于声称对他人拥有权力的企图。不过至少在最初，新一代学科史学家确实认为，将学科历史化能够提醒行内同仁，他们所利用的概念有其历史，而且有时还是有污点和不合时宜的历史；他们的目标并不是取消学科的合理性，而是抵制当下主义，尤其是那

---

① 以下作品或许属于这类：Hayden White，*Metahistory：The Historical Imagination in Nine-teenth-Century Europe*（Baltimore：Johns Hopkins University Press，1973）。它是一个历史学家对先驱历史学家的激进质问。

种似乎极可能为权势利益服务的当下主义。①

　　20 世纪 70 年代, 美国人开始阅读米歇尔・福柯的作品, 这位法国哲学家将结构主义语言学, 与对源于启蒙运动的"自由"体制和科学的深刻反文化批判相结合。福柯的法语文本主要在 20 世纪 60 年代问世, 70 年代开始被翻译成英语。最早是《词与物》(*The Order of Things*, 1970 年), 而后是《知识考古学》(*The Archaeology of Knowledge*, 1972 年)、《临床医学的诞生》(*The Birth of the Clinic*, 1973 年)、《规训与惩罚》(*Discipline and Punish*, 1977 年) 和《性史(第一卷)》(*The History of Sexuality*, volume 1, 1978 年)。福柯作品因其独创性得到认可, 因其对科学史的批判性处理受到欢迎。早在 1971 年, 福柯就参与了与诺姆・乔姆斯基 (Noam Chomsky) 的著名论辩; 1975 年, 英国哲学家伊恩・哈金就在《概率的出现》(*The Emergence of Probability*, 1975 年) 中赞同性地援引福柯 (虽然仅有两处)。不过, 大部分仇英作家并没有以慷慨的赞扬接待福柯的作品。相反, 早期的评论大多是负面的, 历史学家的评论尤其如此。②福柯的证据有缺陷, 分期有错误, 他的新浪漫主义散文晦涩难懂, 他从法国人中随意抽取几个案例, 来概括"人类"。1976 年《行为科学杂志》刊登了一篇关于福柯作品的评论文章, 由心理学家戴维・利里 (David Leary) 执笔。文章承认, 福柯的作品或许"有助于更为健全的科学史路径的发展"; 但是也认为, 福柯的"考古学"方法不过是虚构出来, 为福柯自己 (在《词与物》中)

---

① 托马斯・库恩曾设想自己著作的读者是科学哲学家, 而事实证明他的读者大多是社会科学家。库恩的著作以如下宣言开篇:"历史如果被视为不只装着轶事和年表的资料库, 那么将促使我们如今深信不疑的科学形象发生决定性转变。"(Kuhn, *The Structure of Scientific Revolutions* [Chicago: University of Chicago Press, 1962], 1)

② 例如, 可参考 G. S. Rousseau, "Whose Enlightenment? Not Man's: The Case of Michel Foucault," *Eighteenth-Century Studies* 6, no.2 (Winter 1972—1973): 238—256。该文在末尾的脚注中总结道:"如果福柯希望日后得到严肃对待, 那么他应当摒弃所有的历史, 而唯独集中于当下。这样他的读者对他或是同意或是反对, 但不会再给他贴上'幼稚'的标签。" Ibid., 256, n.51.

的发现正名，是不切实际的，甚至福柯本人也没能实践。利里将库恩的范式与福柯的知识型作了比较，并更支持前者。①1978 年，克利福德·格尔茨驳斥福柯在《规训与惩罚》中分析"全景敞视社会"时呈现的压抑的悲观主义。②

137　　20 世纪 70 年代末到 80 年代初，观念发生了转变，至少部分发生了转变。历史学家依然拒绝福柯粗劣的研究方法，他过度尖锐和令人费解的认识论断裂，以及晦涩的文字——没几个人打算去理解这整套散漫混乱的理论。但是如今，福柯似乎提供了一种前途光明的方法，它不仅能解构学科创建者的观念，而且能解构整套学科话语。如丹尼尔·T. 罗杰斯（Daniel T. Rodgers）所主张的，福柯的作品为解决一个更为一般性的问题提供了方法，即他找到了合乎时代需求的权力概念。在这个时代，"管理决策金融化，公司实体骤起骤落，生产离岸外包，工会会员数量衰减"；20 世纪 70 年代的启示论已经远去，但大政府、大企业，以及"规训"和"规范化"体制的精致结构仍在。③在社会科学领域，大多数学者不再寻找能统括一切的社会理论，但这让许多领域即便不是陷入专业危机，也陷入存在危机。在 1986 年的一本探索前进新路径的书中，两位领跑的人类学家写道："在最广泛的层面，当代的争论是关于一个新兴的后现代世界如何在其多种当代学科的表现中被再现为社会思想的对象。"④

　　福柯浪潮到来时，漫步海滩捡拾宝物的思想家已然在找寻文化形式的权

① David E. Leary, "Essay Review: Michel Foucault: An Historian of the *Sciences Humaines*," *Journal of the History of the Behavioral Sciences* 12, no.3（1976）:286—293; quotation on 293.

② Daniel T. Rodgers, *Age of Fracture*（Cambridge, MA: Belknap Press of Harvard University Press, 2011）, 104.

③ Ibid., 80—81; 引文见第 81 页。

④ George E. Marcus and Michael M. J. Fischer, *Anthropology as Cultural Critique: An Experimental Moment in the Human Sciences*（Chicago: University of Chicago Press, 1986）, vii.

力交叠，并且注意到这样的权力手段——通过它，似乎是专家和精英，而非选举出来的官员在管理世界；甚至像柬埔寨这样的共产主义国家依然怀有强烈的民族主义。在这样的形势下，旧式的马克思主义难以解释世界，这是新近出版的安东尼奥·葛兰西狱中札记极具吸引力的一个原因，也是本尼迪克特·安德森（Benedict Anderson）决意研究"民族"的文化起源的一个原因，安德森宣称它们并非历史悠久的民族，而是"想象的共同体"。①自由模式也没能提供多少助益。1978 年，克里斯托弗·拉什（Christopher Lasch）写道："自由主义，养尊处优的资产阶级的理论，早就没有能力解释福利国家和跨国公司世界的事件了"，但"没什么东西成功地取而代之"。②谈到类似左翼平民主义的东西，拉什实际上表达了比葛兰西、安德森或福柯更多的希冀，期望个人或许能从无所不包、令人呆滞的文化中解脱出来，这些文化起初被"发明"，而后强加到驯服的民众身上。于尔根·哈贝马斯的《公共领域的结构转型》（*Structural Transformation of the Public Sphere*，1962 年出版德语本，1989 年译成英语）从自由主义左翼的立场解决上述问题；他对于为理性、包容性和转型性的话语重建环境甚至更为乐观。不过，哈贝马斯对现代权力关系的分析，与其他理解罗杰斯所谓的"权力的软性面孔"的尝试是一致的。③

随后，至 20 世纪 80 年代中期，寻找研究这些"软性面孔"的方法的学者发现了通往福柯的道路，并且在福柯的理论中找到方法，将"软权力"的深根定位到被法兰克福学派马克思主义者称为"启蒙方案"的事件中。福柯的《规训与惩罚》延续了《词与物》的研究，对医学、刑事和军事机构的"规训"权力，以及与这些机构相关的学术学科（医学、社会学、犯罪学和

138

---

① Benedict Anderson，*Imagined Communities：Reflections on the Origins and Spread of Nationalism*，2nd ed. （London：Verso，2006），xi.

② Christopher Lasch，*The Culture of Narcissism：American Life in an Age of Diminishing Expectations*（New York：Norton，1978），xiii.

③ Rodgers，*Age of Fracture*，106.

心理学等），进行彻底控诉。①话语分析的手段让学者得以关注语言——它或许是"软权力"的终极形式；得以认识到言词如何被利用来实现如下事务：即区分"正常"与"反常"之人，划分"业余者"（如助产士）与"专业人士"（如男医师）。学者们并没有将这些体制性机构的起源定在从社会思想向社会科学转变的 19 世纪末或 20 世纪初，而是将其定于一个早得多的现代化时刻：18 世纪末。由此，历史学家所知晓的一切"现代知识"都合谋创造了现代权力的"微观物理学"和现代体制化生活的"铁笼"。

福柯展现了那些看似最无害的观念，那些为自由主义者珍视的观念，包括治疗、法律和自我，是如何充当语言的幻象的，它们不过掩盖着我们丧失自由的方式。福柯这种缴械的习惯吸引了一批人，他们已然倾向于拥抱卢梭式的反叙事，或是希望 20 世纪六七十年代曾实现更为彻底的社会变革。这不只是对当下主义的批判，它在某种程度上也是卢梭式思想的实验：假如学术没有按照既成的方式发展会怎样？我们会成为更好的人民，拥有一个更人道的社会吗？我们会以根本不同的方式认知这个世界和自身吗？或许，福柯作品中最常被援引的篇章就是《词与物》的开篇，尽管学者可能会担心，他们从这里引用的是一个 20 世纪短篇故事，而非一部古代中国的百科全书。不过，福柯三卷本的《性史》甚至也让一些历史学家去仔细思考他所提到的"问题，即了解一个人是否能够以一种与他本人相异的方式来思考和感知"②；

---

① 这方面的例子包括 Robert Nye, *Crime, Madness and Politics in Modern France: The Medical Concept of National Decline*（Princeton, NJ: Princeton University Press, 1984）; Jan Goldstein, *Console and Classify: The French Psychiatric Profession in the Nineteenth Century*（Cambridge: Cambridge University Press, 1987）; Richard Wetzell, *Inventing the Criminal*（Chapel Hill: University of North Carolina Press, 2000）; 以及如下著作中的大部分文章，*Knowledges: Historical and Critical Studies in Disciplinarity*, ed. Ellen Messer-Davidow et al.（Charlottesville: University Press of Virginia, 1993）。有趣的是，这些案例并未真正接纳福柯开列的年表，而是制定了自己的年表，它们认定的转折点通常远远晚于启蒙运动。

② 福柯的话，引自 Peter Brown, *The Body and Society: Women and Sexual Renunciation in Early Christianity*（New York: Columbia University Press, 1988; 2nd ed., 2008），xviii.

这些历史学家已经意识到研究古代晚期的伟大学者彼得·布朗（Peter Brown）所说的"令人不安的过去的陌生性"。当然，福柯的作品，尤其是《规训与惩罚》，也向那些不太能接受葛兰西霸权理论的人展示，可以如何从新颖、开阔的视角，来理解现代的权力形式，理解它们无孔不入地渗透于西方社会。①

然而，福柯所提供的不仅是定位"软权力"的起源及其范围的方法，他还发现了身份形成的过程。爱德华·萨义德（Edward Said）（至今依然）极具影响力的《东方主义》（*Orientalism*）一书于1978年出版。该书展示帝国主义时代"西方"和"东方"身份，以及双方权力关系的构建过程，从而探索了身份形成过程的批判性维度。不过，对个人身份和性的福柯式讨论与萨义德一样影响深远。这些问题的重要探索由伊恩·哈金和托马斯·拉科尔（Thomas Laqueur）完成。前者的研究体现在广为流传的论文《制造人民》（"Making up People"，1986年）中，后者的则呈现在《制造性》（*Making Sex*，1990年）一书中。我们还可以列出更多成果，包括伊丽莎白·伦贝克（Elizabeth Lunbeck）的《精神治疗的劝导：现代美国的知识、性别与权力》（*The Psychiatric Persuasion：Knowledge，Gender and Power in Modern America*，1994年），还有戴维·霍尔珀林（David M. Halperin）研究身体和同性恋"建构"的鸿篇巨制。霍尔珀林1997年发表的研究成果被取名为《圣人＝福柯》（*Saint ＝ Foucault*），这样的标题或许只是略微夸大了他从福柯那

139

---

① 将福柯应用到史学和统计学思想史的例子参见：Philippa Levine, *The Amateur and the Professional：Antiquarians，Historians，and Archaeologists in Nineteenth-Century England，1838—1886*（Cambridge：Cambridge University Press，1986）；Peter Novick, *That Noble Dream：The "Objectivity Question" and the American Historical Profession*（Cambridge：Cambridge University Press，1988）；Ian Hacking, *The Taming of Chance*（Cambridge：Cambridge University Press，1990）；David Lindenfeld, *The Practical Imagination：The German Sciences of State in the Nineteenth Century*（Chicago：University of Chicago Press，1997）；Bonnie Smith, *The Gender of History：Men，Women and Historical Practice*（Cambridge，MA：Harvard University Press，1998）。

里得到的收获。正如戴维·霍林格（David Hollinger）所述，福柯的作品"加速了库恩曾激励的从'客观主义'知识理论转向'建构主义'知识理论的运动"，并在开启美国对"身份"的讨论方面发挥了关键作用。①在这方面，福柯也在北美学界留下了非常深刻的印记，这不仅体现在史学中，也体现在广义的人文学科和社会科学中。

我会说 20 世纪 80 年代和 90 年代是学科史登峰造极的时期。这时的许多成果不是由行内学者撰写的，而是由职业史家、以学科之外的视角撰写，他们也从未打算亲自实践这些科目（如我所熟知的一本题为《走下奥林波斯圣坛：德意志的考古学与希腊热爱，1750—1970 年》[Down from Olympus：Archaeology and Philhellenism in Germany，1750—1970] 的专著）。在我的名单上，芝加哥学派代表人物众多，或许福柯理论在这里的影响力比在别处的大（而即便是在芝加哥，大多数实践者也不会不带批判地信奉福柯）。这一时期出现了数学史和音乐学史、物理学史和社会学史，许多都被冠以"发明某某"或"某某的专业化"之名。了解自然科学史的人能够列出有关医学史、精神病学史、物理学史、生物学史、化学史、植物学史和动物学史的诸多研究作品，它们大多出版于 20 世纪 80 年代和 90 年代，一些出版于 21 世纪头十年——尽管更古老的托马斯·库恩《科学革命的结构》传统，或更晚近的科学社会学（参见下文）研究也同样，甚至更强有力地塑造了其中的诸多作品。

铺陈好整体的轨迹后，我必须马上声明，在我刚刚勾勒的整个时期内，也一直有人拒不追赶学科史的浪潮，而以不同的方式探索知识生产的历史。20 世纪 80 年代和 90 年代的许多学科史研究并不是在鲜明的福柯式框架中进行的，如迈克尔·安·霍丽（Michael Ann Holly）的《帕诺夫斯基与艺术史之基》（Panofsky and the Foundations of Art History，1984 年）、伍德拉夫·

---

① David Hollinger，"The Disciplines and the Identity Debates，1970—1995," *Daedalus* 126，no.1（1997）：333—351；quotation on 344.

史密斯(Woodruff Smith)的《德意志的政治学与文化科学，1840—1920》(*Politics and the Sciences of Culture in Germany*，1840—1920，1991 年)、迈克尔·波德罗(Michael Podro)《批判的艺术史家》(*The Critical Historians of Art*，1982 年)。我方才提到库恩传统和科学社会学的重要影响力持续至今，与之相似，在社会科学史和人文学科史领域，可以追溯至马克斯·韦伯和卡尔·曼海姆作品的知识社会学也依旧在发挥影响。安东尼·格拉夫敦(Anthony Grafton)、唐纳德·凯利、马克·菲利普斯(Mark Phillips)和约瑟夫·莱文(Joseph Levine)等研究近代早期的学者虽然对知识的发展极感兴趣，但他们从不觉得福柯的模式有用，而倾向于关注阿纳尔多·莫米利亚诺(Arnaldo Momigliano)严谨的史学文章；不过，在那时，对那些关注 19 世纪和 20 世纪的人而言，福柯式的观念也总是更令人难以抗拒。尽管如此，约翰·特夫斯(John Toews)、卡尔·休斯克(Carl Schorske)和彼得·盖伊有关弗洛伊德的研究作品也没有依赖福柯式的范畴。①丹尼尔·T.罗杰斯在寻求一种话语分析模式时，发现相比福柯，雷蒙·威廉斯(Raymond Williams)更合适；多萝西·罗斯则诉诸波考克的理论。②即便是斯托金，尽管他曾阅读和思考福柯的作品，但他依然坚持历史主义的路径，一种不能放弃探究"影响"问题和作者传记细节的路径，而福柯已将这些东西扫地出门。

即便在欧洲本土，研究者也并未广泛采用福柯模式。许多德国和法国学

140

① 例如，参见 John E. Toews, "Historicizing Psychoanalysis: Freud in His Time and for Our Time," *Journal of Modern History* 63(1991):504—545; Carl Schorske, *Fin-de-siècle Vienna: Politics and Culture*(New York: Knopf, 1980) and *Thinking with History: Explorations in the Passage to Modernism*(Princeton, NJ: Princeton University Press, 1998); Peter Gay, *Freud, Jews, and Other Germans*(New York: Oxford University Press, 1984); 等等。特夫斯将学科历史化的著作也并非福柯式的学科史, *Becoming Historical: Cultural Reformation and Public Memory in Early Nineteenth-Century Berlin*(Cambridge: Cambridge University Press, 2004)。

② Daniel T. Rodgers, *Contested Truths: Keywords in American Politics since Independence*(Cambridge, MA: Harvard University Press, 1987).

者对追随库恩模式还是福柯模式心存犹疑——或许他们并不需要这些东西。就欧洲大陆而言，在塑造如何撰写有关知识生产的著作方面，皮埃尔·布尔迪厄（Pierre Bourdieu）和尼克拉斯·卢曼（Niklas Luhmann），或法兰克福学派和哈贝马斯著作中呈现的升级版知识社会学模式，以及被称为概念史（*Begriffsgeschichte*）的方法论更具影响力。布鲁诺·拉图尔（Bruno Latour）曾站在科学社会学的前沿，对科学家如何展开工作做过追根究底、富有洞见的研究。在我看来，随着时间的推移，福柯对拉图尔的作品的影响越来越弱。有一些学者定期撰写关于科学和人文学科史的作品，如克劳迪娜·科昂（Claudine Cohen）、多米尼克·佩斯特（Dominique Pestre）和莫里斯·奥伦德（Maurice Olender）；也有一些重要的学术中心，如巴黎的亚历山大·柯瓦雷中心（Centre Alexandre Koyré）和柏林的马克斯·普朗克科学史研究所（Max Planck Institut für Wissenschaftsgschichte）。法德两国都涌现出新一批自然科学史、考古学史和语言学史的研究成果。[1]但是圣徒传记式的书写传统依然强劲，它溢出这些研究中心，主要出现在一直存在的纪念文集世界，或博物馆展览中。这些作品大多非常详尽，但不太有批判性，它们关注的人物依然被视为取得伟大成就之人，而非"常规科学家"或特立独行之人——当然，对与纳粹共事的学者的研究是例外（很明显，它们通常不是由学科内部人士撰写的）。

---

[1] Claudine Cohen, *La Méthode de Zadig：La trace，le fossil，La preuve* (Paris：Seuil, 2011)；Maurice Olender, *Les Langues du paradis：Aryens et sémites，un couple providentiel* (Paris：Seuil, 1989)；Sabine Mangold, *Eine "weltbürgerliche Wissenschaft"：Die deutsche Orientalistik im 19. Jahrhundert* (Stuttgart：F. Steiner, 2004)；Céline Trautman-Waller et al., *Ignác Goldziher：Un autre orientalisme?* (Paris：Geuthner, 2011)；Alain Schnapp, *La conquête du passé：Aux origines de l'archéologie* (Paris：Editions Carré, 1993)；Michel Espagne, *L'histoire de l'art comme transfert culturel：L'itinéraire d'Anton Springer* (Paris：Belin, 2009)；Amy Dahan-Dalmédico, Dominique Pestre, et al., *Les sciences pour la guerre，1940—1960* (Paris：Editions de l'EHESS, 2004)；Veronika Lipphardt, *Biologie der Juden：Jüdische Wissenschaftler über "Rasse" und Vererbung，1900—1935* (Tübingen：Vandenhoeck und Ruprecht, 2008).

在英国，罗伊·波特（Roy Porter）在 1970 年阅读了《疯癫与文明》，　　141
并且声称，随着一次次的阅读，自己"对其博学和远见的敬仰"日益加
深①——尽管波特自己写的疯癫史更青睐以医学话语分析为基础，进行谨慎
的历史重构。在伦敦的韦尔康医学史研究所（Wellcome Institute for the His-
tory of Medicine，创建于 1977 年），波特无疑促进了福柯式观点在这样一些
英国人群中的传播：他们有志于科学史和波特所从事的更为宽泛的研究领
域——英国启蒙运动史。但爱丁堡的科学社会学学派就不特别需要福柯，也
不特别想要他的理论。史蒂文·夏平（Steven Shapin）和西蒙·谢弗在那部
开拓性的著作《利维坦与空气泵》（Leviathan and the Air-Pump）中，承认其
方法论受益于他人，但他们将桂冠献给维特根斯坦而非福柯，"因为（维特根
斯坦）强调实践活动的首要地位"。②他们还对剑桥影响力非凡的思想史家昆
廷·斯金纳表示了感谢。斯金纳长年研究政治修辞，但似乎从未被福柯式的
话语理论吸引。研究东欧、俄罗斯或非西方世界的思想史家通常不会被这一
主题吸引；正如劳拉·恩格尔斯坦（Laura Engelstein）多年前的评论，在将
对西方体制的批判运用到俄罗斯环境方面，学者有着充分的理由心存犹豫。③
所有这些是为了说明，"学科史"或许确实是一种北美现象，它的实践者和受

①　Roy Porter，"Foucault's Great Confinement，" *History of Human Sciences* 3（1990）:47. 波
　　特有关这一主题的著作包括：*A Social History of Madness：Stories of the Insane*（London：
　　Weidenfeld and Nicholson，1987）；*Mind-Forg'd Manacles：A Social History of Madness in
　　England from the Restoration to the Regency*（Cambridge，MA：Harvard University Press，
　　1987）。

②　Steven Shapin and Simon Schaffer，*Leviathan and the Air-Pump：Hobbes，Boyle，and the
　　Experimental Life*（Chicago：University of Chicago Press，1985），15，n.32.

③　劳拉·恩格尔斯坦是这一代俄罗斯历史学家中对福柯式研究方法最感兴趣的人之一，她为
　　《福柯与历史学家》一书贡献了一篇重要文章。在其中，她解释了为什么福柯模式难以应用
　　到俄罗斯世界——那里的压迫更多是公然的权力强迫问题，而不是微妙的权力"微观物理
　　学"。参见 Engelstein，"Foucault，Russia and the Question of Legality，" in *Foucault and
　　the Writing of History*，ed. Jan Goldstein（Oxford：Basil Blackwell，1994）。

众主要是特定一代的社会科学家和现代思想史家，尤其是那些感到自己受到"软"权力而非"硬"权力钳制的人。这有助于我们绘制自己的星座（也提醒我们，在思想史这片苍穹中，甚至在学术史这一小得多的星系中，决不只有"学科史"一个星座），同时，这也有助于我们理解它为何可能会变得黯淡无光。

在我们描述这一黯淡之前，福柯模式的学科史取得了哪些成就也值得我们铭记。话语理论让我们得以超越体裁差异和个人传记，甚至可以无需分析观念究竟产生了什么影响。主要的活动只是理解其中的逻辑，或者说福柯所称的话语本身的"规则"。将记录一个概念的起源这一为人所熟知的问题囊括进来（这也是福柯选择研究"规则"的主要原因之一①），这让我们能够避免阿瑟·洛夫乔伊的《存在的巨链》（*Great Chain of Being*）这类著作中出现的详尽、博学却无休无止的回溯；随后，我们能够将最初起源和"影响"这些问题抛到一边，而追求用新途径理解观念的传播。学科知识史研究为我们理解 19 世纪各种专业知识形式之间的斗争、专业人士与业余人士之间的斗争，提供了重要的新洞见；它们有助于我们理解，为什么那些事物是按照这样的方式分类排列的（尽管那些分类并不符合福柯的规则，也未能说服所有分类者）。这样的学科史让我们批判性地研究周围所谓的进步体制，鼓励我们关注小作家、无关紧要的出版物，还有文本中不经意的言辞。②这种研究形式并不总是受到这些学科的实践者欢迎，这些人中，许多人依然跟从前一样，在撰写纪念文集和悼文颂词，将它们视为对个人成就和知识进步的赞颂。但这也是学科史的一项长处，因为它有时能够揭露行内人士不愿或不能

142

---

① 参见 Michel Foucault, *The Archaeology of Knowledge and the Discourse on Language*, trans. A. M. Sheridan Smith（New York：Pantheon，1972），135—145。

② 这里存在与解读"线索"的那类科学相关的有趣联系，卡洛·金茨堡在《线索、神话与历史方法》的导论中描绘了这一科学。Carlo Ginzburg, *Clues*, *Myths and the Historical Method*, trans. John and Anne C. Tedeschi（Baltimore：Johns Hopkins University Press，1992）.

揭示的真相。行内人士的保留或是出于"亲族纽带"——它时常将一代研究者与特定的可敬先人相连，或是因为被警告不要弄脏自己的地盘。当研究者对学科史进行了出色的实践研究时，它们就展现出体制和社会，文化规范，以及知识生产方式三者间的联系。这些联系能为我们提供诸多关于观念史的信息，但是假如孤立地研究观念或个人，这些联系将被遮蔽或抹除。不幸的是，马虎的学者也可能糟糕地实践学科史（以及整套话语理论）。他们从不相干的文本中，选择性地收集一些语句和段落，用让黑格尔都脸红的方式将政治与知识联系起来。①我还越来越担心这样的写作趋势，即将知识的制造普遍斥责为简单的权力控制，并且除学科扩张主义或社会控制外，拒不考虑其他知识生产动机。不过，没什么比读几页与之语境相悖的学科圣徒传记，更能让人明白我们从学科史中学到了多少。②

　　不过，即便对北美的思想史学家而言，这一方案的某些方面如今也似乎有些陈旧、无法令人满意；又或者像人们普遍接受的那样，学科史似乎不再是个值得继续探究的领域。我想人们普遍感觉，学科发展的诸多故事已经讲过了，这一流派正变得自我重复，是时候离开并继续前行了。造成这一结果的原因众多，其中之一不过是在之前的马匹载着我们赶了尽可能远的路后，学术需要换马了。不过也有一些其他原因，接下来，我希望对此加以陈述。首先，研究现代思想史的史家变得越来越依赖科学史作为其认识论基础（这绝非坏事），而科学史家已经远远超越福柯。在某种意义上，他们是不得已而为之；20世纪90年代的"科学战争"迫使他们用极其详尽的细节，去描绘科学家如何工

---

① 这篇文章中，恐怕我不得不在一定程度上给自己招来批判，尽管我将为自己辩解说，我不打算完整地描绘学科史，而不过是提供一个抛砖引玉的综述。

② 最近两本这类著作偶然到了我的桌上：Annette M. Baertschi and Colin G. King, eds., *Die modernen Väter der Antike：Die Entwicklung der Altertumswissenschaften an Akademie und Universität in Berlin des 19. Jahrhundert*（Berlin：Walter de Gruyter，2007）and Wolfgang Hardtwig and Philipp Müller，*Die Vergangenheit der Weltgeschichte：Universalhistorisches Denken in Berlin，1800—1933*（Göttingen：Vandenhoeck und Ruprecht，2010）。

作，如何用他们的双手、他们的设备，当然还有他们的思想塑造自然。①为了更密切地观察这些进程，一些人返回思想传记。②另一些人，如布鲁诺·拉图尔和史蒂文·夏平，则拓展了社会学模式，以帮助解释知识生产；③他们的同事给我们引入了对物质文化、实验室实践和设备的研究（这多少类似于现代早期的图书史、收藏史和记忆技术史研究）。④

143

在探寻敏锐和精确的方式，以将知识生产与信息技术、市场力量、政治压力和军事当务之急相联系这方面，科学史家同样站在前沿。⑤他们已然向我们呈现，如何直接研究影响，而不是简单地从文本本身推断影响。詹姆

---

① 例如，参见 Andrew Pickering, *The Mangle of Practice：Time，Agency，and Science*（Chicago：University of Chicago Press，1995）。

② Cathryn Carson, *Heisenberg in the Atomic Age*（Cambridge：Cambridge University Press，2010）；Mary Terrall, *The Man Who Flattened the Earth：Maupertuis and the Sciences in the Enlightenment*（Chicago：University of Chicago Press，2006）；Janet Browne, *Darwin：A Biography*, 2 vols.（New York：Knopf，1996，2003）；Gerald Geison, *The Private Science of Louis Pasteur*（Princeton，NJ：Princeton University Press，1996）.

③ Bruno Latour, *Science in Action：How to Follow Scientists and Engineers through Society*（Cambridge，MA：Harvard University Press，1988）；Steven Shapin, *A Social History of Truth：Civility and Science in Seventeenth-Century England*（Chicago：University of Chicago Press，1995）；Jessica Riskin, *Science in the Age of Sociability：The Sentimental Empiricists of the French Enlightenment*（Chicago：University of Chicago Press，2002）；Deborah Harkness, *The Jewel House：Elizabethan London and the Scientific Revolution*（New Haven，CT：Yale University Press，2007）.

④ 一本新的论文集从该领域的一些领军人物那里精选了一些最新的研究路径。参见 Mario Biagoli and Jessica Riskin, eds., *Nature Engaged：Science in Practice from the Renaissance to the Present*（New York：Palgrave Macmillan，2012）.

⑤ Anke te Heesen, *The World in a Box：The Story of an Eighteenth-Century Picture Encyclopedia*（Chicago：University of Chicago Press，2002）；Ann Blair, *Too Much to Know：Managing Scholarly Information before the Modern Age*（New Haven，CT：Yale University Press，2011）；Lynn K. Nyhart, *Modern Nature：The Rise of the Biological Perspective in Germany*（Chicago：University of Chicago Press，2009）；Robert N. Proctor, *Cancer Wars：How Politics Shapes What We Know and What We Don't Know about Cancer*（New York：Basic Books，1996）；Daniel J. Kevles, *The Physicists：The History of a Scientific Community in Modern America*（New Haven，CT：Yale University Press，1995）.

斯·西科德(James Secord)的巨著《维多利亚时代的轰动:〈创世自然史之残迹〉的非常规出版、接受与匿名作者》(*Victorian Sensation：The Extra-ordinary Publication，Reception and Secret Authorship of the Vestiges of the Nat-ural History of Creation*，2003年)就是众多例子之一。诸如洛兰·达斯顿(Lorraine Daston)和彼得·伽里森(Peter Galison)合著的《客观性》(*Objectivity*，2006年)这类书以类似福柯式的观察开始(即客观性的定义与主观性的定义不可分割地交织在一起,而且被置于历史之中)。但是他们的福柯是一个关心"关注自我"的哲学家,而不是撰写《词与物》的准思想史家。两位作者的目的在于理解特定科学角色类型的建立,而非讲述客观性的历史——这种客观性的历史被视为一种话语。近来一部面向一般社会史家的重要著作,《科学与市民社会》(*Science and Civil Society*,林·尼哈特[Lynn Nyhart]、托马斯·布罗曼[Thomas H. Broman]合编,2002年),是从哈贝马斯而非福柯开始。科学史家无疑从福柯那里获得了不同程度的启发。不过他们明白,权力并不足以解释为什么一些观念能发挥作用且持续存在,其他观念却不能;他们严肃对待偶然事件和人格,其方式是福柯模式从未能付诸实践的;他们明白,人类,还有自然本身,并不总是遵循"话语的规则"。①关于科学史的未来,我担忧的一点是,随着它日益深刻地探究学科内部的动力和实践活动,它援引的词汇让大多数一般史学家难以理解。由此,学科史的受众相当少,出版商在印刷这类书籍时则相当谨慎。②长远看来,这并非制度性胜利的妙方,即便它创造出高质量的学术成果。

　　另一个丰富的研究领域是对殖民地知识生产的研究。它同样是晚近才兴起

---

① Bernard Cohn，*Colonialism and Its Forms of Knowledge：The British in India*（Princeton，NJ：Princeton University Press，1996）.

② 参见葆拉·芬德伦（Paula Findlen）试图论述这一问题的一篇饶有趣味的文章："The Two Cultures of Scholarship?" *Isis* 96（2005）：230—237。

的，并且占据了很大一片曾由学科史占领的空间。这一领域当然从爱德华·萨义德的福柯式著作《东方主义》那儿受益良多，但也同样受惠于伯纳德·科恩（Bernard Cohn）和那些在 20 世纪 80 年代末到 90 年代推动建立次级研究的学者们。[1]概括而言，人们可能认为首批这类研究重点致力于批判来自欧洲一方的知识生产，并且有许多人依然有志于这一主题。[2]当前出现了许多有关种族科学史的书籍，例如有关帝国主义（和专横的）语言学史、考古学史、地理学史、民族志史、植物学史和艺术史的作品。[3]"他者形象"的研究延伸到博物馆史、摄影史和广告史的细致工作中。[4]尽管一些研究坚持分析欧美话语，但另一些历史学家也开始探讨西方观念在非西方世界中的影响和接受，探讨特

144

---

[1] 例如，参见 Cohn, *Colonialism and Its Forms*；Partha Chatterjee, ed., *Texts of Power: Emerging Disciplines in Colonial Bengal*（Minneapolis：University of Minnesota Press，1995）；Dipesh Chakrabarty, *Provincializing Europe*（Princeton, NJ：Princeton University Press，2000）；Gyan Prakash, *Another Reason: Science and the Imagination fo Modern India*（Princeton, NJ：Princeton University Press，1999）。

[2] 例如，参见 Ronald Inden, *Imagining India*（Oxford：Basil Blackwell，1990）；Timothy Mitchell, *Colonising Egypt*（Cambridge：Cambridge University Press，1988）；Mary Louise Pratt, *Imperial Eyes: Travel Writing and Transculturation*（New York：Routledge，1992）。

[3] Ronald Meek, *Social Science and the Ignoble Savage*（Cambridge：Cambridge University Press，1976）；C. A. Bayly, *Empire and Information: Intelligence Gathering and Social Communication in India, 1780—1870*（Cambridge：Cambridge University Press，1996）；Harry Liebersohn, *The Travelers' World: Europe to the Pacific*（Cambridge, MA：Harvard University Press，2006）；Felix Driver, *Geography Militant: Cultures of Exploration and Empire*（Oxford：Blackwell Publishers，2001）；Jim Endersby, *Imperial Nature: Joseph Hooker and the Practices of Victorian Science*（Chicago：University of Chicago Press，2008）。

[4] 例如，H. Glenn Penny, *Objects of Culture: Ethnography and Ethnographic Museums in Imperial Germany*（Chapel Hill：University of North Carolina Press，2002）；James R. Ryan, *Picturing Empire: Photography and the Visualization of the British Empire*（Chicago：University of Chicago Press，1997）；David Ciarlo, *Advertising Empire: Race and Visual Culture in Imperial Germany*（Cambridge, MA：Harvard University Press，2011）。

定个人在观念发展中的中间作用，探讨知识在各民族间的流转。①由于这一方面的研究，我们至少在一定程度上学会将欧洲"地方化"——正如迪佩什·查卡拉巴提（Dipesh Chakrabarty）力劝我们做的；学会不仅将欧洲视为"计算中心"（center of calculation，布鲁诺·阿图尔发明的术语），而且将它视为其他地区发明的观念的接受者，或意识到其他人——至少在某些环境中——可以为了自己的目的而使用欧洲发明的观念。②尽管这类研究中，有些植入了某些福柯式或萨义德式的关键性概念，如治理术和东方主义，但随着时间的流逝，在这些研究中，规训及其命令不再那么重要，而个人似乎更为重要。③所有这些研究都受惠于学科史。不过，随着研究的演进，它让托马斯·库恩，甚至福柯，看起来确有褊狭之处；相比某些老旧的知识社会学，以及斯托金、罗斯、莫米利亚诺和唐纳德·拉赫（Donald Lach）这代人事无巨细的历史主义和传记作品，福柯在语境与观念之间建立的不准确的联系似乎不那么有用。④

———————

① 例如，参见 Simon Schaffer, ed., *The Brokered World: Go-Betweens and Global Intelligence, 1770—1820* (Sagamore Beach, MA: Science History Publications, 2009)；Tapati Guha-Thakurta, *Monuments, Objects, Histories: Institutions of Art in Colonial and Post-Colonial India* (New York: Columbia University Press, 2004)；Daniel T. Rodgers, *Atlantic Crossings: Social Politics in a Progressive Age* (Cambridge, MA: Harvard University Press, 1998)；Donald M. Reid, *Whose Pharaohs? Archaeology, Museums, and Egyptian National Identity from Napoleon to World War I* (Berkeley: University of California Press, 2002)。

② 参见 Kris Manjapra, "From Imperial to International Horizons: A Hermeneutic Study of Bengali Modernism," *Modern Intellectual History* 8, no.2 (2011): 327—339；Edwin F. Bryant, *The Quest for the Origins of Vedic Culture: The Indo-Aryan Migration Debate* (New York: Oxford University Press, 2004)。

③ 例如，参见 Lucette Valensi, *Mardochée Naggiar: Enquête sur un inconnu* (Paris: Stock, 2008)；Jack Harrington, *Sir John Malcolm and the Creation of British India* (New York: Palgrave Macmillian, 2010)；Lynn Zastoupil, *Rammohun Roy and the Making of Victorian Britain* (New York: Palgrave Macmillan, 2010)。

④ 这里我仅援引莫米利亚诺的两部论文集和拉赫的一部巨著：Arnaldo Momigliano, *New Paths of Classicism in the Nineteenth Century* (Middletown, CT: Wesleyan University Press, 1982), Momigliano, *The Classical Foundations of Modern Historiography* (Berkeley: University of California Press, 1992), and Donald Lach, *Asia in the Making of Europe*, 9 vols. (Chicago: University of Chicago Press, 1965—1993)。

我相信学科史大势已去的第三个原因是，思想史家对 19 世纪研究的热情消退。相比科学史新部门和殖民地知识研究的兴起，这个原因不那么令人振奋。我已在别处写过这个话题，①故而在此就不再赘言；不过对我而言，如今要让学生立志于研究 19 世纪似乎越来越难，尤其是如果希望他们研究帝国主义或尼采之外的主题。逃离 19 世纪部分源于 20 世纪研究的扩张：如今，学者可以安然地研究 1945 年之后的时代，而不会仅被视为"记者"。近代早期的研究也有非常令人振奋和丰富的进展，某些东西吸引了一些有才华的文化史家，他们本可能投身到对巴尔扎克、罗斯金或特奥多尔·蒙森的研究中。福柯式的思路认为，认识论断裂发生在 18 世纪 80 年代和 20 世纪 60 年代的某些时刻。我确实认为该观念促成了逃离 19 世纪这一问题，因为我们中太多人相信后期启蒙运动的话语与此前的思维模式出现了急剧断裂，之后，这套话语至今在本质上几乎没有变化。我们也许能让读者相信，19 世纪是这样一个时代，当时几乎所有人都愉快地跟在《词与物》中的几位"明星"（居维叶、达尔文、亚当·斯密、马克思）身后碎步疾行，或是费尽毕生精力发明令人作呕之物，以谈论"不正常"的民族和种族上的"他者"。谁想研究这些？当然，我夸大了事实，为的是说明：仍有一些杰出的史学家和科学史家在这一领域埋头苦干。但是，期刊内容和学术会议的议程似乎确实证明，19 世纪研究与其他研究主题之间的比例正在骤降；这或许部分归咎于学科史，也部分源于该子领域自身的进一步衰落。

我希望提出另外两个令人不安的原因，以解释学科史为何可能是一股正在衰退的潮流。首先，实证主义似乎在自然科学领域，或许还有行为科学领域已然获胜；即便有受质疑之处，质疑声也并非来自历史学家，而是来自环保主义者、替代医学的支持者或刑罚体系的批判者，可即便是他们也很难让"科学"专家站在自己这边。学科史会根除科学家的傲慢，这样的期望恐怕并未成真。现在我们如果很快再次怀抱这样的梦想，就似乎太犬儒了些。其

① Suzanne L. Marchand, "Embarrassed by the Nineteenth Century," in *Consortium on Revolutionary Europe, 1750—1850: Selected Papers, 2002*, ed. Bernard Cook et al. (Consortium on Revolutionary Europe, 2004), 1—16.

次，无疑我们都承认，在高等教育，或许还有更广泛的知识生活领域，我们正迈入新功利主义时代，我们的选择应当是有用的，或有娱乐性。学科史从未特别令人愉快，它们的有用性也只适用于 20 世纪 60 年代至 80 年代，包括：质疑权威，解构当今的狂妄，让我们理解我们的知识是多么有赖于利益、机缘、赞助和权力关系。这些批判性的学科史或许确实有助于提高对社会中的同性恋、替代医学和精神病的接纳度，至少是学术性的接纳度，虽然它们也有助于传播如下愤世嫉俗的观点，即所有的身份认同、情绪、治疗和安慰的辞藻都是被建构的，所有的体制都只追求自己的永存和进一步赋权。这一思路取得的成果大多是破坏性的，更积极地说，是解构性的。然而，它们终究没能回答这一问题，即由此出发，我们要去往何处? 书写学科史的人，包括我自己，几乎都没能给那些为古典考古学或体质人类学这类学科寻求更少压制、更多坦诚的未来的人贡献太多东西。

现在我们处在截然不同的时刻，似乎是时候为学术史和更宽泛的思想史发展出新模式了，这些新模式不会如谚语说的那样，把孩子和脏水一起泼掉。我们如今十分清楚，男性和女性先驱们曾发明出特定种类的"客观性"，以达成自己的目的，然而，他们不也在这一过程中学到了东西吗? 我们能否继续批判某些发展成果，如"休克疗法"，而不取消整个心理学研究的合法性? 我们也无需进一步损害自己的资格（这是事情变得十分令人不适之处）；当前的情况下，我们事实上有责任向学生、院系主任和纳税人解释说，我们确实以某种多少有些稳当和合乎情理的方式，了解到了一些事物，而且这些知识值得进一步传播和培育。①为此，我们或许会发现自己需要以退为进，退回到前福柯时期的良好研究，如斯托金的研究，或史蒂文·卢克斯、莫米利亚诺和多萝西·罗斯的研究。"知识社会学"听来老派，但正如近来科学史研究所示，它依然为我们呈现新事物。研究近代早期的历史学家也发展出许多内涵丰富、强劲有力的模式，以理解学者是如何进行研究的；从事近代早期史研究的学者通过阅读更多这一领域的成果、观察知识更长期的

146

---

① 这方面，我试图在我的书中略尽绵力，*German Orientalism in the Age of Empire*：*Religion*，*Race and Scholarship*（Cambridge：Cambridge University Press，2009）。

发展，无疑能学到很多东西。①凭着对这些资源的利用及对它们的回归，我们或许能复兴一种 19 世纪的丰饶感和该世纪本身"令人担忧的陌生感"，并且学会以新的方式对待它：不仅将它视为一个充满压迫、竞争和征服的时代（它确实如此），也将它看作一个充满解放、创造力和不朽成就的时代。

回顾往昔，撰写学科史对北美学者而言也许是一种奢侈的放纵——男女学者都足够有幸在一个学术本身就有价值的时代获得职位，以至于我们能够回顾自身、自我批判。批判的时日尚未结束，也永不应当结束；我们已然知晓，自我审视是一种发现（并且希望即便不能消除，也能减少）自身偏见的批判性手段。这些年科学史和殖民地知识史的繁荣应当令我们振奋。学术史绝没有从思想史家的视界中消失。今天，在人文学科史领域，仍有诸多有趣的研究正在进行，而此前，福柯式的学科史鲜少触及该领域。②福柯的影响也未完全消散。他对"关注自我"的研究依然有用，他晚年关于治理术的讲座

① 除了上文援引的洛兰·达斯顿、史蒂文·夏平和其他科学史家，我还要在此提及几部稍早前和晚近的作品：Frank E. Manuel, *The Eighteenth Century Confronts the Gods*（Cambridge, MA: Harvard University Press, 1959），等等；Jonathan Sheehan, *The Enlightenment Bible: Translation, Scholarship, Culture*（Princeton, NJ: Princeton University Press, 1985）；Paolo Rossi, *The Dark Abyss of Time: The History of the Earth and the History of Nations from Hooke to Vico*, trans. Lydia G. Cochrane（Chicago: University of Chicago Press, 1984）；Anne Goldgar, *Impolite Learning: Conduct and Community in the Republic of Letters, 1680—1715*（New Haven, CT: Yale University Press, 1995）；Blair, *Too Much to Know*。

② 仅列举少量成果：Anthony Grafton, *What Was History? The Art of History in Early Modern Europe*（Cambridge: Cambridge University Press, 2007）；Jonathan Sheehan, *The Enlightenment Bible: Translation, Scholarship, Culture*（Princeton, NJ: Princeton University Press, 2005）；Margarita Diaz Andreu, *A World History of Nineteenth-Century Archaeology: Nationalism, Colonialism, and the Past*（New York: Oxford University Press, 2007）；Philip L. Kohl, Mara Kozelsky, and Nachman Ben-Yahuda, eds., *Selective Remembrances: Archaeology in the Construction, Commemoration and Consecration of National Pasts*（Chicago: University of Chicago Press, 2007）；Tuska Benes, *In Babel's Shadow: Language, Philology and the Nation in Nineteenth-Century Germany*（Detroit, MI: Wayne State University Press, 2008）。还可参考本书第 156 页注①中援引的有关欧洲研究进展的作品。

也启发了新的研究思路。①在学科史这一星座逐渐黯淡之时，我们应当利用它的余晖揭示早前的结构，同时绘制未来的样貌。我们不应为学科史大势已去而感绝望——这一"星座"曾散发出相当明亮的光芒，至少我们中的一些人将在它的余晖中继续坚守，或许我们还能塑造出新的星座。的确，它应当成为历史学家的慰藉——在群星闪耀的夜空，有这么多东西能以某种方式留存，并持续给我们提供灵感和勇气，去更好地认知。

---

① 例如 James C. Scott's influential *Seeing Like a State*：*How Certain Schemes to Improve the Human Condition Failed*（New Haven，CT：Yale University Press，1998）。

Ⅷ　物质化的宇宙论：科学史与观念史

约翰·特雷施

对绝大多数在过去三十年间受训的科学史家而言，从事科学史就意味着规避观念史。我们的老师告诫我们：忽视实践、物质文化和复杂多元的语境，偏爱人为整理的抽象思维系统，就将落入传统思想史的窠臼。这种不信任大概是相互的：尽管拉卡普拉的《重思思想史》(*Rethinking Intellectual History*，1983 年) 有不少创新之处，但没有一章以自然科学为主题。两个领域间的僵持不幸遮蔽了其曾有的密切联系：20 世纪早期的观念史经典以自然科学为中心，而对 20 世纪 40—50 年代开创科学史的史家而言，这两个领域也几乎难以分离。科学史与观念史间的鸿沟已使新、旧科学史看上去迥然不同，我们很难说这是一件好事。①

科学史和观念史的分裂发生在 20 世纪 70—80 年代，在当时，出现了不少有见地的研究成果，它们使用社会学的方法，在详尽的历史背景中对实验室与科学争论加以探讨。作传颂扬超越时空的孤独天才，这在专业科学史家中已不再流行。许多指导先前科学史研究的规范性关注 (normative preoccupations) 也消失了 (或至少暂时消失)。我们进行个案研究，要说明的不再是某种普遍理性对障碍的克服，也不再是科学思想向确定性的发展。正如科学史"社会转向"的先锋夏平所言，科学史家新的关注点已然自

① 本文源自笔者与格雷厄姆·伯内特的对话和合作，没有他的建议和鼓励，本文就不可能写成。笔者同时要感谢达林·麦克马洪、塞缪尔·莫恩、参加会议的各位学者、罗伯特·科勒；笔者还要特别感谢詹姆斯·德尔堡对本文的有益评论。

足，这些新的关注点是：各思想流派斗争的制度基础和政治经济、证明和重复的不稳定性、方法和确定性标准的历史变化，以及研究者及其设备的物理特点和弱点。这些新的兴趣都对在讨论科学时"降低语调"（lowering the tone）作出了贡献——尽管贡献程度不算太高。夏平认为，"降低语调"这一目标值得称赞地实现了历史学家的使命："努力讲述它在过去的真实情况。"①

夏平为今天的科学史家提供了具有包容性的信条："（我们）正在讲述各种故事，它们丰富、详细而准确（我们希望如此）；它'语调不高'，意图讨论一种异质而历史化、具体而彻底的人类实践。"②然而，在科学史研究中，是哲学家影响更深还是社会学家贡献更多？近期的一次相关争论也表明了科学史和观念史之间的分裂仍然令人不安。③一些人担心，在放弃认识论法庭（epistemological tribunal）的角色后，科学史已失去批判锋芒；另一些人则忧虑科学史将陷入孤立个案研究的泥潭，与更宏大的叙事或解释的目标脱节。

与此相反，本文认为科学史在今日仍然生机勃勃，其原因正在于它与观念史长期存在却未被重视的同盟关系。这一同盟应该得到承认和深化。因此，笔者将回顾科学史与思想史早先的和谐关系，并区分洛夫乔伊综合包容的方法和所谓"新革命"（neo-revolutionary）的模式。此后，笔者将介绍导致上述同盟分裂的新发展。然而，这种分裂既不彻底，亦不具决定性。现代

---

① Steven Shapin, "Lowering the Tone in the History of Science: A Noble Calling," in *Never Pure: Historical Studies of Science as If It Was Produced by People with Bodies, Situated in Time, Space, Culture, and Society, and Struggling for Credibility and Authority* (Chicago: University of Chicago Press, 2010), 13.

② Shapin, "Lowering the Tone," 14.

③ 在 "Science Studies and the History of Science"（*Critical Inquiry* 35 ［2009］:798—813）中，洛兰·达斯顿认为，20世纪80年代以来的科学史和科学研究之间的伙伴关系已经走到尽头，他以一个运动式的邀请作结："哲学，谁愿意一起来？"作为回应，彼得·迪尔和希拉·亚桑诺夫点明科学史的社会学传统，拒斥达斯顿对分裂的解释。（"Dismantling Boundaries in Science and Technology Studies," *Isis* 101 ［2010］:759—774）

科学史的叙事已去中心化,不再假定存在一种统一的方法和学说,但传统观念史的一个重要方面仍然是科学史的中心,即对宇宙论观念(cosmological ideas)的关注。①

新的方法使科学思想得以物质化,"科学"本身则被分解为各种各样的方法、风格、学科规范(disciplinary arrangements)和实践。笔者认为,现在是时候将这些零散的碎片基于某一原则进行重新组合了,因为,对现代科学起源和后果的理解已发生巨大转变。越来越多的人认识到,"西方科学"是随着欧洲民族国家及其探索、贸易和征服的活动而出现的;越来越多的学者还指出,科学知识的形成和科学传统的独立,与内部政治环境和外部文化交流密不可分。此外,工业技术和全球资本主义时代科学的巨大影响,极大地加深了历史学家对科学"建构自然"(the construction of nature)作用的理解:科学工业改变并破坏了地球的平衡。

155

将科学史重构为对各种物质化的宇宙论的比较研究,探究自然秩序的观念如何在具体的环境、机构、表征、工具仪器及实践等要素中活动、实现和得到阐释,这有助于我们把握科学在文化上混合而又分层的过去,理解它对地球深刻而不断增长的影响。这些要求将使科学史成为一种卓有成效且必要的视角,我们可以从这一视角出发,追溯今天全球状况的根源。

兼收并蓄的洛夫乔伊与"新革命派"

自 20 世纪 40 年代初创刊始,洛夫乔伊主编的《观念史杂志》就持续关

---

① 根据安德鲁·坎宁安和佩里·威廉斯的说法,"历史学家们不再相信有一种单一的科学方法,使所有的知识都像物理科学一样;不再相信科学是自由的智力探索和物质繁荣的同义词;也不再相信科学是整个时间和空间内的所有人类都在尽其所能地做的事情"。"De-Centring the 'Big Picture': 'The Origins of Modern Science' and the Modern Origins of Science," *British Journal for the History of Science* 26 (1993): 407—432.

注着科学思想及其与更广泛的知识模式的联系，杂志收录的文章涉及菲奇诺（Ficino）的占星术、达尔文（Darwin）对美国神学的影响、波义耳（Boyle）的炼金术和帕斯卡尔（Pascal）的自由主义。这些作者在研究魔法、"山"的诗学、月球旅行以及进化论思想的命运时，展示了西方知识传统的多样和丰富。①

1936 年，洛夫乔伊出版《存在的巨链》一书。此书不但脍炙人口、仿佛一部悬疑小说，也体现出观念史之内容广泛：洛夫乔伊穿梭于形而上学、神学、天文学和自然史之间，追溯一个流传了 23 个世纪的"观念单元"。②所谓"巨链"，即从最低级世俗之物到最高级上帝的等级序列，但其前提不一，或假定神是世外而自足的，或认为造物主是流溢的，通过不断创造以显示其完美性——这造成了理解的转变。洛夫乔伊考察"等级性"（gradation）、"连续性"（continuity）和充实性（plenitude）这三个概念的组合变化，关注一系列"辩证动机"（dialectical motives）和"形而上学激情"（metaphysical pathos）。其论述涉及诗学、政治乃至园林设计。洛夫乔伊认为，"巨链"的命运与对一个理性而可知的自然的假设联系在一起，而拥抱非理性的浪漫主义和为身份斗争的民族主义则宣告了它的最终失败。这为第二次世界大战开始时西方思想面临的僵局作了准备。③

---

① Lynn Thorndike, *The Place of Magic in the Intellectual History of Europe*（New York：AMS Press，1967）；*Marjorie Hope Nicolson*，*Mountain Gloom and Mountain Glory：The Development of the Aesthetics of the Infinite*（New York：Norton，1959）；John C. Greene，*The Death of Adam：Evolution and Its Impact on Western Thought*（Ames：Iowa State University Press，1959）. 格林的作品与一些经典著作，如卡尔·贝克尔的 *Heavenly City of the Eighteenth Century Philosophers*（New Haven，CT：Yale University Press，1932）和卡尔·洛维特的 *Meaning in History*（Chicago：University of Chicago Press，1949）有交叉之处。

② Arthur Lovejoy, *The Great Chain of Being：A Study of the History of an Idea*（1936；Cambridge，MA：Harvard University Press，1976）.

③ Daniel J. Wilson, "Lovejoy's The Great Chain of Being after Fifty Years," *Journal of the History of Ideas* 48（1987）：187—206；Isaiah Berlin，*The Roots of Romanticism*（Princeton，NJ：Princeton University Press，1999）.

尽管洛夫乔伊公开宣称他对"观念单元"感兴趣，但《存在的巨链》所揭示的大规模且共时的观念集合（宇宙论或世界观）以及它们随时间所发生的变化才真正让其着迷。这一关注贯穿了20世纪早期的观念史研究。在对瓦尔堡（Aby Warburg）作品集的沉思中，卡西尔（Ernst Cassirer）形成了自己的符号形式哲学，它将神话的、表现的思想体系与从文艺复兴到相对论时期的经验知识和数学方法联系起来。①受黑格尔的影响，牛津大学的哲学家柯林伍德（R. G. Collingwood）将行动者的观念视为历史推动力。其《自然的观念》（*Idea of Nature*）于1945年出版，该书跨越前苏格拉底和柏格森（Henri Bergson），最后收束于"现代"的自然观念。柯林伍德简述其间有关宇宙的一系列概念，将其视为一个有机的历史过程。怀特海（Alfred North Whitehead）也把浪漫主义看作一个拐点，在1925年出版的《科学与现代世界》（*Science and the Modern World*）一书中，他把"浪漫的反动"描述为对17世纪自然还原论的一种合乎情理的、整体论式的回应；在《过程与实在》（*Process and Reality*）和《观念的冒险》（*Adventures in Ideas*）中，他进一步将此观点扩展为自己的有机宇宙论（organic cosmology）。②这些学者有关有机论（organicism）的论述证明了他们受益于柏格森和浪漫主义。

二战后，美国和英国的科学史家以教职、院系、期刊、学位和经典著作的形式建立了科学史学科，但他们很少注意到上述影响。这些学者发明了"科学革命"的叙事：地心说宇宙论和亚里士多德自然哲学伦理取向崩溃，

---

① Ernst Cassirer, *The Individual and the Cosmos in Renaissance Philosophy* (Chicago: University of Chicago Press, 1963)；见 Peter Gordon, *Continental Divide: Heidegger, Cassirer, Davos* (Cambridge, MA: Harvard University Press, 2010)。

② Arthur Lovejoy, "The Meaning of Romanticism for the Historian of Ideas," *Journal of the History of Ideas* 2 (1941): 257—278; R. G. Collingwood, *The Idea of Nature* (Oxford: Clarendon Press, 1945); Alfred North Whitehead, *Science and the Modern World* (New York: Macmillan, 1925).

数学理想化和机械解释继之兴起，实验从思想转向实际，牛顿成为新"科学世界观"的综合者和创始人。这些"新革命派"（neo-revolutionaries）认为，所有物理科学领域大致在同一时间经历了同样的转变（即使化学的"革命"要推迟到 18 世纪末），即用一种进步的、经验的、机械的、自由思考的世界观，取代了传统的、经院的、基于神学的世界观。①

　　英国的新革命派人士有剑桥大学历史学家巴特菲尔德（Herbert Butterfield），他不但是《现代科学的起源》（*Origins of Modern Science*，1949 年）的作者，也创造了"历史的辉格解释"的说法，即辉格式历史倾向于把现今最受重视的方面看作过去事件不可避免的结果。巴特菲尔德认为，专业化的科学史可以避免这种陷阱，它由历史学家而非科学家进行研究，悬置科学政治价值和有用性的判断。②在剑桥大学，他的同事鲁珀特·霍尔（Rupert Hall）与玛丽·博厄斯·霍尔（Mary Boas Hall）和他一样，将 17 世纪的知识变革作为该领域的重心单列出来。③在美国，这门学科的出现与战后的教育学纠缠在一起。哈佛大学前校长、物理学家和联邦官员科南特（James Bryant Conant）创立了一个以人文为基础的通识教育计划，其中科　157

---

① Michael Dennis，"Historiography of Science：An American Perspective，" in *Companion to Science in the Twentieth Century*，ed. John Krige and Dominique Pestre（New York：Routledge，2003），1—26；I. B. Cohen，*The Birth of a New Physics*（New York：Doubleday，1960）；Richard Westfall，*The Construction of Modern Science：Mechanism and Mechanics*（Cambridge：Cambridge University Press，1977）.

② 由李约瑟领导的剑桥科学史学家的第一个非正式小组中，包括了赞成"左派"历史和社会学方法的科学家；巴特菲尔德倡导的是一种远非语境式的方法。Anna-K. Mayer，"British History of Science and 'the End of Ideology，' 1931—1948，" *Studies in History and Philosophy of Science Part A* 35（2004）：41—72.

③ Herbert Butterfield，*The Origins of Modern Science，1300—1800*（London：Bell，1950）；A. Rupert Hall，*The Scientific Revolution，1500—1800：The Formation of the Modern Scientific Attitude*（London：Longmans，Green，1954）；Mary Boas Hall，*The Mechanical Philosophy*（New York：Arno，1981）.

学和自由民主被视为西方文明的最高成就。①科南特资助了萨顿和科恩（I. Bernard Cohen），前者是比利时出生的历史学家，创办了《艾西斯》杂志，后者则是美国第一位科学史博士。在巴黎和普林斯顿，俄国流亡学者柯瓦雷极大地发展了对于科学不断表现出来的概念结构的研究。他的作品对后来的新革命派人士产生了强大的影响，他们中有韦斯特福尔（Richard Westfall）和吉莱斯皮（Charles Gillispie），后者出版于 1960 年的巨著《客观性的边缘》（*The Edge of Objectivity*）的副标题是"科学观念史论"（*An Essay in the History of Scientific Ideas*）。②

这些第一代专业科学史家的作品带有对科学方法统一性、科学内部一致性以及其认识论、政治和伦理价值的规范性坚持。他们经常用科学革命指代现代世界观中所有最好之物的集合。③与洛夫乔伊的观念史模式（兼收并蓄，宇宙论的，综合美学、伦理学和政治）相比，对新革命派人士来说，17世纪的经验主义和机械化是理性和进步的标志。讽刺的是，他们一方面宣称科学超越政治和经济，另一方面却常认为科学因民主制度和资本主义而产生，并由此得到发展。他们置牛顿和伽利略于核心位置，强化了物理学在冷战早期军事工业秩序中的突出地位。④

从这个角度来看，相比其新革命派继承人，柯瓦雷与怀特海、柯林伍

---

① *General Education in a Free Society*：*Report of the Harvard Committee*（Cambridge，MA：Harvard University Press，1945）；John Rudolph，"Epistemology for the Masses：The Origins of 'The Scientific Method' in American Schools," *History of Education Quarterly* 45（2005）：341—376.

② Alexandre Koyré，*From the Closed World to the Infinite Universe*（Baltimore：Johns Hopkins Press，1957）；Charles Coulston Gillispie，*The Edge of Objectivity*：*An Essay in the History of Scientific Ideas*（Princeton，NJ：Princeton University Press，1960）.

③ 见 Butterfield，*Origins of Modern Science*，chap. 10 中关于这一观点的令人瞠目结舌的种族中心主义的表达方式。

④ See Karl Popper，*The Open Society and Its Enemies*（Princeton，NJ：Princeton University Press，1966）；David Hollinger，"Science as a Weapon in Kulturkampfe in the United States during and after World War II," *Isis* 86（1995）：440—454.

德、卡西尔和洛夫乔伊（其《存在的巨链》与柯瓦雷《从封闭世界到无限宇宙》有许多共同点）更为相似。他曾向柏格森和胡塞尔学习，并把伽利略物理学视为一种特殊而异化的理想化形式。尽管以洛夫乔伊模式工作的哲学—历史学家并不拒绝规范性判断，但在宇宙学概念的评价上，他们更重视观念的伦理、美学和存在论意义，而不是它们在认识论上的有效性。①

语境中、身体中、行动中的观念

新革命派有其独特倾向，但他们仍经常为《观念史杂志》写文章，自适于洛夫乔伊奠基的领域内。这个领域因关注世界观（即使新革命派专注于单一的"科学"世界观）和知识的历时变化而统一起来。此外，它倾向于忽视观念的社会起源和政治因素，或将其流放到脚注中。②20世纪60年代末，昆廷·斯金纳抨击洛夫乔伊忽视观念的背景和前提，新一批科学史家也提出了新的方法，反对非语境化和"内部主义"的科学史。③

库恩的《科学革命的结构》（*Structure of Scientific Revolutions*，注意"革命"是复数）是一个拐点，它阐明了社会学层面的科学共同体，包括期刊、会议、机构的等级制度，以及培养方案、教科书，还有至关重要的"范例"（exemplars）。所谓"范例"，即那些教导学生将若干情况视为一类的问题

158

---

① 关于新革命派和洛夫乔伊谨慎的人文主义方法间的距离，可比较下述文集中的各篇论文：Gerald Holton, ed., *Science and the Modern Mind：A Symposium*（Boston：Beacon, 1958），以及 Jacques Barzun, *Science：The Glorious Entertainment*（New York：Harper and Row, 1964）。

② 柯瓦雷在 *Closed World* 的注释中，对文本相关观念进行了详细的背景说明。

③ Quentin Skinner, "Meaning and Understanding in the History of Ideas," *History and Theory* 8（1969）；for discussion see Donald R. Kelley, *The Descent of Ideas：The History of Intellectual History*（Aldershot：Ashgate, 2002）。

（problems）。①他声称坚持不同范式的人居住在"不同的世界"，而范式的更迭并不意味着人们离真理更近，或理论更符合自然。库恩还指出，如果说科学是独特的，那么也并非因为它的确定性，而在于"常规科学"的日常活动，即"解决疑点"的日常工作。就此，库恩被奉为从政治和社会学角度研究科学的先驱，尽管对其真正意旨的看法争议颇大。越南战争时期，人们批评科学和唯理论（rationalism），认为它们是军国主义、资本主义和父权制的武器；放弃"内史"路径的新科学史与此产生了共鸣。②

20世纪70年代的历史学家意图复兴知识社会学传统，他们把库恩看作自己的盟友。③70年代中期，一些学者在爱丁堡和英格兰创立"科学知识社会学"（SSK），他们视库恩为这一学科的真正创始人。科学知识社会学进行案例研究，试图说明科学知识实际上依赖于信任和证据，依赖于对永远无法彻底证实假设的接受；他们回到维特根斯坦和涂尔干，强调认识论惯例（epistemic conventions）的实践和社会基础，强调科学权威和政治权威间的联系。④库恩对科学概念背后潜规则的强调也与福柯的研究相呼应。福柯分析身体的规训、分类的规范性力量以及内部融贯话语形构的"断裂"，这使人们把《科学革命的结构》的隐性知识、概念图式和不可通约性等概念与对启蒙和现代性的批判性反思结合起来，尽管"知识型"（epistemes）比"范式"更广泛，且福柯后来的"系谱学"置权力关系于库恩并未赋予的首要地位。

---

① Thomas S. Kuhn，*The Structure of Scientific Revolutions*（Chicago：University of Chicago Press，1970）.

② 针对库恩被封为激进主义者，史蒂夫·福勒（Steve Fuller）指出，库恩的目标与科南特是一致的，即认为独立于外部审查的科学对战后国家安全至关重要。*Thomas Kuhn：A Philosophical History for Our Times*（Chicago：University of Chicago Press，2000），179—226.

③ Arnold Thackray and Robert K. Merton，"On Discipline Building：The Paradoxes of George Sarton," *Isis* 63，no.4（1972）：473—495.

④ Barry Barnes，*T. S. Kuhn and Social Science*（New York：Columbia University Press，1982）；David Bloor，*Knowledge and Social Imagery*（London：Routledge，1976）.

此外，福柯还抨击诸如影响、作者、"时代心态"或"时代精神"等"魔法般的"概念，由此进一步强化了这种观点，即把传统观念史视作考虑政治维度的新科学史的障碍。①

20世纪80年代，科学研究或科技研究（STS，science and technology studies）兴起，这一"大杂烩"仍以福柯、库恩和科学知识社会学为主体。参与讨论的哲学家反对单一的科学方法概念，民族志学者则展示社会与自然、人类与非人类、真理与谬误之间的边界在实验室内外的实践中的消解和重建。②历史学家也采用了科技研究的方法，并作出了自己的贡献。夏平和谢弗的著作《利维坦与空气泵》影响颇大，此书指出，皇家学会创始人和霍布斯之间的争论不仅借助文字，而且利用了出版社、图片、气泵、气压计、社交规则和仪式——作者称其为文学的、物质的和社会的技术。③《利维坦》在"技术"和"生活形式"符号下，将关于真空、物质性质、上帝在世界中的行动以及适当的证明方法的对立想法置于其实践、神学和政治的语境当中。

之后的一些作品同样试图将新革命派的"科学统一体"（unity of science）分解为特定案例和不同要素。④科学史家不再把自己的工作视为将"真正的科学"从错误和迷信中分离出来；相反，他们试图说明真理、证明和客观性等"普遍"概念以及科学的实践和认识的双重目标是如何在各种具体环境中被应用和转化的。⑤如果说发生了一场"革命"，他们就会研究它是

159

---

① Michel Foucault, *The Archaeology of Knowledge* (New York: Pantheon, 1972), 3—20.

② Andrew Pickering, ed., *Science as Practice and Culture* (Chicago: University of Chicago Press, 1992); Mario Biagioli, ed., *The Science Studies Reader* (New York: Routledge, 1999).

③ Steven Shapin and Simon Schaffer, *Leviathan and the Air-Pump: Hobbes, Boyle and the Experimental Life* (Princeton, NJ: Princeton University Press, 1985).

④ Rudolf Carnap, *The Unity of Science* (London: Kegan Paul, 1934).

⑤ 见 Cunningham, "De-Centring the 'Big Picture'"; Peter Dear, *The Intelligibility of Nature: How Science Makes Sense of the World* (Chicago: University of Chicago, 2006).

通过什么论据和论说方式被认可的——何时、何地、何人。①当然，科学的概念和"主题"（themata）也继续吸引着历史学家的注意，在此仅举几例：生命、物质、能量、概率、相对性、血统、证明、规范、机械、普遍性、经济或时间。②不过，在研究中，这些观念不懈地交织于对以下事物的熟练实践之内：科学仪器、物品和事实的收集和展示，以及题词（inscriptions）、分析、计算和传播的方法和媒介。对物品的关注有三重意义：首先，科学史家反对科学观念论和彻底的"建构主义"（后者很大程度上只是个靶子），坚持物质实体的现实性，强调其拥有的能力及施加的限制；其次，在技术史的启发下，科学本身被当作一个"技术系统"来研究，事实和理论最多被当作承载它们的具体网络或设施；最后，标本、仪器以及人工和自然的现象也被认为是认识论和宇宙论承诺的符号学支持和体现。③

除了科学概念和对象之外，历史学家还分离出不同种类的"观念"。他们承认一系列的"推理风格"和"认识方式"，而不是单一的"科学方法"。他们还遵循不断变化的学科边界、话语形式和组织研究的"实证性形式"，追踪自然哲学、混合数学和自然史等的界限。他们确定的另一个要素是实践的观念，即关于掌握物质世界正确方式的隐性或显性理论，以及组织知识实践的道德准则。例如，学者们研究了近代早期炼金师和自然哲学家的"工匠式认识论"、早期皇家学会中公开活动者和幕后"隐形技术人员"间的分

160

① Adrian Johns, *The Nature of the Book*: *Print and Knowledge in the Making* (Chicago: University of Chicago Press, 2000).

② Gerald Holton, "On the Role of Themata in Scientific Thought," *Science* 188 (1975): 328—334.

③ Lorraine Daston, ed., *Things That Talk*: *Object Lessons from Art and Science* (New York: Zone, 2004); Joseph O'Connell, "Metrology: The Creation of Universality by the Circulation of Particulars," *Social Studies of Science* 23 (1993):129—173; Crosbie Smith and M. Norton Wise, *Energy and Empire*: *A Biographical Study of Lord Kelvin* (Cambridge: Cambridge University Press, 1989); focus section on "Thick Things," ed. Ken Alder, *Isis* 98 (2007):80—142.

工，以及在摩根（T. H. Morgan）的实验室中分配学分、鼓励果蝇样本交换的"道德经济学"。①循着上述思路，达斯顿和伽里森出版《客观性》（*Objectivity*）一书，联系不同时代的表征模式和认识论典范，展示历史中对"客观性"的不同表述：所谓表征模式和认识论典范，举例而言，即"自然之真实"（truth to nature）时代理想化植物的精致绘画，或"机械客观性"（mechanical objectivity）时代真实而个别化的照片。②

在"科学自我意识"和"认识论德性"两节中，《客观性》分离出了科学的另一个层面。18 世纪的经验主义者将自我视为一块接受感觉经验的白板，零碎的外部印象写在上面，人只有经过长期观察才能得出一般想法；后康德时代的实验主义者（experimentalists）则苦恼于一种过度意志的欲求必须由机器控制。这样的分析与女权主义认识论者的论点产生了共鸣，她们表明了性别规范是如何形成和反映科学价值的。这些规范也影响到伦理和情感，一如马蒂西克在本论文集中所探讨的那样。③即使对真理的追求被表述为与激情的斗争，被压抑的情感仍然是一种情感状态，它不但对科学史而言异常重要，对西方主体性的历史而言亦是如此。④

新的科学史家揭示出"科学"包含多种要素，每种要素都有自己的类型和变化。此外，新革命派常把 17 世纪和冷战技术官僚间的科学史看作单一

---

① Steven Shapin，"The Invisible Technician," *American Scientist* 77 (1989)：554—563；Pamela Smith，*The Body of the Artisan：Art and Experience in the Scientific Revolution*（Chicago：University of Chicago Press，2006）；Robert Kohler，*Lords of the Fly：Drosophila Genetics and the Experimental Life*（Chicago：University of Chicago Press，1994）.

② Lorraine Daston and Peter Galison，*Objectivity*（New York：Zone，2007）.

③ Helen Longino，"Taking Gender Seriously in Philosophy of Science," *Proceedings of the Biennial Meetings of the Philosophy of Science Association* 2 (1992)：333—340；Sandra Harding，*Sciences from below：Feminisms，Postcolonialities，and Modernities*（Durham，NC：Duke University Press，2008）.

④ Matthew Jones，*The Good Life in the Scientific Revolution：Descartes，Pascal，Leibniz，and the Cultivation of Virtue*（Chicago：University of Chicago Press，2006）.

的、线性的，新的科学史家则发掘出新的历史轨迹，它贯通文化的其他领域（政治、艺术、技术）、横跨多样的传统和文化。

具体而碎片的整体

这些新的知识图式并非没有受到挑战。线性进步和统一性的史观仍然主宰主流的科学认识，人们仍然书写和传授内部主义的、观念论式的历史。20世纪90年代发生了所谓的"科学战争"（Science Wars）和"索卡尔骗局"（Sokal Hoax），一位不满的物理学家写了一篇充斥着夸张和行话的文章，用批判理论分析他自己的研究领域。文章发表时，他宣称这篇文章就是个笑话并且也应被看作是个笑话，但争论随之而来。①此外，一些人还利用科技研究的论点宣扬"智能设计"（Intelligent Design），破坏对全球变暖的共识，这些都抑制了理论的激荡。21世纪人文学科进入"后理论"（post-theory）时代的说法，与这一"寂静主义"（quietism）现象相当吻合。②

因此，科学史领域内的一些学者批评它视野狭隘、批判钝滞。③然而，就算争论变少，哲学问题也仍然存在。不过，今日这些问题有了新的基础。很多学者现在给出了可用的建构主义方案。哈拉维（Donna Haraway）的"符号技术"（semiotechnologies）和皮克林的"实践冲撞"（mangle of practice）理论把生物学、化学、物理学或工程学的实体（如夸克、人体、定制小鼠、电子脑）既看作精神的，也看作物质的，因为，它们皆是拥有具体效应的构造。

---

① Keith Ashman and Philip Baringer，eds.，*After the Science Wars*（New York：Routledge，2001）.

② W. J. T. Mitchell，"Medium Theory：Preface to the 2003 *Critical Inquiry* Symposium," *Critical Inquiry* 30（2004）：324—336；Bruno Latour，"Why Has Critique Run Out of Steam?," *Critical Inquiry* 30（2004）：238—239.

③ Steve Fuller，"CSI：Kuhn and Latour," *Social Studies of Science* 42（2012）：429—434.

类似地，拉图尔坚称他一直是个现实主义者，即便现在以"多元自然主义"（multinaturalism）的独特形式表现出来。①此外，"案例研究"这一科技研究和科学史的首选体裁本身就可以被解读为一种认识论立场：案例研究展示科学观念和科学对象与历史上特定而可变的实践、推理和技术系统的联系，为多元主义的认识论和本体论提供了支持。②

然而，缺憾随优势而来。案例研究摆脱了新革命派的科学统一论，却有可能因过分强调个别案例而导致自我封闭，仿佛成为近代早期的珍奇柜。③要获得更具普遍性的观点，一种可行方案或许是回到早期观念史强调的"长时段"中去。④"科学"的各个组成部分可以在不同的时间和地点被联系、比较和对比，新的"系列语境化"（serial contextualizations）将取代新革命派的宏大叙事。《客观性》一书已指明这一方向，随后，研究或将单独分析另一些一般性的主题，以指导跨历史研究。

然而，过去三十年科学史的方法论创新加强了语境化所带来的利害关系。如果说用"N-grams"词频统计不足以说明跨越单一历史语境的系谱，那么，值得思考的问题就是，学者们是如何把从"科学"概念中分解出的物质碎片重新组合起来的。我们该如何考虑那些时间上不连续、却可用"系

---

① Bruno Latour, *Politics of Nature：How to Bring the Sciences into Democracy*（Cambridge，MA：Harvard University Press，2004）；Andrew Pickering, *The Mangle of Practice：Time，Agency，and Science*（Chicago：University of Chicago Press，1995）；Donna Haraway, *Simians，Cyborgs and Women：The Reinvention of Nature*（New York：Routledge，1991）；Ian Hacking, *The Social Construction of What？*（Cambridge，MA：Harvard University Press，1999）.

② Daston, "Science Studies," 812—813；Ian Hacking, *Historical Ontology*（Cambridge，MA：Harvard University Press，2002）.

③ 伽里森问道："如果案例研究是铺路石，那么道路到底通往哪里？"见"Ten Problems in History and Philosophy of Science," *Isis* 99（2008）：120。在威尔·托马斯（Will Thomas）的博客中（http://etherwave.wordpress.com），反复出现对案例研究学科性反思的厌恶。

④ 见 David Armitage, "What's the Big Idea? Intellectual History and the Longue Durée," *History of European Ideas* 38（2012）：493—507；以及麦克马洪在本文集中的文章。

列语境化"连接起来的紧要关头（即"案例"）？对此，我们又可以从传统观念史中汲取有益资源。洛夫乔伊及其追随者涉及的主题多种多样，但他们都对宇宙的组成、范围、结构，以及人在其中的地位深感兴趣。他们和文化人类学家一样（并且也受到类似的后康德主义的启发），从事着对宇宙论的比较研究。即便是推崇单一"科学"宇宙论的新革命派，也肩负相同的使命。

162　　在更晚近的科学史研究中，对宇宙论的兴趣也仍然在暗中推动其发展。但这一兴趣的延续很少得到承认，更不必说得到称赞了。科学史家抛弃了新革命派规范性的科学统一论，同时也倾向于抛弃整个观念史的传统。此外，他们挑选的盟友（维特根斯坦、后结构主义、文化人类学）也贡献了论据，这些证据不仅可以用来反对"宏大叙事"和"科学绝对主义"，也可以用来反对所有概括性概念（generalizing concepts）。任何声称传达共同思想体系的概念，如世界观、宇宙论、心态、知识型、文化、时代精神（*Zeitgeist*）、概念图式，甚至库恩的"范式"，都会引起怀疑。①

无论是过去还是现在，此种怀疑态度都具有合理性。世界观到处漂浮，无处不在，有时在脑中，有时又像幽灵一般在远处运动。宇宙论往往被表述为统一的、连贯的、广泛的，而不是混杂的、多样的、特异的；然而后者才是它们真正用于生活和实践的形式。哲学家们追问一种概念图式是否可能存在，另一些人则称形式化的思想体系是研究者从片面而不融贯的观察中发明

---

① Jean-François Lyotard, *The Postmodern Condition: A Report on Knowledge*, vol.10, *Theory and History of Literature* (Minneapolis: University of Minnesota Press, 1984); Harold Garfinkel, *Studies in Ethnomethodology* (Englewood Cliffs, NJ: Prentice-Hall, 1967); Johannes Fabian, *Time and the Other: How Anthropology Makes Its Object* (New York: Columbia University Press, 1983); Peter Galison, "Computer Simulations and the Trading Zone," in *The Disunity of Science: Boundaries, Contexts, and Power*, ed. Peter Galison and David Strump (Stanford, CA: Stanford University Press, 1996), 118—157. 关于人类学如何利用宇宙论的相关讨论及其复兴，见 Eduardo Viveiros de Castro, "Cosmologies: Perspectivism," *Hau Master Class Series*, vol.1 (2012)。

出来的，还有一些人认为，"主体通过表象体验客体"的观念只是揭示存在的一种可能的方式罢了。

新的科学史家接受了这些批评，但他们仍然把对宇宙论的研究视为组织科学史研究的核心原则。这正是过去三十年许多科学史典范作品的成功法门：他们研究奇妙细节和自然规律的概念化，重建牛顿后继者的自然哲学"弯路"，追踪天文学、社会学和统计力学中算术可掌握的可能性，详述地理学家、雅各宾派新闻人士（Jacobin journalists）和歌德对"进化"的不同层面的贡献，乃至细读基于爱因斯坦相对论的列车时刻表。像早期观念史家一样，新的科学史家研究事实、概念和论据是如何形成一个世界、一个自然、一个宇宙的。不过，他们研究的宇宙论是物质化的，这种物质化不是"简约为"或"决定于"物质基础，而是实例化于具体的行动、文本、制度当中，甚至当物质或"物质性"的定义本身就是问题之所在时，亦是如此。宇宙论的观念在物体、技术网络、日常实践、社会制度中被固定、容纳和传播，因而具有了现实力量。承认科学史与旧观念史的联系可使我们重获丰富遗产，增加局部情境和特定案例研究的深度，并丰富其视角。

不过，这种肯定不仅应包含物质化转向，还应包含上文提到的对概括性概念和无缝的整体论的怀疑态度。物质化的宇宙论涉及潜在不相容的元素，充斥着隔阂与对立。因此，我们的挑战在于追踪那些构成宇宙的元素，它们来自具体的活动、环境和对象，又将反馈于其中。当研究人类和其他存在者间习惯性的、携带的、相互制约的关系时，我们同样需要关注概念、实践和宇宙论秩序的开放性、变化性和矛盾性，它们将因其相互作用而产生、维持或消解。

为此，历史学家可以继续向人类学家学习，他们关注日常生活和宇宙论观念的融合（与分裂），关注实践和仪式中的自然、社会等级秩序，强调公共生活的对话性、视角变化和竞争性。各知识体系因规范、纲领和地位上的意见分歧而分裂。此外，行动者在实验室、办公室和演讲厅中工作，也可能同时参与到宗教、行政和艺术活动中，而这些都是由不同的价值概念

163

和原则支撑的。社会很复杂，现象世界和实用世界的关系很紧张，这即是韦伯所谓的"诸神之争"。为应对这一问题，社会学家已经发展出许多实用的解释框架。①科技研究贡献了"边界工作"（boundary work）的概念，即各学科、各团体和各形而上学划定自己边界的工作。吉尔因（Thomas Gieryn）以维多利亚时代的物理学家丁达尔（John Tyndall）为分析对象，论述他如何利用演讲和通俗著作提高科学的地位，并如何将其与宗教（通过强调科学的经验性和有用性）、工程技术（通过强调科学的抽象性和无用之用）区分开来。同样，我们可以研究行动者如何使宇宙论具象化（或如何制作宇宙图[cosmograms]），又如何利用它来阐明对被认识之物的整体安排，无论这种阐明是否内部一致。这些具象化的物质（如地图、图表、建筑、日历、诗歌、百科全书）并不是有限世界透明而无争议的概述，而是述行性的断言（performative assertions）、对辩论的介入以及进一步阐述的参考物。历史行动者通过局部的行动和对象，划分和连接宇宙各部分，使我们处于可观察的物质实践层面；我们应当关注这些行动及其对象，并且展示他们如何整合于、定位于更大的整体当中，无论这些整体是多么不完整、多么碎片化。②

简而言之，研究科学史意味着对物质化宇宙论进行比较研究，意味着对具体化和总体化的、但不可避免地不完整和含糊的自然、社会秩序系统进行描述、叙事和分析。这一对科学史的适度重构划定了一个层次，在这一层次上，研究者可继承并比较过去三十年来收集的各种案例研究。它使我们与更

164

---

① Max Weber, "Science as a Vocation," *Daedalus* 87（1958）：111—134；Andrew Abbott, *Chaos of Disciplines*（Chicago：University of Chicago Press, 2001）；Howard Becker, *Art Worlds*（Berkeley：University of California Press, 1982）；Pierre Bourdieu, *Practical Reason：On the Theory of Action*（Stanford, CA：Stanford University Press, 1998）；Luc Boltanski and Laurent Thévenot, *On Justification：Economies of Worth*（Princeton, NJ：Princeton University Press, 2006）；拉图尔为现代性的多元主义价值观提供了一个新的基础，见 *An Inquiry into Modes of Existence*（Cambridge, MA：Harvard University Press, 2013）。

② Thomas Gieryn, *Cultural Boundaries of Science：Credibility on the Line*（Chicago：University of Chicago Press, 1999）；John Tresch, "Technological World-Pictures：Cosmic Things, Cosmograms," *Isis* 98（2007）：84—99.

广泛的思想史领域重新联系，使我们得以与早期和当代的思想史家对话，这正是里勒蒂和马钱德在本论文集中鼓励的新联盟。它也鼓励我们与宗教史、考古学、区域研究和人类学进行密切合作，而人类学于近日正重新燃起对比较宇宙论的兴趣。①

当各种物质宇宙论相遇时

将科学史定义为对物质化宇宙论的研究，或许还有助于解决科学史家目前面临的一些紧迫问题。在最后一部分，我将概述三个与此密切相关的问题：近现代科学宇宙论及其复杂性、西方知识的全球起源和背景、科学对环境的影响。这些话题源于当下的关注，它们将促使我们以新的方式理解过去和未来。

第一个挑战是如何理解工业化的过去和后工业化的现在的宇宙论复杂性。对于研究中世纪和近代早期的历史学家而言，考察连接科学、宗教、商业、政治和艺术的大规模宇宙论框架已是理所当然的事情。②然而，在对 18 世纪之后的时段的研究中，一种普遍的自然秩序这一问题往往迅速地被世俗化、标准化、祛魅、机械化、规范化或知识领域等概念掩盖。然而，物质转向促使我们去问：这些普遍的趋势存在于哪些不同的实践、环境和对象中？它们聚合成了什么样的世界？它们是如何纳入或排除其他可能性的？事实上，这样的问题让我们认识到，人们过度夸大了现代世界的统一性。在 19 世纪，众多行政官员、科学家和企业家在不同领域中努力使包括学校、工业和市场在内的实体和场所标准化，但激烈变化的神学概念、形而上学概念和认

---

① Philippe Descola, *Par-delà nature et culture*（Paris：Gallimard，2005）.

② William Ashworth，"Natural History and the Emblematic World View," in *Reappraisals of the Scientific Revolution*, ed. David C. Lindberg and Robert S. Westman（New York：Cambridge University Press，1990），303—332.

识论概念也大量涌现。另类现代性（alternative modernities）扎根于非正统科学和对现有社会等级秩序的挑战，在欧洲以及那些被迫进入新的全球化劳动、生产和贸易的地区蓬勃发展。对这些远非统一的宇宙论，我们应以物质化的、辩证的、批判的方法，展示其与我们更熟悉的"现代"行动和思想模式之间的互动方式。①

此外，对影响19世纪全球秩序的知识实践了解越深，我们就越发意识到有必要跟踪它们向二战后北大西洋和全世界科学秩序的转变。对"核末日科学"（Strangelovian sciences）档案的挖掘已开始揭示出冷战时期的理性并非一个不言而喻的统一体，而是一套多样的计算实践、组织逻辑以及对自然、国家、公众、"敌人"和"第三世界"的态度，我们需要进一步挖掘其中内涵。②物质化宇宙论的视角也导致了一些问题，这些问题不仅关乎20世纪科学的理论复杂性，而且关乎它们的经验复杂性以及其被实施的方式。如，后哥本哈根物理学、分子生物学或神经心理学等不同领域是如何由人员、研究、资助机构、计算技术、隐喻、概念（"知识""自我"和"自然"）联系起来的？科学解释，与广告、娱乐、经济、政府宣传、主流宗教或新时代哲学所灌输的"人类在宇宙中位置"的观念是如何达成一致或产生冲突的？此类问题引导着最近的作品，这些作品展现了物理学、信息科学、商业和20世纪60年代反主流文化（counterculture）的宇宙论观念是如何被组合成新的形式的。③

①　例如 Timothy Mitchell, ed., *Questions of Modernity*（Minneapolis: University of Minnesota Press, 2000）; Alex Owen, *The Place of Enchantment: British Occultism and the Culture of the Modern*（Chicago: University of Chicago Press, 2004）; John Tresch, *The Romantic Machine: Utopian Science and Technology after Napoleon*（Chicago: University of Chicago Press, 2012）。

②　见 Focus Section: "New Perspectives on Science and the Cold War," ed. Hunter Heyck and David Kaiser, *Isis* 101（2010）。

③　Fred Turner, *From Counterculture to Cyberculture: Stewart Brand, the Whole Earth Network, and the Rise of Digital Utopianism*（Chicago: University of Chicago Press, 2006）; David Kaiser, *How the Hippies Saved Physics: Science, Counterculture, and the Quantum Revival*（New York: Norton, 2011）。

战后西方科学发生转变，与"地方性"知识传统频繁混合，宇宙论与这些转变和混合相并列，相综合。对于这些宇宙论，我们可以提出类似的问题；它们与对"发展"理论和实践的兴趣产生共鸣，成为一种新颖的、准帝国式的协调国家、人口和自然资源的模式。①

在分层的全球政治经济中定位自然知识，是晚近乃至所有时期研究者经历的挑战。结果是，"西方科学"的外形已开始转变。1931 年，黑森（Boris Hessen）证明牛顿时代的"纯科学"实际上与商业和专业阶层的崛起、欧洲国家的军事和行政机构以及帝国的扩张相联系。②今天许多最有趣的研究延续了黑森的工作，显示了自然知识与贸易网络、国家形成、阶级冲突和帝国野心之间的纠葛。文艺复兴时期对艺术和自然界奇珍异宝的收藏搜集，也巩固了宫廷、商人和探险家之间的交流关系。牛顿的《自然哲学的数学原理》是在与商人、种植园主、自然哲学家以及从美洲到日本和北部湾的水手热闹兴奋的通信往来中创作的，是大英帝国新兴信息秩序中的一个节点。18—19世纪，自然史在调查、贸易和军事远征中蓬勃发展，而新的社会科学则引导着对人口衰退、危险的城市阶级和反叛的殖民地臣民的干预。物理学家建立了一个由能量和以太组成的宇宙，预言了太阳的热寂，同时也建造了各种网络来组织国内外的生产力。③

---

① Fa-ti Fan，"Redrawing the Map：Science in Twentieth-Century China，" *Isis* 98（2007）：524—538；Timothy Mitchell，*Carbon Democracy：Political Power in the Age of Oil*（New York：Verso，2011）.

② Boris Hessen，"The Social and Economic Roots of Newton's Principia，" in *Science at the Crossroads*，ed. Nicolai Bukharin（New York：Howard Ferting，1974）.

③ 例如 Simon Schaffer，*The Information Order of Isaac Newton's Principia Mathematica*（Uppsala：Office for History of Science，Uppsala University，2008）；N. Jardine，J. A. Secord，and E. Spary，*Cultures of Natural History*（Cambridge：Cambridge University Press，1996）；the Focus Section on "Global Histories of Science，" ed. Sujit Sivasundaram，*Isis* 101（2010）；James Delbourgo and Nicholas Dew，eds.，*Science and Empire in the Atlantic World*（New York：Routledge，2008）；Londa Schiebinger and Claudia Swan，（转下页）

166　　　上述所有案例中，物质化的宇宙论是文化接触的基础。西方科学不是中立的"帝国工具"，使用价值无涉的事实来达成功利目的；它带有特定文化的价值观（尤其是其准确性、效率、可通约性），并试图重绘世界的地理图和形而上学地图。此外，其许多面向是在与其他传统的对抗中出现的。人们越来越多地关注那些难以捉摸的、多变的"中间人"，他们在帝国的分布式行政管理中充当着大使、翻译、谈判者、采购者和助推者的角色。①地方性专家的知识以各种方式被纳入"普遍"科学，如新西班牙（New Sapin）的地图上记载了当地人对景观、植物和动物的看法；而格鲁金斯基（Serge Gruzinski）关于美洲"混血"（mestizo）知识的论述，也可以推广到亚洲和非洲"杂交"知识的形成上。②正如埃尔沙克里（Marwa Elshakry）所论述的那样，直到1900年左右，经由对过去"黄金时代"（希腊、印度和伊斯兰世界）的历史学构建以及非西方教育家们的现代化努力，一种独特的"西方科学"的概念才得以巩固。③

　　　贝尔纳（Martin Bernal）的《黑色雅典娜》（*Black Athena*）将埃及、美索不达米亚和印度的知识传统（被改写为希腊的知识传统）置于古代世界的帝国交汇处，重写了西方科学起源故事的另一章节；而萨利巴（George Saliba）则

（接上页）eds., *Colonial Botany*：*Science，Commerce and Politics in the Early Modern World* (Philadelphia：University of Pennsylvania Press，2005）；D. Graham Burnett，*Masters of All They Surveyed*：*Exploration，Geography，and a British El Dorado*（Chicago：University of Chicago Press，2000）；Suman Seth，"Putting Knowledge in Its Place：Science，Colonialism，and the Postcolonial," *Postcolonial Studies* 12（2009）：373—388。

① Marie-Noëlle Bourguet，Christian Licoppe，and H. Otto Sibum，eds.，*Instruments，Travel and Science*：*Itineraries of Precision from the Seventeenth to Twentieth Century*（London：Routledge，2002）；Simon Schaffer，Kapil Raj，Lissa Roberts，and James Delbourgo，eds.，*The Brokered World*：*Go-Betweens and Global Intelligence，1770—1820*（Sagamore Beach，MA：Science History Publications，2009）.

② Serge Gruzinski，*The Mestizo Mind*：*The Intellectual Dynamics of Colonization and Globalization*（New York：Routledge，2002）；Christopher Bayly，The Birth of the Modern World，1780—1914（London：Blackwell，2003）.

③ Marwa Elshakry，"When Did Science Become Western？" *Isis* 101（2010）：146—158.

重建伊斯兰世界在欧洲文艺复兴时期所扮演的角色。要重新想象不同知识传统的其他传播和重构方式，我们需要深刻了解各种各样理论的实践、地方和帝国的构成，以及勾连商业、国家和宗教的各种变量图，简言之，我们需要对各种不同的物质化宇宙论有所把握。①就此而言，萨顿和李约瑟在20世纪初倡导的比较文明史突显出其前卫性，他们倡导从多个起点来追踪我们当下的"全球化"。②

当今时代对科学史提出的最后一个挑战是帮助理解自然观念对自然世界本身的影响。自然不是"外部"（out there）的另一种存在，而是伴随人类活动、构成人类活动，但又能被人类活动所改变的一种被给予物；这一观念有着漫长而多样的历史。康吉扬（Georges Canguilhem）追踪了这一观念的若干转变，并研究"环境"（milieu）概念的谱系。所谓"环境"，即生物体外的营养包络（nutritive envelope），这是亚历山大·冯·洪堡（Alexander von Humboldt）生物地理学的核心思想；它也影响了达尔文和此后的环境研究者。生态学家冯·于克斯库尔（Jacob von Uexkull）对此作了进一步的阐述，将"环境"（*Umwelt*）定义为不同物种因不同感官配置而栖居的世界。③

在近期的地球科学中，"人类构建其世界"的观念已从实用隐喻和现象学猜测变为量化的事实。随着对"人类世"（Anthropocene）概念（工业对地球

167

---

① Martin Bernal，*Black Athena：The Afroasiatic Roots of Classical Civilization*（New Brunswick，NJ：Rutgers University Press，1987）；George Saliba，*Islamic Science and the Making of the European Renaissance*（New York：MIT Press，2007）；Sheldon Pollack，ed.，*Literary Cultures in History：Reconstructions from South Asia*（Berkeley：University of California Press，2003）.

② Joseph Needham，*Science and Civilisation in China*（Cambridge：Cambridge University Press，1954）；George Sarton，*An Introduction to the History of Science*，3 vols.（Baltimore：William and Wilkins，1927—1948）；Nathan Sivin and Geoffrey Lloyd，*The Way and the Word：Science and Medicine in Early China and Greece*（New Haven，CT：Yale University Press，2005）.

③ 见 Georges Canguilhem，*Knowledge of Life*（New York：Fordham University Press，2008），98—120。

产生决定性影响的时代）的讨论，我们不得不承认，各种"自然观念"促成了对"外部"而"客观"的自然本身进行的永久性改造。①科学史与环境史就此结合起来。当下，人们对地球科学、气候学和空间科学的历史相当感兴趣，他们想要知道这些科学的历史背景和审美动机，以及多个领域（地质学、农学、化学）在塑造从铀矿、油田，到山区避暑小镇、城市研究中心等景观方面所发挥的作用。另一趋势是观念史的旧题，即考察自然观念的美学和伦理价值：人们研究自然如何成为花园、荒地、荒野和保护区，以及这些观念如何指导人与景观的各种互动。追踪这些观念的复杂轨迹，观察它们如何塑造了我们生存其中的物质条件；它们不只由"思想家"创造，也与工程师、政治家、企业家、农民、市民、消费者和社会活动家密切相关。如此这般，科学史便可帮助我们理解当今最最紧迫的挑战。②

自然观念促成了人的行动和介入，廓清了现实的外形。新科学史承认自然观念复杂而具体的生态，考察它们的根源、运动和融合，以帮助我们理解这个我们栖居其中的世界，这个无方向而多元的、经技术改造的、在政治和环境上不稳定的世界。一方面，对物质化宇宙论的研究超越了新革命派的单一方法论和理想化的科学世界观，而另一方面，它也使我们回归起点：与我们常忽视的盟友，观念史，就自然秩序的概念进行富有成效的对话。

---

① Dipesh Chakrabarty, "The Climate of History: Four Theses," *Critical Inquiry* 35 (2009): 197—222; 关于"气候范式"更长的历史，见 Fabien Locher and Jean-Baptiste Fressoz, "Modernity's Frail Climate: A Climate History of Environmental Reflexivity," *Critical Inquiry* 38 (2012):579—598。

② James Fleming and Vladimir Jankovic, eds., "Klima," Osiris 26 (2011); Carolyn Merchant, *The Death of Nature: Women, Ecology, and the Scientific Revolution* (San Francisco: Harper and Row, 1980); Karl Appuhn, *A Forest on the Sea: Environmental Expertise in Renaissance Venice* (Baltimore: Johns Hopkins University Press, 2009); William Cronon, "The Trouble with Wilderness: or, Getting Back to the Wrong Nature," *Environmental History* 1 (1996):7—28.

IX 去除"性"的中心地位：论弗洛伊德、福柯及思想史的主体性

特蕾西·马蒂西克

性的历史与欧洲思想史之间存在一种丰富的关联，但也充满争议。特别是在 20 世纪，思想界的普遍做法就是将性与知识问题紧密联系起来，尽管关联的方式多种多样。早在 1913 年，西格蒙德·弗洛伊德就将知识生产的整个体系——与之相伴的是艺术、文学、道德和文化构成的整体——看作性驱动力的升华①。在这样一种框架当中，性欲是本源，是主体性、是文化的源头，即便此种源头在形式上是间接和移位的。米歇尔·福柯则与弗洛伊德相反，且更具历史限定意识，他在《性史》第一卷就提出，"性"的概念显然是一个现代发明，在法律业和医学业之间起作用，二者共同形成了一种主体，其"本真"就是他或她的性征。若要认识这个主体，若要让这个主体认识其自身，就是要认识他或她的性征。

以弗洛伊德和福柯的观点来看，性与知识紧密相连。二人的主张具有强大的影响力，但也相互竞争；沿其思路，20 世纪欧洲思想史就与性广泛相关。事实上，至少自 19 世纪末以来，性就一直是思想家严肃思考的主题：性学家以性为首要研究对象；而自弗洛伊德至雅克·拉康，以及大多数他们的追随者，这些精神分析学家则一直认为，无论是在个体构成中还是在社会构

---

① Sigmund Freud, *Totem und Tabu*, in *Gesammelte Werke*, *chronologisch geordnet*, vol.11 of 18, ed. Anna Freud, Edward Bibring, Willi Hoffer, Ernst Kris, and Otto Isakower (London: Imago, 1940—1952), 172.

成中，性欲都占据中心地位。但不仅仅是性学家和精神分析学家如此，思想主张各异的社会理论家和哲学家，如乔治·巴塔耶、西蒙·德·波伏娃、克洛德·列维-施特劳斯，赫伯特·马尔库塞、威廉·赖希、尼古拉斯·卢曼、朱迪斯·巴特勒和斯拉沃热·齐泽克（此处仅列举几位）等人，也都认为性是分析思想体系、政治及文化构成的关键范畴。甚至可以说，回看欧洲的 20世纪，它似乎就是从一切可能的角度来审视性与知识形式之关系，这种审视在探究主体性结构和社会关系结构的领域，如法律、伦理、政治理论和医学等领域尤为迫切。

进一步而言，如果说 20 世纪的思想家如此自然地关注性这一主题，那么他们的作品就在一定程度上说明，在之前的数百年间，关于性的内容就已占据了思想作品的中心位置，只不过当时的作家并非人人都会明确地以此为主题。例如，历史学家告诉我们，性在中世纪、近代早期和近现代法律体制当中的位置之核心程度要超过当时作家的认知。①在更偏理论的领域我们可以找到这样的观点，它们认为在看似与性无关的哲学发展与性的发展之间存在紧密关联。例如，不仅拉康，还有霍克海默、阿多诺都曾提出，伊曼努尔·康德的哲学与萨德侯爵②的性幻想和实验有更多的共同之处，尽管康德本人可能绝不会承认。③甚至在更早的时候，尼采就告诉我们，数百年来哲学与求真的历史从整体而言就是否定意志并随之否定性欲的历史。④同样，宾夕法尼亚州立大学出版社出版的"女性主义解读"书系以更为学术的方式重申了

① 可参见 Isabel Hull, *Sexuality, State, and Civil Society in Germany 1700—1815*（Ithaca, NY: Cornell University Press, 1996）；Helmut Puff, *Sodomy in Reformation Germany and Switzerland, 1400—1600*（Chicago: University of Chicago Press, 2003）。

② 萨德侯爵（Marquis de Sade）是 18 世纪后期的一位法国贵族，是一系列色情和哲学书籍的作者，其中最著名的是《索多玛的一百二十天》。——译注

③ Theodor Adorno and Max Horkheimer, *Dialectic of Enlightenment*, trans. John Cumming（New York: Continuum, 1993）, 81—119; Jacques Lacan, "Kant with Sade," trans. James B. Swenson, Jr., October 51（1989）:55—75.

④ Friedrich Nietzsche, *On the Genealogy of Morality*, trans. Keith Ansell-Pearson and Carol Diethe（Cambridge: Cambridge University Press, 2006）, 68—120.

这种观点，在该书系着重讨论从柏拉图、亚里士多德到笛卡尔、维特根斯坦、阿伦特等的哲学家时，性自始至终都是一个突出的主题。此外，露丝·伊里加雷和米歇尔·勒德夫这样的哲学家认为性别与性在整个西方哲学当中占据中心地位，他们的观点影响巨大。①

　　尽管如此，欧洲思想史与性史这两个分支领域之间依然相对分隔，对此，只需看看思想史领域的主要刊物就能说明问题。过去十年间，《观念史杂志》仅刊登了两篇涉及性的研究论文，《现代思想史》（ *Modern Intellectual History* ）自创刊以来，八年间仅刊登了三篇，尽管两本杂志都包含了些许关于性别和自我人格这样与性高度相关的主题论文。与此形成鲜明对照的是，粗略翻看《性史杂志》（ *Journal of the History of Sexuality* ）就可以发现大量文章直接涉及知识的生产、形成和传播——所有这些主题均可被安放于思想史的类目之下。上述分析显然十分粗浅，其目的不是要说明存在某些不公待遇，或是两个分支领域理应想办法更好地兼顾。相反，本文在此的目的仅仅是要强调，思想史学家和性史学家的实际研究做法似乎并不支持弗洛伊德或福柯的观点，并不能说明性之于现代知识形式的中心地位。性一直是思想史领域对知识的研究当中的**一个**主题，但绝非有什么特殊地位。而且，研究性知识生产的性史学家更多是在与研究性的其他方面内容（如主体经验、市场和消费、国民性行为当中的国家利益等）的历史学家进行对话，而并非同更广泛意义上的思想史家形成对话。因此，如果我们从性史这一分支领域的角度来考察，20世纪的确以全面且无可争辩的方式，将性史与思想史融合在一起，认为思想求索总是由有性欲渴求的主体进行的。但若从另一个角度，即从思想史的角度来看，不论是在主题上还是在做法上，两个分支领域都未曾像弗洛伊德和福柯所预期的那样完全融合。

175

---

① Luce Irigaray, *Speculum of the Other Woman*, trans. Gillian C. Gill（Ithaca, NY：Cornell University Press, 1985）；Michelle Le Doeuff, *Hipparchia's Choice：An Essay Concerning Women*, *Philosophy*, *etc.*, trans. Trista Selous（Cambridge, MA：Blackwell, 1991）.

　　问题在于，这种不一致的情况可以向我们透露关于这两个分支领域的何种信息？本文接下来会将该问题本身历史化，考察性与知识生产的融合过程是如何充分体现 20 世纪由弗洛伊德和福柯二人构成的思想张力。继而总结近年来开始出现的新变化，两种传统中的实践者和理论家都开始去除性的中心地位，不再认为性在知识生产当中占据特殊的地位，不再将其视为一个独特的分析范畴。

福柯革命

　　过去的数十年里，性的思想史研究主要有两大阵营：一派接受福柯的规训理论、治理理论和主体建构理论；另一派则将具有性的特质的主体性本身视为先于或超越话语建构的存在。因此有必要既对两种研究分别进行考察，又对二者的互动发展加以考察。

176　　诚然，关于性史的书写在米歇尔·福柯具有突破性的三卷本研究著作《性史》出现之前就早已存在多时。此类历史作品早期有如玛丽安妮·韦伯（Marianne Weber）的《法律发展中的妻子与母亲》（*Wife and Mother in the Development of Law*），另如马格努斯·赫希菲尔德（Magnus Hirschfeld）的《人类性史》（*Sexual History of Humanity*）。① 在更晚近的学术史领域，性史在 20 世纪六七十年代开始成为一个学科分支。这些早期研究多从社会史学家关注的问题出发，研究兴趣主要集中于家庭的本质和人口学。② 与思想史的

---

① Marianne Weber, *Ehefrau und Mutter in der Rechtsentwicklung：eine Einführung*（Tübingen：J. C. B. Mohr, 1907）；Magnus Hirschfeld, *Sexualgeschichte der Menschheit*（Berlin：P. Langenscheidt, 1929）.

② 如 Lawrence Stone, *The Family，Sex，and Marriage in England 1500—1800*（New York：Harper and Row, 1977）；James Woycke, *Birth Control in Germany：1871—1933*（New York：Routledge，1988）.

研究方法和研究兴趣更相关的，一类是关于性解放的研究①，另一类是心理传记和历史研究②。

　　若特别考虑到性史与思想史学科分支交叉的情况，福柯《性史》第一卷在该领域引起了一场变革。福柯最深刻亦是最出名之处在于对他所说的"性压抑假说"的挑战，该假说认为维多利亚时代受制于性压抑，而维多利亚时代之后开始逐步性解放。福柯提出与此不同的观点，他认为欧洲现代是刺激性话语发展的时代，关于性的讨论激增，随之而来的是产生特定性主体和这些性主体表达其性欲的特定方式的机制。尽管福柯并未将国家移出分析等式，但他尤其将性学、精神分析、现代医学和现代法律的兴起看作现代性主体产生的因素。在福柯（此时）的分析当中，精神分析是一种尤具冲击性的机制，它引出主体的话语，将主体变成"坦白自我的动物"，试图从他们所谓被压抑的性幻想和性表达当中寻求真实③。

　　福柯对性压抑假说的挑战为探索性在思想和社会体当中的地位打开了多条重要的新途径，历史学家由此燃起新的热情，以新的批判视角将目光转向性知识的生产。性学和优生学是这场全新考察特别关注的关键领域。真正将性学研究与优生学研究联系起来的是社会的广泛医学化并在生物学的名义下进行治疗④。在这一方面，托马斯·拉科尔的《制造性》作出了重

---

① 例如 Edward Shorter，*The Making of the Modern Family*（New York：Basic Books，1975）；Paul Robinson，*The Modernization of Sex：Havelock Ellis，Alfred Kinsey，William Masters，and Virginia Johnson*（New York：Harper and Row，1976）；James Steakley，*The Homosexual Emancipation Movement in Germany*（New York：Arno Press，1975）。

② 例如 Erik Erikson，*Young Man Luther：A Study in Psychoanalysis and History*（New York：Norton，1958）；Peter Loewenberg，*Decoding the Past：The Psychohistorical Approach*（New York：Knopf，1983）；Robert Waite，*The Psychopathic God：Adolf Hitler*（New York：Basic Books，1977）。

③ Michel Foucault，*The History of Sexuality*，*Volume I*，trans. Robert Hurley（New York：Pantheon，1978）.

④ 对此比较充分的探讨参见 Edward Ross Dickinson and Richard Wetzell，"The Historiography of Sexuality in Modern Germany," German History 23，no.3（2005）：esp. 294。

要贡献，该书追溯了欧洲思想的现代转变，即从生物学的角度理解性差异①。此外，一批更具针对性的综合研究陆续涌现，聚焦于性学和优生学的规范、调节效果：二者具有共同的趋势，同时既制造出特定的性倾向，又将某些性倾向规定为病态②。尽管福柯的介入削弱了主权国家权力中心的地位，但在福柯思想启发下，许多关于 20 世纪优生学的研究却恰恰将现代国家重新纳入考察范围，详述了现代国家——无论它处于政治谱系的什么位置——在管理其国民的生育能力方面所表现出来的深切关注③。性学史学者和优生学史学者间争议最多的当属知识领域是同质的还是异质的。特别是在德国学界，德特勒夫·波依科特（Detlev Peukert）的专著奠定了研究社会运动与性改革运动之间关系的一种范式，这些改革运动似乎既与帝国的自由政治计划一致，又与民族社会主义国家晚期的举措相近。波依科特在自由

177

---

① Thomas Laqueur, *Making Sex*：*Body and Gender from the Greeks to Freud*（Cambridge, MA：Harvard University Press, 1992）.

② 关于性学，参见 Robert Nye, ed., *Sexuality*（New York：Oxford University Press, 1999）；Vern Bullough, *Science in the Bedroom*：*A History of Sex Research*（New York：Basic Books, 1994）；Jeffrey Weeks, *Sex*, *Politics*, *and Society*：*The Regulation of Sexuality since 1800*（New York：Longman, 1981）；Roy Porter, *The Facts of Life*：*The Creation of Sexual Knowledge in Britain*, *1650—1950*（New Haven, CT：Yale University Press, 1995）；Roy Porter, ed., *Sexual Knowledge*, *Sexual Science*：*The History of Attitudes to Sexuality*（New York：Cambridge University Press, 1994）。

③ 有关优生学和现代国家的文献体量庞大。典型的例子包括 Robert Proctor, *Racial Hygiene*：*Medicine under the Nazis*（Cambridge, MA：Harvard University Press, 1988）；Paul Weindling, *Health*, *Race*, *and German Politics between National Unification and Nazism*, *1870—1945*（Cambridge：Cambridge University Press, 1989）；Gisela Bock, *Zwangssterilization im Nationalsozialismus*：*Studien zur Rassenpolitik und Frauenpolitik*（Opladen：Westdt. Verlag, 1986）；Lutz Sauerteig, *Krankheit*, *Sexualität*, *Gesellschaft*：*Geschlechtskrankheiten und Gesundheitspolitik in Deutschland im 19. und 20. Jahrhundert*（Stuttgart：Steiner, 1999）。尽管上述所列大多是德国的研究，但 Mark Mazower's *Dark Continent*（New York：Vintage, 2000）的研究还是充分说明，20 世纪中期数十年间，优生学计划遍及整个欧洲，包括英国、法国、西班牙、意大利、俄罗斯及其他多个国家，而且形式多样。

改革运动当中找到了纳粹优生学杀人工具的源头①，但另一些学者则认为，在很大程度上，由于改革运动具有多面性，不能轻易地将 1933 年视为改革运动转型的界线②。有关性学和优生学话语的同质性讨论远非仅限于德国，甚至也不限于欧洲。例如，姜学豪（Howard H. Chiang）近期的系列研究论文不仅主张欧洲性学具有高度多样性，有很多非规范性内容；而且还指出，要考察性学进入中国的复杂途径，认识到这种多样性就非常重要③。与此相类似的是近期涌现出的一批关于 20 世纪性学全球化的研究，但这些研究似乎更接近福柯本人对科学争论和异见的规范性质的强调。④

　　20 世纪 80 年代晚期及之后的 90 年代，一批颇为深刻奥博的研究开始提出，在知识生产与性学本身并无直接联系的一些领域，性也占据中心地位。这些研究受到福柯勇于挑战的精神的影响，但对他清晰明确的叙事方式却不太重视。如卡罗琳·迪安（Carolyn Dean）对巴塔耶和拉康的研究，她认为后结构主义思想中的一个核心概念，"失去中心地位的主体"，出现于两次世界大战之间的男性气概危机⑤。伊莎贝尔·赫尔（Isabel Hull）关于性在 17、

① Detlev Peukert，"The Genesis of the 'Final Solution' from the Spirit of Science," in *Re-Evaluating the Third Reich*, ed. Thomas Childers and Jane Caplan（New York：Holmes and Meier，1993）；Anna Bergmann，*Die verhütete Sexualität：Die medizinische Bemächtigung des Lebens*（Hamburg：Rasch und Röhring，1992）．

② Atina Grossmann，*Reforming Sex：The German Movement for Birth Control and Abortion Reform*，*1920—1950*（New York：Oxford University Press，1995）；Cornelia Usborne，*The Politics of the Body in Weimar Germany*（Ann Arbor：University of Michigan Press，1992）．

③ Howard H. Chiang，"Liberating Sex，Knowing Desire：*Scientia Sexualis* and Epistemic Turning Points in the History of Sexuality," *History of the Human Sciences* 23，no. 5（2010）：42—69.

④ 如 Sabine Frühstück，*Colonizing Sex：Sexology and Social Control in Modern Japan*（Berkeley：University of California Press，2003）；Vincanne Adams and Stacy Leigh Pigg，*Sex in Development：Science，Sexuality，and Morality in Global Perspective*（Durham，NC：Duke University Press，2006）。

⑤ Carolyn Dean，*The Self and Its Pleasures：Bataille，Lacan，and the History of the Decentered Subject*（Ithaca，NY：Cornell University Press，1992）．

18 世纪德意志的重要性的研究表明，德意志启蒙思想中的诸多元素，从法学理论到治国理论再到观念论哲学，都充满了与性相关的问题，只不过有些直白有些隐晦。此外，安·斯托莱（Ann Stoler）等人的开创性研究，考察了性知识在殖民事业当中的地位，即欧洲殖民主义和科学种族主义形成所必需的知识中，性知识的重要性。①

178 精神分析学提出的挑战，去除性的中心地位

尽管福柯的作品无疑在性史这一分支领域中掀起了一场革命，但关于精神分析学究竟在福柯的叙事当中占据何种地位，学界依然莫衷一是。无论是在理论领域还是史学领域，该问题都利害攸关，它造成了不少困难也引出了很多重要问题。拉康派理论家琼·科普耶克（Joan Copjec）在她编著的文集《假想主体》（*Supposing Subjects*）的前言部分，分析了福柯与精神分析法之间存在的对立，其分析引发了颇多讨论。科普耶克指出，福柯的理论认为话语可以完全解释主体：是话语让主体存在，形塑了主体所面临的选择。相反，精神分析学认为主体超越话语，因主体的所有动作和言说都从话语中消失。科普耶克用"拒斥"（foreclosure）②的范畴来解释精神分析的主体，认为其无法在过往和当下得到充分表征③。她称，"拒斥"是指完全从话语中消除，从性压抑的意义上来说不会再重新出现，但"在消除过程本身当中存

① 参见 Ann Stoler，*Race and the Education of Desire*（Durham，NC：Duke University Press，1995）；Anne McClintock，*Imperial Leather：Race，Gender，and Sexuality in the Colonial Contest*（New York：Routledge，1995）。

② foreclosure 是对弗洛伊德精神分析理论当中的概念 *verweifung* 的英译，德文意为自我对与其情感及行为相矛盾的表象的拒斥，拉康用英文词 foreclosure 来与之对应。——译注

③ Joan Copjec，"Introduction，" to *Supposing the Subject*，ed. Copjec（New York：Verso，1994），ix.

在"①。从拒斥的角度来理解，主体并非仅仅消失或流出话语之外，而是在消除的过程中与他自己的言说和行为分离，从而感受到自己是主体。该主体在自己的话语谈判中，依照拒斥的范畴，不能被理解为先于话语；但无论是其自我本身还是历史学家，都无法定位或完全展现他。科普耶克说："换句话说，精神分析学中的主体不是实体存在的，而是被假设出来的，即只是假想：我们在现实中从未见过。"②

科普耶克认为，福柯和精神分析学二者的理论框架无法调和，因其是从截然不同的出发点来考虑主体的构成：精神分析法假设存在一个具有清晰欲望的清晰主体，而福柯则认为主体完全是由话语构建的。有人并不赞同科普耶克的阐释，其实更多的理论研究热情集中在寻找精神分析学与福柯的方法之间重合的部分，而非二者的不相容之处。我们可以以苏珊娜·斯图尔特-斯泰因贝里（Suzanne Steward-Steinberg）的著作《匹诺曹效应》（*Pinocchio Effect*）为例，来说明历史上有关上述两极的讨论。斯图尔特-斯泰因贝里追溯了意大利统一前，性别主体，特别是男性主体的演变过程。她指出一个她称为"匹诺曹效应"的矛盾现象，即男性主体体现了一种对自身存在的焦虑，一种"对自己虚构出来的地位的自我意识"③。但斯图尔特-斯泰因贝里是从意识形态的语言中找到了最佳方法，来探讨这种具有自我意识的虚构主体，此处意识形态是指那些制造主体的社会机制，主体既是自由意志者，主动选择回应这些社会机制，同时又受制于机制的法则和召唤。斯图尔特-斯泰因贝里解释称，此种意义上的意识形态有赖于主体在与社会规范发生关联的过程中所体验的快感（pleasure），这种快感支配、驱动主体，但它"不能简化为意识形态所产生的效应"，或仅仅是主体符合社会规范时的快乐。她引用拉康派政治理论家斯拉沃热·齐泽克的观点，指出"意识形态的现代形式

179

---

① 此处科普耶克指出，主体在拉康意义上的"真实"中重现。Copjec，"Introduction，" xi.

② Ibid., xi.

③ Suzanne Stewart-Steinberg，*The Pinocchio Effect：On Making Italians*（1860—1920）（Chicago：University of Chicago Press，2007），5.

建立在一种否定之上：我们知道主体并非事先构成的存在，但我们必须假设如此"。①尽管斯图尔特-斯泰因贝里始终将主体理解为话语的产物，从而能够对现代男性主体形成过程进行重造，但诉诸意识形态的方法让她能够以主题化的方式来研究主体是如何经由特定的历史方式制造出来，从而无法由话语完全充分地揭示出来。因此她并未就主体构成提出超历史的观点，而是追溯了意大利现代性当中"后自由主义"（post-liberal）主体存在的特定历史方式。但与精神分析学类似，斯图尔特-斯泰因贝里非常在意研究者会采取何种历史方法来理解主体不能完全被话语表述这一点，看他们如何寻觅主体的踪迹而非主体在话语中的表现。②

斯图尔特-斯泰因贝里的观点以一种历史的方式证明，深蕴主体理论（theories of depth-subject）与话语建构理论并非格格不入，另有理论研究则试图更直接地证明福柯思想的元素与精神分析学的元素相一致。其中阿诺德·戴维森（Arnold Davidson）所作《性的出现：历史认识论与概念的形成》（The Emergence of Sexuality：Historical Epistemology and the Formation of Concepts）就是此类尝试当中特别用心的一部。戴维森是少有的受福柯方法论创新影响的分析哲学家，在本书中他用福柯本人的理论来为精神分析学辩护。首先，他用福柯的"考古"方法来揭示在他看来精神分析学在性学和精神病学领域革命性的成就，即将性驱力与性对象之间的关系去自然化。戴维森认为，尽管弗洛伊德偶尔也会重复性学和精神病学关于所谓变态行为的

---

① Suzanne Stewart-Steinberg, *The Pinocchio Effect：On Making Italians*（1860—1920）（Chicago：University of Chicago Press，2007），9.

② 斯图尔特-斯泰因贝里历史的观点与朱迪斯·巴特勒（Judith Butler）在《权力的精神生活：服从的理论》中的观点高度呼应。在书中，巴特勒试图将精神分析学与福柯一起解读。她首先提出，有可能将无意识理解为受到社会权力形式及规训的影响，甚至是附庸于后者，为后者所形塑；此外，福柯的理论构想认为，主体在不同情况的交叠处、有时在社会权力出现变化的时刻会一直被反复重申，巴特勒发现这其中存在误认和缺失的可能。由此产生的"主体"同时既是这些社会话语的产物，又超越这些话语，这类似于精神分析学中的主体（83—105）。见 *The Psychic Life of Power：Theories in Subjection*（Stanford，CA：Stanford University Press，1997）。

实践和假设，但这种认为性驱力与性对象并非自然存在的观点，断言不存在性驱力所谓"自然的"对象，它标志着主导 19 世纪科学的"真理王国"出现了一场巨变。① 戴维森意识到他对弗洛伊德的解读与福柯《性史》的措辞不 180 合，但他还是坚称自己的研究不仅与之在精神主旨上一致，而且也符合福柯与精神分析学之间更悠久、更复杂的关系。他在研究的结尾试图将福柯的思想与精神分析学的元素融合起来，指出福柯在其学术生涯自始至终都追随拉康，对与存在主义、现象学等所有涉及自由主体的理论截然相对的一种认识论非常感兴趣。依照戴维森的解读，福柯和拉康一样，关注有意图、有意识的主体无法掌控的语言结构。戴维森写道，"尽管这听起来很奇怪，但无意识的存在是福柯反对过度使用心理学理论的关键"，他因此将福柯的考古历史视为对精神分析法过分关注无意识结构的一种弥补②。接下来戴维森称，福柯反对精神分析学实际不在于后者过于关注无意识，而在于其将无意识置于欲望问题的核心，欲望却揭示着主体的真实。福柯自述，相较弗洛伊德的《性学三论》，他更喜欢《梦的解析》，戴维森引此作结："这不是什么发展理论，不是神经机能症背后的性奥秘，而是一种无意识的逻辑学"，福柯如是表达自己对精神分析学内容的赞许。③ 福柯后来对"性爱艺术"④感兴趣，

---

① Arnold Davidson，*The Emergence of Sexuality*：*Historical Epistemology and the Formation of Concepts*（Cambridge，MA：Harvard University Press，2001），79，180。

② Ibid.，210. 戴维森从以下作品当中得出福柯与拉康思想相近的结论：Michel Foucault，"The Death of Lacan," in Homosexuality and Psychoanalysis，ed. Tim Dean and Christopher Lane（Chicago：University of Chicago Press，2001）：57—58；Michel Foucault，"Lacan, le 'liberateur' de la psychanalyse," in Dits et écrits，vol.4，ed. Daniel Defert and François Ewald with collaboration of Jacques Lagrange（Paris：Edition Gallimard，1994），204—205。

③ Michel Foucault，"Le jeu de Michel Foucault," in *Dit et écrits*，vol.3，ed. Daniel Defert and François Ewald with collaboration of Jacques Lagrange（Paris：Edition Gallimard，1994），315（cited in Davidson，*Emergence of Sexuality*，211）。

④ "性爱艺术"（*ars erotica*）是福柯在《性史》当中提出的术语，将东方对性的认识视为一种艺术，以与西方实验、统计分析方法基础上的认识相对，福柯将后者称为"性科学"（*scientia sexualis*）。——译注

将其视为一种关于"加强生理快感"的话语，与"性科学"相对，后者是关于"主体—欲望—真实"的话语，戴维森认为福柯这是将关注点从性转移开，不再将其视为主体真实的来源，对于福柯和精神分析学也不再是最重要的研究对象。戴维森总结道，"福柯想要将精神分析学关于无意识的理论与性理论分离开来，因此，他想要把快感的体验与性欲的心理理论或性主体性分离开来"。①

有趣的是，戴维森正是在将关注点从性转向快感和强度的时候，发现了福柯和弗洛伊德的真正相洽之处，并寻到了一条有望从不同角度思考主体性的路径。戴维森称，福柯不同意精神分析学认为主体的真实就是欲望的观点，因此转向快感，而快感无所谓真假或对错。"我们可以毫无问题地讨论、理解欲望的真假之分，但快感真假是一种概念错误（福柯理解这一点，尽管他未曾直接这么说）。可以说快感是流于表面的，它可以加强、增加、改变性质，但并无欲望的心理深度。换言之，它仅关乎其自身而无关于表达的其他内容，无所谓真假。"②

181　　　尽管戴维森并未言明自己所受的影响，但他的分析与德勒兹（Deleuze）和加塔利（Guatarri）合著的《反俄狄浦斯》（*Anti-Oedipus*）有许多惊人的呼应。该书在性的历史编纂学中不算太重要，但与福柯的理论发展并行，福柯在英文翻译版的前言里对其大加赞赏。此书本是一部反对精神分析学的长篇大论，但也可看作开启了与精神分析学的一段相当微妙的关系③。德勒兹

---

① Davidson, *Emergence of Sexuality*, 211.

② 其他将福柯与弗洛伊德一同考察的研究如：John Forrester, *The Seductions of Psychoanalysis：Freud, Lacan and Derrida* (New York：Cambridge University Press, 1990), 286—316; Judith Butler, *The Psychic Life of Power* (Stanford, CA：Stanford University Press, 1997), 83—105; Joel Whitebook, "Freud, Foucault und der 'Dialog mit der Vernunft,'" *Psyche* 52, no.6 (1998)：505—544。

③ 有关本书与拉康派心理分析的关系有一部优秀的历史研究：Camille Robcis, *The Politics of Kinship：Anthropology, Psychoanalysis, and Family Law in Twentieth-Century France* (Ph. D. diss., Cornell University, 2007), 222—241。另见 Tim Dean, *Beyond Sexuality* (Chicago：University of Chicago Press, 2004); Slavoj Žižek, *Organs without Bodies：On Deleuze and Consequences* (New York：Routledge, 2004)。

和加塔利在论证过程中与福柯联合一致的地方不在于对精神分析学本身的拒斥，而在于对精神分析学所施行的规范性家庭政治学的全面抨击，精神分析学家将规范性家庭政治学的施行当作一种制度化的实践①。正如书名所示，二人的主要批判对象是俄狄浦斯神话（Oedipus myth），他们认为，制度化的精神分析学将这一神话的逻辑过分内化，从而形成了其对无意识的理解：无意识来源于与俄狄浦斯相关的阉割焦虑；同样，性驱力和性欲望具有一种衍生的涵义。简言之，制度化的精神分析学将无意识、性驱力和性欲望都修剪成符合俄狄浦斯神话的模样，而谈话疗法的目的也主要是帮助精神分析对象自身适应规范性核心家庭模式。弗洛伊德精神分析学在声称发现、解读了性自我得以产生的机制的同时，也为这一机制设好了参数。用德勒兹和加塔利的话说，精神分析学总是事先“定位”（territorialize）性欲望，赋予其（俄狄浦斯的）方位和规范性目的。拉康派精神分析学会诉诸象征符号和表意链，因此似乎接纳了其他的性欲和无意识形式。但在《反俄狄浦斯》的两位作者看来，很可惜，拉康认为这些表意链与物质体相分离，这相当于同弗洛伊德的“观念论”一样，在经“定位”的表征中，都诉诸一种通过幻想表达自己的无意识。如此一来，拉康同样让他的追随者们将本是异质的性欲转变成一种被俄狄浦斯化的规范性结构②。

但德勒兹和加塔利并未否定精神分析学提供的所有内容。相反，他们在提倡“精神分裂分析”时，试图让无意识和性欲恢复其反规范性的、异质的、产生性的潜质。他们称，“精神分析学的伟大发现在于性欲生产，以及无意识生产”。他们的研究起点是“欲望机器”，是未被定位、未经协调的过程，这些过程不受“匮乏”或“需求”的驱动，它是通常能够产生新现实的“有欲望的生产”。“若欲望能够生产东西，那么其产品就是现实，”二人补

---

① Gilles Deleuze and Félix Guattari, *Anti-Oedipus: Capitalism and Schizophrenia*, trans. Robert Hurley, Mark Seem, and Helen R. Lane (Minneapolis: University of Minnesota Press, 1983), 13, 20.

② Ibid., 38—39, 53, 73.

182　充道，"如果欲望是生产性的，那只能是在现实世界如此，而且只能生产出现实。欲望是一组惰性化合物，产生部分客体、流和体（bodies），功能上是生产的单元"。欲望与部分客体的关系很容易被"定位"，被导向规范性目的。精神分裂分析的任务就是要取消对欲望机器的定位，放开其精神分裂的、异质的潜质，以此消除俄狄浦斯规范的产物：深蕴主体（depth subject）。他们称，总的说来就是要将性与任何起源或目的相分离。他们解释道："事实上，性无处不在。"它并非原驱动力，通过俄狄浦斯式的过程被生产、形成取向，然后"升华"成为似乎去性化（desexualized）的文化形式。相反，精神分裂分析意味着一个泛性化的世界，欲望与性呈多样化，同时，性不再具有中心地位——可以是任何一个性目的、性取向或性欲望——这是主体的真实。①德勒兹和加塔利挑战一种特定形式的精神分析学，反对其加之于性、无意识、性驱力和性欲望的限制，但同时认识到精神分析学一些元素的非规范性潜质。这和福柯很类似，不久，福柯就呼吁去除精神分析学赋予性的特殊地位，但他并不拒斥精神分析学提供的所有内容。

去除性的中心地位

在戴维森的作品和德勒兹、加塔利的作品中，我们都能看到一种超越性本身的尝试：性不再是一个特定的概念，甚至不再是精神分析理论最重要的维度。在这方面，有一个有趣的现象颇值得注意：近年来，那些笔耕不辍、研究精神分析理论的历史学家也不再将性看作精神分析的核心和基础。事实是，近几十年，在职业历史学家当中，精神分析学最持续、最深远的影响不在性史领域，而是在有关史学方法本身的种种问题上。例如，以创

---

① Gilles Deleuze and Félix Guattari, *Anti-Oedipus：Capitalism and Schizophrenia*, trans. Robert Hurley, Mark Seem, and Helen R. Lane（Minneapolis：University of Minnesota Press, 1983），24，26—27，296，293，296.

伤为历史研究的理论范畴的代表多米尼克·拉卡普拉，就使用很多精神分析的范畴，如"修通"（working through）、付诸行动（acting out）、事后性（*nachträglichkeit*，英语为 belatedness）、转移（transference）以及特别受到青睐的强迫性重复（repetition compulsion）[1]，不仅仅来说明人是如何思考历史发展的，而且用以指出历史学家在当下所具有的主体性[2]。最近，琼·斯科特（Joan Scott）做了关于"历史和精神分析学不可通约"的研究，这个话题很有意义。她深受米歇尔·德·赛尔托（Michel de Certeau）和林德尔·罗珀（Lyndal Roper）的影响[3]，认为精神分析理论给历史书写带来的益处在于它能够质疑"事实、叙述和原因的确实性"。它向历史学家打开了新世界，包括历史主体以及历史客体的幻想和无意识动机，因此是挑战宏大叙事的力量。诚然，当精神分析学也变成历史学家的工具箱里的一种新的宏大框架或阐释母体时，它也就失去了这一特性，而斯科特认为，受自我心理

183

---

[1] 修通是指在心理治疗中通过积极诱导让患者提出可行的治疗方案；付诸行动是指患者直接对某些冲动付出行动，而不是在治疗中提及；事后性又称延迟性，是指人在受到创伤的当下没有强烈的感觉，而往往在事后产生心理创伤；移情是指心理治疗过程中来访者对分析者产生的一种强烈情感；强迫性重复是指人在感受到痛苦或快乐之后，会不自觉地反复制造同样的机会，以获得同样的体验。——译注

[2] 这些术语在下列作品中得到最为完备的阐述：Dominick LaCapra's *Representing the Holocaust: History, Theory, Trauma*（Ithaca, NY: Cornell University Press, 1994）and *History and Memory after Auschwitz*（Ithaca, NY: Cornell University Press, 1998）。另有历史学家对创伤感兴趣，如 Bonnie Smith, *The Gender of History: Men, Women, and Historical Practice*（Cambridge, MA: Harvard University Press, 2000）; Henri Rousso, *The Vichy Syndrome: History and Memory in France since 1944*, trans. Arthur Goldhammer（Cambridge, MA: Harvard University Press, 1991）; Alison Frazier, "Machiavelli, Trauma, and the Scandal of The Prince: An Essay in Speculative History," in *History in the Comic Mode: Medieval Communities and the Matter of Person*, ed. R. Folton and B. Holsinger（New York: Columbia University Press, 2007）, 192—202。

[3] Michel de Certeau, *The Writing of History*, trans. Tom Conley（New York: Columbia University Press, 1988）; Lyndal Roper, *Oedipus and the Devil: Witchcraft, Sexuality, and Religion in Early Modern Europe*（New York: Routledge, 1994）; *Witch Craze*（New Haven, CT: Yale University Press, 2004）.

学影响的心理史恰有此趋势①。

历史学家像这样在精神分析的启发之下转向创伤、移情等更具整体性的批判探究模式并不一定就会将精神分析同与性相关的内容分离开来。事实上，邦尼·史密斯的《历史的性别》研究了家暴这种形式的持续创伤问题以及在性别方面对历史学科产生的影响。但大多数情况下，弱化性在精神分析学中的特殊地位的确与精神分析学本身的历史发展趋势相呼应。"深蕴心理学"界最初主要的制度冲突至少有一部分是围绕卡尔·容格对弗洛伊德性欲（libido）理论的背离②。洛乌·安德烈亚斯·萨洛梅用斯宾诺莎主义来研究精神分析，这种方法的火药味没那么浓，只是在细微的层面去除了性的中心地位；而弗洛伊德的女儿安娜·弗洛伊德则与埃里克·埃里克森等人一同开创了"自我心理学"（ego psychology），这是精神分析学的一个分支，将自我的发展与性本我（id）解绑③。心理史这门学科分支尽管有时特别关注性冲突，注意对其进行发掘以解释历史人物的行为，但它也是沿不同方向发展，为个性发展和行为提供复杂的解释而不仅限于性④。即便是弗洛伊德本人的

---

① Joan Scott，"The Incommensurability of Psychoanalysis and History," *History and Theory* 51（2012）：63—83. See also Elizabeth Wilson，"Another Neurological Scene," *History of the Present* 1，no.2（2011）：149—169.

② Carl Gustav Jung，*Symbols of Transformation：An Analysis of the Prelude to a Case of Schizophrenia*，trans. R. F. C. Hull（Princeton，NJ：Princeton University Press，1956）.

③ 参见 Lou Andreas-Salomé，*The Freud Journal*，trans. Stanley A. Leavy（New York：Basic Books，1964）；Anna Freud，*The Ego and the Mechanisms of Defense*（New York：International Universities Press，1966）；Erik Erikson，*Childhood and Society*（New York：Norton，1963）。

④ 关于心理史弱化性的地位，参见 Scott，"Incommensurability of Psychoanalysis and History," 74—76。她认为心理史的奠基人埃里克·埃里克森（代表作《年轻人路德》［*Young Man Luther*］）也是引领心理分析学的核心由性转向个体发展阶段的重要人物。斯科特认为，这一与卡伦·霍尼（Karen Horney）、埃里克·弗罗姆（Erich Fromm）等人相联系的"去性化"过程巩固了心理史宏大叙事的地位，试图涵盖、阐释整个历史发展，将其锁定在理性阐释的领域，以避免心理分析学可能给历史阐释造成的破坏。但斯科特应该会赞同我的观点：我认为，她的主要论点是，心理分析学扰乱传统历史叙事不一定要靠性欲（libido）理论或主要强调性；这种破坏性还可以靠无意识的作用、事后性、过去与现在的不可控以及欲望的延迟满足与替代表征。

思想发展以及他最终对死亡驱力理论的接受都表明，他也逐渐开始从非性的角度对无意识进行阐释。尽管他起先抗拒，但最终还是认识到，死亡驱力应当被看作与性驱力明显不同的现象，即便死亡驱力会与性驱力同时表现出来①。

论及死亡驱力，需要注意的是，关于其在精神分析学及其与福柯的思想关联当中占据何种地位，理论学家意见不一。德勒兹和加塔利认为，继俄狄浦斯情结之后，死亡驱力是弗洛伊德思想当中最具冲击性的发现，死亡驱力被确立为一种超验的原理，旨在让俄狄浦斯情结带来的禁欲理念显得可以接受②。与此相反，雅克·德里达在死亡驱力中发现了一种能让精神分析学与福柯的理论更协调的发展，尽管它存在于福柯早期对疯癫及对疯癫的压制的关注之中。德里达在《公正地评判弗洛伊德》一文中认为，弗洛伊德提出的死亡驱力实际上可能是承认了精神分析理论中存在的一种深刻、无解的疯癫，他认为死亡驱力的概念促使弗洛伊德的思想脱离规训他人的技师之列，进入一个永远超越所有话语控制的领域③。可以肯定的一点是，无论是通过死亡驱力还是通过无意识、快感抑或强度等概念，思想界想要证明福柯与弗洛伊德之间存在思想上的一致，其落脚点总是在去除性在精神分析理论当中的核心地位上，认为性并非一个特殊范畴。

184

鉴于此，我最后将讨论一种较晚近的理论介入，对于那些对知识领域及道德评价的形成感兴趣的历史学家而言，这个理论特别有价值，这就是情感理论（affect theory）。在性史方面，与之特别相关的一部作品是伊芙·科索夫斯基·塞奇威克（Eve Kosofsky Sedgwick）的《触碰感觉：情感、教学及

① Sigmund Freud，"Einleitung zu 'Zur Psychoanalyse der Kriegsneurosen'" and *Jenseits des Lustprinzips*，in *Gesammelte Werke*，*chronologisch geordnet*，vols. 12 and 13 of 18，ed. Anna Freud，Edward Bibring，Willi Hoffer，Ernst Kris，and Otto Isakower（London：Imago，1940—1952）.

② Deleuze and Guattari，*Anti-Oedipus*，332—333.

③ Jacques Derrida，"'To Do Justice to Freud'：The History of Madness in the Age of Psychoanalysis，" *Critical Inquiry* 20，no.2（1994）：227—266.

表演性》（*Touching Feeling*：*Affect*，*Pedagogy*，*Performativity*）。塞奇威克在书中表达了她多年来逐渐对福柯关于性的理论的一种失望之情。她的理解一直是，福柯认为在其揭示的压抑—解放动力机制之外，还有某种另外的机制①。她本人希望福柯的作品，可能已经找到某种路径，来"从禁止和压抑方面来思考人类欲望"及其常被错置但始终具有二元性的"变色龙伪装"②。但令她失望的是，她发现，无论是福柯还是该领域之后的学者，仍然都不同程度地受限于禁止的概念，"即便是在压抑假设之外，某种形式的禁止仍然是最重要的成分"。

　　塞奇威克并非要抛弃福柯提出的挑战及其为性学理论带来的极具争议的内容，这么做就相当于重蹈二元论的覆辙，她认为这很有问题；她也并非要全盘接受或否定精神分析学。相反，她诉诸情感理论，在上述两种做法之外进行某种诗意的尝试。塞奇威克主要担心文学理论界对性的理解过于狭窄，继而形成一种"图示般的清晰"，无法解释主体性所包含的丰富多样的感官体验。与此不同，她提出情感的范畴，称该范畴能避免二元思维。塞奇威克特别受心理学家西尔万·汤姆金斯作品的影响，认为驱动理论体系和情感理论体系之间的差别不在于根植于身体的程度有深浅之差；（汤姆金斯）认为二者都深植于身体，也都较紧密地与认知过程相交织在一起。二者的区别在于一个更具体而另一个更宽泛，一个比另一个更受缚：它是两个基于生物性的体系产生复杂性或不同程度自由之能力的高下之分③。她由此认为汤姆金斯185 的思想包含一种情感理论，该理论在一个具有某种结构组织形式的"比拟"或"有多种差异"的语境当中嵌入了一种她所谓的性驱力，特别是精神分析所理论化的性驱力的"数字""开关"特征。经情感网络的改造，性驱力消失，不再是形成主体性的中心或组织元素。

---

① Eve Kosofsky Sedgwick，*Touching Feeling*：*Affect*，*Pedagogy*，*Performativity*（Durham，NC：Duke University Press，2003），9.

② Ibid.，10.

③ Ibid.，18.

塞奇威克的理论与近期情感史（history of emotions）的研究作品之间有明显的相似之处。例如，威廉·雷迪（William Reddy）认为对情感（或情绪，emotions）进行研究可以超越历史学家过分关注的性别、阶级、种族、性取向等特定身份认同。最近他转向研究爱的历史，认为它可以让性欲不再是一个自然而然的概念，从而不再是一个普遍范畴①。但即便雷迪的作品与塞奇威克的思想有共鸣，我们也不得轻率地将一般而言的情感史与最近情感理论（affect theory）的发展动态混为一谈。事实上，塞奇威克的理论隐含的目的在于将性置于一个情感框架之中，以此来去除其在身份形成过程中所占据的中心地位，也去除其作为知识客体及规范道德的地位。在这一方面，她的作品体现了各种人文学科方法研究情感理论的一个共同趋势。理论家查尔斯·阿尔提艾瑞（Charles Altieri）和布莱恩·马苏米（Brian Massumi）二人依据认知科学和神经科学的研究，对（马苏米用的）affect（"情感"）或（阿尔提艾瑞用的）feeling（"感受"）与 emotions（"情感、情绪"）进行了区分②。他们认为前二者存在一种受到情感影响以及表述着人的经历的非规范性模式——马苏米称其为"后意识形态"模式；后者存在这样一种人的经历的维度，它与道德、认知判断以及身份形成一致。尽管三者所涉理论相当不同，但它们都有一个共同的目标：去评价人的情感经历（affective human experience）当中那些不能被简化为"自我"的、不受对错、真假判断

---

① Jan Plamper, "The History of Emotions: An Interview with William Reddy, Barbara Rosenwein, and Peter Stearns," *History and Theory* 49（May 2010）:238—239. See also William Reddy, *The Navigation of Feeling: A Framework for the History of Emotions*（Cambridge: Cambridge University Press, 2001）and *The Making of Romantic Love: Longing and Sexuality in Europe, South Asia, and Japan, 900—1200 c.e.*（Chicago: University of Chicago Press, 2012）.

② Charles Altieri, *The Particulars of Rapture: An Aesthetics of the Affects*（Ithaca, NY: Cornell University Press, 2003）; Brian Massumi, *Parables for the Virtual: Movement, Affect, Sensation*（Durham, NC: Duke University Press, 2002）. For useful empirical studies informed by similar theories of affect, see Patricia Ticineto Clough, ed., *The Affective Turn: Theorizing the Social*（Durham, NC: Duke University Press, 2007）.

影响的维度。尽管一些情感史作品也会去除性的中心地位，也会同样关注情感经历的前主体或后主体维度，但情感史领域整体还是理应倾向于重建那些共同的和规范性的框架，如"情感制度"（emotional regimes）、"情感共同体"（emotional communities），主体在其中发展其情感身份，学会接受或拒斥情感规范①。简言之，情感史也许会与性史研究的某些转变以及情感理论生发出来的一些批评有重合之处，但该领域也有它自己的一套问题，其中深蕴主体在规范及认知判断当中的特殊地位仅占一小部分。

尽管历史学家至今尚未完全接受将情感理论当作研究支持，但我们还是可以推测一下情感理论的意义。此处我想以赛思·科文（Seth Koven）的研究《造访贫民窟》（*Slumming*）为例，来说明情感理论可以给一种后福柯、后心理分析理论去除性的中心地位带来何种贡献。当然，科文的书并非一个显而易见的例子，因为该书的目的明显是要揭示作者发现伦敦中产阶级被城市贫民窟吸引这一现象背后未被言说的性政治。但这部作品充分关注了它所研究的个体的一系列情感表达，因此可以有其他解读方式。即便它不能被确切算作正在发展中的情感理论研究，但我们还是可以通过它来了解此类研究会做什么。

科文只有一次提及他本人对主体所抱有的复杂情感，但从这一次中我们就可以找到解读该书的方法②。科文一直想要将主体丰富的情感表达与一套冲突的性欲及规范相联系，但他本人的复杂态度——不愿过分规训或定位主体的表述和行为——就形成了一种动力机制，其中这些情感能够以未确定的方式来表达。因此，按照科文的解读，历史人物的表达如"压抑的吸引"涉及性吸引和性压抑，但他同时还是让这些表达用更直接、未确定方向的方式

186

---

① "情感制度"一词源自 Reddy, *Navigation of Feeling*；"情感共同体"一词源自 Barbara Rosenwein, *Emotional Communities in the Early Middle Ages*（Ithaca, NY：Cornell University Press, 2006）；另见她的文章 "Worrying about Emotions in History," *American Historical Review* 107, no.3（2002）：821—845。

② Seth Koven, *Slumming：Sexual and Social Politics in Victorian London*（Princeton, NJ：Princeton University Press, 2004）, 5。

来进行。吸引可以是单纯的同情或怜悯，而没有色情的意味，而压抑可以通过简单的掩饰或恐惧表现出来①。

由于科文让上述两种情况并存，以致"突破政治与色情、社会与性的范畴边界"，《造访贫民窟》一书对于思考情感与性之间的关系就非常具有启发性。从这一点来看，有两处矛盾的地方值得一提。一方面，本书是性史范围内关于利他主义的文化史研究，既想要将情感与性相关联或定位在性的领域，又同时要让这些情感超越这样一种定位限制。另一方面，本书研究的历史人物身上也体现出一种类似的张力。本书研究的恰恰是被福柯看作现代发明性并规训性的时期，它揭示了 19 世纪及 20 世纪早期的作家和活动家的倾向：他们都喜欢表达多种多样未被定位的情感，如恐惧、快乐、厌恶和同情等，并很快将这些情感导向性，尽管他们本人并不一定承认。但在这两点上——历史学家科文本人及他笔下的历史人物，我们可以看到情感理论转向可能产生何种研究作品。在这里，情感的表达是非表征、无限定的，不与观念或话语解释相连，但同时意识形态作品还是会解释和定位情感，这里是用性来解读、定位。二者的结合至少在一定程度上去除了性的中心地位，使其不再是解读人类情感和表达的主导模型。

露丝·利斯（Ruth Leys）对人文学科挪用情感理论和神经科学作为其基 187
础提出了很有说服力的批评，她认为这些科学基础本身尚不确定②。但也还不清楚她简短的批评是否必然减弱情感理论在思想史或性史领域的解释作用。正如斯科特对精神分析学的评价：情感理论的力量在于努力不沦为宏大叙事的工具。情感理论关照主体表达和反应：既包括历史主体的表达和反应，也包括作为主体的历史学家的表达和反应，这些表达和反应无法直接用

---

① Seth Koven, *Slumming: Sexual and Social Politics in Victorian London* (Princeton, NJ: Princeton University Press, 2004), 38, 39, 4.

② Ruth Leys, "The Turn to Affect," *Critical Inquiry* 37, no.3 (2011): 434—472. See also the response from William Connolly, "The Complexity of Intention," *Critical Inquiry* 37, no.4 (2011): 791—798.

道德或认知来获取，也无法用历史叙事进行简单解释。对于思想史与性史的交叉领域的作品而言，其价值不在于是否能够更好地解读历史人物或他们的欲望，而仅在于转换一种研究、阅读框架，能让历史学家考察更广泛的情感经历，而不仅限于在20世纪被看得太过重要的性欲。因此，情感理论也许有益于去除性这一范畴在解释人类行为和动机方面的中心地位，而其本身不会变成一种新的历史宏大叙事框架。

结语

那么，这些研究成果将我们带至何地？本文在开头提到，性史在思想史领域有些被孤立，尽管知识形成的问题对于两个领域都很重要。梳理文献之后，我们意识到，至少从福柯理论的角度，性在有关自我的现代知识领域的中心地位应当被批判而非全盘接受。我们甚至可以说，塞奇威克、戴维森，甚至德勒兹和加塔利去除性的中心地位时，不是在超越福柯的理论，而是主动认识到福柯理论的批判潜能。在考察精神分析理论去除性的中心地位的过程中，我们发现精神分析学与福柯的思想之间并不像我们之前认为的那样差异甚大。精神分析学会自然"假定"一个与福柯思想中话语构建的主体不同的主体，甚至会"假定"一个所谓的深蕴主体，但这个主体也不再像之前那样，是由其性欲或原始压抑来清晰定义了。

事实上，此刻考虑到福柯理论、精神分析学和情感理论的发展，历史地看待弗洛伊德与福柯之间看似存在的对立也许是最好的，这种对立也许是在20世纪被随意地构建出来的。可以肯定的是，性在20世纪的确成为知识的重要阵地，而且被高度政治化了。无论是20世纪遍布欧洲的生命政治国家还是与之相伴的女性主义运动、同性恋解放运动，都离不开性学和生育管理的发展。这并非说在20世纪之前，性知识和性政治完全不重要，研究前现代和早期现代的历史学家提醒我们情况完全相反；也并非说性知识和性政治在未

188

来不再重要（当下美国关于堕胎及保险是否应覆盖避孕手段和"伟哥"的讨论提醒我们，这些在未来也很重要，更不用说那些关于移民、出生地和公民身份的讨论了）。但本文认为，性成为两个如此重要的理论之间争论的对象，能有如此重要的地位，这只能发生在对性格外着迷的 20 世纪。如此来看，性史似乎孤立于更宽泛的思想史这一状况是 20 世纪理论发展的特点，也预示着未来理论发展的特点。20 世纪认为性是一个非常特殊的知识范畴，理应被单独研究；这也预示了一种可取的发展趋势：去除性的中心地位，使之不再是一个特别重要的分析范畴，而去考察与之相关但范围更广的范畴，如情感（affect）、情绪（emotion）、亲密和具身（embodiment）等。

X 我们能看见观念吗？——唤起、经历和共情 *

玛茜·肖尔

纯粹的看见

1888 年，安东·契诃夫（Anton Chekhov）在给他出版商的信中写道：

> 以我所见，小说家的职责不是解决上帝、悲观主义等问题，而是仅仅描述谁在谈论或思考上帝或悲观主义，以及他们如何并在什么情况下谈论或思考这些问题。艺术家不应该是他的角色及其言论的法官，而只是一个不偏不倚的证人。我听闻两个俄国人在令人困惑地讨论悲观主义，这是场没有解决任何问题的谈话，我应该做的是完全按照我听来的样子传达它；而陪审团，也就是读者会来判定它的价值。我的工作只是要有天赋——也就是说，我得知道如何区分重要的和不重要的东西，如何让我的角色为人所了解并用他们的语言说话。①

契诃夫与他同时代的一些人有所不同，他相信，拯救世界并不是作家的

---

* 非常感谢尤特·弗雷伏特、汉斯·乌尔里奇·贡布雷希特、苏迪普塔·卡维拉吉、诺曼·奈马克和蒂莫西·西德尼给予本文开头几稿的意见，以及一向与我甚是投缘的维也纳人文科学院，我在那里完成了这篇文章。

① Anton Chekhov to A. S. Suvorin, Moscow, May 30, 1888. А. П. Чехов, *Полное собрание сочинений и писем*, Т. 2. Письма, 1887—сентябрь 1888(АН СССР: Ин-т мировой лит. им. А. М. Горького.—М.: Наука, 1975), 277—282.

使命。相反，契诃夫坚持认为，作家的使命是让读者**看到**那个世界，看到它在困境中的模样。

纯粹的看见——*Wesensschau*，一种到达事物本质的看见——乃是埃德蒙·胡塞尔（Edmund Husserl）的核心关注。胡塞尔在 1900 年写道，现象学的目标是"认识论的清晰和明确"（*erkenntnistheoretische Klarheit und Deutlichkeit*），一种从未达到过的认识论的明晰。①胡塞尔的现象学方法需要哲学家"悬置"（bracketing）他对世界之存在的预设，以便达到一个能够对自己知觉的内容进行分析的更高状态。在这个自我意识得到锐化的状态，即所谓现象学还原（phenomenological reduction）的状态当中，他要把注意力集中于客体如何向他呈现，集中于他对这些客体的未受中介的经验。

对俄国文学理论家维克多·什克洛夫斯基（Viktor Shklovsky）而言，文学有着相似的目的：**真实地看见**。诗歌语言通过 *ostranenie*——"陌生化"或"使某物变得陌生"——来完成这一目的。通过瓦解惯常的知觉（或无知觉），艺术将客体刺入读者的意识。*Ostranenie* 把读者从梦游当中唤起，把他们从自动形成的在世方式中摇醒。"于是，"什克洛夫斯基在 1917 年写道：

> 为了还四肢以感觉，为了让我们感受客体，让一块石头摸上去像块石头，人们被给予了艺术这一工具。因此，艺术的目的乃是引领我们经由视觉器官而非认识器官获得对某物的知识。通过使客体"疏离"并使其形式复杂化，艺术的工具让知觉过程变得漫长而"艰辛"。②

---

① 这个术语受到了勒内·笛卡尔的启发。Edmund Husserl, *Logical Investigations* vol.1, trans. J. N. Findlay, ed. Dermot Moran（London：Routledge, 2003），168；Edmund Husserl, *Logische Untersuchungen I：Prolegomena zur reinen Logik*（Tübingen：Max Niemeyer Verlag, 1993），6.

② Viktor Shklovsky, "Art as Device," in *Theory of Prose*, trans. Benjamin Sher（Normal, IL：Dalkey Archive Press, 1990）：1—14, 引文见第 6 页。

什克洛夫斯基相信，这种瓦解是有益且必要的，它打破了我们所有人不假思索地根据我们早先就有的、习惯性的预设来"认识"客体的过程。文学中的 *ostranenie* 意在惊吓读者，把某样事物从它被认为理所当然的语境中剜出，以便真正看见它。

契诃夫、胡塞尔和什克洛夫斯基通过不同的方式，都在思考着如何使知觉明晰，使意识锋利，使我们清醒地领悟世界。历史学家也在从事着类似的工作：帮助读者真实地看见过往。我们的目标是把当下的意义搁置一旁，然后如同胡塞尔的口号所称，"*auf die 'Sachen selbst' zurückgehen*"（回到"事物本身"）。① 对历史学家来说，"*die Sache selbst*"就是过往及我们对过往的经验。我们，历史学家，意欲使我们的读者"悬置怀疑"，以想象的方式纵身跃入过往。汉斯·乌尔里奇·贡布雷希特（Hans Ulrich Gumbrecht）曾在一篇长文中区分了"存在作用"（presence effects）和"意义作用"（meaning effects），并号召人文学者从事"生产存在"的工作。② 而对历史学家来说实现这一"号召"的方式之一可能是：在当下召唤过往，令其生动鲜活，触手可及，毫厘毕现。

回到契诃夫的区分：作为思想史家（与哲学家相反），我们的使命不是
195　宣告有关哲学真理的论断——譬如判定哪一种人类主体概念是"正确的"，是笛卡尔的"我思"（cogito），胡塞尔的"先验自我"（transcendental ego）还是海德格尔的"此在"（*Dasein*）。相反，我们的使命是唤起在不同时刻至关重要的东西，以及它们对谁而言是重要的。例如在东欧，有关决定论与责任的哲学问题在斯大林逝世后的几年里获得了一种特殊的分量。这种分量首先是在从事斯大林研究的知识分子中间取得的。这里，我们的任务是一种触觉感受上的任务——我们的读者应该能**感觉到**这种分量，触摸到这种责任的轮廓。

---

① Husserl, *Logische Untersuchungen* I, 6.

② Hans Ulrich Gumbrecht, *The Production of Presence：What Meaning Cannot Convey*（Stanford, CA：Stanford University Press, 2004）.

一个提醒

我不反对"观念论的"思想史，也不反对观念史、哲学、哲学史、剑桥学派或政治思想史。相反，我从"观念论的"思想史中受益匪浅——查尔斯·泰勒（Charles Taylor）里程碑式的《自我的根源》（*Sources of the Self*）就是诸多此类作品中的一部。①写作是一件个人的事情，接下来的内容是我为自己的写作所规定的自己的原则，绝不意在贬低其他史学家的原则。

生活的入侵

我们都是从自身信念出发来写作的，或许不可避免地表达了对我们自身所具特殊能力的自觉。我自己的信念一直是：要克服观念论—经验论的划分，捕捉观念的真相和人的真相，意即同时尊重个体和他们思想的"厚重感"。毕竟，没有任何观念产生于时间、空间和具体的人的生命之外。"生活"总会入侵，卷入其中。尽管时空的境况可能不是一切知识的必要条件，但它是历史知识的必要条件（我们可以称之为"康德式"条件）。只有为观念找寻到时间和空间的基础，我们才能够历史地理解它们的重要性。②

---

① Charles Taylor，*Sources of the Self：The Making of Modern Identity*（Cambridge，MA：Harvard University Press，1989）.

② 话语的（discursive）和经验的（empirical）之间的相互影响——尤其是概念和社会之间的相互影响——位于莱因哈特·科泽勒克概念史模型的核心。科泽勒克并不认为其中一个领域是另一个领域的衍生物，而是强调"现实和概念之间活生生的张力"，主张"（一个）'社会'和它的'概念'以一种互有张力的关系存在，这一点亦体现在该社会的学术史学科中"。见"Begriff sgeschichte and Social History，" chap. 5 of Reinhart Koselleck，*Futures Past：On the Semantics of Historical Time*，trans. Keith Tribe（New York：Columbia University Press，2004），75—92，引文见第76、92页。

更进一步来说，观念"向来已然"（always already）是对话性的。它们总是已经在同过往和现在的其他观念的遭遇中被改造、被再造和被弯折。那么对话就需要有行动者；没有什么观念是纯然未被人类交往所染的。对许多人寻找"纯粹本土的"国民思想传统的尝试来说，这是个问题。"纯粹本土的"观念在某种程度上总是一个神话，或者委婉一点说，是一种误解。国族构建

196 的思想史本身就与世界主义难舍难分。举一个例子：《俄国革命中的犹太文艺复兴》一书中，肯尼思·莫斯（Kenneth Moss）描述了他的主角们——一群致力于创造"犹太文化"（当时还是一个新词）的有国家理念的知识分子，怎样本身就是一些多语的单一语言主义者（讲多种语言但却希望新的犹太文化只讲一种语言的人们）。他们不仅从犹太民间文化和古老的犹太传统中吸收灵感，同时也从斯宾诺莎和卡萨诺瓦，从拜伦、普希金和密茨凯维奇，以及从莫泊桑、托尔斯泰、普日贝谢夫斯基和尼采那里吸收灵感。①

如果观念是通过对话才形成的，那么友谊就有了显著的历史意义。友谊是倾吐的场所，提醒我们思想的产物本质上是对话性的，并且清楚表明了情感和思想之间的关系。友谊敞开了一扇窗户，透过它可以看到人类关系的无限复杂性，和那些产生出吸引思想史家的观念的心灵的无限秘密。德里达晚年在处理某些伦理问题的方法上的转向，透过他与同为解构主义者的文学理论家保罗·德曼的友谊来考察，就呈现出更完整的意义。德曼去世后，德里达得知，他的好友少年时期曾在纳粹占领的比利时为一家通敌报社供稿。面对这些令人深深苦恼、在某种意义上具有毁灭性的揭露文本，德里达一开始对其中最为恶名昭著的一个文本进行了解构主义分析，揭示语言如何自我颠覆，表面上的排犹意涵如何并不牢固。此举既是解构主义最明晰的一个范例，同时也是这一理论的破产。然而这篇文章整体上还是十分切中要害的：它使德里达触目惊心的痛苦以及解构主义对这一痛苦明显的无能为力都暴露

---

① Kenneth B. Moss, *Jewish Renaissance in the Russian Revolution* (Cambridge, MA: Harvard University Press, 2009).

无遗。随着时间推移，德里达开始暗中从一个非常不同的、某种意义上正相反的角度出发处理他的这段友谊。在十多年之后写成的《论世界主义和宽恕》（*On Cosmopolitanism and Forgiveness*）一书中，德里达宣称如果宽恕要有任何意义，那么它必须意味着宽恕不可宽恕之事。①

也因之，通信便是极为宝贵的史料来源。哲学家可以通过阅读胡塞尔的哲学作品来学习他的现象学，历史学家却往往需要更多材料。信件提供了单靠哲学文本无法获得的洞见。在胡塞尔这个例子里，他的信件透露了他自我专注的不同侧面，透露了一战中他的德意志爱国主义与他对自己非德裔学生的感情之间的矛盾，透露了他的慷慨与利己，透露了他渴望自己的学生成为真正的信徒，为他的事业而工作，并且不能追随通往其他方向的直觉，也透露了马丁·海德格尔的**哲学**背叛（早于他的政治背叛且并不必然预示着前者）带给他的深切悲痛。这些信件还透露了胡塞尔如何回应纳粹，回应他自己的大学对他下达的逐客令，以及回应儿子的被捕：他愈发奋不顾身地要去阐明现象学还原，这在他看来是一条通往明晰和确实的道路，通往能将欧洲文明从野蛮当中解救出来的真理的道路。②

"理解精神的这一炽烈要求已经宣告了自己，缺乏对自然科学和人文学科之间方法论和内容之联系的澄清已然是不堪忍受的了。"1935 年 5 月，胡塞尔在维也纳的一场讲座上如是说。③他开始重复"不堪忍受"这个词，并且开始更频繁地谈论"das transzendentales Ego"（先验自我），以及"der Geist"（精神）和"die Seele"（灵魂）。超我变得更加厚重和内省。历史变得更可触及。20 世纪 30 年代，胡塞尔坚持欧洲的终极目标是理性。欧洲处在

197

---

① 见 Jacques Derrida，"Like the Sound of the Sea Deep within a Shell: Paul de Man's War," *Critical Inquiry* 14，no.3（Spring 1988）:590—652，以及 Derrida, *On Cosmopolitanism and Forgiveness*（New York: Routledge, 2001）。

② 例如 Edmund Husserl, *Briefe an Roman Ingarden*（The Hague: Martinus Nijhoff, 1968）。

③ Edmund Husserl, "The Vienna Lecture," in *The Continental Philosophy Reader*, ed. Richard Kearney and Mara Rainwater（London: Routledge, 1996），7—14，引文见第 12 页。

危机当中，而危机的根源似乎就是理性的失败；但事实上，问题出在欧洲只有肤浅的理性，没有深刻的理性。摆在面前的只有两条路：要么是更深层次理性的胜利，要么就堕入野蛮。哲学家的使命就是确保我们不会放弃对真理的信念，对哲学的信念，以及对找到答案的可能性的信念。①

1935 年胡塞尔在维也纳和布拉格所做讲座（后来成为《欧洲科学的危机》［*The Crisis of European Sciences*］一书）的核心是一种哲学上的绝望，这种绝望证明了情感与思想的分野只在理论而非现实中存在。现实生活中，个人的和政治的、情感的和思想的总是已然彼此纠缠，有时是微妙地纠缠，有时则大张旗鼓地纠缠。史学家玛丽·格鲁克在《格奥尔格·卢卡奇与他这一代，1900—1918》中，从一种共同的"心理状态"出发来理解格奥尔格·卢卡奇及其友人对实证主义的拒斥，理解他们所遭受的社会批评以及现代主义美学危机。这种状态体现为对异化的着迷、对整全的渴求和超越自我孤独处境的需要。②在《弗里德里希·谢林是否杀了奥古斯特·布默以及这一点是否重要？传记对于哲学史的必要性》一文中，罗伯特·理查德提供了又一例证来说明情感的—哲学的分野如何显露出其所具有的欺骗性。19 世纪伊始，谢林抛弃了约翰·戈特利布·费希特的主观唯心主义（idealism），转而支持一种"新的客观唯心主义"。理查德声称，谢林转向对一个超验自我的实存的信念，这种改变只能放在谢林的情人卡罗琳十多岁的女儿奥古斯特（谢林很可能也与她相爱）之死的语境中，放在谢林面对激情和悲剧所同时感受到的责任与无助当中，才能得到理解。

波兰前卫派诗人亚历山大·瓦特出生于世纪之交。20 世纪 20 年代，瓦特宣布放弃未来主义诗歌，转而信奉共产主义。在他悲剧的一生行将结束之时，他向比他年轻的波兰诗人切斯瓦夫·米沃什坦言，出身工人阶级的人真

198

---

① 见 Edmund Husserl, *The Crisis of European Sciences and Transcendental Phenomenology*, trans. David Carr（Evanston, IL: Northwestern University Press, 1970）。

② Mary Gluck, *Georg Lukács and His Generation 1900—1918*（Cambridge, MA: Harvard University Press, 1985）.

实地看到自己的悲惨处境，从而被共产主义所吸引；而如米沃什 20 世纪 30 年代在维尔纽斯大学的朋友这类人，则在同日益狂暴的民族主义激进分子斗争的过程中倒向共产主义。这两者实际上是同样一回事。毕竟这两类人都有一些"客观"理由。这里面存在某种特定的逻辑。瓦特认为就他自己而言，作出这个决定纯粹是个人性质的，与他的精神状态、情感癖好以及想要把自身安置于世界之中的渴求息息相关。"但这完全是自主选择，"他告诉米沃什，"是主观的，并不特别地以任何存在于我本人的意志、我的视野、我为自己在世界中定位的尝试，以及我的精神需要以外的东西为条件。你明白吗？"①诚然，瓦特也和那些受共产主义感召的工人和学生一样，生活在特定的社会世界当中，无法免除它的影响。他意识到自己的精神状态和他在思想上对这个世界的回应是不可分割的，这一点凸显了一个更具一般性的事实：那种认为可以完全把情感领域从思想领域中排除出去的想法纯属错觉，而且是一种狂妄自大的想法。

为什么的问题

解开情感—思想之间的纠缠这一问题，与因果关系问题相关。"我认为史学家的工作，"罗伯特·理查德写道，"不仅仅是要展现一系列观念如何发展，还要解释它们的原因，尽最大努力将这些观点呈现为完全由它们的心理、社会、逻辑和自然环境所决定的产物。"②这种雄心是可以理解的。但是

---

① Aleksander Wat，Mój Wiek. *Rozmowy z Czesławem Miłoszem* （ London：Polonia Book Fund，1981 ），161.

② Robert J. Richards，"Did Friedrich Schelling Kill Auguste Böhmer and Does It Matter? The Necessity of Biography in the History of Philosophy," *Biography and Historical Analysis*，ed. Lloyd Ambrosius（Lincoln：University of Nebraska Press，2004 ），133—154，引文见第 135 页。

对历史学家来说，因果关系与时空状况不同，人们总能证明它是难以捉摸的；我们有关因果关系的观点必定总是推测性的，因而也是擅断的。我们不可能对现实生活进行控制研究，不能回到过去，重演一遍场景 X，维持变量 A 和 B 的恒定来判断变量 C 是否就是原因所在。历史总是尚待确定，从某种意义上说，如果个体曾作出过不同的选择，那么其他结果总是可能的。与此同时，历史又总是由多种因素所确定，用弗洛伊德的话来说，起作用的常常是多样的并可能相互重叠的原因。我认为应当本着谦逊的态度进行归因，在这方面，我们必须要回归到捕捉复杂之处、玄妙之处和殊异之处的任务上来。

然而——继续之前的康德式类比——我们的大脑需要因果关系来组织现实，正如它需要时间和空间一样。我们总是在处理一些隐含的假设：针对"为什么"这个问题的答案有可能是什么。（我们这样做的方式带有海德格尔解释学循环的印记：海德格尔在《存在与时间》靠前的一些章节中指出，为了能够提出"存在为何"［what is being］这个问题，我们必须要有一些关于"存在"［to be］为何的假设。①）我们向来总在摸索着必然和偶然之间的边界，摸索着历史决定的领域和人类主体性领域间的边界。我们必须要假定偶然性，同时又不忽视历史情境的力量。如此一来，存在主义，作为思想史家研究的一个对象，其本身也能够帮助我们理解历史，尤其是理解传记。"被抛"（*Geworfenheit*）和"事实性"（facticity）暗示我们每一个人都被抛入一个并非由我们选择的特定时空，然后在这些限制条件中我们必须作出选择。不承认环境条件和人类自由中的任何一者，都会是萨特所理解的"自欺"（*mauvaise foi*）。②

"海德格尔事件"极好地说明了长期困扰思想史的因果关系问题是一个无法确切回答的问题。我们可以勾勒出海德格尔参与纳粹的事实轮廓，但这

① Martin Heidegger, *Being and Time*, trans. John Macquarrie and Edward Robinson（San Francisco：HarperCollins, 1962）, 21—28（paragraphs 1 and 2）.

② 见《自欺》一章, in Jean-Paul Sartre, *Being and Nothingness*, trans. Hazel E. Barnes（New York：Washington Square Press, 1956）, 86—116。

并不能解决更为紧要的问题：是什么把海德格尔引向了纳粹？他的参与有多么笃定，换句话说，他选择纳粹的决定是必然还是偶然的？[1]这种参与的根源是否向来就已表现在他的哲学当中？如果是，那么是否海德格尔哲学的全部内容，以及此后所有受其影响的思想，都"遭到污染"？

捷克哲学家雅恩·帕托什卡（Jan Patočka）是埃德蒙·胡塞尔的关门弟子中的一位，也是他的密友之一。1935 年，胡塞尔作为纳粹德国的一名"非雅利安人"，被他在弗莱堡的大学驱逐出门。此事发生后，帕托什卡邀请胡塞尔前往布拉格。40 年后，帕托什卡在回应海德格尔身后刊出的《明镜》杂志的采访时，表达了对后者于 1933 年决定出任弗莱堡大学的国家社会党校长一职的共情（empathy）。帕托什卡指出了当时的历史语境：纳粹是一战所孕育的婴孩。那时的许多人都感到，欧洲最伟大的社会之一正处在一个新纪元的起点。因此，哲学家渴望参与到重组世界的伟业当中是可以理解的。当然，1976 年时纳粹的定性已经很清楚了。"问题是，"帕托什卡说，"1933 年的德国人是否明了这一点，他们又是否原本可以看清呢？一个 1933 年的德国人处在某些情境当中，是否有可能除了放手一试而别无选择呢？"帕托什卡声辩道，海德格尔在 1933 年的立场与胡塞尔 1914 年的立场相去并不太远，"胡塞尔本人也属于非常具有民族主义倾向的那一批学者……他没有拒绝'Griff nach der Weltmacht'（争雄世界）"[2]。同时，胡塞尔也相信欧洲文化是哲学的文化，它有自己的终极目的，而哲学在这当中有其特殊的作用，不可退居一旁。帕托什卡甚至想过，胡塞尔有这样一种可能性：若非因为他是犹太人（至少在国家社会党的定义下）这个偶然因素，他会不会在 1933 年有相似的举动？

200

---

[1]　在这个意义上，有关海德格尔的这一争论可被视为一场更大争论的变体，即围绕大屠杀产生的蓄谋论和功能论之争。

[2]　Jan Patočka, komentuje rozhovor Martina Heideggera "Už jenom nějaký bůh nás může zachránit," Prague 1978（原文如此，应为 1976 年），Jan Patočka Archive，Institut für die Wissenschaften vom Menschen，Vienna，38，37。

一种富有想象力的飞跃

如果我们永远不能百分百确定为什么，那么，史学家能做什么呢？威廉·狄尔泰如是写道："小说家或史学家根据事件的历史进程来展开叙述，让我们重新经历了一遍过去。"这种 *Nacherleben*，即"再造或再体验"，在狄尔泰看来是"理解的最高形式，在此过程中精神生活的整体都活跃了起来"。① 我认为，思想史家的任务从来就是"再造或再体验"，需要满怀想象地跃入另一个时空，这一点和政治或外交或社会史家并无二致。这就意味着尝试达到一种充分的浸入，以一种让读者"悬置怀疑"（对故事虚构本质的怀疑）——如同在读一本引人入胜的小说或看一部扣人心弦的电影——的方式写作。只有通过这种方式，我们才有机会使观念的冲击，它们的历史厚重感，可以为人感知。不过，这么做的风险是丢失观念的分量。这种富有想象力的飞跃至少涉及两个密切关联的层面：其一，我们要"悬置"（与胡塞尔在现象学还原中提倡的"悬置"类似，指现象学家不去怀疑，而只是把他对世界之存在的信念暂时悬空）我们对于那之后发生的事情的知识：把这种知识搁在一边，好像根本不在我们的头脑里；其二，我们要浸入只有通过语境才能唤起的时代精神（*Zeitgeist*）——不只是其他文本所组成的语境，还有社会和政治的语境，简言之就是实证的、历史的语境。继续推进这个现象学类比，我们就来到了关于超验存在的经典认识论问题的面前：我们如何能从内在领域走向超验领域？有可能真正达到超验领域吗？对史学家来说，超验领域就是过去。我们如何才能迈过边界，跨出我们自己的生命从而进入过去的其他人的生命？

---

① Wilhelm Dilthey，"The Understanding of Other Persons and Their Life-Expressions," in *The Hermeneutics Reader：Texts of the German Tradition from the Enlightenment to the Present*，ed. Kurt Mueller-Vollmer（New York：Continuum，1998），152—164，引文见 159—160 页。

1996 年，我在多伦多大学写硕士论文，主题是斯大林时期的捷克斯洛伐克作家联盟。我想要弄明白捷克斯洛伐克的作家如何构建了一套斯大林主义的话语，后来又如何摆脱了它。某段时间里，我停止读报，停止阅读任何有可能使我想起我生活在 1996 年的多伦多的东西。相反，我去了大学图书馆的微缩胶卷室，开始阅读从 20 世纪 50 年代初起的捷克斯洛伐克日报。我希望有一天早上醒来，可以在我的头脑里装入假如我在斯大林治下的布拉格醒来时头脑里会装有的想法。①

这种从当下向过去的想象之跃就类似于从内在主体到超验客体的飞跃。　201
我在这里做一个（有瑕疵的）类比，这就像是波兰哲学家莱谢克·科拉科夫斯基对胡塞尔现象学的评估。科拉科夫斯基对胡塞尔推崇有加，但他认为胡塞尔的方案最终失败了，认识论的确定是不可能实现的，内在与超验之间的鸿沟无法跨越。"筑起桥梁的问题是不可解决的，" 科拉科夫斯基得出结论，"没有一条逻辑的通路。"②科拉科夫斯基坚称，但道德命令仍旧存在：我们必须继续找寻认识论的确定，找寻绝对真理，而这必然涉及把永远不可能抵达这种真理的念头从我们头脑里赶出去。

完美的历史想象有点像绝对真理。我在微缩胶卷室里的那一次是不完美的实践：我总是知道自己实际上还生活在 1996 年的多伦多，而不是 1952 年的布拉格。但这不是一次无效的实践，而且我相信它对我来说甚至是必要的。在某种意义上，只有当我处在时代精神"当中"，当与它关联的氛围和态度可以被我感知到的时候，我才能够感觉我的论文主角们所作出的语言和审美决定的意义，以及它们的分量。和时代精神有关、但比它更不可言喻的是 *Stimmung*：一时一地的情绪。作为史学家，我们不仅需要识别，而且要再

---

①　这项研究后来成为一篇文章："Engineering in the Age of Innocence: A Genealogy of Discourse inside the Czechoslovak Writers' Union, 1949—1967," *East European Politics and Societies* 12, no.3（Fall 1998）:397—441。

②　Leszek Kolakowski, *Husserl and the Search for Certitude*（South Bend, IN: St. Augustine's Press, 2001）, 80.

造 *Stimmung*。"*Stimmung*"本身包含着"*Stimme*"（声音），贡布雷希特如是告诉我们。他解释说，声音扮演着关键的角色：感知 *Simmung* 就意味着感知另一个人的声音环绕在你周围。①当作者唤回已逝去的人，我们就必须如契诃夫所强调的那样"说他们的语言"。对我来说，这向来意味着要做许多直接引用，并以一种特定的方式写作。它还意味着减弱我自己的声音，以便让过去时代的其他人的声音环绕在读者周围。

理解生活经历

　　思想史处理的是观念，是无法触摸的东西。它们没有固定的形状，故而更容易"烟消云散"。因此，让这些观念成为读者能真正感觉到、能通过想象体验到的东西，这种需要就更为迫切②。胡塞尔眼中的"*die Sache selbst*"（事物本身）——真正的、本质的东西，并非康德意义上的"*Ding-an-sich*"（物自体），它不是客体本身，而是我们对客体的经验。同样，对思想史家来说，需要捕捉的那个本质的东西不仅是观念本身，还有对这些观念的经验。读史不应仅仅是 *Erfahrung*，而应是 *Erlebnis*；正如我们历史的主角，他们的阅读并不只是认知的经验，而且是生活的经验。两者之间的区别就是瓦尔特·本雅明就 *Erfahrung* 和 *Erlebnis* 所阐明的区分：前者指被消化和被反思的经验，后者则指直接的、感官的和未经反思的经验。③也许正因为我是东欧人，才对 *Erlebnis* 尤其偏爱（但也许不是这样。也许其他地方的学者亦是如

202

---

① 参见 Hans Ulrich Gumbrecht, *Stimmungen lesen：Über eine verdeckte Wirklichkeit der Literatur*（Munich：Hanser Verlag, 2011）。

② "All that is solid melts into air"：Karl Marx and Friedrich Engels, "Manifesto of the Communist Party," in *Modern Europe：Sources and Perspectives from History*, ed. John S. Swanson and Michael S. Melancon（New York：Longman, 2002）, 72—88, 引文见第 74 页。

③ Walter Benjamin, "On Some Motifs in Baudelaire," trans. Harry Zohn, in *Illuminations：Essays and Refl ections*, ed. Hannah Arendt（New York：Schocken, 1968）, 155—200, 尤见第 163 页。

此，虽然他们表现得不总是那么明显）。以赛亚·伯林十分动人地描写了俄国知识阶层对观念的狂热献身：他们相信应当用尽一个人全部的存在，完整地经历观念。（伯林认为，俄国人的独特之处不在于其哲学创造性，而在于其对哲学独有的回应能力。①）而我要表明的是，至少在过去的两百年间，东欧就是这样一个地方，这里的学者在真正地经历观念。他们颇具自我意识地拒绝了公共—私人的划分，称其为资产阶级的诡计（bourgeois artifice）。玛丽·格鲁克出色地领会到，卢卡奇与之斗争不休的主客体距离，并不仅仅是一个方法论上的问题。这种距离真正让他遭受过痛苦。②在《花园里的房子：巴枯宁家族与俄国观念论的传奇》一书中，约翰·伦道夫把俄国观念论刻画为家族内的亲密关系以及家族内的折磨，刻画为一种"总是以黑格尔告终"的传奇。③黑格尔不仅是需要学习的，而且是需要经历的。"我甚至觉得，"伦道夫引用亚历山大·赫尔岑的回忆录称，"一个没有**经历**过黑格尔《精神现象学》和蒲鲁东《贫困的哲学》的人，一个没有在这熔炉中被淬炼过的人，不是一个完整的人和一个现代的人。"④

　　如果知识分子经历着观念，那么为了历史地理解这些观念，我们就需要理解那些经历了它们的人的经历。伊琳卡·扎里佛波尔-约翰斯顿为罗马尼亚裔法国哲学家埃米尔·萧沆写有一部传记，这部未完成的传记于作者身后出版。扎里佛波尔-约翰斯顿在书中坚持认为，"需要在与萧沆的生活更为紧密的联系中解读他的文本，这一点我们当前做得还不够：不是要把文本视为他生活的直接反映，而是作为他自己对这种生活的解读"。⑤而扎里佛波尔-约

① Isaiah Berlin, "Russian Intellectual History," *The Power of Ideas*, ed. Henry Hardy (Princeton, NJ: Princeton University Press, 2000), 68—78.

② Gluck, *Georg Lukács and His Generation*.

③ John Randolph, *The House in the Garden: The Bakunin Family and the Romance of Russian Idealism* (Ithaca, NY: Cornell University Press, 2007), 225.

④ 这段话转引自 Randolph, *House in the Garden*, 4。另见 Alexander Herzen, *My Past and Thoughts*, trans. Constance Garnett (Berkeley: University of California Press, 1982), 236。

⑤ Ilinca Zarifopol-Johnston, *Searching for Cioran*, ed. Kenneth R. Johnston (Bloomington: Indiana University Press, 2009), 13.

翰斯顿所做的比这还要多：她和萧沆亲密交谈。她笔下描绘的是一名口袋里揣着一本康德的《纯粹理性批判》、频繁出入特兰西尼亚各家妓院的少年。她写他对出身的可怕执迷，写他在锡比乌乡下的一个礼拜天下午感到一阵致命的空虚，从而引发癫痫。当然，扎里佛波尔-约翰斯顿的书写并不带有讽刺意味，你完全可以感同身受：礼拜天下午的确是难熬得够呛。她把萧沆的声音传到了现在，这是一种形而上的绝望之音，而作者的介入则非常轻柔，只是稍稍缓和了一点萧沆的暴力。

但是，有件事情使得扎里佛波尔-约翰斯顿谋求共情的必要努力有点"不清白"，这就是萧沆年轻时对法西斯政党铁卫团（Iron Guard）的同情。铁卫团在罗马尼亚的运动不仅有强烈的仇外倾向，还带有暴力狂欢色彩。自然，这种政治介入在我们抽象地谈论观念与生活的关系、谈论观念领域和经验领域的关系时，常常是"房间里的大象"，它触目惊心地存在却被人们刻意回避——政治往往会支配"现实生活"的经验领域。这就迫使我们提出更进一步的问题：共情和辩护的分界在哪里？

观念从来不是纯洁无瑕的。彼得·戈登在《大陆分水岭》一书中，仔细阅读了1929年恩斯特·卡西尔和马丁·海德格尔在达沃斯的辩论，并表明对纯粹哲学观念的渴求就像对 *Ding-an-sich*（物自体）的渴求一样，理论上是可能的，现实中却绝无可能。"我们能够在历史的袭扰下还哲学以纯真吗？虽然我能领会这种渴求，"戈登回答道，"甚至领会这种恢复原初意义的**必要性**，但在最好的情况下，这么做的前景亦令人担忧。"[1]然而，我们也不能将抽象的观念简化为它们在现实政治中的经验性表现。伊曼纽尔·费伊为了反驳海德格尔（或者更准确地说，为了反驳为海德格尔辩护的法国人），写了一篇情绪激愤的抨击长文。他在其中表达了一个简单的哲学观点，即一旦人们与理性主义的笛卡尔之我思决裂，他们就将滑向个人主体的解体，无论是在

203

---

① Peter E. Gordon, *Continental Divide：Heidegger，Cassirer，Davos*（Cambridge，MA：Harvard University Press，2010），325.

Volksgemeinschaft(人民共同体)中还是在毒气室里。①费伊的观点很清楚,
但也相当简化。戈登在为费伊《海德格尔:将纳粹引入哲学,根据 1933—
1935 年未版讨论课记录》一书撰写的书评中认为,"任何真诚的哲学文本都
具有开放而非封闭的解释可能"。②把《存在与时间》仅仅解读为由哲学术语
约略伪装的纳粹意识形态,就几乎没有理解哲学史上的这一时刻。海德格尔
是一名纳粹党人,但他不只是一名纳粹党人。史学家的挑战就是在这两个过
度简化的立场中间开展研究:我们不可能不去理会海德格尔的纳粹经历,仿
佛这对于我们理解他的哲学毫不相干,也不能把他简化到另一个极端。我们
必须待在中间的矛盾地带,并且接受其所包含的张力。

这就提出了一个相关的问题:打破观念的叙述和经验的叙述之间(观念
史和围绕观念的"现实生活"的历史之间)的分野,往往会造成一种难以抗
拒的诱惑,要对这种叙事加以评判,从中得出规范性的——如果不是道德化
的——结论。思想史从本质上说涉及将观念植根于时空当中的活动。而在此之
上,如果我们又将观念植根于个体的生活中,那么就开启了责任的问题。当我
们把观念定位在个体身上后,是否能够对观念和个体分别作出评判呢?我们能
否把观念同行动分开?海德格尔和他的哲学都是有罪的吗?还是说罪过只是
海德格尔一人的?唤起"历史语境",譬如雅恩·帕托什卡关于海德格尔的
讲述,是否起到了为被指控的人减轻罪责的作用?我们能否利用传记来照亮
思想史,同时又不把传记简化为政治,要么谴责要么辩护?这仅仅是一个克
制与否的问题?"评判一样有实质内容和实在价值的东西是很简单的,"黑
格尔在《精神现象学》的序言中写道,"对它进行理解则困难得多。"③史学家

① Emmanuel Faye, *Heidegger: The Introduction of Nazism into Philosophy in Light of the Un-published Seminars of 1933—1935* (New Haven, CT: Yale University Press, 2009).

② Peter E. Gordon, review of Faye, *Heidegger*, *Notre Dame Philosophical Reviews* 2010 (3); available at http://ndpr.nd.edu/review.cfm?id=19228 (accessed June 25, 2011).

③ G. W. F. Hegel, *Hegel's Phenomenology of Spirit*, trans. A. V. Miller (Oxford: Oxford University Press, 1977), 3.

204

的任务首先是看到发生了什么事，在胡塞尔意味隽永的 *erfassen*（抓住、把握）的意义上，抓住它，理解它。（回到萨特的存在主义，）理解要求处理"真实性"和"超验性"领域之间持续不断的张力，处理我们自我创造的力量。我们的职责是用足够的共情能力去理解，并且让这种理解区别于证明、申辩或宽恕。

此外，呈现（再现）"一时一地的情绪"（*Stimmung*）意味着放弃一些干涉性的规范。（但我们真的放弃了所有干涉性规范，所有道德判断吗？我们可以放弃它们吗？即便是在极端情况下，即验证了黑格尔所观察之规模上的变化越发巨大以至于成为性质上的变化的情况下，这一点是否也可以实现？）为了听到"他者的声音"，史学家必须减弱他（或她）自己的声音，这并不意味着赞同他者的声音，而只是为了将其召唤出来，将其表达出来，使读者能够听见。秉持契诃夫的精神，史学家无法解决过往，我们既不能使其正常化，亦无法克服它，我们最多只能让我们的读者想象地经历它。

负罪感

现象学在胡塞尔开创它的意义上，是一种对认识论上的确定性的热情追求，它奠基于一种对纯粹 *Wissenschaft*（知识）的渴望。然而，现象学的历史却成了一段与负罪感问题纠缠不清的历史。海德格尔是纳粹，萧沆支持铁卫团，梅洛-庞蒂是布尔什维克统治的（有条件的）捍卫者，萨特则为斯大林主义声辩。德国存在主义者卡尔·雅思贝斯战后的文章把"形而上的负罪感"描述为幸存者内疚，"与人类同胞缺乏绝对的团结"。①负罪感也是雅思贝斯的朋友汉娜·阿伦特战后最主要的关注："在很多年里，我们都会碰见这样的

---

① 转引自 Suzanne Kirkbright，Karl Jaspers：*A Biography—Navigations in Truth*（New Haven, CT：Yale University Press，2004），196。

德国人，声称自己因生而为德国人感到羞耻。而我则常常禁不住想要回答他们，我为生而为人感到羞耻。"①

　　传记与负罪感密不可分地相联系：既与历史主角的负罪感相联，也与一种不一样的负罪感，史学家的负罪感相联。我们阅读他人的日记，阅读决不是写给我们的那些信件。真实地看到过往，看到他人的生活，是一种窥阴癖（voyeurism）。扎里佛波尔-约翰斯顿在一部未完成的回忆录中进行了追根寻底的自我反思，她描述自己亲身坐在萧沆的病榻旁，描述自己对他的爱慕和占有欲，描述自己在他死去时是如何悲伤，又如何渴望能看到他的日记，这种渴望让她觉得自己如同秃鹫般贪婪。②

　　玛格丽特·阿特伍德的《使女的故事》的最后一章中，发生在这部反乌托邦小说里的可怕事件已经过去了很久。这一章的场景是一次学术会议，一群历史学者聚在一起。一名历史学家说："我们必须十分谨慎地给出道德评判。"他正就自己有关新近发现的"使女"手稿的论文作报告。"当然，到现在我们已经知道，这样的评判必然是有文化特异性的。"这种情绪完全可以理解。然而，阿特伍德小说的最后这一章非常令人不安。读者无法同这些历史学家产生共鸣，尽管后者的学术诚信毋庸置疑。他们的窥阴癖加之拒绝作出道德判断，让人感到冰冷，可能甚至还是不道德的。

　　我们怎么才能控制住评判的冲动而又不退回冰冷呢？这是否要求减弱我们"更有温度的"回应之声呢？特蕾西·马蒂西克所描述的"情感"（affect）作为史学家在历史主角身上应用的一个分析范畴，与我们有很大关系。但"情感"与我们的关系还在于，它同时也是一个应用于我们自身的分析范畴。情感作为一种直接的、前反思性的回应，一种我们对特定历史时刻作出的强烈反应，它既是基本的，也是捉摸不透的，恰恰是为了领会它，我

205

---

① Hannah Arendt, "Organized Guilt and Collective Responsibility," *The Portable Hannah Arendt*, ed. Peter Baehr (New York: Penguin, 2003), 146—156, quotation on 154.

② Zarifopol-Johnston, *Searching for Cioran*.

们必须得对它进行反思，而一俟如此，它便不再是它本身。但这就是我们工作的核心内容。

　　我曾经读过 20 世纪 20 年代一位年轻的波兰诗人，伏瓦迪斯瓦夫·勃洛涅夫斯基和他的未婚妻贾妮娜·库尼希之间的通信。勃洛涅夫斯基当时是一名波兰爱国主义者和无产阶级诗人，一名社会主义者和浪漫主义者，也是一个极其自负的人，他可以完全献身于一项无私的事业。他用一种夸张的充满狂喜和绝望的语言给库尼希写情书。可突然间，他的信里出现了一个女人，住在另一个城市并且怀了他的孩子。勃洛涅夫斯基不想和这个女人有任何瓜葛，她很令人恼火；他说他会坚持让她打掉孩子，劝自己的未婚妻不必担心。写到这个女人的时候，勃洛涅夫斯基的语言突然变了：新浪漫主义的高尚消失，他的语气粗鄙起来。读这些信件的时候我感到一阵发自肺腑的恶心。这种恶心不大像是由于他对未婚妻的不忠或是对那个怀着他孩子的女人的冷酷（他写得好像是这个女人强奸了他一样），在深思熟虑后，对勃洛涅夫斯基的道德谴责则更像是对这一切的丑陋所产生的内脏不适。史学家该怎么来处理这些感觉？它们重要吗？它们影响了我们的写作吗（它们不可避免地会影响）？它们应该影响我们写作吗？试图让我们自己无动于衷（affectless），就是要减弱我们的敏感性，没人喜欢这样做。但至少我们有自我觉察的责任，一种审问我们自己最初反应的责任。

　　情感和黑格尔在《精神现象学》里描述的"感性确定性"（*die sinnliche Gewißheit*）相似：这一种天真的、原始的确定性，没有自我意识，处于理性范围之外，看起来似乎是——也许是欺骗性的假象——未受中介的。①在《精神现象学》里，感性确定性（就像意识的其他所有阶段一样）很快就被扬弃（*aufgehoben*）了，取而代之的是一种更高的意识状态，但扬弃的方式是，这一较早的、更原始的状态不仅被否定，而且也以某种方式被保留下来（在

206

①　Hegel，*Phenomenology of Spirit*，58—66.

黑格尔这里向来如此）。人们可以认为，史学家对史料的情感回应也是这样：这些回应尽管被"否定"了，但它们从未完全消失。那么，它们以什么形式，以及应当以什么形式，继续存在呢？

死亡、整全性和意义

对一名史学家来说，传记有一种美学感染力，它超过了窥阴癖带来的负疚快感：观念总会继续下去，而个体生命却终有尽时。死亡（就像海德格尔、罗森茨魏希和卢卡奇各自以他们的方式告诉我们的那样）给予了形式和整全性；在史学家看来这是唯一"自然的"终极目的。由此产生了对个体生活的着迷：个体生活提供了一条叙事线；个体的死亡是叙事终结的唯一不由人所施加的表象。

但是否任何生命都是一个整体呢？皮埃尔·布尔迪厄在《传记的错觉》一文中提醒我们注意："给出一种生活历史，或把生活当作历史，就是说当作一个有意义的和有方向的事件序列的连贯叙述，也许是在遵循一种修辞的错觉。"①这一提醒令人联想到后现代主义的核心批判：不存在宏大叙事，没有连贯的主题，也没有固定的意义。这些都是错觉，因为在现实中它们都是脆弱的：叙事容易自我颠覆，主题会被历时和共时的无常变化所摧毁，意义则不停流变。②

这些固有的脆弱性长期围绕着传记作品。比如阿图尔·多莫斯瓦夫斯基为波兰作家雷沙德·卡普钦斯基写的传记就是如此。卡普钦斯基曾有数十年

---

① Pierre Bourdieu, "The Biographical Illusion," *Identity：A Reader*, ed. Paul de Gay, Jessica Evans, and Peter Redman（London：Sage，2000），297—303，引文见第 298 页。

② 此处可对比胡塞尔的观点：恰恰是"我"的历时性无常为我们提供了理解他人的模型，也就是说，我们通过与过往和当下的类比来理解主体间性。见 Husserl, *Crisis of European Sciences*，esp. 184—186。

时间作为共产主义波兰的驻外记者被派往第三世界国家，凭借小说体的报告文学蜚声文坛，成就一代巨匠。卡普钦斯基去世后，多莫斯瓦夫斯基陷入了他多重的主体性之中，这对多莫斯瓦夫斯基造成了干扰，如同父亲给儿子造成的干扰一样。卡普钦斯基并非多莫斯瓦夫斯基先前所以为的那样。或者毋宁说他是那样的人，但又不只是那样。这些多重的主体性充满了张力和矛盾：勇敢和懦弱，利己和慷慨，信念和机会主义全都令人不安地混在一起。多莫斯瓦夫斯基的传记不尽如人意，不是因为卡普钦斯基的生活支离破碎，而是因为多莫斯瓦夫斯基揭开这些秘密（如今看来这是相当经典的后现代式揭露）后，却把这段经历视为一种私人性的背叛，以至于最后他的传记既是他研究对象的思想旅程，同时也是传记作者自己的精神分析旅程，是他在遭遇这些多重主体性后解决创伤的经历。①

207　　后现代主义对稳定叙事、稳定主体性和稳定意义的怀疑，迫使史学家更加认真地、批判地进行思考。但是最终，史学家不可能是没有叙事的史学家。我们可以，同时也应当对问题和陷阱越来越有自知之明，愈加能够觉察到历史叙事必然包含的歪曲和简化。但我们最终还是和文学批评家有所不同，因为对我们来说，解构性叙事和建构性叙事之间的权衡总是必须向后者倾斜（即便常常只是倾斜一点点）。我们讲故事。一旦我们不再讲故事了，史学实践也就结束了。②

　　海登·怀特告诉我们，史学家有种无法遏制的要为过往赋予连贯性的冲动。由于这一点，我们总是会偏重于秩序，下意识地删去那些不合秩序的内容。我们渴望一条叙事线。③我认为他说得对。这就提出了更进一步的问题：

①　Artur Domosławski, *Kapuściński: Non-Fiction* (Warsaw: Świat Książki, 2010).

②　这一点提出一个问题：是否存在非历时性——也就是共时性——的叙事。如见 Hans Ulricht Gumbrecht, *In 1926: Living at the Edge of Time* (Cambridge, MA: Harvard University Press, 1997)。

③　Hayden White, *Tropics of Discourse: Essays in Cultural Criticism* (Baltimore: John Hopkins University Press, 1978).

史学家是否不但有赋予连贯性的冲动，还有不可遏制的赋予意义的冲动呢？布迪厄的回答是肯定的。他坚持认为写生活历史的人决不会对此漠不关心：相反，他总是对"接受被叙述之存在**具有意义的假定**"抱有兴趣。史学作者想要否认莎士比亚《麦克白》中所谓的"人生如痴人说梦，充满着喧哗与骚动，却没有任何意义"。①在某种意义上，死亡是我们对怀特所诊断的那种状态的不完全补救。死亡提供了整全性，但它提供了意义吗？抑或只是提供了一种"目的论的诱惑"，也就是说，一种从叙事结尾的角度出发来理解早先发生的事件的诱惑？苏迪普塔·卡维拉吉在《摩诃婆罗多亚篇》中指出，"小说是目的论的，正如历史不是目的论的一样"，因为小说作家可以选择何时结束。然而虽然历史本身可能不是目的论的，但历史书写不可避免地让我们有种和小说一样的"目的论"感觉，因为我们很难——如果不是不可能的话——不把一段给定叙述的终点视为终极目的暗示。这就使得史学家对终点的选取从来不会是天真的。②

如果我们拒绝"目的论的诱惑"，那么死亡还提供意义吗？答案是否定的。或许没有什么东西能提供意义。就在契诃夫写下他的工作不是评判自己的角色而只是说他们的语言之后数个月，1888 年 10 月，他向出版商进一步解释道："但你混淆了解决问题和正确表述问题这两个概念。只有后者才是艺术家的义务。《安娜·卡列尼娜》和《叶普盖尼·奥涅金》里，没有一个问题得到了解决，可这些作品能让你完全感到满足，这不过是因为所有问题都被正确地呈现出来了。"③

---

①　Bourdieu，"Biographical Illusion," 298.

②　Sudipta Kaviraj，"The Second Mahābhārata," *South Asian Texts in History：Critical Engagements with Sheldon Pollock*，ed. Yigal Bronner，Whitney Cox，and Lawrence McCrea（Ann Arbor，MI：Association for Asian Studies，2011），103—124，引文见第 113 页。

③　Anton Chekhov to A. S. Suvorin，Moscow，October 27，1888. А. П. Чехов，*Полное собрание сочинений и писем*，Т. 3. Письма，Октябрь 1888—декабрь 1889（АН СССР：Ин-т мировой лит. им. А. М. Горького.—М.：Наука，1976），45—48.

伟大小说中提出的问题就是关于意义的问题。2011 年 5 月我和我的编辑长谈了一次，讨论我正在完成当中的书稿。编辑对它颇为满意，认为基本可以出版了，只是文本中有一个小问题还需要澄清。

208

"是什么问题？"我想知道。

"它是什么意思？"她回答。

"**什么**是什么意思？"我问她。

"你知道的，**所有东西**：生活，历史。它是什么**意思**？"

（漂亮的问题——但我没有答案。）

如果史学家无法为意义问题提供答案，那么历史是否有道德目的呢？为了论证 *Stimmung* 在文学里的重要性，贡布莱希特写道，*Stimmung* 潜在地允许读者"经历一种尤为集中和亲密的他异性（alterity）"。[①]与过往的心灵密切交谈就是在与他人密切交谈，就其本身而言必定是私人性的，甚至是私密的，因而它不仅对每位史学家都不同，对每个读者来说也不尽相同。在胡塞尔和海德格尔的学生伊曼努尔·列维纳斯眼里，与他者相遇是一个"终极"情境，在某种意义上是一个人对自身主体性最深的经验。从根本上而言，经历他异性和伦理有关："它包含对自身的质疑，这是一种本身只能在他人面前、在他的权威之下产生的批判态度。"[②]就像列维纳斯与他人"面对面"的相遇，和什克洛夫斯基的诗歌 *ostranenie* 一样，好的历史书写应当打破某种思想和情感的自我满足。或许，历史本身的确没有本质意义，但历史书写有。这个意义就是培养一种富有想象力地跃入他人脑海和生活的能力，亦即培养共情能力本身。[③]

---

① Gumbrecht，*Stimmungen lesen*，23.

② Emmanuel Levinas，*Totality and Infinity*，trans. Alphonso Lingis（Pittsburgh：Duquesne University Press，2007），81.

③ 艾玛·温特和我一样都有这种感情，2011 年 4 月在普林斯顿大学的"超越概念史和话语？探究的设计"工作坊上，她与我进行了交流，对此我十分感激。

XI 思想的空间和空间的思想

约翰·伦道夫

　　1851 年，美国地理协会选取了一则雄心勃勃的箴言："无处不在"（Ubique）；150 年后，空间确实看起来"无处不在"。[1]这不仅是因为过去四十多年里，有多种多样的学术话语已适时宣布了第二或第三阶段的"空间转向"。更重要的是，有关空间的思考和实践已成为流行且普遍的思想生活形式。从学术界的抱怨来看，如今的学生走进教室时，并没有比以往作了更好的准备去对各种文献——前现代、后现代或只是单纯的现代文献——进行分析。但他们越来越倾向于进行以互联网和智能手机技术（比如谷歌地图和脸书）为基础的空间想象[2]。截至 2008 年，谷歌地球（Google Earth）软件的下载次数已达 3.5 亿次，当然这是很久以前的数据了。[3]如果论文仍主要是一项学术研究工作，那么，空间思维的地理学形式就会流行开来，它不仅是一

---

① 关于 AGS 标志的讨论参见 Helena Michie and Ronald R. Thomas, "Introduction," to *Nineteenth-Century Geographies*：*The Transformation of Space from the Victorian Age to the American Century*（New Brunswick, NJ：Rutgers University Press, 2003），5—6。

② 关于最近兴起的"空间 IQ"（用标准化的测试衡量）以及同等文本得分维持稳定的水平，参见 Nicholas G. Carr, *The Shallows*：*What the Internet Is Doing to Our Brains*（New York：Norton, 2010）。

③ 关于谷歌卫星地图 2008 年的数据，参见 Chikai Ohazama, "Truly Global," *Lat Long Blog*, February 11, 2008，http://google-latlong.blogspot.com/2008/02/truly-global.html（2013 年 7 月 14 日访问）。

系列关键词，也是一种实践。①

从某种观点来看，地理学最近的流行或许跟本文的主题——空间分析对思想史的作用和重要性，并无关系。我当然不打算证明，现实性（*actualité*）要求学者们把注意力转向空间。实际上，我希望问一些问题：空间概念在 20 世纪早期对思想史的奠基有多重要？空间问题在 20 世纪 80 年代和 90 年代思想史面临的文化—历史挑战中起了什么作用？过去十年更具决定性的"空间重申"②以及"人文地理"数字技术（如 HGIS，即历史地理信息系统）对未来的思想史意味着什么？尽管提了这么多问题，但我仍要提及最近激增的与地理相关的研究门类，以引出一种不同的问题，该问题是我最后希望去回答的，它就是：在什么情况下，思想史家有可能进入与空间技术的大量增加相伴生的新思想活动模式？

我们可能要从回顾 20 世纪早期说起，当时思想史首次被明确当作一种学术课题，围绕"空间"范畴的争议远远比今天的深刻。③相对论刚刚促使物理学家宣布，时间和空间的传统区分被推翻，与之一起被推翻的还有普遍的尺度观念或年代学。1908 年，赫尔曼·闵考夫斯基（Hermann Minkowski）向其物理学同行宣布："空间和时间必然会像影子一样消退，只有将两者结合才能维持其独立存在的真实性。"④其他人也意识到，这不仅使牛顿学说中单

①　当然，20 世纪 90 年代早期，GIS（地理信息系统）在公司和军事领域的使用已经是一个繁荣的产业，促使地理学领域做类似计算的实际情况参见 John Pickles, "Representations in an Electronic Age: Geography, GIS and Democracy," in Ground Truth: *The Social Implications of Geographic Information Systems*, ed. Pickles (New York: Guilford Press, 1995), 1—30。

②　这个说法是爱德华·W.绍亚的，我下面还会再提到：Edward W. Soja, *Postmodern Geographies: The Reassertion of Space in Critical Social Theory* (London: Verso, 1989)。

③　关于思想史最近的历史参见 Anthony Grafton, "The History of Ideas: Precept and Practice, 1950—2000 and Beyond," *Journal of the History of Ideas* 67, no.1 (January 2006): 1—32; Donald R. Kelley, *The Descent of Ideas: The History of Intellectual History* (Burlington, VT: Ashgate, 2002)。尽管唐纳德·凯利的著作从一个非常深入的视角追溯了这个传统，本文中，我仅从 20 世纪早期这个分支学科在学术上的正式形成出发。

④　H. Minkowski, "Space and Time," in *The Principle of Relativity*, by A. Einstein et al., trans. W. Perrett and G. B. Jeffery (n.p.: Dover, 1923), 75.

一的、连续的和"绝对的"空间想象受到质疑，也使笛卡尔对空间和思想（广延物和思维物）的区分受到质疑，而这些长期以来都在科学研究中居于统治地位。1929 年，哲学家阿尔弗雷德·诺思·怀特海认为，如今，对事物"关联性"（relatedness）的分析必须优先于对其独特"性质"（quality）的分析。与其同时代的赫伯特·威尔登·卡尔（Herbert Wildon Carr）声称："有形的自然不是物质而是运动，具体的思想不是冥想而是活动。"随着普遍尺度和普通几何学在相对论面前的瓦解，似乎不可能再有单纯的空间和单纯的思想，而是一种空间化的思想，类似于新的空间—时间，卡尔选用莱布尼茨的单子作其标志。①

与这些物理学和哲学辩论相伴随的是，空间和社会现象在其他思想生活形式中正在出现一种概念上的分离。爱德华·W.绍亚（Edward W. Soja）将其称为"空间在社会理论中的从属性"，自从 20 世纪 60 年代首次受到批判以来，学者们已对其作了各种解释。②绍亚在他的解释中，谴责 19 世纪晚期对时间的痴迷，以及资本主义要隐藏它对空间进行了重置的野心助长了这种

---

① Alfred Whitehead, *Process and Reality*: *An Essay in Cosmology* (New York: Macmillan, 1929), ix; H. Wildon Carr, *A Theory of Monads*: *Outlines of the Philosophy of the Principle of Relativity* (London: Macmillan, 1922), 8, 11—12. 至于这是不是对空间—时间物理学正确和有益的解读，当时和以后都有争论，参见 D'Arcy Wentworth Thompson, *On Growth and Form* (Cambridge: The University Press, 1942), 20; W. H. Newton Smith, "Space, Time and Space-time: A Philosopher's View," in *The Nature of Time*, ed. Raymond Flood and Michael Lockwood (Cambridge, MA: Basil Blackwell, 1986), 22—35。

② 最近的讨论参见 Soja, *Postmodern Geographies*, 31—35. 关于空间和社会理论之间的隔阂的标准评论参见 Michel Foucault, "Questions on Geography," in *Power/Knowledge*: *Selected Interviews and Other Writings*, *1972—1977*, ed. Colin Gordon, trans. Colin Gordon (Brighton, UK: Harvester, 1980), 70; Henri Lefebvre, *The Production of Space*, trans. Donald Nicholson-Smith (Malden, MA: Blackwell, 1991); Anthony Giddens, *The Constitution of Society*: *Outline of the Theory of Structuration* (Berkeley: University of California Press, 1984), 355, 363; Allan Pred, *Making Histories and Constructing Human Geographies*: *The Local Transformation of Practice*, *Power Relations*, *and Consciousness* (Boulder, CO: Westview, 1990), 1—2; Doreen Massey, "New Directions in Space," in *Social Relations and Spatial Structures*, ed. Derek Gregory and John Urry (London: Macmillan, 1985), 9—19。

分离。人们还可能会提及一种不断增长的意识，即，地理决定论这种被钟爱的学术范式，最终气数耗尽，就像作为其根基的牛顿式宇宙一样正在被引爆。①无论如何，"社会空间"领域作为独特的、非地理的探究领域成为热点。皮蒂里姆·索罗金（Pitirim Sorokin）在他的范式研究经典著作《社会流动》中强调："社会空间与地理空间完全不同"，"它是一个由地球上的人类种群组成的天地"。②与研究地理社会中**"无处不在"**的人类相反，索罗金提出要研究由社会关系构成的人造几何学中的人类。③

214

社会空间崩离它在牛顿学说中的对应部分，这就产生了一个始料未及的后果：一种也要将运动（movement）研究与社会"流动"（mobility）研究分离的倾向。最后，索罗金对物理运动（physical movement）和物理位置（physical location）的关注都很少，没有因**"垂直的"**社会流动而赋予地理流动任何重要性，他最关心的是前者。④移动（motion）和位置（location）被

① 在 19 世纪的生活中，地理学无疑是一种很强大的社会话语，定期被援引以解释其他现象（就像 19 世纪民族主义在民族的地域构成上一样）。19 世纪也是无数地理协会的奠基时期。参见 Helena Michie and Ronald R. Thomas, eds., *Nineteenth-Century Geographies: The Transformation of Space from the Victorian Age to the American Century* (New Brunswick, NJ: Rutgers University Press, 2003); J. B. Harley, "The Map and the Development of Cartography," in *The History of Cartography*, ed. J. B. Harley and David Woodward, vol.1 (Chicago: University of Chicago Press, 1987), 14; Paul J. Cloke, Chris Philo, and David Sadler, *Approaching Human Geography: An Introduction to Contemporary Theoretical Debates* (New York: Guilford Press, 1991), 3—8; R. J. Johnston and J. D. Sidaway, *Geography and Geographers: Anglo-American Human Geography since 1945*, 6th ed. (London: Arnold, 2004)。

② Pitirim Sorokin, *Social Mobility* (New York: Harper and Brothers, 1927), 3—4. 强调符号为原文所加。

③ 在索罗金著作的序言中，他的同事 F.斯图亚特·查平（F. Stuart Chapin）称赞索罗金从物理学的贡献上翻页："目前对文化传播的兴趣倾向于脱离对一种同等重要的社会过程的关注，即，垂直的社会流动。" F. Stuart Chapin, "Editor's Introduction," to Sorokin, *Social Mobility*, viii. 更多关于 19 世纪思想中过度的定位论（locationism），参见 Michie and Thomas, "Introduction"。

④ Sorokin, *Social Mobility*, ix, 133—215, 381—492. 强调符号为原文所加。在索罗金著作里的很多**"垂直"**社会流动渠道中——军队、教会、家庭、职业组织——穿越空间的物理运动没有被列入或作为主题，除了在开篇他承认，这种运动具有普遍性。

排除在外，更加深了社会空间与地理空间的分裂。当今最重要的"社会流动"理论家约翰·厄里（John Urry）评论说："很多社会流动著作把社会当成一个匀质的平面，未能记录地域、城市、场所（place）与阶层、性别、种族这些社会范畴的地理交叉。"①实际上，我们可以说，目前围绕空间和运动的很多问题都源于这个自相矛盾的思想时刻，空间—时间出现在哲学中，物理科学使得空间和时间之间的纽带松开。②

当然，也有重要的例外。空间分析和流动研究都从社会哲学家格奥尔格·齐美尔（Georg Simmel）那里汲取灵感，对他来说，运动具有独特的重要性。在他以关系研究为根基的空间社会学中，齐美尔声称，"人类总体上只能通过流动获得我们所知道的存在"。齐美尔察觉到，人们必须移动才能活着；然而，他所说的这种"道路的奇迹"，包含着一种连续的对话过程，它会重塑复杂交错的空间。一座在两点之间建立联系的桥梁，必须矗立于一些停泊点上，它们同时固定和明确了自己的部分；同样，一扇门将一些领域分隔开来，而在另一种意义上，这些领域本来是有联系的。结果是人类生活以及人类思想都驻留在他们自己创造的一幢宏伟的技术大厦中：启动和停止、锚和航道、限制和自由的景观都不是通过抽象的位置来界定，而是由不断的分离和联系过程创造的相关地理环境来界定。③

---

① John Urry，*Sociology beyond Societies*：*Mobilities for the Twenty-First Century*（London：Routledge，2000），3.

② 从历史学家的视角对时间和空间之间这种分离所作的深入批评参见 Philip J. Ethington，"Placing the Past：'Groundwork' for a Spatial Theory of History," *Rethinking History* 11，no.4（December 2007）：465—493。

③ Georg Simmel，"The Sociology of Space," in *Simmel on Culture*：*Selected Writings*，ed. David Frisby and Mike Featherstone（London：Sage，1997），160；Georg Simmel，"Bridge and Door," in ibid.，174；Georg Simmel，*Brücke und Tür*：*Essays des Philosophen zur Geschichte*，*Religion*，*Kunst und Gesellschaft*，ed. Michael Landmann（Stuttgart：K. F. Koehler，1957）. "道路的奇迹"（from "Bridge and Door," 175）这个说法对米米·谢勒尔（Mimi Sheller）和约翰·厄里来说是灵感的关键。"The New Mobilities Paradigm," *Environment and Planning A* 38，no.2（2006）：215.

　　于是，在与思想史形成紧密相关的那几十年里，出现了各种各样关于空间对思想的未来价值的推测：有脱离社会抽象的；有对莱布尼茨单子论重新感兴趣的；还有想象思想是通过空间延伸而形成的，且技术发展使之成为可能。

　　在此背景下阅读某些早期的思想史经典，就能看清楚，它们都对空间这个有潜在价值的新概念有一种创作兴趣和不确定倾向。一方面，对思想史领域的概念而言，空间隐喻数量众多，而且是基础性的。阿瑟·洛夫乔伊把观念史家描述成思想上的分类地理学家，其根本任务是透过不止一个历史领域追踪一种观念，最后实际上是通过所有历史领域追踪该观念，无论该观念在这些领域的重要程度如何，不管这些领域叫作哲学、科学、文学艺术还是政治。然而，就在洛夫乔伊欣然接受了相对论观念，承认有各种潜在的历史空间可供考察时，他也留下了一个问题：这些没有太多理论阐释的"领域"如何衔接起来。① 他的"观念单元"似乎既充当了跨时间关系的塑造者，也是其标识，也就是说，它某种程度上既确立又代表了各"领域"之间的一种相互作用。洛夫乔伊没有解释为何如此，他似乎与索罗金一样，把空间关系筛选出来，只是更单纯地关注文化位置的绝对变动。由此而来的结果是一种思想几何学（而非思想地理学），把观念放置在抽象的社会文化场域中，以至于思想地理学指的是什么至今也尚未明确。②

　　当然，与洛夫乔伊同时期的丹尼尔·莫尔内及其《法国革命的思想起源，

---

① Arthur O. Lovejoy, *The Great Chain of Being: A Study of the History of an Idea*（Cambridge, MA: Harvard University Press, 1936）, 15.

② 关于几何学与地理用于文化分析时的差异的有益讨论，参见 Franco Moretti, *Graphs, Maps, Trees: Abstract Models for a Literary History*（London: Verso, 2005）, 54—56。正如安托万·里勒蒂在本论文集中所言，在法国以及（通过法国历史）在法国以外，这种围绕观念实际上如何在世界上传播的抽象概念，是从社会—历史角度对观念史所展开的批评的焦点，参见安托万·里勒蒂：《法国存在思想史吗？——为预言中的复兴编年》，载于本书。

1715—1787》一书为这个问题提供了深刻且有影响的答案。①莫尔内描述法国大革命思想起源——而非个别"革命观念"的历史——时的抱负是：理解激进概念在法国社会不同地域的"扩散"。②这种地理学视角无疑在某种程度上受到19世纪后期法国历史科学地理学取向的鼓舞。③

虽然如此，但莫尔内的焦点却是把观念放在制度性和社会学位置中：一方面是学院、杂志和沙龙，另一方面是"上层""中层"和"民众"的社会背景。结果是，他的思想视角还是更像几何学的而非地理学的，更集中于处在抽象社会地图中的思想进程的位置，而非思想进程在物理学空间—时间中交往的产物。然而，他在社会学和制度性场所中描绘激进概念的"扩散"，这种方法成功地使18世纪著名的精神导师（maître de l'esprit）丧失了中心地位，但它对关系、进程、交流这些如今作为空间分析核心的问题都甚少涉及。

迄今为止，"空间转向"已在不同领域以完全不同的方式发生好多次了——这取决于人们如何界定它；因此我们最好彻底放弃这个术语，采用绍亚更简单的说法："重提空间"（the reassertion of space）。④这个说法的一个好处是，它有助于提醒我们，空间从未走远（不过，长期以来它在美国学术界的位置尚不明确）。⑤或许放弃单一的"空间转向"还有更大的好

① Daniel Mornet，*Les origines intellectuelles de la Révolution française*，*1715—1787*（Lyon：La Manufacture，1989）.

② Ibid.，23—26.

③ Lilti，"Intellectual History."

④ 绍亚在2010年的一本著作中使用了"空间转向"这个说法，他评论说"空间转向仍处于早期阶段"（！），但这里他考虑的是在文化范围内平衡空间和时间的重要性，而不是具体的学术研究。Edward W. Soja，*Seeking Spatial Justice*（Minneapolis：University of Minnesota Press，2010），3.

⑤ 关于地理学在美国缓慢地恢复声望，参见 Arild Holt-Jensen，"Achievements of Spatial Science," in *Companion Encyclopedia of Geography：The Environment and Humankind*，ed. Ian Douglas，Richard Huggett，and Mike Robinson（London：Routledge，1996），820—823。关于地理学战后在英国的扩展参见 R. J. Johnston，"The Expansion and Fragmentation of Geography in Higher Education," in ibid.，794—817.

216 处，它允许我们去捕捉这一进程的多个面相，以及某些时候自相矛盾的性质，它从很多相互竞争的因素中获取灵感，比如人文主义者、批判的马克思主义者、后现代地理学，以及正在出现的数字技术，如 GIS（地理信息系统）。①

　　如德雷克·格利高里（Derek Gregory）和约翰·厄里注意到的，一般来说，在 20 世纪 60 年代晚期和 70 年代早期的学术思想中，重新呼唤对空间的关注"在人文地理学和社会学的交叉地带"取得了卓著的成效，②那些接受"空间转向"观念的历史学家认为后结构主义哲学文本或批判的马克思主义地理学塑造了这一转向（最典型的是，一方面引用亨利·列斐伏尔 ［Henri Lefebvre］1974 年写的《空间的生产》，另一方面引用英国地理学家大卫·哈维 ［David Harvey］为数众多的研究成果）。③但我们可以提出充分的理由说明，人文主义的方法或计算机方法首先重组了空间分析的领域，至少在地理学里是如此。④如前所述，学者们时常把怀特海的过程哲学和齐美尔的联结社会学视为先例。在地理学领域内部，我们应该提到约翰·赖特（John K. Wright）的《未知的大陆：想象在地理学中的地位》（1947 年）一文。赖特在这里试图转变地理学家的注意力，从努力扩大一个"已知的世界"的范围，转向绘制无数个跨越时空、为个人和共同体"熟悉

---

① 关于人文地理学这些部分的有益概述参见 Johnston and Sidaway，*Geography and Geographers*，111—300。

② Gregory and Urry，"Introduction," to *Social Relations and Spatial Structures*，3.

③ See Barney Warf and Santa Arias，"Introduction: The Reinsertion of Space in the Humanities and Social Sciences," in *The Spatial Turn：Interdisciplinary Perspectives*，ed. Barney Warf and Santa Arias，Routledge Studies in Human Geography（London：Routledge，2009），3；Lefebvre，*Production of Space*. 关于大卫·哈维著作的完整目录参见 Noel Castree and Derek Gregory，eds.，*David Harvey：A Critical Reader*（Malden，MA：Blackwell，2006），295—302。大卫·哈维早期著作中很重要的是 *Social Justice and the City*（Baltimore：Johns Hopkins University Press，1973）一书。

④ 按照我的排列，我会大体跟随约翰斯顿和西达韦的著作《地理学和地理学家》（*Geography and Geographers*），把人文地理学和计算机地理学的位置颠倒过来。

的世界"。①

同时，到了 20 世纪 60 年代早期，将最早的计算机应用于空间分析问题的做法已经取得了相当大的进步。从 1960 年开始，加拿大政府开发了加拿大地理信息系统（Canada Geographic Information System），用来储存、分析以及将地理空间数据可视化，产生了人们所说的首个"大规模的以计算机为基础的 GIS"。随后，出现了"地理信息技术"这个术语，用来描述将空间形态（绘制在有确定界限的地图上的点、线和多边形）与其他量化和质化数据联结起来的多层方法。②虽然这种技术（下文将更充分地讨论其概念和用途）的持续发展招致了人们的指责，认为它标志着一种向实证主义"绝对"空间的顽固回归（这样的争论并没有完全消失），但 GIS 对于治理、商业和战争毋庸置疑的功效，促使它快速发展，一直到 21 世纪头十年早期，互联网使其真正变得无处不在。③

从长期来看，这些人文主义空间研究方法以及计算机空间研究方法在近来的地理学思想中已经变得很普遍，即便这些研究方法有些相互对立。不过，那些对空间感兴趣的后现代思想家和批判的马克思主义思想家，如列斐

---

① John K. Wright，"Terrae Incognitae: The Place of the Imagination in Geography," *Annals of the Association of American Geographers* 37, no.1（March 1947）:1—15. Johnston and Sidaway, *Geography and Geographers*, 190—199 注意到了怀特对现代人文地理学的启迪（尽管有点延迟）。Anne Buttimer, "Geography and Humanism in the Late Twentieth Century," in Douglas, Huggett, and Robinson, *Companion Encyclopedia of Geography*, 838—841. 关于"场所"——一个与经验性和阐释学分析模式相连的概念，最好与"空间"区别对待——的未来检验标准参见 Yi-fu Tuan, *Space and Place: The Perspective of Experience*（Minneapolis: University of Minnesota Press, 1977）; Edward S. Casey, *The Fate of Place: A Philosophical History*（Berkeley: University of California Press, 1997）。历史学家对空间在人文地理学中作用的看法参见 Charles W. J. Withers, "Place and the 'Spatial Turn' in Geography and in History," *Journal of the History of Ideas* 70, no.4（2009）:637—658。

② 参见 Timothy W. Foresman, "GIS Early Years and the Threads of Evolution," in *The History of Geographic Information Systems: Perspectives from the Pioneers*, ed. Timothy W. Foresman（Upper Saddle River, NJ: Prentice Hall PTR, 1998）, 4—5; Roger Tomlinson, "The Canada Geographic Information System," in ibid., 21—32。

③ 关于围绕 GIS 的争论参见 Pickles, *Ground Truth*; Stan Openshaw, "A View on the GIS Crisis in Geography," in *Human Geography: An Essential Anthology*, ed. John Agnew, David N. Livingstone, and Alisdair Rogers（Malden, MA: Blackwell, 1996）, 675—685。

伏尔和哈维，对地理学之外的学术研究产生了更为直接的影响。人们认为是他们将学者们的注意力转向空间的社会结构。受马克思主义传统的启发，他们都将空间生产看成政治活动的关键领域，其中，存在着资本主义统治的种种形式，伴随着这些形式，不平等被镌刻到我们生活的景观中。然而，尽管揭露社会权力在空间创造中如何被塑造以及被消解的批判意愿将他们联结起来，但就像哈维最近观察到的，他们对这个核心概念的界定存在相当大的差异。

列斐伏尔把他的研究《空间的生产》描述成，从抽象数学的势力范围中复原一种本来就鲜活生动的社会产物。列斐伏尔声称，"就在几年以前，'空间'一词还有着严格的几何学涵义"，"所以谈到'社会空间'，听起来会很奇怪"。①他提议通过识别三种不同的过程来纠正上述情况，这三种过程一起塑造了"社会空间"：空间实践（生产和再生产模式，它塑造了作为每种社会结构之典型的独特位置和空间布局）；空间表征（由科学家、规划者等"概念化的空间"）；表征空间（正好从相互关联的图像和符号中存活下来的空间）。②

哈维对列斐伏尔描述社会在空间中生产各种关系的多个过程充满敬意，不过他最近敦促学者们思考至少三种不同的空间定义，而不要将它们混淆在一起。我们或许应该对空间进行多样化的思考，把它作为一种**"绝对"**（*absolute*）现象（也就是人们提到的，把位置放在固定的牛顿式宇宙中）；一种**相对**（*relative*）现象（它的位置在爱因斯坦式空间—时间的可变几何学中变动）；或者作为一种更具**关联性的**（*relational*）概念，内在于其本身的主观意识中。（在最后一种理解中，进程内在于意识，逐渐产生了反思性的地理学，它外在于过去、现在以及可预期的未来经验组成的网络。哈维评论说，就此观点而言，进程根本不是发生在空间中的，因为"空间概念是嵌入或内在于进程的"，就像在莱布尼茨的单子生命中一样。）

因此，依照哈维的例子，一次列斐伏尔式的"空间实践"或许在绝对空间中会表现为一扇物理大门的形式；在相对空间中会表现为新交通运输系统

---

① Lefebvre，*Production of Space*，1.

② Lefebvre，*Production of Space*，33—39.

影响位置的方式；以及表现为感官经验（气味、声音、视野）的突然转变对
关联性空间那种生机勃勃的宇宙哲学的影响。至于是否应该在任何一种单独
的（绝对的、相对的、关联性的）定义中思考空间问题，哈维否认存在终极
的哲学答案，他指出，每种意义（对生活以及学术）的功效取决于"所研究
现象的性质"。拿他的另一例子来说，财产的全部要义就是在绝对空间中创
造差异，因此，一种绝对的路径或许有助于对财产进行探究。同样的方法用
于分析圣心大教堂或天安门广场的文化权力，或许就对实践、概念或经验
（粗糙对应列斐伏尔的三重过程）没什么发言权。①这里，似乎就不可避免要
将研究扩展到空间的其他定义。

　　20 世纪 70 年代和 80 年代，空间研究的所有这些方面快速发展，但人们　218
普遍认为"空间转向"刚刚在历史学中出现。从这点来判断，我们可以想
见，空间概念在历史学家中反响甚微。②提供一些为什么会出现此种情况的假

---

①　刚刚讨论的概念系统和例子参见 David Harvey，"Space as Keyword," in Castree and Greg-
ory，*David Harvey：A Critical Reader*，271—284。哈维在 Harvey，*Social Justice*，13—14 中
形成了他的绝对、相对和关联性空间的三重概念。关于"关联性空间"——哈维认为它与唯
物论是有可能调和的——的延伸讨论或许可以参见 David Harvey，*Justice*，*Nature and the
Geography of Difference*（Cambridge，MA：Blackwell，1996），248—290。

②　最近一些呼吁重燃历史学对空间之兴趣的著作参见 Anne Kelly Knowles，*Placing History：
How Maps*，*Spatial Data*，*and GIS Are Changing Historical Scholarship*（Redlands，CA：
ESRI Press，2008）；Charles W. J. Withers，*Placing the Enlightenment：Thinking Geograph-
ically about the Age of Reason*（Chicago：University of Chicago Press，2007）；David J.
Bodenhamer，John Corrigan，and Trevor M. Harris，eds.，*The Spatial Humanities：GIS and
the Future of Humanities Scholarship*（Bloomington：Indiana University Press，2010）；Mi-
chael Dear et al.，GeoHumanities：*Art*，*History*，*Text at the Edge of Place*（London：Rout-
ledge，2011）；Richard White，"What Is Spatial History," n.d.，http://www.stanford.
edu/group/spatialhistory/media/images/publication/what%20is%20spatial%20history%20pub%
20020110.pdf；Ethington，"Placing the Past"；David N. Livingstone，*Putting Science in Its
Place：Geography of Scientific Knowledge*（Chicago：University of Chicago Press，2003）。
最近一本关于历史学在"语言转向"后下一步要做什么的著作，聚焦于社会学实用主义，在
社会学实用主义中，不管从哪个方面来看待空间，它都被当作实践的结果：*Practicing His-
tory：New Directions in Historical Writing after the Linguistic Turn*（Rewriting Histories），
ed. Gabrielle M. Spiegel（New York：Routledge，2005）。

设，或许有助于我们为思考当前和未来将思想史"空间化"的尝试搭建舞台。

或许首先需要说明的是，有些哲学和地理学文本，人们普遍认为它们标志着学术研究"空间转向"的开始，但我们有正当的理由认为，它们（至少最初）仅仅是在追赶历史学对人类经验之社会维度的传统关注，也就是说，其他学科正在采纳历史学早已完成的"社会"转向。列斐伏尔指责先前的学术研究关注物理空间而非"社会空间"，这一指责似乎并不符合上文讨论的思想史创建时期。诚然，新兴的从社会文化角度对思想史的批判认为，洛夫乔伊的历史太远离社会现实，缺少足够的描述性力量或分析性力量。[1]罗伯特·达恩顿沿着莫尔内确立的传统继续前进，他在1971年主张，有必要把"启蒙运动置于18世纪社会的现实情况中"。[2]然而，这些批评主要针对的并不是思想史著作中空间或地理学的缺失，至少当时还不是。就像林·亨特（Lynn Hunt）已注意到的，到了20世纪70年代，即便在费尔南·布罗代尔倡导真正的大范围地理史学（geohistoire）的发源地、深受地理学影响的年鉴学派之中，"地理学维度，尽管在场，也只是作为一种老生常谈出现在每个研究的开头，并非一种引领性的精神"。[3]

更确切地说，对思想史的社会批判、社会文化批判，以及最终那种文本性和实用性批判的出现，都集中于"社会空间"的社会部分。回过头来看，这似乎是将所谓文化转向（实际上包含了各种各样社会学的、诠释学的、话语的、精神分析的、物质的，以及技术驱动的成分）凝聚起来的少数事件之一。[4]例

---

① Roger Chartier, "Intellectual History and the History of Mentalités: A Dual Re-evaluation," in Chartier, *Cultural History: Between Practices and Representations* (Cambridge: Polity, 1988), 27—37. 同时参见安托万·里勒蒂在本论文集中的文章。

② Robert Darnton, *The Kiss of Lamourette: Reflections in Cultural History* (New York: Norton, 1990), 221—222.

③ Lynn Hunt, "Introduction: History, Culture, and Text," in Hunt, ed., *The New Cultural History* (Berkeley: University of California Press, 1989), 3.

④ 有时，各种各样的成分都被糊里糊涂地归类到"文化史"这个术语之下，关于这个问题有个很好的讨论，参见 Bill Schwarz, "Cultural History," in *Encyclopedia of Historians and Historical Writing*, ed. Kelly Boyd, 2 vols. (London: Fitzroy Dearborn, 1999), 276—279.

如关于语境化（contextualize）的争论——更确切地说，是人们应该怎么做到语境化——是过去几十年当中，将文化批评的各种成分（即使有争论）联结起来的主要脉络之一。几乎所有理论中，如吉尔兹的"深描"、福柯的话语分析、斯金纳的意图分析、文化符号学（比如苏联学者尤里·洛特曼［Iurii Lotman］实践的文化符号学）、拉康式的分析等，被分析的空间本质上是社会文本，是人们的交流叙述体系，由于牵涉到权力运行以及它在人类共同体中的意义，它往往完全是在整个时代或全社会范围内被想象的。①

当然，指出这点，不是要贬低文化语境化对思想史的持久重要性；实际上，我们甚至没有必要批评"文化转向"未能关注空间。而且，我们可以将"空间转向"的很多方面（像人文地理学家所做的概念化，列斐伏尔和哈维代表的哲学和地理学传统，或者 GIS 技术所展示的表格化和可视化），视为与当时历史学家的日常实践同时存在。勒华拉杜里（Le Roy Ladurie）的《蒙塔尤》和卡洛·金茨堡（Carlo Ginzburg）的《奶酪与蛆虫》这类地方性微观史学，突出描写了场所的意义和宇宙论的创立；威廉·克罗农（William Cronon）的《自然的大都市》把美国人的地理意识置于铁路发展和商品交换创造的新的相对空间中；达恩顿和夏蒂埃倡导的书籍史传统在思考文化领域、关注书籍生产、分销和消费的地理分布方面，比其他任何传统都具有更持久强劲的地理学属性。②

即便如此，前行中的思想史面临的问题似乎是双重的。③首先，在什么基

219

---

① 乔纳森·伊斯雷尔对最近的思想史进行了类似的、宽泛的"文化社会学"解读，不过与他相比，我倾向于从更社会化的角度来看文本语境主义，参见 Jonathan I. Israel, *Enlightenment Contested: Philosophy, Modernity, and the Emancipation of Man, 1670—1752*（Oxford: Oxford University Press, 2006）, 21—24。

② 参见吕西安·费弗尔对书籍印刷术传播的经典分析，以及从中兴起的"书籍史"的悠久传统，Lucien Febvre and Henri-Jean Martin, *The Coming of the Book: The Impact of Printing*, ed. Geoffrey Nowell-Smith and David Wootton, trans. David Gerard（London: NLB, 1976）; Bill Bell, Phillip Bennett, and Jonquil Bevan, eds., *Across Boundaries: The Book in Culture and Commerce*（New Castle, DE: Oak Knoll Press, 2000）。

③ Soja, *Postmodern Geographies*, 11, 23; Soja, *Seeking Spatial Justice*, 14—17.

础上、或什么程度上，思想史应该不仅仅将空间视为社会语境的一个附属范畴，而是将其视为一个理应给予优先考虑的主题或方法？其次，思想史可以从中得到什么好处？

或许，绍亚、列斐伏尔和哈维对传统历史学做法的批评就是开启这种评估的一个出发点。依据绍亚的看法，近现代的学者未能对时间与空间之间的关系持一种适当的辩证认识，这导致历史学在政治压迫的名义下被工具化。他认为历史学解释过度关注作为积极变量的时间和社会存在，往往忽略或模糊人类经验的空间维度，这一做法助长了将不平等和不公正具象化为纯粹景观特征。①哈维主张，一种对"空间社会构成"的随意认识常常获得相同的效果。就像学者们随意谈论空间和社会之间的辩证关系、谈论由这两个领域构成的世界以及两者的相互构成之时，未能密切关注空间，常常导致了"一种非常平淡乏味的表述——社会关系发生在某种事先构成的静止框架中"。②因此对哈维来说，跟绍亚一样，关注空间是对历史学的理性化倾向的一种重要平衡。因此，把空间（绝对的、相对的、关联性的）与时间并置，能够突出这一点——一个由原因、偶然性、结果构成的完整的新领域，换一种其他的方式或许就会模糊不清。

在《空间的生产》中，列斐伏尔提出了类似的主张：由于没能关注空间，这就助长了意识形态上的蒙昧主义（他的叙述实际上受哈维和绍亚的启发）。③但他也把空间本身等同于一种社会文化制品："一个社会的空间实践是通过破译其空间来揭示的。"④因此，除了强调它们作为现存思想经典的语境的价值之外，列斐伏尔还主张，空间关系本身可以被理解为一种思想文集：我们尚需系统性地对其进行研究、出版或分析，但它理应在我们的精神世界史中占据重要位置。

220

---

① Soja, *Postmodern Geographies*, 15—23；Soja, *Seeking Spatial Justice*, 13—20.

② Harvey, *Justice*, *Nature*, 207.

③ Lefebvre, *Production of Space*, 47—51.

④ Ibid., 38.

　　面对这些围绕偏见和遗漏的指控，思想史有多少愧疚感？启蒙史学或许是思考这个问题时最历久不衰的例子，从它最早现身，到它后来长时间受莫尔内的研究项目——追踪"（启蒙）哲学"（*Philosophie*）在（社会）空间中的"扩散"——的启发，它在地理概念上都是跨国性的。①乔纳森·伊斯雷尔（Jonathan Israel）在《争议中的启蒙运动：哲学、现代性与人的解放，1670—1752》中主张，尽管存在这些研究投入，但启蒙史学仍然为持久的民族偏见所纠缠；而且莫尔内基于"扩散论"的"文化社会学"已走到尽头。伊斯雷尔认为，一方面，"扩散论"方法助长了一种对思想生命的抽象看法，洛夫乔伊"观念单元"的历史长期以来因此为人所诟病，在"观念单元"的历史中，观念从一处漂流到另一处，似乎与更大的社会结构的演化没有什么关系。

　　另一方面，在伊斯雷尔看来，"扩散论"方法促进了这样的观念：过去的、真正的精神生活较少呈现为有意识的争论和介入，更多呈现为深层的、由社会驱动的态度和心态的变化。②在伊斯雷尔看来，最终的结果是在人类生活中，观念被分配了"太少"（*little*）重要性，因为意识实际上变成完全结构性的了。为了取代这种"文化社会学"和传统观念史，伊斯雷尔提出了一种新的"争论性"方法。他的意思是要研究那些重要辩论或"争论"，因为有大量的原始资料将它们记录下来，从完整的文本和理论体系（这些历来在思想史家的权限范围内）到批判的哲学（当它通过整个人类生活来表达自己时）；从法律和科学话语到"大众抗议和介入"。伊斯雷尔承认这些重大"争

---

① 尽管思想史（启蒙运动是它的一部分）中恼人的民族主义已经被很多人批评过，包括保罗·吉洛伊所做的最激烈的批评 Paul Gilroy, *The Black Atlantic: Modernity and Double Consciousness*（Cambridge, MA: Harvard University Press, 1993）, 1—40, 但应该说，观念史（尤其是启蒙运动历史哲学）始终宣称，它要成为跨国性的，自由地跨越地理和民族的界限。参见 Arthur O. Lovejoy, "Reflections on the History of Ideas," *Journal of the History of Ideas* 1, no.1（January 1940）: 3—23; Peter Gay, *The Enlightenment, an Interpretation: The Rise of Modern Paganism*, 1st ed.（New York: Knopf, 1966）。

② Israel, *Enlightenment Contested*, 18—23.

论"发生过且存在大量证据，他强调，自己的"'争论性'方法"追踪着"整个启蒙时代发生在西大西洋世界每个地方的公共事件"，并将使真正的跨国性思想描绘成为可能。①

伊斯雷尔发现围绕观念在生活中的地位，持续存在着民族—地域偏见或结构主义假设；相对于文化社会学关注文本或观念的"扩散"，他对争论的关注能矫正这些偏见或假设吗？从严格的空间角度来看，似乎会有问题。伊斯雷尔以惊人的博学重构了关键争论，甚至重构了它在社会等级中自如地从"上"到"下"、从大欧洲世界的一端到另一端的穿梭，他似乎对争论的场所以及它们之间的交流如何形成很少有严格的概念。当然，他可以利用、也确实利用了"扩散论"的研究成果以及他自己对近代早期经济令人钦佩的考察，来表明态度变化的"社会"广泛性，或者援引移民和流散侨民社群对启蒙运动传播可能产生的类似影响。然而，他最后似乎满足于把自己的"争论性"方法置于"文化社会学"所产生的社会几何学中，他批判"文化社会学"的因果观念，但发现"文化社会学"对启蒙运动社会维度的分析令人赞叹（因为它也确实如此）。②

然而，这种争论性方法可以用以解释人类行动既"'占据'场所，又'制造'场所"的方式吗？菲利普·埃星顿（Philip J. Ethington）注意到了这点。③埃星顿的意思是，事件在空间—时间中创造位置，而非简单地作为现象在绝对地理表面扩散或分布。近代早期思想活动——不管是被看作观念的流动，还是被看作广泛的交流性争论的表达——如何参与了18世纪空间的创

---

① Israel, *Enlightenment Contested*, 24—26.

② 见 ibid., 19—21。在该书的主要章节中，第五章应该说是最明确地参与了地理学问题。该章认为，流散的共同体，特别是波兰的索齐尼教徒，17世纪末在促进关于宗教信仰（以及基督教）的激进观念方面发挥了重要作用（ibid., 115—134, esp. 115—117）。但是关于这种激进联系的形成所作的讨论没有超出这个假设太远，它的机制也没有得到考察。准确地说，这个文本的目标不是研究争论的空间如何被制造出来，而是什么观念在这些空间中得到了表达。

③ Ethington, "Placing the Past," 465.

造？是否能以绝对、相对、关联性或（最终）档案性的术语来理解？①

　　查尔斯·威瑟斯（Charles W. J. Withers）在其著作《安放启蒙运动》中主张，"将场所当作社会实践、将安放作为一个社会过程"来思考，或许有助于解释"观念在空间上的崎岖运动"。②回到列斐伏尔和赖特的深刻见解，我们同样可以把这个论述做个有益的倒转，在精神生活不断重新排列的变动中对其进行研究的地理学，可能不仅对意义的景观，而且对权力和社会在时间中的运作都大有可为。从这点上来看，研究对象是"观念"还是"争论"都不太重要。最终我们选择追踪哪个对象，以它为了解空间—时间在其绝对、相对或关联性维度进行生产的方式，似乎将取决于我们希望去研究的现象，而不是被抽象地表达出来的精神过程的绝对性质。比如，安托万·里勒蒂在为本论文集所写的文章中力主人们关注思想工具或知识体系的传播，而约翰·特雷施和 D. 格雷厄姆·伯内特（D. Graham Burnett）从科学史出发，强调实物和以场所或制度为基础的生活形式的分布。③

　　理查德·怀特（Richard White）在其最近的文章《什么是空间史？》中注意到，若不考虑描摹因素，观察现象及其与空间生产的关系最直接的手段最终还是研究运动。这一步骤有个额外好处，因为它包含了整个自然界： 222

　　　我们通过自身的活动、我们运送的货物、我们交换的信息生产和再生产空间。其他物种也通过它们的活动生产空间。空间关系是通过人、植物、动物、货物和信息的活动来确立的。④

---

① Ethington，"Placing the Past，" 471. 就像下面要讨论的，这种观念正在那些对数字化可视效果感兴趣的历史学家中间流行起来，参见 Edward L. Ayers，"Turning toward Place，Space，and Time，" in Bodenhamer，Corrigan，and Harris，*Spatial Humanities*，10。

② Withers，"Place and the 'Spatial Turn，'" 638—639；Withers，*Placing the Enlightenment*.

③ Lilti，"Intellectual History"；John Tresch，"Cosmologies Materialized：History of Science and History of Ideas，" 载于本书。

④ White，"What Is Spatial History？，" 3.

因此,(就像赖特的地理学所展示的,)我们尤其要研究人们是如何了解并实践这些景观的,以此从孤立空间中点的地理位置,移动到与之相连的流动的和景观式的地理位置。

然而,相较于透过对绝对的笛卡尔式空间的简要印象来标绘事件的位置或分布,透过历史的空间—时间来研究运动相当困难。一部分问题在于资料基础。就像我们重构普通法国人的活动时,只能依赖其出生和死亡所提供的非常令人沮丧的记载(而非通过任何一种坐标来系统地记录在他们的生活中相交叉的道路),因此,思想过程的轨迹也是很难被发现和分析的。①

这个领域正在进行越来越多的大规模尝试,以发展对于历史研究有用的GIS形式,努力追踪运动和"场所"的历史。②这种 GIS 的核心是数据库,它们将定性或定量的"属性"数据与用户指定的地图网格(其本身可能是绝对的[笛卡尔式的]或相对的)上的位置联系起来。这类数据库通常是由大量文本语料库数据化后产生的元数据发展而来,可以用来进行空间查询。一个工艺品在 1767 年流向哪儿了?那些与它有接触的人有什么进一步的关系?某一特定主题的调用半径是多少,或者那些对它感兴趣的人组成的(在相对空间中标绘的)社会网络的性质是什么?或许同样重要的是,这些关系可以用数字形式可视化,并以动画的形式来创造一种时间过程感。

因此,像荷兰科学研究组织(NWO)资助的项目"17 世纪荷兰共和国知识与学术实践的传播",目的就是深入"了解知识是如何通过 17 世纪学者之间的通信来迁移的"。他们以大约 2 万份荷兰学者之间的交流信件所构成的数据库为基础,建立了一个名为 ePistolarium 的网络应用程序,让学者们进

---

① 关于近代早期人类活动研究的基础性资料(特别涉及法国),参见 Leslie Page Moch, *Moving Europeans: Migration in Western Europe since 1650*, 2nd ed.(Bloomington: Indiana University Press, 2003)。

② White, "What Is Spatial History?"; Withers, "Place and the 'Spatial Turn'"; Bodenhamer, Corrigan, and Harris, *Spatial Humanities*; Warf and Arias, *Spatial Turn*; Knowles, *Placing History*; Dear et al., GeoHumanities.

行地理和社会网络分析，以揭示知识在这个早期"信息社会"中如何流通的
绝对和相对维度。①牛津大学组织了一个庞大的书信库项目，"电子启蒙运动　223
项目"（Electronic Enlightenment Project），从该项目提供的元数据着手，历
史学家们在斯坦福大学的"绘制文人共和国地图"项目中，正在创建类似的
可视化工具，以尝试发现和分析 18 世纪思想活动所处的通信网络。对于启蒙
生活中的一些老生常谈的事情，如"大旅行"（the Grand Tour）或伏尔泰的
观点，如果利用数字化技术提高观察和表达其空间维度的能力，我们可以从
中了解到什么？②

　　GIS 技术出现在地理学的时候引起了极大争论，争论所集中的问题是，
它们所产生的分析和可视化效果究竟标志着一种富有启发的进展，还是仅仅
在技术外衣下，向傲慢的绝对空间概念的强势回归。此类争论肯定会在历史
学中重演，绝大多数进入这个领域的学者都承认这点。③显而易见，历史学资
料很难符合现代数字化数据库采用的标准或分类；创建可视化效果带来的曲
解甚于启发，这是历史学家始终要面对的危险。④理查德·怀特说，更微妙的
是，"GIS 最终强调的不是空间的建构性，而是其已知性，如果你要动身去炸
毁某个东西或者出门就餐，它便很好用，但如果你要设法理解人类随着时间
推移对空间进行更广泛的建构，它便不太好用了"。⑤

　　我们怎么才能学会将多种历史空间的产物可视化，比如，用查尔斯·威　224
瑟斯的术语来说，将启蒙运动"安放"在一个结论适度开放的、显而易见

---

① 这个项目的所有网页以及 ePistolarium 网页应用可以在下面的网站上找到：http://ckcc.
　 huygens.knaw.nl/。

② 见 http://republicofletters.stanford.edu/（2012 年 12 月 5 日访问）。我要感谢该项目的主要
　 研究者丹·埃德尔斯坦（Dan Edelstein）2012 年 11 月与我会面并讨论了这项工作。

③ Pickles，"Representations in an Electronic Age"；David J. Bodenhamer，"The Potential of
　 Spatial Humanities," in Bodenhamer，Corrigan，and Harris，*Spatial Humanities*，14—30.

④ 我要感谢丹·埃德尔斯坦的"绘制书信共和国项目"（"Mapping the Republic of Letters
　 Project"）竭力为我阐明这点（私人谈话，Stanford，CA，November 2012）。

⑤ White，"What Is Spatial History?," 5.

的、历时性的灵活状态中？随着历史学家们在今后向数据可视化的领域摸索前进，解决这个困境毫无疑问既需要解释上的想象，也需要技术上的创新。

在本文中，我设法概述过往一个世纪中思想史和空间分析的一些联系点。暂以大卫·哈维的术语来表达我的假设，我要说的是，思想史一直以来都关注着相对空间的观念，即在社会构建起来的表述场地这个"领域"中标绘思想产物的观念；但思想史在这个维度上的独特力量使得它在绝对（物理）位置问题上，以及关联性地理问题（精神生活在围绕一个场所形成的宇宙学中的意义，以及反映在这种宇宙学中的、想象中的过去、现在和未来的涡旋）上表现乏力。矫正这种情况最好的方法或许是，将空间生产更充分地融入思想的历史研究，尤其要研究支撑它的运动和过程。是通过 GIS 产生的大规模数据驱动的、数字表现的可视化效果来对其进行最佳矫正，还是要依靠更传统的研究和叙述技巧？对此，我们拭目以待。

不过，文章末尾我们要讨论两个到目前为止仍悬而未决的重要问题。首先，空间分析——无论人们怎样研究它——仅仅是一种语境化形式（当语境指涉的是讨论人类思想活动的解释时），还是说它本身就是一种解释形式？例如，思考康德的著名文章《什么是启蒙运动》的地理影响肯定很有趣，因为它跨越时空并创造了各种各样的景观，如柏林星期三协会（Berlin Wednesday Society）或寻常的美国大学毕业典礼演讲。从这个角度来说，可以用康德来追踪权力、社会，当然还有空间本身的生产这些更大的问题。但如果人们阅读或试图理解康德思想本身的活动呢？这种形式的分析会不会仅仅成为大家回避对思想史之思想成分进行思考的另一种方式，进而倾向于以另一种名义成为社会史学家、政治史学家或空间史学家？

我个人认为，这个问题可以从两个角度探讨。首先要说，是的，当然可以把空间分析简单地理解为解释思想史的一种新背景，这里的思想史表现为一系列人工制品，包括复杂的哲学体系，这些哲学体系无疑保留了大量东西来告诉我们，人们如何在时间长河中努力应对存在问题。空间能否作为一种斯金纳式的或其他意义上的更明晰的语境，也就是说，它是否能使我们对原

225

有意义或影响的理解更加明朗，这很大程度上取决于我们想要理解文本的什么方面。就像弗朗科·莫莱蒂（Franco Moretti）最近说的，"地理学是一种有用的工具，但它不能解释一切。因为我们有占星术和'相对论'"——还有，我们可以不那么尖刻地加入一些其他解释模式，有些是直觉式的、有些是抽象的，我们总是通过这些解释模式产生理解。[1]

然而，我们须记住，空间本身不仅是人类活动的容器，也是人类存在的产物；不仅是文本解释的"语境"，也是一种思想生产模式，本身就有资格得到解释，这一点似乎很重要。尽管难以捉摸的地理知识学（geosophy）世界，即过去的人们和共同体都知道的世界，往往很难为人所发现（因为它在历史记载中的记录稀少，甚至被故意抹去），甚至更难为人所理解（因为与之相连的实践和抱负如今都已模糊），但它们对今天的我们仍有极大的哲学重要性。因此，很有可能要把空间加到那些复杂的人工制品的名单中，思想史的工作就是要协助人们认识和解释它们。（这实际上已经发生在地图学史领域，但可能超出了官方和科学的范畴。）[2]

最后就是类型问题。GIS 领域目前正在进行的很多项目，目标是整理出一些没有定论的资料，将其当作最终成果，可供其他人来研究和创造历史。目前流行的假设似乎是，我们正处在一个电子互动版本时代，也就是说，新一代历史学家正在参与一种创建学术资料的基础性工作，在文本领域这是从古腾堡项目（Gutenberg）开始的。然而，问题就变成了，一张地图或可视化效果本身是否能成为、或在什么阶段成为历史解释和叙述的主要类型。一种置于空间中的、互动的、图示化的启蒙运动究竟会不会代替一篇关于它的文

---

[1] Moretti, *Graphs*, 53.

[2] Mark S. Monmonier, *How to Lie with Maps*（Chicago：University of Chicago Press，1991）；J.B. Harley, *The New Nature of Maps*：*Essays in the History of Cartography*, ed. Paul Laxton（Baltimore：Johns Hopkins University Press，2001）；Valerie A. Kivelson, *Cartographies of Tsardom*：*The Land and Its Meanings in Seventeenth-Century Russia*（Ithaca, NY：Cornell University Press，2006）.

章？有人认为，它不仅能代替，而且某种程度上，（如果不是必然并在所有情况下）它已经代替了。甚至可以说，二维图片似乎告诉我们很多"瞬间"，动画制作又正在赋予它们叙事深度和年代次序，而这些曾经是文本的传统优势。因此，问题又变成了，（在空间或任何其他方面）思想史可视化的标准是什么，应该如何评估这种可视化解释？它的突出优势是什么，它的严重危险是什么？在思考思想史的空间维度时，此类问题自然会产生；但它们又超出了空间维度，成了整个思想史领域需要面对的重要问题，因为绘制地图作为一种智识生活的形式在继续走向全球。

XII 思想史的国际转向 *

大卫·阿米蒂奇

>   ······观念是世界上流动性最强的东西。①
>
> ——阿瑟·洛夫乔伊,1940

>   人们常常认为,智识生活具有一种自发的国际性,没什么比这更错误
> 的了。②
>
> ——皮埃尔·布尔迪厄,1990

　　在历史学专业出现后的大部分时间里,世界上大多数地区的历史学家都献身于方法论上的民族主义。与大多数研究其他社会科学的学者一样,他们假定,政治上组织成国家的、自我认同的民族是历史研究的首要对象。③与之

---

* 我特别感谢亚历山大·贝维拉加(Alexander Bevilacqua)、菲利普·菲莱里(Philip Fileri)、米拉·西格博格(Mira Siegelberg)对本文的早期版本的指正;感谢哈佛大学拉德克利夫探究研讨会的参与者;感谢赫尔辛基、伦敦和普林斯顿的听众。

① Arthur O. Lovejoy, "Reflections on the History of Ideas," *Journal of the History of Ideas* 1 (1940):4.

② Pierre Bourdieu, "Les conditions sociales de la circulation internationale des idées," *Romanistische Zeitschrift für Literaturgeschichte / Cahiers d'Histoire des Littératures Romanes* 14 (1990):2.

③ "一个情感共同体,它的适当表现就是人们自己的国家,因而它在通常的情况下天生就倾向于产生国家"; Max Weber, *From Max Weber: Essays in Sociology*, ed. H. H. Gerth and C. Wright Mills, new ed.(London: Routledge, 1991), 176。

相应，他们的主要任务就是叙述民族国家如何出现、如何发展以及它们之间如何相互影响。即便那些有意跨越各民族历史边界的历史学家也是沿着同样的界线工作的。比如，外交史学家运用国家档案重构各国之间的关系；移民史学家追踪新移民到达和融入现在国家；①帝国史学家把帝国当作各民族历史的延伸来研究，尽管他们一般都严格区分宗主国（大部分在欧洲）的历史与其殖民地（大部分在欧洲之外）的历史。在所有这些领域中，历史问题关心的是稳定性而非流动性，关心的是固定下来什么而非混合起来什么。

各个领域的历史学家直到最近才向他们各自描述的国际研究、跨国研究、比较研究以及全球研究移步。他们的尝试性工作在范围、题材或者动机上各不相同，在如何区分这些研究历史的非民族路径上也没有任何共识。国际史学家往往把由多国构成的社会的存在视为理所当然，却透过国家边界去勾勒从外交、金融到移民、文化交流等的国家间关系。他们考察跨越领土边界的进程、活动与机构，如环境、有组织的犯罪、流行病、大公司、宗教、国际社会活动。比较史学家讨论不同的历史对象以及每个对象本身，这些对象常常是（但也不总是）按照民族来界定的；不过他们并不总是基于其研究对象之间的每个实际历史关联来展开讨论。全球史学家探讨全球化的历史及其前史，探讨已经普世化的那些对象的历史，探讨亚全球地区，如大西洋、印度和太平洋之间的联系。将这些方法联系起来的家族相似性就是，渴望超出或超越以民族界定的各国历史，以及被国家捆绑的民族历史。这些方案合起来构成了历史书写的国际转向。②

233

---

① Andreas Wimmer and Nina Glick Schiller, "Methodological Nationalism, the Social Sciences, and the Study of Migration: An Essay in Historical Epistemology," *International Migration Review* 37 (2003): 576—610.

② Patricia Clavin, "Defining Transnationalism," *Contemporary European History* 14 (2005): 421—439; C. A. Bayly, Sven Beckert, Matthew Connelly, Isabel Hofmeyr, Wendy Kozol, and Patricia Seed, "*AHR* Conversation: On Transnational History," *American Historical Review* 111 (2006): 1441—1464; Pierre-Yves Saunier, "Transnational," in *The Palgrave Dictionary of Transnational History*, ed. Akira Iriye and Pierre-Yves Saunier (Basingstoke: Palgrave Macmillan, 2009), 1047—1055; Akira Iriye, *Global and Transnational History: The Past, Present, and Future* (Basingstoke: Palgrave Macmillan, 2013).

这种国际转向或许代表了自从 20 世纪 60 年代社会史兴起以及 70 年代语言转向以来最具革新性的史学运动。①为什么它会同时发生在那么多史学研究领域？对思想史来说，这将是个好问题。然而，它给思想史家提出了一个特殊的难题，迄今为止，他们对国际转向所书甚少。思想史在国际转向中缺少参与部分要归因于在构成国际转向的很多史学类型中，唯物主义占据了主导地位。研究资本、帝国和移民的历史学家与怀揣全球化抱负的社会学家和考古学家一起，引领了关于这场运动的辩论，并完成了很多重要的综合性著作。对这些历史学家来说，"每个时代都有它需要的思想"，如佛教、基督教、伊斯兰教，它们实际上都是一样的。②他们认为，在"思想史"这一术语的两重意义上，它似乎都是非物质的：它是那种头脑的历史，讨论来自内心世界的、无实体之存在的非真实想象。思想史家面临的一大重要挑战便是，如何与这种怀疑主义作斗争，而又不屈服于化约论（reductionism），亦不消解其研究领域的种种特征。在这种情况下，继续前进的最好办法就是回到思想史本身的发源地，即，史学被纳为民族国家婢女之前的时期。

　　思想史可以底气十足地声称，它就是国际史的先驱。唐纳德·凯利（Donald Kelly）指出，观念史最早的实践者，从 17 世纪中叶英格兰的托马斯·斯坦利（Thomas Stanley）到后拿破仑时代法国的维克多·古尚（Victor Cousin），他们所著作品在性质和内容方面都有突出的世界性。他们书写的历史发源于第欧根尼·拉尔修（Diogenes Laertius）开启的哲学折衷主义传统，但直接产生于近代早期的认识论辩论，在这场辩论中，人们认为观念独立于它的来源，不管是民族的来源还是其他来源。③这些早期的观念史形式是

234

①　关于近来历史写作"转向"的广泛讨论参见 Judith Surkis，Gary Wilder，James W. Cook，Durba Ghosh，Julia Adeney Thomas，and Nathan Perl-Rosenthal，"*AHR* Forum：Historiographic 'Turns' in Critical Perspective," *American Historical Review* 117（2012）：698—813。

②　Ian Morris，*Why the West Rules—For Now：The Patterns of History，and What They Reveal about the Future*（London：Profile Books，2010），420，476，568，621。

③　Donald R. Kelley，*The Descent of Ideas：The History of Intellectual History*（Aldershot：Ashgate，2002），chaps. 1—2。

文人共和国（Republic of letters）的典型产物，文人共和国就其隶属关系以及学术交流性质而言都自觉地超越了民族。该共和国的公民之一、法国学者、文人波拿文都拉·达尔贡（Bonaventure d'Argonne）1699 年写道："文人共和国囊括了整个世界，由所有民族、所有社会阶层、所有年龄的人以及两性共同构成，说所有古代和现代语言。"在这个从中国延伸到秘鲁的全球共同体中，"观念是无肤色、无年龄、无种族、无性别的"，或许还可以加上无地域和无国家。①

思想史生来就是国际性的，一直到民族主义在历史学专业内部及外部兴起之后的很长时间里，它还保留着这样的特性。以领土来界定国家这种逻辑在它身上的烙印比起历史研究的其他领域要少得多，而且这在观念史学家中间成了一种信条，即，他们关注的对象摆脱了民族界限。比如，在 19 世纪晚期的美国，由弗里德里克·杰克逊·特纳（Frederick Jackson Turner）和詹姆斯·哈维·鲁滨逊（James Harvey Robinson）开创的"新史学"，从民族主义史学诞生之日起就对其表示出质疑，并从那些逃脱其掌控的历史现象中获取灵感。特纳在 1891 年指出，"观念、商品、时间不受民族界限束缚……这点尤为符合有着复杂的商业和思想联系工具的现代世界"。②半个世纪之后，当观念史创始人阿瑟·洛夫乔伊在 1938 年声称"观念就是构成国家之间商业贸易的商品"，他也许是在回想特纳的话。那些观念是如何生产的，如何传播的，谁贩卖它们，谁消费它们，这些都不是传统观念史家觉得要去问的问题：这是他们留给比较文学专家的一项任务，"人们认为比较文学才是研

---

① Bonaventure d'Argonne，转引自 Anthony Grafton，"A Sketch Map of a Lost Continent: The Republic of Letters," in Grafton, *Worlds Made by Words: Scholarship and Community in the Modern West* (Cambridge, MA: Harvard University Press, 2009), 9。

② Frederick Jackson Turner, "The Significance of History" (1891), in Turner, *The Early Writings of Frederick Jackson Turner*, ed. Everett E. Edwards (Madison: University of Wisconsin Press, 1938), 57; Peter Novick, *That Noble Dream: The "Objectivity Question" and the American Historical Profession* (Cambridge: Cambridge University Press, 1988), 89—95.

究国际思想联系的"。①只有随着观念的社会史和书籍史的兴起，这类物质关注才会对思想史家的工作产生影响。这个新的思想史类型也宣告了其国际主义，它是一种无国界的书籍史（a history of *livers sans frontiers*），结合了一种无国界的观念史。②1994 年，罗伯特·达恩顿认为："书籍依其特殊性质，不会被局限于任何学科，它们也不会遵守国家界限。"③

　　思想史对民族主义与生俱来的抵制或许适得其反地使得这个学科近年来更难进行国际转向。因为思想史家不需要拒绝民族范畴或者拥抱代替它们的世界范畴，他们或许在方法论上对这场运动准备不足。实际上，由于与技术跨越类似的学术跨越，国际转向近来已触及思想史，在思想史领域从非民族的转变为超民族的时候，它从来不曾完全停留在民族框架之内。④这个转变需要面对思想史传统实践方式中的某些缺点，尤其是它拒绝考虑语境的空间维度。我们也需要更加坚定这一点：思想史总体上可以为更广泛的国际转向作出特殊贡献。然而，思想史家拥有一些最现成的工具，用以追溯某些范畴，如国际范畴和全球范畴的出现；用以跟踪观念的传播；用以应对国际转向带来的某些挑战，其中包括观念论（idealism）、阶级论（classism）和当下主义（presentism）的危险，以及重新界定语境所带来的挑战。因此，思想史和国际转向都可以给对方提供同样多的东西。

　　十年前，我指出，"国际思想史的复兴"正在开始，它或许会"开启历史学家、政治理论家、国际关系学者和国际法学者之间的对话"。⑤如今，那种

235

----

① Arthur O. Lovejoy，"The Historiography of Ideas"（1938），in Lovejoy，*Essays in the History of Ideas*（Baltimore：Johns Hopkins University Press，1948），3，1.

② Leslie Howsam and James Raven，"Introduction," to Howsam and Raven，eds.，*Books between Europe and the Americas：Connections and Communities*，1620—1860（Basingstoke：Palgrave Macmillan，2011），1.

③ Robert Darnton and Krassimira Daskalova，"Book History，the State of Play：An Interview with Robert Darnton," *SHARP News* 3，3（Summer 1994）：2.

④ Margrit Pernau，"Whither Conceptual History? From National to Entangled Histories," *Contributions to the History of Concepts* 7（2012）：1—11.

⑤ David Armitage，"The Fifty Years' Rift：Intellectual History and International Relations," *Modern Intellectual History* 1（2004）：108—109.

复兴顺利展开，且已经产生了思想史国际转向的首批成果。国际思想史的复苏表明了思想史和国际史之间关系的最近三个阶段：约从第一次世界大战结束持续到 20 世纪 50 年代的交往阶段；从 20 世纪 60 年代早期至 20 世纪 90 年代中期的疏离阶段；以及仍在积极进行中的复合阶段。

在最初的交往阶段，就方法论而言，观念史家往往是世界主义者，就观点而言，他们往往是政治上的国际主义者，当时国际关系学科中具有历史思维的学生都公开讨论观念，而非抽象的模式或理论。另外，各式各样的思想家，如汉娜·阿伦特（Hannah Arendt）、雷蒙·阿隆（Raymond Aron）、赫伯特·巴特菲尔德（Herbert Butterfield）、汉斯·摩根索（Hans Morgenthau）、雷茵霍尔德·尼布尔（Reinhold Niebuhr）、卡尔·施密特（Carl Schmitt）、肯尼斯·华尔兹（Kenneth Waltz）和马丁·怀特（Martin Wight）等都引用共同的历史经典，即便他们在战争与和平的伦理标准，或国家主权与国际机构权力平衡这些问题上有着深刻差异。①

在接下来的疏离阶段，思想史家和国际史家进一步分道扬镳。学科界限加固且得到了更狂热的捍卫。方法论的精细化和职业专门化的加速使得各领域之间的对话不那么普遍了。国内和国际之间的分离加剧。"理论"——无论是政治理论还是国际理论，在实证主义模式前退却，后者将观念和伦理标准从国际关系中排除，在美国尤其如此。回想起来，1954 年 5 月，洛克菲勒基金会（Rockefeller Foundation）在华盛顿召开了一次国际政治会议，摩根索、尼布尔以及其他一些人参加了这次会议；现在看上去，这次会议标志着在行为主义社会科学在美国获胜之前，以伦理学方法研究国际事务的高峰。

接下来的 25 年中，思想史家跟国际史家渐行渐远，当时，复兴后的社会史将这两个领域都挤压到历史学专业的边缘，尤其是在美国。一个记事员对另一个记事员说的话就像一个哲学家写的关于另一个哲学家的东西一样不受

236

---

①   Brunello Vigezzi, *The British Committee on the Theory of International Politics* (1954—1985): *The Rediscovery of History* (Milan: Edizioni Unicopli, 2005).

欢迎。1980 年，罗伯特·达恩顿代表美国历史学会在一部论文集中沮丧地说："一种莫名的不适正在思想史家中间传播……自从过去 20 年间研究工作重新调整以后，思想史现在只能坐在末席了。"在该论文集中，①查尔斯·迈耶（Charles Maier）对国际史作出了类似的悲观评价："国际关系史……几乎没有集体事业的意识，也几乎没有要处于历史研究前沿的意识。"②

正如经常发生的那样，事实证明过时的征兆是对创新的刺激。在十多年的时间里，两个领域开始再次相互靠拢。复合阶段开始于 20 世纪 90 年代，它见证了思想史和国际史的共同复苏，与此同时还有两个领域日益增加的牵连。至少某些国际关系学者发现他们处于"后实证主义"阶段，其标志是学者们对理论、对国际事务的历史、对其学科史重新产生了兴趣。国际史学家开始对文化、意识形态、制度更有兴趣，他们成为"国际转向的引领者以及思想史和文化史的有力支持者"。同时，思想史家开始在国际思想史的类目下，以历史的方式，讨论本国范围之外的人群、国家和其他法人团体的行为规范与相互作用。③

"国际思想"这个词语最初是两次世界大战之间支持国际联盟和新生国

① Martin Wight，"Why Is There No International Theory？"（1959），in Herbert Butterfield and Martin Wight，eds.，*Diplomatic Investigations：Essays in the Theory of International Politics*（London：Allen and Unwin，1966），17—34；Stanley Hoffman，"An American Social Science：International Relations，" *Daedalus* 106（1977）：41—60；Nicolas Guilhot，ed.，*The Invention of International Relations Theory：Realism，the Rockefeller Foundation，and the 1954 Conference on Theory*（New York：Columbia University Press，2011）.

② Robert Darnton，"Intellectual History and Cultural History，" in *The Past before Us：Contemporary Historical Writing in the United States*，ed. Michael Kammen（Ithaca，NY：Cornell University Press，1980），327；Charles Maier，"Marking Time：The Historiography of International Relations，" in ibid.，355.

③ Lucian M. Ashworth，"Interdisciplinarity and International Relations，" *European Political Science* 8（2009）：16—25；Duncan Bell，"Writing the World：Disciplinary History and Beyond，" *International Affairs* 85（2009）：3—22；Thomas W. Zeiler，"The Diplomatic History Bandwagon：A State of the Field，" *Journal of American History* 95（2009）：1053（quoted）.

际机构的英国宣传家和文人们发明的。它最初的目的是要提供一种有用的经历，而不是要创造一种批判的历史。①它同样受到了大西洋对面坚定的国际主义者的支持，最著名的要属美国国际法学者詹姆斯·布朗·斯科特（James Brown Scott），他编辑出版了国际思想著作最早的历史经典，"国际法经典"丛书（1911—1950），该丛书由卡耐基国际和平基金会赞助，囊括从巴尔萨泽·阿亚拉（Balthazar Ayala）到理查德·朱什（Richard Zouche）的著作。②国际思想史在近期的复兴，使其本身当之无愧地成为一个富有活力的领域，其中，作者、问题和活动更为广泛，目的论准则更少，它不再仅仅是政治思想史的一部分。③如今，国际思想很少是指为了当下目的而被调取的一套权威学说，而更多是指国际思考的过去时，是对国际事务进行理论反思的活动。

237

向国际思想源泉的人文主义回归揭示了一种距离，这种距离存在于如胡果·格劳秀斯、托马斯·霍布斯和伊曼纽尔·康德这样的思想家所做的事情，或者他们往往不打算做的事情，与后来学科化的历史学对他们的运用之间。格劳秀斯可能并没有创立国际法的打算。霍布斯不是"霍布斯主义者"，至少当国际关系学者用这个词来指代一种方法的时候是这样。康德远不止是一位"民主和平"理论家，而从 20 世纪早期，他就被目的论国际主义者归纳成民主和

① John Galsworthy, *International Thought* (Cambridge: Heffers, 1923); F. Melian Stawell, *The Growth of International Thought* (London: Butterworth, 1929). 他们最直接的前身参见 Casper Sylvest, *British Liberal Internationalism, 1880—1930: Making Progress?* (Manchester: Manchester University Press, 2009)。

② John Hepp, "James Brown Scott and the Rise of Public International Law," *Journal of the Gilded Age and Progressive Era* 7 (2008): 151—179; Benjamin Allen Coates, "Trans-Atlantic Advocates: American International Law and U.S. Foreign Relations, 1898—1919" (Ph.D. thesis, Columbia University, 2010), 101—105.

③ Edward Keene, *International Political Thought: A Historical Introduction* (Cambridge: Polity, 2005); Beate Jahn, ed., *Classical Theory in International Relations* (Cambridge: Cambridge University Press, 2006); Duncan Bell, ed., *Victorian Visions of Global Order: Empire and International Relations in Nineteenth-Century Political Thought* (Cambridge: Cambridge University Press, 2007); Ian Hall and Lisa Hill, eds., *British International Thinkers from Hobbes to Namier* (Basingstoke: Palgrave Macmillan, 2009).

平理论家。①20 世纪，对各种类型的国际思想家，从诺曼·安吉尔（Norman Angell）和汉娜·阿伦特到伦纳德·伍尔夫（Leonard Woolf）和阿尔弗雷德·齐默恩（Alfred Zimmern），都有历史研究，还有对卡尔·施密特的著作特别热情的作坊式研究。②同时，研究国际关系和国际法的一些具有自我批判意识的学科史学家，揭露了两次世界大战期间偶然产生的"无政府主义话语"如何在后来的国际关系现实主义学派那里成了永恒的真理，并指出理想主义国际律师与从比属刚果到猪湾的帝国主义事业之间的同谋关系。③

　　思想史家早已找到适当的位置，去协助那些心存疑虑的国际关系史学家质疑其学科中的某些基本要素。比如，对国际关系而言，没有比 1648 年以及

---

① Richard Tuck，*The Rights of War and Peace：Political Thought and the International Order from Grotius to Kant*（Oxford：Oxford University Press，1999）；Martine Julia van Ittersum，*Profit and Principle：Hugo Grotius，Natural Rights Theories and the Rise of Dutch Power in the East Indies，1595—1615*（Leiden：Brill，2006）；Noel Malcolm，"Hobbes's Theory of International Relations," in Malcolm，*Aspects of Hobbes*（Oxford：Oxford University Press，2002），432—456；Sankar Muthu，*Enlightenment against Empire*（Princeton，NJ：Princeton University Press，2003）；Eric S. Easley，*The War over Perpetual Peace：An Exploration into the History of a Foundational International Relations Text*（Basingstoke：Palgrave Macmillan，2004）；David Armitage，*Foundations of Modern International Thought*（Cambridge：Cambridge University Press，2013）.

② David Long and Peter Wilson，eds.，*Thinkers of the Twenty Years' Crisis：Inter-War Idealism Reassessed*（Oxford：Oxford University Press，1995）；Patricia Owens，*Between War and Politics：International Relations and the Thought of Hannah Arendt*（Oxford：Oxford University Press，2007）；Jeanne Morefield，*Covenants without Swords：Idealist Liberalism and the Spirit of Empire*（Princeton，NJ：Princeton University Press，2005）；Louiza Odysseos and Fabio Petito，eds.，*The International Political Thought of Carl Schmitt：Terror，Liberal War and the Crisis of Global Order*（London：Routledge，2007）；William Hooker，*Carl Schmitt's International Thought：Order and Orientation*（Cambridge：Cambridge University Press，2009）；Stephen Legg，ed.，*Spatiality，Sovereignty and Carl Schmitt：Geographies of the Nomos*（London：Routledge，2011）.

③ Brian Schmidt，*The Political Discourse of Anarchy：A Disciplinary History of International Relations*（Albany，NY：State University of New York Press，1998）；Martti Koskenniemi，*The Gentle Civilizer of Nations：The Rise and Fall of International Law，1870—1960*（Cambridge：Cambridge University Press，2001）.

《威斯特伐利亚和约》的签订更具奠基意义的日期了。"1648 年神话"意味着 1648 年开启了一个由相互承认、互不干涉的主权国家构成的世界，破除这一神话相对来说是个简单的过程。这主要靠解读《明斯特和约》和《奥斯纳布吕克和约》；承认帝国、联邦以及其他各种多层或分裂的主权相比任何所谓的"威斯特伐利亚"主权是更典型的政治权力；关注北欧之外的世界，以了解世界上很多处于帝国体制之下的人民对假定的主权给予的尊重少之又少。①威斯特伐利亚神话反过来加固了一系列界定了现代国际思想的假设：

238 如，国家而非个人是国际事务的主要行动者；国内和国外两个领域是不同的、独立的；实在法胜过自然法；一个适用于全球的等级制文明标准；国际社会是无政府的，因此是由国家理性的准则支配的。上述基本假设既非一成不变，亦非毫无争议，但是它们确实至少在一个半世纪里为辩论设置了条件。②

国际思想史仍然充满了研究的可能性。比如，国际思想的媒介是什么，怎么才能运用书籍史的方法去理解它。③从 17 世纪晚期开始一直到现在，在神职人员、学者和人文主义者的文化群体中，崭新且持续存在的写作和出版类型猛增，其中包括条约集、外交手册、国际关系史和国际法史，这些群体经常与跨国外交和军事团体相互交织。对这些类型的进一步考察，或许能帮我们理解（举例来说）康德为什么要用条约的形式写《持久和平论》（1795

---

① Andreas Osiander，"Sovereignty, International Relations, and the Westphalian Myth," *International Organization* 55（2001）:251—287；Benno Teschke, *The Myth of 1648: Class, Geopolitics and the Making of Modern International Relations*（London: Verso, 2003）；Benjamin Straumann, "The Peace of Westphalia as a Secular Constitution," *Constellations* 15（2008）:173—188；Pärtel Piirimäe, "The Westphalian Myth of Sovereignty and the Idea of External Sovereignty," in *Sovereignty in Fragments: The Past, Present and Future of a Contested Concept*, ed. Hent Kalmo and Quentin Skinner（Cambridge: Cambridge University Press, 2010）, 64—80.

② Armitage, *Foundations of Modern International Thought*.

③ 按照这种思路研究经济文本翻译和流传的典型参见：Sophus Reinert, *Translating Empire: Emulation and the Origins of Political Economy*（Cambridge, MA: Harvard University Press, 2011）。

年）。①在 18 世纪以及之后迅速增长的国际机构中，那些漫不经心的使节、有文学头脑的行政人员和就职于其中的知识分子采用了什么新的哲学人格形象？②国际思想本身是如何国际化的？在此仅举一例：亨利·惠顿（Henry Wheaton）的《万国公法》（*Elements of International Law*，1836 年）作为一个主要载体，其在亚洲的翻译和传播就表明，至 19 世纪中叶，那些巩固了现代国际思想的假设即便还没有完全全球化，也正变得愈发跨区域。③从这种意义上来说，我们仍需要解释全世界对主权思想的接受，而主权思想几乎对全世界产生了普遍影响；我们在解释时要特别关注它被接受和本土化时国内的决定性因素和条件。④只有如此，我们才能充分理解 19、20 世纪全球范围内，国家和国际两方面对它充满活力的合作生产。⑤

---

① 这些方面的启发性工作参见：Randall Lesaffer, ed., *Peace Treaties and International Law in European History：From the Late Middle Ages to World War One*（Cambridge：Cambridge University Press, 2004）；Daniel Ménager, *Diplomatie et théologie à la Renaissance*（Paris：Presses Universitaires de France, 2001）；Ellen M. McClure, *Sunspots and the Sun King：Sovereignty and Mediation in Seventeenth-century France*（Urbana：University of Illinois Press, 2006）；Timothy Hampton, *Fictions of Embassy：Literature and Diplomacy in Early Modern Europe*（Ithaca, NY：Cornell University Press, 2009）。

② Ian Hunter, "Vattel's Law of Nations：Diplomatic Casuistry for the Protestant Nation," *Grotiana* 31（2010）：108—140.

③ Lydia H. Liu, *The Clash of Empires：The Invention of China in Modern World Making*（Cambridge, MA：Harvard University Press, 2004）, 108—139；Liu, ed., *Tokens of Exchange：The Problem of Translation in Global Circulations*（Durham, NC：Duke University Press, 1999）；Carol Gluck and Anne Lowenhaupt Tsing, eds., *Words in Motion：Toward a Global Lexicon*（Durham, NC：Duke University, Press, 2009）.

④ David Armitage, *The Declaration of Independence：A Global History*（Cambridge, MA：Harvard University Press, 2007）, 107—112；C. A. Bayly, "European Political Thought and the Wider World during the Nineteenth Century," in *The Cambridge History of Nineteenth-Century Political Thought*, ed. Gareth Stedman Jones and Gregory Claeys（Cambridge：Cambridge University Press, 2011）, 835—863.

⑤ C. A. Bayly and Eugenio Biagini, eds., *Giuseppe Mazzini and the Globalization of Democratic Nationalism，1830—1920*（Oxford：Oxford University Press for the British Academy, 2008）；Maurizio Isabella, *Risorgimento in Exile：Italian Émigrés and the Liberal International in the Post-Napoleonic Era*（Oxford：Oxford University Press, 2009）.

国际思想的国际化也可以通过国际机构的思想史来探讨。新思想史的支持者早就敦促其同行"将国际史国际化",特别是要研究国际领域的非国家行为者,如大公司、非政府组织、跨国社会运动,以及像世界卫生组织或联合国这样的机构。①此类呼吁最近为基于国际法学会、卡耐基和平基金会、国际联盟、联合国教科文组织以及欧盟的档案的思想史创造了新机会(这里仅举一些最突出的例子)。这类工作有一部分是内部研究和纪念性研究,特别是借助联合国思想史项目(United Nations Intellectual History Project)所做的工作,但其中多数有助于拓展行为者、档案和机构的范围,以供思想史家去考察。②新人权史就是这种拓展的一项成果,这个领域现在处于第二波发展中,因为它原先只讲一些假设故事,处于目的论阶段,如今转向更具批判性的作品,对语境和不连贯性有了警觉意识。③

思想史家关注的其他主题,如经济思想史、战争和政府的概念、公共卫

---

① Akira Iriye, "Internationalizing International History," in *Rethinking American History in a Global Age*, ed. Thomas Bender (Berkeley: University of California Press, 2002), 47—62; Iriye, *Global Community: The Role of International Organizations in the Making of the Contemporary World* (Berkeley: University of California Press, 2002).

② Koskenniemi, *The Gentle Civilizer of Nations*; Roger-Pol Droit, *L'Humanité toujours à construire: regard sur l'histoire intellectuelle de l'UNESCO, 1945—2005* (Paris: UNESCO, 2005); Glenda Sluga and Sunil Amrith, "New Histories of the United Nations," *Journal of World History* 19 (2008): 251—274; Emma Rothschild, "The Archives of Universal History," *Journal of World History* 19 (2008): 375—401; Mark Mazower, *Governing the World: The History of an Idea* (London: Allen Lane, 2012); Richard Jolly, Louis Emmerij, and Thomas G. Weiss, *UN Ideas That Changed the World* (Bloomington: Indiana University Press, 2009), 以及联合国思想史项目的类似著作。

③ 关于第一点的例子参见 Elizabeth Borgwardt, *A New Deal for the World: America's Vision for Human Rights* (Cambridge, MA: Harvard University Press, 2005); Lynn Hunt, *Inventing Human Rights: A History* (New York: Norton, 2007); Jenny S. Martinez, *The Slave Trade and the Origins of International Humanitarian Law* (New York: Oxford University Press, 2012)。关于第二点参见 Samuel Moyn, *The Last Utopia: Human Rights in History* (Cambridge, MA: Belknap Press of Harvard University Press, 2010); Stefan-Ludwig Hoffmann, ed., *Human Rights in the Twentieth Century* (Cambridge: Cambridge University Press, 2010); Akira Iriye, Petra Goedde, and William I. Hitchcock, eds., *The Human Rights Revolution: An International History* (Oxford: Oxford University Press, 2011)。

生、科学史都可以在国际机构、公司和法人团体的档案中进行研究。在这方面，研究近现代思想史的史学家可以向那些研究近代早期的学者学习，后者追随着科学史家，构建了 17、18 世纪英国和荷兰贸易公司的思想史。①政治理论家和伦理学学者对他们所关注问题的国际维度和全球维度迸发出来的兴趣，加速了所有这些发展，而这些发展都是在以下情况下发生的：公众日益意识到 "全球化" 这一总称所涵盖的人类事务的跨国维度。②所有这些活动反过来鼓励和强化了思想史内部的趋势，即再现就超乎民族和国家之外的事务展开的争论，我把这些统称为思想史家当中的国际转向。

　　空间如今是思想史最后的边界。国际转向重新激活了对空间概念的兴趣，因为它关注比国家更广阔的活动场所，这些场所不受国家政治边界限制，通过跨国联动和流通建立联系。在大多数有记载的历史中，世界上大部分人口不是生活在民族国家中，而是生活在帝国之下，那些幅员辽阔且分层的政体，拟定了各种各样的普世论，以消解治下之民的差异，又不竭力要求他们整齐划一。在从 16 世纪早期至 20 世纪早期这一相对短暂的时期，有些帝国是自信的民族文化的产物，特别是在欧洲和亚洲，但大多数帝国在构成上是前国家和超国家的。海洋空间在近现代把这些帝国的各部分联系起来，但像地中海、印度洋、大西洋、太平洋这样的海域也分割出主权，成为帝国间竞争的战场。③从漫长的帝国史来看，由现代国家关系概念所假定的、由国

---

① Van Ittersum，Profit and Principle；Philip J. Stern，*The Company-State：Corporate Sovereignty and the Early Modern Foundations of the British Empire in India*（New York：Oxford University Press，2011）.

② 一本很好的入门书是 Duncan Bell，ed.，*Ethics and World Politics*（Oxford：Oxford University Press，2010）。

③ Lauren Benton，*Law and Colonial Cultures：Legal Regimes in World History*，1400—1900（Cambridge：Cambridge University Press，2002）；Benton，*A Search for Sovereignty：Law and Geography in European Empires*，1400—1900（Cambridge：Cambridge University Press，2010）.

家构成的永恒世界似乎是短暂的、边缘的。实际上，从某些方面来估量，一个真正从帝国当中脱离出来的、民族国家的世界，是伴随着去殖民化高潮出现的，不久就被冷战结束后迸发出来的跨国主义浪潮淹没，因此，国家的兴盛时期只持续了不到一代人的时间，大约从 1975 年至 1989 年。①之前和之后的所有历史，不是前国家的历史就是后国家的历史。

由于合并与分裂的同时进行，帝国刺激了概念竞争，促进了观念在流散的民族之间的传播，以及通过商业路线的传播。②从这样的碰撞和传播中浮现了帝国、宗教、政治经济学等"竞争性普世主义"，以及与之抗衡或将它们囊括进来的扩张性意识形态，比如泛伊斯兰主义、泛非主义，民族主义、反殖民主义，以及其他形式的"伪装世界主义"。③如果我们透过民族的有色眼镜来看历史，就看不到绝大多数这类运动。只有当更古老的空间经验——它们更广泛、更具流动性、受领土边界的限制更少，再次构建关于过去的问题时，它们才会重新回到视线当中。

这个领域充满了空间隐喻，比如，观念是"迁移的"、书籍逃离民族界限、理解的"视域"和公共"领域"；作为观念决定因素的"当时当地主义"

---

① Frederick Cooper, *Colonialism in Question*：*Theory*，*Knowledge*，*History*（Berkeley：University of California Press，2005）；Cooper and Jane Burbank, *Empires in World History*：*Power and the Politics of Difference*（Princeton，NJ：Princeton University Press，2010）.

② 关于帝国思想史，特别参见 David Armitage, ed., *Theories of Empire*，*1450—1800*（Aldershot：Variorum，1998）；Ruth Ben-Ghiat, ed., *Gli imperi*. *Dall'antichità all'età contemporanea*（Bologna：Il Mulino，2009）；Sankar Muthu, ed., *Empire and Modern Political Thought*（Cambridge：Cambridge University Press，2012）。

③ Sugata Bose, *A Hundred Horizons*：*The Indian Ocean in the Age of Global Empire*（Cambridge，MA：Harvard University Press，2006）；Bose and Kris Manjapra, eds., *Cosmopolitan Thought Zones*：*South Asia and the Global Circulation of Ideas*（Basingstoke：Palgrave Macmillan，2010）；Cemil Aydin, *The Politics of Anti-Westernism in Asia*：*Visions of World Order in Pan-Islamic and Pan-Asian Thought*（New York：Columbia University Press，2007）；Erez Manela, *The Wilsonian Moment*：*Self-Determination and the International Origins of Anticolonial Nationalism*（New York：Oxford University Press，2007）；Nico Slate, *Colored Cosmopolitanism*：*The Shared Struggle for Freedom in the United States and India*（Cambridge，MA：Harvard University Press，2011）.

和"地方主义";诠释学的"遏制"概念和批判性"运动"的概念;但这些修辞手法并不表示对空间和场所问题的任何实质性了解。相反,它们是一些简明指示,表明观念缺少物质性决定因素,并且需要被置于语境之中,而语境则几乎全被理解为时间性和语言性的,而非物质性和空间性的。①约翰·伦道夫在本论文集中指出:"由此而来的结果是一种将观念置于抽象空间的思想几何学,而非思想地理学。"②当米歇尔·福柯在一次采访中说"空间是死的、固定的、非辩证的、不活动的。另一方面,时间是丰富的、多产的、变化的、辩证的"③,他可能是在为思想史家辩护。

　　空间可以从狭义和广义两个方面来理解。在这方面,科学史学家或许能教给国际史家和思想史家很多东西。因为科学史中的"空间转向"使真理的普遍性遭到了质疑,它坚决强调地方知识:当每个观点都能从某个地方冒出来时,便处处皆观点了。观念从严格界定的空间、从沿海滩涂和实验台上、从公共饮水间和皇家学院中浮现出来。当我们以这样的方式进行微观察看时,抽象知识的无缝网络不过是由偶然关注构成的易碎马赛克。④如果说这种著述的目的之一是驳斥假定的科学理性的普遍性,那么它的另一个目的则是指出,知识片断到底是如何得以积累和收集起来的,它们的可靠性是如何得到保证的。

---

① Peter Burke,"Context in Context," *Common Knowledge* 8 (2002):152—177; Rita Felski and Herbert F. Tucker, eds.,"Context?" *New Literary History* 42 (2011): vii—xii, 557—756; Peter E. Gordon,"Contextualism and Criticism in the History of Ideas," in this volume.

② John Randolph,"The Space of Intellect and the Intellect of Space," 载于本书。

③ "L'espace, c'est ce qui était mort, figé, non dialectique, immobile. En revanche, le temps, c'était riche, fécond, vivant, dialectique":"Questions à Michel Foucault sur la géographie," *Hérodote* 1 (1976):78.

④ Adi Ophir and Steven Shapin,"The Place of Knowledge: A Methodological Survey," *Science in Context* 4 (1991):3—21; Diarmid A. Finnegan,"The Spatial Turn: Geographical Approaches to the History of Science," *Journal of the History of Biology* 41 (2008):369—388; Charles W. J. Withers,"Place and the 'Spatial Turn' in Geography and in History," *Journal of the History of Ideas* 70 (2009):637—658. More generally see Jo Guldi,"What Is the Spatial Turn?":http://spatial.scholarslab.org/spatial-turn (2013 年 1 月 31 日访问).

241   "我们不仅要理解知识如何在特定的场所中被制造出来，还要理解场所之间的相互影响是如何发生的"：也就是说，观念是如何传播的，谁传播了它们，它们在旅程中携带了哪些行李，它们到达后如何入乡随俗顺应新环境的。①

     这种方法揭示了信息收集的复杂机制，信息收集使得科学知识不仅可能而且可信。即使在物理意义上最与世隔绝的思想家，如完全生活在内陆，一生当中从来没有见过大海的伊萨克·牛顿，也能成为全球计算中心，因为他指挥着一个从北部湾到麦哲伦海峡的全球通信网络。②从远距离知识生产的意义上来说，像耶稣会以及英荷的东印度公司这样的团体和机构，促进了重大科学研究的发展。③还有，后来的"帝国网络"消除了中心和外围的差别，因为每个所谓的外围在积累帝国档案、验证假设、通过殖民地间的交流创造思想意识方面都获得了一个中心地位。④通过这些途径，广泛复杂的联系将那些集中培育的地点连接起来，通过观念和信息跨越大陆与海洋的传播创造了新的知识地图和跨国准则。

     在皮埃尔·布尔迪厄说的"关于文化的国际关系科学"中，这些研究为思想史提供了更为普遍的、可复制的模式。⑤当空间概念扩展时，意义网络变得错

---

① Steven Shapin, "Placing the View from Nowhere: Historical and Sociological Problems in the Location of Science," *Transactions of the Institute of British Geographers*, n.s., 23 (1998): 6—7 (quoted); John Tresch, "Cosmologies Materialized: History of Science and History of Ideas," in this volume.

② Simon Schaffer, "Newton on the Beach: The Information Order of Principia Mathematica," *History of Science* 47 (2009): 243—276.

③ Steven J. Harris, "Long-Distance Corporations, Big Sciences, and the Geography of Knowledge," *Configurations* 6 (1998): 269—304; Harold J. Cook, *Matters of Exchange: Commerce, Medicine, and Science in the Dutch Golden Age* (New Haven, CT: Yale University Press, 2007); Luke Clossey, *Salvation and Globalization in the Early Jesuit Missions* (Cambridge: Cambridge University Press, 2008); Anna Winterbottom, "Producing and Using the Historical Relation of Ceylon: Robert Knox, the East India Company and the Royal Society," *British Journal for the History of Science* 42 (2009): 515—538.

④ Tony Ballantyne, *Orientalism and Race: Aryanism in the British Empire* (Basingstoke: Palgrave Macmillan, 2002), 1—17.

⑤ "Une science des relations internationales en matière de culture": Bourdieu, "Les conditions sociales de la circulation internationale des idées," 1.

综复杂，交流网络与日俱增，在它们中间创造了新的语境和始料未及的关联。在房间和建筑、街道和广场、城市和区域、国家和大洲、帝国和海洋中，不断变动的社交和通信模式，不断变动的书籍销售和知识的空间组织模式，迫使思想家重新思考其受众的性质、其主张的潜在影响、其行动范围的限度。基于上述考虑，为了回答"什么是启蒙运动?"这个问题，关注空间的思想史家现在必须问:"启蒙运动在哪里?"这个问题只有在长时段的全球语境中才能得到充分回答。①

不断变化的空间概念扩展了观念的语境，随之大大拓展了思想的可能性。对研究欧洲思想史的历史学家而言，最熟悉的例子或许就是，近代早期欧洲跨洋探险和殖民给思想家带来更广阔的语境，因为思想碰撞以及印度洋、大西洋世界和后来的太平洋周围的帝国剧增，对自然、文明、政治共同体、财产、宗教多样性、宽容，以及其他问题都提出了考验。②比如，约翰·洛克如饥似渴地阅读旅行文学，他面对的是来自对五大洲的描述的多样性、信仰和实践;③托马斯·霍布斯对美洲的使用相对节制，但也参考了关于自然状态的民族志描述，形成了对国际关系的理解;④大卫·休谟的政治经济学在

242

① Charles W. J. Withers, *Placing the Enlightenment: Thinking Geographically about the Age of Reason* (Chicago: University of Chicago Press, 2007); Withers and Robert Mayhew, "Geography: Space, Place and Intellectual History in the Eighteenth Century," *Journal for Eighteenth Century Studies* 34 (2011): 445—452; Caroline Winterer, "Where Is America in the Republic of Letters?," *Modern Intellectual History* 9 (2012): 597—623; Sebastian Conrad, "Enlightenment in Global History: A Historiographical Critique," *American Historical Review* 117 (2012): 999—1027.

② Anthony Pagden, *The Fall of Natural Man: The American Indian and the Origins of Comparative Ethnology*, rev. ed. (Cambridge: Cambridge University Press, 1986); Annabel Brett, *Changes of State: Nature and the Limits of the City in Early Modern Natural Law* (Princeton, NJ: Princeton University Press, 2011); David Armitage and Alison Bashford, eds., *Pacific Histories: Ocean, Land, People* (Basingstoke: Palgrave Macmillan, 2014).

③ Daniel Carey, *Locke, Shaftesbury, and Hutcheson: Contesting Diversity in the Enlightenment and Beyond* (Cambridge: Cambridge University Press, 2006).

④ Srinivas Aravamudan, "Hobbes and America," in *The Postcolonial Enlightenment: Eighteenth-Century Colonialism and Postcolonial Theory*, ed. Daniel Carey and Lynn Festa (Oxford: Oxford University Press, 2009), 37—70; Pat Moloney, "Hobbes, Savagery, and International Anarchy," *American Political Science Review* 105 (2011): 189—204.

很大程度上归功于他的大西洋联系。①（用埃德蒙·柏克那种激昂的词语来说，）当伟大的"人类地图"铺开时，它为在 18 世纪中叶以后写作的那几代思想家，如狄德罗、杜尔哥、斯密、康德、赫尔德、柏克和边沁等人，打开了思想的真正全球可能性，并对他们所构建的普世主义和世界主义，以及他们的文化概念与差异概念产生了影响。②进入 19 世纪后期，技术——首先是汽船、铁路和电话，带来空间压缩，这使得人们可以跨越辽阔的帝国和整个世界来构想新形式的政治共同体。空间是动态而非静态的，这一点还得请福柯原谅。思考的语境扩大，囊括了全球。与之相应，研究现代思想史的史学家要在越来越大的范围中追踪观念：大洲范围、区域间的范围、跨洋范围，最终将是星际范围。就像海德格尔、施密特和阿伦特在 20 世纪中叶最先注意到的，外太空可能是思想史真正的最终边界。③

到目前为止，本文对思想史国际转向的描述是极其乐观的，是对连续取得的成就和有待实现的承诺的一次环顾。但每一线光明前都有一片乌云。国际转向在哪些方面有可能会转到坏的方向？这场运动还没有进入应有的自我

① Emma Rothschild, "The Atlantic Worlds of David Hume," in *Soundings in Atlantic History: Latent Structures and Intellectual Currents, 1500—1830*, ed. Bernard Bailyn and Patricia L. Denault (Cambridge, MA: Harvard University Press, 2009), 405—448.

② P. J. Marshall and Glyndwr Williams, *The Great Map of Mankind: British Perceptions of the World in the Age of Enlightenment* (London: Dent, 1982); Paul Cheney, *Revolutionary Commerce: Globalization and the French Monarchy* (Cambridge, MA: Harvard University Press, 2010); *Muthu, Enlightenment against Empire*; Jennifer Pitts, *A Turn to Empire: The Rise of Imperial Liberalism in Britain and France* (Princeton, NJ: Princeton University Press, 2005); David Armitage, "Globalizing Jeremy Bentham," *History of Political Thought* 32 (2011): 63—82.

③ Duncan Bell, "Dissolving Distance: Technology, Space, and Empire in British Political Thought, c. 1770—1900," *Journal of Modern History* 77 (2005): 523—563; Michael Lang, "Mapping Globalization or Globalizing the Map: Heidegger and Planetary Discourse," *Genre: Forms of Discourse and Culture* 36 (2006): 239—250; Benjamin Lazier, "Earthrise; or, The Globalization of the World Picture," *American Historical Review* 116 (2011): 602—630.

检讨阶段，也没有引起外界的持续关注。然而，已经有人对它提出了一些指控，其中包括具体化（reification）、当下主义、"阶级论"以及不断变化的语境概念。①这些批评并非专门针对国际思想史：起码在过去半个世纪关于观念史的辩论中，这些批评都很常见。但是，当思想史扩展到更广阔的空间时，它们变得更加尖锐了，成了观念与新涌现出来的分析需求之间新的分裂形式。

具体化是常见的指控，它至少可以追溯到剑桥学派对洛夫乔伊观念史的批评：那些看似重复的相同观念，结果却是截然不同的概念，它们在时间流逝或在空间转换中，需要被分解而非被吸收到更广泛的叙事之中。比如，英国的自由主义跟印度的自由主义就不一样：它们各自都是在自己的生态小环境中发展出来的，但它们并没有显示出对彼此的无知，而是以当地的接受、传播以及观点的杂糅环境为媒介相互对话。②至少从 18 世纪中叶以后，接受环境就是跨区域的，并且日益成为全球的：19 世纪早期印度的"自由主义者"，如拉姆摩罕·罗易（Rammohan Roy）等，将他们反抗专制的斗争当成全球性运动的一部分，这些运动涉及英国和葡萄牙的亚洲殖民地、西班牙在大西洋世界的君主统治，以及英国本身。文本携带着观念，但总处于框架性的准文本当中，然后进入不可预知的语境中被翻译和再利用。这些条件在相似中制造了差异，但很少达到完全脱节和不可比的程度。考虑到这些注意事项，具体化的危险就有可能被夸大了。比如，从接受史、书籍史、后殖民理论中获取必要的方法论帮助，就有可能避免一种老旧的、略显粗糙的、超历史的观念**的**历史（history *of* ideas）所具有的危险，取而代之的是一种方法论

243

① Emma Rothschild，"Arcs of Ideas：International History and Intellectual History," in *Transnationale Geschichte：Themen，Tendenzen und Theorien*，ed. Gunilla Budde，Sebastian Conrad，and Oliver Janz（Göttingen：Vandenhoeck and Ruprecht，2006），217—226；Chris Goto-Jones，"The Kyoto School，the Cambridge School，and the History of the Political Philosophy in Wartime Japan," *Positions：East Asia Cultures Critique* 17（2009）：13—42.

② C. A. Bayly，*Recovering Liberties：Indian Thought in the Age of Liberalism and Empire*（Cambridge：Cambridge University Press，2012）.

上更坚定的、跨时间的观念**中**的历史（history *in* ideas）。①

当下主义可能给国际转向带来了更严重的危险。艾玛·罗斯柴尔德（Emma Rothschild）说过：“国际转向显然在某些方面受到 20 世纪晚期和 21 世纪早期围绕‘全球化’的公开争论的影响，从这种意义上来说，（国际思想史的）全部事业本身就是当下主义的。”②然而，我们不可能希望当下的争论消失，就像我们不能否认过去存在关于世界主义的、普世主义的和全球的联系与概念的争论。我们眼前不停变化的当下持续揭示出过去某些被我们忽视或未得到充分赏识的方面，这是个老生常谈，但像所有老生常谈一样，它从定义上来说至少有部分真实性。既然如此，像跨国史的其他方面一样，有两种方法是可行的：“第一种表明，联系确实存在，过去的行动者也知晓它们，但由于某些原因，它们被遗忘了或者被搁置了。于是，历史学家的任务就是去重新发现这些消失的踪迹。第二种观点则假设历史学家的行动可能要像电工一样，通过想象性的重组行为而非简单的复原，将各个线路衔接起来。”③绝大多数历史学家可能更喜欢这两种方法里的第一种，即连接而非比较、重组而非复原，但要在过去的必要事件和当下关注之间创造必要的历史间隔，第二种方法无疑也是必需的。如果我们认为自己透过一面深色玻璃，就看不到那些当下关注，那么我们肯定是在自欺。我们只有将它们放在更长远的视角中，才能看得更清楚。

“阶级论”的意思是，“只有上层人士，或伟大之人，或受过良好教育者，通常才是个体思想或个体本身历史的对象”。它是针对思想史的常见指

---

① David Armitage，"What's the Big Idea? Intellectual History and the *Longue Durée*," *History of European Ideas* 38（2012）：493—507；Armitage，*Civil War: A History in Ideas*（New York：Knopf，forthcoming）.

② Rothschild，"Arcs of Ideas," 221.

③ David Armitage and Sanjay Subrahmanyam，"The Age of Revolutions，c. 1760—1840：Global Causation，Connection，and Comparison," in *The Age of Revolutions in Global Context*，*c. 1760—1840*，ed. Armitage and Subrahmanyam（Basingstoke：Palgrave Macmillan，2010），xxxi.

控，而不是思想史随着国际转向所特有的缺点①。举例来说，J.S.密尔早在
1838 年为边沁和柯勒律治辩护的时候就反驳过：

> 思辨哲学从表面上看，好像与生活事务以及人们的外在兴趣距离遥　244
> 远，实际上却是世界上对他们影响最大的事情，最终会超过其他所有影
> 响，维护那些它自己必须服从的东西。我们所谈论的作家，大众从未阅读
> 过他们的作品；除了一些极其不重要的作品以外，他们的读者甚少；但他
> 们是老师的老师。②

　　处于思辨哲学家与普罗大众之间的是罗斯柴尔德所说的"中间"或"中
等思想"的思想家，他们思考那些太普通而不能成为个人思想传记主题的东
西，但又留下了非常丰富的思考痕迹，而无法归入任何心态史，他们尤其是
（但不仅仅是）那些参与各种公共政策的人。③这类人往往是环球旅行者或中
间人，是亚洲、欧洲和非洲大规模移民的成员，他们穿越（或再次反向穿
越）大西洋、太平洋和大草原；他们还是跨文化代表，贩卖地方知识，创造
"全球智慧"。④当历史学家重构他们的思考模式和他们的观念史时，我们期
待能找到更广泛的跨民族思考模式的证据。⑤

---

① Rothschild, "Arcs of Ideas," 222. 关于这种指控的必要辩驳，可参见比如 Jonathan Rose，
The Intellectual Life of the British Working Classes，2nd ed.（New Haven，CT：Yale Uni-
versity Press，2010）；Christopher Hilliard，*To Exercise Our Talents*：*The Democratization
of Writing in Britain*（Cambridge，MA：Harvard University Press，2007）。

② J. S. Mill, "Bentham," London and Westminster Review 19（August 1838）：467.

③ Emma Rothschild, "Language and Empire, c. 1800," *Historical Research* 78（2005）：210；
Rothschild, "Political Economy," in Stedman Jones and Claeys, *Cambridge History of
Nineteenth-Century Political Thought*，774—776.

④ Simon Schaffer, Lissa Roberts, Kapil Raj, and James Delbourgo, eds., *The Brokered
World*：*Go-Betweens and Global Intelligence*，1780—1820（Sagamore Beach，MA：Science
History Publications，2009）.

⑤ Bose and Manjapra, *Cosmopolitan Thought Zones*；*Emma Rothschild*，*The Inner Life of
Empires*：*An Eighteenth-Century History*（Princeton，NJ：Princeton University Press，2011）.

跨国史要求日益灵活地界定语境，这不应让历史学家却步。有些历史学家开始询问，如果现在对语境的界定包括了洲际交流、多语言共同体或世界体系的扩展，那么怎么"在语境中"准确地理解每个观念。[1]这里，机会可能再次大于危险。我们应该界定相关性准则，标绘活跃（或者至少是可信的）的传播路线，根据当时人的国际概念或全球概念调整参考范围。有了这样的适当界限，为以下观念重构有意义的空间语境应该是可行的：我们跨越疆界以及界限明确的话语共同体追踪着这些观念。

就像时间概念的历史化是 19 世纪和 20 世纪思想史的一项重要工程一样，将国家的、国际的、跨国的以及全球的空间概念历史化，实际上是思想史国际转向后的明确日程。这项日程势必引出如下问题：思想史全球转向后会意味着什么？全球思想史到底由什么构成，或者全球思想史的主题到底是什么？这些问题到目前为止仍远未明确，不过激烈的辩论已经开始了。[2]全球转向仅仅是国际转向的一种逻辑扩展，还是说它本来就是一种独立尝试，这尚有待观察。有了这样宽阔的视野和诱人的前景，与国际转向和全球转向单给历史书写所带来的转变一样，对思想史而言，它们带来的也是向好的转变，我们就此迎接这些转向肯定不会为时过早。

245

---

① Goto-Jones，"The Kyoto School,"14（"历史语境似乎与空间社会文化语境没有重叠"）.

② Donald R. Kelley，Joseph Levine，Allan Megill，J. B. Schneewind，and Ulrich Johannes Schneider，"Intellectual History in a Global Age,"*Journal of the History of Ideas* 66（2005）:143—200；Andrew Sartori，*Bengal in Global Concept History：Culturalism in the Age of Capital*（Chicago：University of Chicago Press，2008）；Antony Black，"Toward a Global History of Political Thought,"in *Western Political Thought in Dialogue with Asia*，ed. Takashi Shōgimen and Cary J. Nederman（Lanham，MD：Lexington Books，2009），25—42；Samuel Moyn and Andrew Sartori，eds.，*Global Intellectual History*（New York：Columbia University Press，2013）；Shruti Kapila，"Global Intellectual History and the Indian Political,"in this volume.

XIII 全球思想史与印度政治 *

施露蒂·卡皮拉

　　好像是欧洲思想史或是欧洲政治社会史那样有历史定义的探究和交流的领域缺席了近一个世纪后，"全球思想史"这个术语预示着一场新的辩论。这是场已日渐重要又使人不胜其扰的对话，尽管它还不曾有任何确定的规范或达成共识的参考点。不过话虽如此，一系列对此的历史猜想，就算不是催生了"全球思想史"这个术语的实际功用，那也肯定催生了对它的需要。第一种猜想与启蒙时代欧洲的多元化有关，或者说是与其消亡有关。"战后"是 20 世纪生活中的阿基米德原点，在该点上，启蒙运动的承诺和产物，即使没有受到直接的挑战，也似乎在其自身的重量下分解了①。很明显，自由（freedom and liberty）并不必然导向和平，而是导致某种程度的破坏，它使一直作为启蒙运动事业核心的人类主体（或"大写的人"［Man］）的生存能力受到了质疑②。米歇尔·福柯在概括他自己那庞大而

---

* 笔者要感谢编者塞缪尔·莫恩和达林·麦克马洪，还要感谢彼得·戈登、朱迪丝·瑟吉斯和大卫·阿米蒂奇在哈佛研讨会上所提的意见。我同样要感谢克里斯·贝利（Chris Bayly）、费萨尔·德夫吉（Faisal Devji）、大卫·托德（David Todd）以及剑桥大学的研究生们，他们在过去几年里使"全球思想史"研讨会成为一个讨论充满活力的新观点的论坛。

① Theodor W. Adorno and Max Horkheimer，*Dialectic of Enlightenment*：*Philosophical Fragments*，trans. John Cumming（1944；New York：Continuum，1975）；and Martin Jay，*The Dialectical Imagination*：*A History of the Frankfurt School and the Institute of Social Research*，*1923—1950*（Berkeley：University of California Press，1973）.

② Jacques Derrida，"The Ends of Man，" *Philosophy and Phenomenological Research* 30，no.1（1969）：31—57.

影响非凡的研究时，曾说过一句著名的话："人是一项发明，对我们思想的考古很容易就能表明这项发明其实倏忽而来，以及也许它将转瞬即逝。"①换句话说，不仅启蒙运动及其反潮流的神圣主题受到了质疑，而且曾有效地使人和他的历史普遍化的认识论模式及形而上学模式也变得越来越偏向于一个业已逝去的时代。

254　　　其次，与此相反，在过去的一个世纪里本被认为是舶往海外的启蒙运动的产物已经在欧洲之外重获新生，即便在欧洲一词最广泛的意义上，其本身的生命力也远远超出了欧洲。用迪佩什·查克拉巴蒂（Dipesh Chakrabarty）的比喻来形容，在印度独立以及全球范围内的去殖民化进程之后，"历史的等候室"（waiting-room of history）已被猛烈地撞开②。查克拉巴蒂在其作品中主要关注的是"时间地平线"（temporal horizon），它一度将大多数人类置于"尚未"准备就绪的状态，一种没有自由和自治能力的状态。正因为此，欧洲独占了历史，而世界上的其他地方，在历史的等候室中苦苦煎熬。查克拉巴蒂的"地方化欧洲"（provincializing Europe）研究摒弃了"文化相对主义"的主张或"民族主义、本土主义或返祖主义"（nationalist，nativist，or atavistic）主张中的任何救赎潜力，其目的是"使印度成为问题"，同时"拆解欧洲"。历史对主体形成的关键作用，或更普遍的历史主义（historicism），是其研究项目的核心，这一项目将马克思的《资本论》（Capital）和印度思想界的新文化融合在一本书之中。查克拉巴蒂的富有成效的研究，不是将欧洲地方化为其自身的文化和历史特性，而是研究"欧洲"的概念如何成为包括"理性"在内的现代观念的原初惯习（habitus）。他同样旨在证明，这一点是如何"在其起源地之外显而易见的"。在这些术语中，后殖民干预既非任何简单意义上的反启蒙，也不涉及宣布人的死亡，而是反思帝国和启蒙是

---

① Cited in Jacques Derrida，"The Ends of Man," *Philosophy and Phenomenological Research* 30，no.1（1969）:31.

② Dipesh Chakrabarty，*Provincializing Europe：Postcolonial Thought and Historical Difference*（Princeton，NJ：Princeton University Press，2000）.

如何共同造就对欧洲自身规范性的引入。那么，在这种清算中，摆脱不同的规范性范畴，无论其是资本、国家还是历史，都并非格外理想，也不容易实现。不过，至关重要的是要指明，在与那些"不再被理所当然地视为全球通用的范畴"的角力中，这些范畴自身也存在互相斗争。①

最后，毫无疑问，欧洲思想史的范围最近已经延伸。"帝国"这一类属，正如其在 19 世纪所做的一样，再次为向外运输和贩卖欧洲思想提供了载具②。但是，这个庞大的、蔓延的并且让人印象深刻的研究体系普遍未能注意到，在与欧洲的脱节中，"欧洲观念"发生了重大转变，其意涵、内容以及使用都出现了重大断裂③。时间对于观念的改造，尤其对于一名印度历史学家来说，空间对于观念的改造潜能，仍然显著。这并不意味着观念——不论是"自由"观念还是"民主"观念——必然会被一些"本土"传统，或是文化本土主义的运作改造。欧洲的延伸与地方化都指向一些与之并行的学术参与。不论这些参与是否属于同一场对话，我们都能确定其中一些广泛的方法论特征。但要说这些特征将相当于或预示着任何同质意义上的"全球思想史"的出现，却是极不可能的。 255

在过去的二十年中，一场与福柯和爱德华·萨义德这两位近乎无法辨认的幽灵的热烈对话，将后殖民性主要集中于对知识及其强制效用的关注。在

① Dipesh Chakrabarty, *Provincializing Europe: Postcolonial Thought and Historical Difference* (Princeton, NJ: Princeton University Press, 2000): 8, 43, 45.

② Sankar Muthu, *Enlightenment against Empire* (Princeton, NJ: Princeton University Press, 2003); Jennifer Pitts, *A Turn to Empire: The Rise of Imperial Liberalism in Britain and France* (Princeton, NJ: Princeton University Press, 2005); and Karuna Mantena, *Alibis of Empire: Henry Maine and the Ends of Liberal Imperialism* (Princeton, NJ: Princeton University Press, 2010).

③ Partha Chatterjee, *Nationalist Thought and the Colonial World: A Derivative Discourse?* (London: Zed, 1986); Ranajit Guha, *Dominance without Hegemony: History and Power in Colonial India* (Cambridge, MA: Harvard University Press, 1997); C. A. Bayly, *Origins of Nationality in South Asia: Patriotism and Ethical Government in the Making of Modern India* (Delhi: Oxford University Press, 1998); Sudipta Kaviraj, *The Imaginary Institution of India* (New York: Columbia University Press, 2010).

他们的著作所引发的激烈争论中，其他人主张尤其在知识与文化领域内发生的"对话"与"交换"标志着欧洲与非欧洲的相遇①。不过，这一系列的争论与同时存在于社会和政治理论中的讨论有异曲同工之妙，后者越来越怀疑"模块"（modular）方法。由此，在20世纪结束之时，人们越来越以深刻的怀疑态度看待诸如"现代性"以及"普遍"之类的术语。这种怀疑主义既与文化问题有关，也与更传统的权力关系有关。

在这一语境下，值得注意的是，与这一时期政治思想史的轨迹相比，印度的历史书写采取了一条非常不同的轨迹。对印度民族主义工具性的"纳米尔主义"（Namierite）阐释，以及易于重新定位的、以阶级为基础的分析都受到了挑战。印度起初作为一种"文化"或"社会"出现，并在其后又作为政治思想的生成和变革潜力的所在地而出现。一方面，在20世纪意识形态宏大计划的废墟中，如共产主义、法西斯主义废墟中，以及在更为晚近的自由民主与发达资本主义的不平等关系中，"西方"政治思想被束之高阁。另一方面，20世纪中期，印度作为一个社会正义议程百孔千疮但又充满活力的共和国和民主国家出现。之后，也许矛盾的是，其领导人与新自由主义（neoliberalism）签订了一份浮士德式的契约。从当下的视角和在财政及与其相关的"危机"阴影下看，政治与经济的联系已经在全球范围内复活了。在印度的语境中，20世纪中期的独立与自治时刻具有启发意义。当时的经济环境对任何雄心勃勃的政治思想的发展都是不利的，对那些日益成为印度独立"理念"核心的社会正义和民主思想尤其如此②。然而，想象力使民主政治制度化的力量与印度经济环境的脆弱形成了直接对比。正如政治理论家乌代·梅塔（Uday

---

① Mary Louis Pratt, *Imperial Eyes: Travel Writing and Transculturation* (London: Routledge, 1992); Bernard S. Cohn, *Colonialism and Its Forms of Knowledge* (Princeton, NJ: Princeton University Press, 1996); C. A. Bayly, *Empire and Information: Intelligence Gathering and Social Communication in India, 1780—1870* (Cambridge: Cambridge University Press, 1996); and Nicholas B. Dirks, *Castes of Mind: Colonialism and the Making of Modern India* (Princeton, NJ: Princeton University Press, 2001), 是影响最大的。

② Sunil Khilnani, *The Idea of India* (London: Hamish Hamilton, 1997).

Mehta)所认为的,印度的国父们将一种他描述为"政治绝对主义"(political absolutism)的形式制度化了①。正如本文后半部分将展示的那样,政治的首要地位是意识形态操纵的结果,不能仅仅用紧迫的和偶然的历史因素和经济因素来解释。

这一切对自由民主传播与民族解放的宏大历史叙事均构成了挑战。与此并行的是,近年来"全球"已成为研究现代性的首选,它不是作为一个韦伯式的方案,资本主义理性借此取代了"东方的梦想社会",而是一个关乎全球范围内参差不齐、不平等的权力关系如何被反映在许多不同的、往往没有共性的政治意识形态中的方案②。尽管对印度新经济秩序的本质下历史判断同样可能是"言之过早"的典型表现,但我们还是可以说,任何将新自由主义及其"危机"普遍化的努力都遭遇着重重困难③。仅仅借由"文化"或差异,诸如"资本"这类抽象概念的普世主义主张并不一定会受阻;相反,正如来自印度的启示会证明,政治想象力不仅仅有力量创立一个新的民族国家,而且明显有力量将诸如民主这样的概念重新划入新的历史轨迹,划入一条与欧洲或普世性的衍生关系并不相符的轨迹。

256

安置"全球"

21世纪伊始,一大批学术参与就涌现了出来,这些学术参与标志着思想史与观念史是历史变化的主要驱动力这一主张得以重振。更重要的是,这重

---

① Uday S. Mehta, "The Social Question and the Absolutism of Politics," *Seminar* 615 (2010):23—27.

② Frederick Cooper, *Colonialism in Question:Theory,Knowledge and History* (Berkeley:University of California Press, 2005).

③ Amartya Sen, *Development as Freedom* (Oxford:Oxford University Press, 1999), and for more contemporary issues, see Abhijit V. Banerjee and Esther Duflo, *Poor Economics:A Radical Rethinking of the Way to Fight Global Poverty* (New York:Public Affairs, 2011).

新唤起了观念自身与物质和政治世界关系的问题，这个问题曾是早先观念史与欧洲思想史的标志，但被深层文本性或退回微观史学的做法所搁置。虽然欧洲政治思想的智识边疆已经极大地延展，但与此同时，一度专注于表征问题的后殖民主义历史书写的相关轨迹，将身份认同问题降到了次要地位，而更重视基本的政治和经济问题①。

这一新历史书写的新面向之一在于强调跨越文化或文明边界的观念"交换"，而在早先同样雄心勃勃的思想史中则明显缺乏这一特点。这一路径强调"交换"以及作为其必然产物的"对话"，为研究促进这种思想交流的流通形式和"网络"打下了基础②。这一方法也与当下关于帝国时代科学的"全球"事业的辩论有着共鸣③。

研究者由此抛弃了早期的扩散—衍生模式（diffusion-derivation）或冲击—回应（impact-response）路径，转而赞同"流通"和"交流"。更不用说早期占主导地位的冲击—回应路径本质上的化约论了，它赋予了一个积极的"核心"（欧洲）和一个被动的、接受的"外围"（世界其他地区），以期解释从科学到现代化的广阔观念领域。然而，较早的路径和较新但非常重要的路径之间仍共享着同一假设，即全球范围内的交流享有特权。换句话说，这两类方法都将全球视为观念的领域，其中包括帝国、经济和科学的观念，但同时忽略、回避和避免有关冲突的种种问题。如此，两者共享的回避策略充其量只会将冲突视为通常与殖民主义相关的历史语境，而很少将冲突视为不同文化之间，或政治上没有共性的权力关系之间互动的特有现象。这种策略也未能认

257

① Aamir Mufti, *Enlightenment in the Colony*：*The Jewish Question and the Crisis of Postcolonial Culture*（Princeton，NJ：Princeton University Press，2007）；and Ritu Birla，*Stages of Capital*：*Law，Culture and Market Governance in Late Colonial India*（Durham，NC：Duke University Press，2009）.

② Sugata Bose and Kris Manjapra，eds.，*Cosmopolitan Thought Zones*：*South Asia and the Global Circulation of Ideas*（Basingstoke：Palgrave Macmillan，2010）.

③ Sujit Sivasundaram，ed.，"Focus：Global Histories of Science，"*Isis* 101，no.1（March 2010）：95—158.

识到冲突构成了对概念意义的争论。相较于默默接受某一概念，对其意义的争论、冲突和辩论在政治话语上更有创造性，哪怕这一现象并非印度独有①。

"全球"已经愈发成为洞见的首选，与此同时，令人吃惊的是，这个词本身几乎没有引发历史—概念性讨论②。我们尚不清楚"全球"一词的阐释性价值会是什么。它是一个以"民族国家"的成就和批判为标志的历史时代吗？或者它是对现代化理论的再解释？在这种再解释中，全球化可以被界定为一种历史过程，其标志不是交换，而是同质化和趋同。③或者，它是人类事务中以"虚拟资本"和非领土化为标志的一种全新安排？④在许多上述路径中，领土都被超越，而运动和流动，无论是思想还是人的运动和流动，成为主导性议题。

近期对于"全球"一词的哲学评论相反以潜在的悲观主义来调用该术语，其中，"人类"的形象及其瓦解构成了讨论的核心考量，这与 20 世纪中叶的相应哲学评论颇为类似。⑤如果原子弹使我们得以思考人类的有限性，甚至将人类视为一种与全球事实相关的类别或物种，那么，2001 年 9 月 11 日的事件，也同样重新阐明了某种类似的哲学哀伤。让-吕克·南希（Jean-Luc

---

① Hannah Arendt, *On Revolution* (London: Penguin, 1963), and for an Indian culture of debate, Amartya Sen, *The Argumentative Indian: Writings on Indian History, Culture, and Identity* (London: Penguin, 2006).

② 不过仍可参见 Jean-Luc Nancy, *The Creation of the World or Globalization*, François Raffoul and David Pettigrew 译自法文 (Albany: State University of New York Press, 2007)。

③ C. A. Bayly, *The Birth of the Modern World, 1780—1914: Global Connections and Comparisons* (Malden, MA: Blackwell, 2004).

④ Arjun Appadurai, *Modernity at Large: Cultural Dimensions of Globalization* (Minneapolis: University of Minnesota Press, 1996).

⑤ "世界已经失去'形成世界'的能力……最终，一切发生得宛如一种死亡的动力影响和渗透世界其自身，而且很快这种死亡的动力除了世界本身之外便再没有别的东西可以摧毁了" (Nancy, *Creation*, 34)。亦见 Hannah Arendt, *The Origins of Totalitarianism* (London: Allen and Unwin, 1958), 267—302, and for a post—9/11 reflection, Faisal Devji, *The Terrorist in Search of Humanity: Militant Islam and Global Politics* (London: Hurst and Co. and Columbia University Press, 2008)。

Nancy）在抽象的全球整体和以人类的努力为标志的"世界形成"过程之间
作出了区分①。南希提出的世界和全球之间的区分颇具意义，因为前者的标
志是人类行动范围的扩展——无论是资本的扩展还是技术的扩展，而后者则
被理解为"抽象"的东西，是一个"整体"，而在这种哲学倾向中，它被赋予
了破坏"世界"本身的能力。

对历史学家来说，"全球"这一术语更多是一种衡量标准和一种空间尺
度，而不是一种抽象或整体。从根本上说，社会历史讨论中的"全球"一词
是随着物质环境的扩展而出现的，或者更准确地说，是作为观念容器的空间
单元而出现的②。因此，需要对"全球"这一术语的阐释保持警惕。坚持使
用它似乎可以方便地规避早期术语，如"现代性"或"普遍性"，但这种规避
并不健全。事实上，如果人们不加反思地使用"全球"一词，就有可能使其
重新指向它所要批判的概念。无论在政治领域还是在经济领域，当人们将这
个词作为一般的启发式工具，而非对相互关联的辩论或研究的批判性描述来
使用时，尤其如此。这种将空间视为全球衡量标准的观点，在 20 世纪民族国
家的规范尺度方面尤其突出。

无论"全球思想史"能否流行，它都明确了重启"民族"议题的必要
性。此处的"民族"（national）既指探究对象与目的，也指在民族主义名义
下完成的思想和意识形态工作的性质。在这一意义上，全球思想史或许的确
有能力使"区域研究"获得解放、去民族化，并且使其得以与其他学科形式
（不论其是国际关系还是政治理论）互通。在批判与冷战形成的历史书写规
范绑定在一起的世界政治空间区隔（在冷战期间，第一、第二与第三世界的
新等级划分变得极为突出）方面，全球思想史尤其富有成效③。有趣的是，

① Nancy, *Creation*, 30—55.

② 不过可参见 Stephen Legg, ed., *Spatiality, Sovereignty and Carl Schmitt: Geographies of the Nomos*（London: Routledge, 2011）。

③ Aijaz Ahmad, *In Theory: Classes, Nations, Literatures*（London: Verso, 1992），以及 Mark T. Berger, "After the Third World: History, Destiny and the Fate of Third Worldism," *Third World Quarterly* 25, no.1（2004）:9—39。

这一分类同样低估了民族国家的重要性及其规范性价值，因为"区域研究"是按照文明—语言和次大陆的界线，由"中东"或"南亚"等术语塑造出来的①。

就印度而言，全球思想史是对一种无处不在的内向性的有益纠正。之前，印度在人文与社会科学中的地位被化约为对其"社会"或"文化"的讨论。其政治和历史变迁很大程度上被置于以下范畴中来加以解释，即反复回归种姓与宗教。相比之下，近期的一些作品强调了观念的力量，观念本身成为探究的对象，同时也成为历史变迁的驱动力。尽管次大陆的智识活动在历史上从属于某个欧洲大国，但它对印度的未来产生了创造性的政治思考，此前人们在这方面知之甚少，一切皆可想象；对此我们无需怨恨也无需庆祝，而是应该承认②。换句话说，无论是甘地（Gandhi）、安贝德卡（Ambedkar）还是尼赫鲁（Nehru），对这些奠基者来说，关键不是如何与欧洲分道扬镳，而是如何与历史本身分道扬镳和脱钩，进而创造一个新世界、一种新的道德词汇和一种新的意象。

1947年8月15日午夜，一片漆黑中，尼赫鲁正式宣布印度独立，在这场 著名的演讲里，他将这一时刻称为"与命运的一次幽会"（tryst with destiny）。不过演讲的内容是面向未来的，他宣布这一时刻本身是一个"开端"，是宏大历史本身的开幕式。尼赫鲁在宣告印度的主权和自由时说，过去充满了"悲哀"，但他仍然宣称，"尽管如此，过去已经结束……转折点已经过去，历史为我们重新打开了新的篇章，我们将身体力行，付诸实践，这段历史将由我们的后人书写"。这并非天真的民族主义自负，因为尼赫鲁同

259

---

① 民族主义叙事，例如 Bipan Chandra，*The Rise and Growth of Economic Nationalism in India：Economic Policies of Indian National Leadership，1880—1905*（New Delhi：People's Publishing House，1966），以及官方认可的叙事，例如 Tara Chand，*History of the Freedom Movement in India*，4 vols.（Delhi：Publications Division，Ministry of Information and Broadcasting，1961—1972）是与上述内容相一致的。

② Pratap Bhanu Mehta，*The Burden of Democracy*（Delhi：Penguin，2003），and Khilnani，*Idea of India*.

时也是一位受欢迎的历史学家，其著作非常畅销，他很注意将印度置于世界历史中，并将印度的命运和未来称为对"人类"的一项"责任"，它产生"为了世界"的"梦想"。此外，这个世界，就像"自由"的概念一样，在和平中、在灾难中，都无法分割开来，因为这个"世界不会再被分割成孤立的碎片"①。

尤其对彼此紧密联系的 20 世纪来说，我们要问的问题，不是诸如自由主义、民主、共产主义与社会正义这样的观念如何改变了印度，而是，印度如何激进地重塑了这些观念和实践自身，然后将它们投射到全球舞台之上。视角的转换重要且根本，因为直到最近，欧洲和美国仍然是未受挑战的、且几乎唯一的思想史之乡。

现代印度是世界上最大的民主国家，语言和宗教多元化，社会高度政治化，它投身共和、普选以及平权运动并重写了这些运动的脚本。其对于政治理论与思想史方法论的重要性应与欧美相当，甚至更高。但在此，可能被泛称为全球思想史的研究应该如何进行？有一些个案研究展示了不同的方法，这些作者之间尽管存在分歧，但他们都将印度置于接近全球思想交换中心的位置。

最近，人们用两种隐喻来展示"全球思想史"。其一为资本、交换与流通。有学者认为，只有在全球资本出现的语境下，才能理解文化作为一个概念的崛起。虽然安德鲁·萨托利的作品没有展现全新的视角，但它还是将流通——不论是商品、资本还是观念的流通——确定为全球的模式②。但与商品不同，政治观念没有所有权，而且只有当它们在某处生根发芽后，才有交换，而它们无法通过持续的流通逐渐获得"价值"。它们的"价值"可能急剧波动，而观念也可能会变得没有共性而无法估量，因为它们和商品与货币不同，

---

① Jawaharlal Nehru, *The Discovery of India*（London: Meridian, 1946）and *Glimpses of World History*（London: Drummond, 1939）.

② Andrew Sartori, *Bengal in Global Concept History: Culturalism in the Age of Capital*（Chicago: University of Chicago Press, 2008）.

无法固定价值。因此观念无法与"资本"进行任何简单和看似合理的配对。　　260

　　第二个隐喻是与植物相类比，它从亲缘和杂交的角度解释了全球观念史。与异花授粉类似，对话式方法占据了扩散的主导权。以标志性的约翰·斯图亚特·密尔（John Stuart Mill）和自由为例，令人吃惊的是，尽管密尔及其概念一直存在于 19 世纪的印度思想辩论之中，但他和他的概念却被完全再造了。在 C. A. 贝利（C. A. Bayly）研究 19 世纪全球自由主义概念在印度的经历的新作中，出现的既不是概念在时间和空间上的扩散也不是差异①。相反，赋予自由主义以任何普遍性主张的是一种对其最初意义的背叛。因此，观念往来或交换的标志，并非仅仅是诠释学上的不和谐，还有它成为押在政治项目的生命和未来之上的赌注。于是，一种背叛的形式使自由主义得以被置于印度的"生活世界"之中，并在此过程中成为印度民主和民族国家的基础性脉络。

印度对本世纪和全球的教导

　　如果仅就"全球"的空间同一性或其作为观念运动的行星容器的角色，无法透彻地讨论"全球"，那么，时间性问题就变得同等重要了。18 世纪晚期、19 世纪以及观念在帝国中的往来逐渐引起了思想史家的关注。"帝国的年代"（age of empires）毫无疑问创造了历史的联系、不对称性以及超越地域的政治语汇②。

　　然而，此处最重要的是全新事物的出现以及使其可能且看似合理地得以

---

① C. A. Bayly, *Recovering Liberties*: *Indian Thought in the Age of Liberalism and Empire* (New Delhi: Cambridge University Press, 2011).

② 超出英帝国的相关研究，可见：Gabriel Paquette, *Enlightenment*, *Governance*, *and Reform in Spain and Its Empire*, *1759—1808* (London: Palgrave, 2008)；以及 David Todd, "A French Imperial Meridian, 1814—1870," *Past and Present*, no.210 (February 2011): 155—186。

被接受的条件。我们需要关注这样一些概念和观念，它们没有深远的历史，却以强有力且不可避免的方式出现，或作为"事件"出现。例如，在当前世界上最大的民主国家印度，民主和共和并没有悠久的历史。这两个概念都不像在北美或法国那样，是一场漫长的历史斗争的原则。相反，它们是自由运动和民族主义意外和偶然的结果。

其次，正是对宏大叙事的背离创造出了全球思想史领域的新颖性，并决定性地使它与"欧洲的扩张"这一仅在政治上可接受的图景区别开来。最后，与此相关的是，就这一路径而言，20世纪尤为有利。这一世纪的问题极为重要，它为"全球"提供了一种潜在的规范。我们的目的不是把20世纪解释或描述为极权主义、自由主义、民族主义或共产主义，尽管我们的确可以用这些术语来理解它的大部分内容。根据最近的一些评估，特别是阿兰·巴迪乌（Alain Badiou）的评估，我们的目的是从这个世纪自身的主观性质来考察它。换句话说，什么才是这个世纪本身的特点或关键特征？

261

巴迪乌方案的终极目标是从哲学上重新解释共产主义，尽管这一方案显得雄心勃勃，但它还是成功澄清了一些概念上的关键之处，这些关键之处使这个世纪具有政治和暴力色彩，并且与任何其他时间段都大为不同。有三个主题与之相关，下文将以印度为例，说明下述三大主题。首先，他将主体建构为一种"缺失"和通过事件"即将成为"，并将其置于政治的核心。其次，他认为，与自由或平等不同，"博爱"变为了"新世界的真正宣言"。最后，他认为这个世纪有"自己的历史时间观"，而这是他所说的"主观视域"（subjective horizon）的一部分。

因此，20世纪的核心特征是与宏大叙事的对抗。它本质上是尼采式的世纪，在这个世纪，为了创造一个全新的开始，就必须与过去对抗，并消灭过去。未来的这种激进开场，必然会被视为与其所继承的过去之间是不连续的。这涵盖了主体的两种不同观念：主体既是政治的场所，又可以"为一种超越他的历史事业而牺牲"。用巴迪乌的话说，"这个世纪承载了一种战斗性的存在概念……无论其规模如何，无论是私人的还是全星球的，每一处真实的情况都是一次裂变，一种对抗，一场战争"①。

至少对于 20 世纪，无论在伊朗革命还是基地组织的案例中，历史谱系学以及它们与流通中的欧洲观念的关系都只反映了故事的一小部分，而战争与对抗的观念才是其核心。即使对于汉娜·阿伦特这样一位被普遍接受的哲学家和对 20 世纪的批评者而言，"新的开始"这一主题也是考量政治、革命或其他问题的核心②。全球思想史的任务将是把激进的断裂置于分析核心。正是它们与过去的断裂和对未来的理解，以及"新"的出现和对"新"的接受，决定了该世纪政治规划的特征。事实上，"政治"的本质居于一种可能的全球思想史的中心。本文余下部分将讨论这些主题。

印度的政治思想，特别是在 20 世纪的民族主义典籍中出现的印度政治思想，主要是属于政治实践者的领域，无论这些政治实践者是领导人、改革家、法学家还是意识形态专家。换言之，不管是安贝德卡还是尼赫鲁，他们的主要目的都是——将马克思的箴言反过来说——改变世界而非解释世界。　262
他们的思想在本质上是结果主义的，并在一种就定义而言"超出扶手椅"（beyond the arm-chair）的语境下运作。也许这正是为什么直到最近，也就是南亚民族国家解体 60 多年后，"思想史"这一领域以及这些人的有力言论才重新得到学者们的关注。他们的话语产生了巨大的影响，或者说产生了过大的影响，这一点是历史事实。与欧洲的情况不同，对政治思想家的"接受"以及他们的声誉并不构成问题。相反，正是他们作为政治实践者的效果掩盖了他们作为政治思想家的作用。事实上，落在思想史家头上的重任是将这些"政治家"重建为思想家，将他们的话语重建为对形成我们这个全球世纪的政治思想至关重要的概念③。与此同时，身为历史行动者，他们活动于其中

---

① Alain Badiou, *The Century*, trans. Alberto Toscano（Cambridge：Polity, 2005），98—110，100, 37.

② Arendt, *On Revolution*, 28—42.

③ Akeel Bilgrami, "Gandhi the Philosopher," *Economic and Political Weekly* 27（2003）：4159—4165.

的正是一个已经同时是帝国、民族国家和全球的世界。

政治的必然性及其伦理回声

20 世纪初，印度对历史转型问题进行了激进的评估，这些问题涉及暴力和非暴力、自由和平等，以及政治和国家主体形式。在印度，政治的首要地位最初是通过改写自由主义及国家政治经济的愿景形成的，在其中"积极"干预变得非常突出①。作为意识形态革命的标志，甘地和他所处系谱中的前辈提拉克（Tilak）批判并规避了以契约和自利为政治生活基础的主流观念，从而形成了一种新的词汇，打破了自由主义论述。而这一点是通过援引与伦理表达相关的政治观点来实现的②。

他们以及其他创新者，在 20 世纪头几十年的短暂时间里，将敌意、暴力和牺牲的问题，以及对主体去历史化却又伦理化的理解作为核心，并对它们加以修正。简要概述一下印度一些新的思想史：此类历史书写的目的是重建 20 世纪印度政治方面的一些基础思想，它们将观念置于历史的偶然性之上，以此解释这一时期一些关键性的和雄心勃勃的变化的轨迹，这些变化包括免遭殖民化、分治、暴力，以及在一种以多样性为标志的语境中建立起世界上最大的民主国家③。其目的在于阐释政治的形成，但又要将民族主义非民族化。同样，其中一些作品复原了在现代政治中尽管相对封闭但持续存在的宗

263

---

① Bayly, *Recovering Liberties*.

② Shruti Kapila and Faisal Devji, eds., *Political Thought in Action: The Bhagavad Gita and Modern India* (New Delhi: Cambridge University Press, 2013); and Faisal Devji, *The Impossible Indian: Gandhi and the Temptations of Violence* (London: Hurst and Co. and Harvard University Press, 2012).

③ Shruti Kapila, ed., *An Intellectual History for India* (New Delhi: Cambridge University Press, 2010); Ramchandra Guha, ed., *Makers of Modern India* (London: Harvard University Press, 2011); Sunil Khilnani, ed., *Indian Political Thought* (forthcoming).

教戒律的地位①。

　　举例来说，《博伽梵歌》(*Bhagavad-Gita*)是现代印度政治的原始文本（ur-text），它的阐释生命使上述问题成为焦点，对它的这些阐释引入了当代对战争、伦理以及对政治转型中的暴力问题的关注②。自19世纪以来，印度的文学和政治领袖评论《博伽梵歌》；当他们进行评论时，他们就参与了一场跨国对话，这场对话将印度与自己的邻居分离，而与美国和欧洲的读者和作者群体联系起来。这与具有类似殖民主义系谱的伊斯兰文本所走的轨迹完全不同，例如，被称为《赫达亚》(*Hedaya*)的司法摘要，甚至是《古兰经》的英译本，这些文本的合法性取决于印度以外穆斯林受众的认可。而对于《博伽梵歌》以及印度教的传统而言，鉴于该书在世界其他地区几乎没有引起注意，通过放弃亚洲其他地区而单单加入与西方的辩论，它实现了一种疆域的超越。此外，这场辩论还打破了以前研究该书的注疏学传统。

　　《博伽梵歌》在允许印度教在某种意义上成为"西方"宗教的同时，也容许印度的政治思想与欧洲的政治思想分道扬镳，这种分道扬镳尤其是以下述方式完成的：以通过"摆脱结果的行动"(action without consequence)的新语言重思政治的方式来使用《博伽梵歌》这一文本。事实上，在过去的一个半世纪里，印度的许多政治和思想领袖都对《博伽梵歌》进行了详细而广泛的评论，他们不只是把《博伽梵歌》看作一种浪漫的治国之道，而是把它看作一本让他们重新考虑政治本质的书，这一点非常了不起。从这个意义上说，这本书在印度政治思想中发挥着马基雅维利的《君主论》或霍布斯的《利维坦》之于欧洲的作用；与这些著作一样，它是一部彻底的现代作品，是一个开端，而不是过渡或挪用的工具。

　　作为用于思考殖民政治的文本，《博伽梵歌》使得战争在一场民族运动中

---

① Paul W. Kahn, *Out of Eden*: *Adam and Eve and the Problem of Evil* (Princeton, NJ: Princeton University Press, 2007).

② Faisal Devji and Ritu Birla, eds., "Itineraries of Self-Rule: Essays on the Centenary of Gandhi's *Hind Swaraj*," special issue of *Public Culture* 23, no.2 (2011).

被置于辩论的中心，而这场民族运动并不会，或不能对英国发动战争。与其把这些讨论中对战争的关注看作暴力推翻帝国主义的幻想，不如说必须杀死的敌人总是像原著中的阿周那（Arjuna）那样，是兄弟、朋友或老师，后一种情况显得颇为有趣。这些评论中没有一处将政治对手定义为异类，问题总是与此相反，他是熟悉的甚至太过亲密的同类。该文本的现代阐释者极少甚至从未把殖民国称为他们的敌人，仿佛这么做并不足以给政治关系带来问题；即便他们将殖民国称为敌人，也更多的不是出于恐惧，而是因为他们致

264

力于把他们认为由《博伽梵歌》所阐明的政治真理，即政治敌意的伦理含意，上升为一种能够普遍适用的理论。

敌意和暴力问题一直居于现代印度对政治理解的核心，但与西方的概念不同的是，它们超脱于国家。例如甘地之前的民族主义关键人物，B.G.提拉克这样的意识形态创新者，也是主张革命的思想家，他创造了一种新的、规范性的政治语汇，使暴力问题变得既有可能又看似合理。提拉克是通过直面战争"事件"的可能性及杀戮伦理来实现这一点的。在甘地写《印度自治》（*Hind Swaraj*）的同时，提拉克对《博伽梵歌》进行了注疏。这些文本是印度20世纪政治的基础，但也标明了关键的意识形态区别。对于提拉克来说，政治悬系于敌人问题，以及为了让新的历史序列喷发而悬置伦理规范的能力之上。在这种情况下，暴力是对政治的改造。重要的是，暴力并非针对"外人"，而是只有在针对熟悉的亲属或亲密之人时才有意义。因此，敌意本质上被理解为博爱，其中，将亲族转化为敌人是核心。在文中，克里希纳（Krishna）阐述了"超脱行动"（*nishkaam karma*，detached action），这一强大观念为提拉克提供了一个概念库，他可以利用这个概念库创造出存在完全依赖于暴力事件的政治主体。因此，政治表现为日常的例外，前者以暴力为标志，后者以包括非暴力在内的伦理规范为标志。如此，正是对自己人的暴力，即自相残杀，为印度次大陆的自由和非殖民化奠定了基础，并标志着这一时刻的到来，这令人惊讶，但绝非偶然①。

① Shruti Kapila，"A History of Violence," in Kapila and Devji，*Political Thought*，177—199.

虽然提拉克和甘地分别象征着暴力和非暴力，并与之息息相关，但他们的政治语言超越了国家的主张和契约，而且首先来自主体①。对提拉克来说，他将这个主体（他称之为 *stithiprajna*）阐释为非历史主义的和超脱的，其身份特点是不变及无欲无求的行动。提拉克将行动的责任与结果分离开来，并以区分事件的例外和时间的正常发展之能力为核心，一如克里希纳对阿周那所说的那样。这一超越事件的主体在事件（在这个例子中，是兄弟间的战争）的范围内创立和终结，它被呈现为一系列对家庭、亲属和社会的伦理性和规范性义务。推而广之，敌意的标志是战争的那一瞬间，而不是作为一种原始的和/或被压抑的仇恨关系，因为在这一情况下，战争的结束标志着对博爱与和平的回归②。

政治的伦理"区域"（shores）——如果把雅克·朗西埃（Jacques 　265
Ranciere）的表达反着说——却在全球偶像和"讨人厌的印度人"（impossible indian）甘地那里获得了最广泛和最有意义的论述③。正如费萨尔·德夫吉（Faisal Devji）所言，甘地以自我牺牲的观念为基础，将伦理转化为政治，在这些观念中，生命本身的首要地位被降为牺牲利益的义务，及展现对死亡无所畏惧的义务；于是，政治主体就被标示出来。德夫吉阐述道：通过"将死亡与杀戮分离"，甘地的非暴力思想立刻变得"对社会关系"和人类繁荣

① 同样引人注目的是，20 世纪的关键政治概念，从家庭工业（Swadeshi，home-industry）到自治（Swaraj，self-rule），其词源都是梵文中的主体或自我（swa）。见 Ajay Skaria，"Gandhi's Politics：Liberalism and the Question of the Ashram," *South Atlantic Quarterly* 101，no.4（2004）：955—986，以及 "Living by Dying：Gandhi, *Satyagraha*, and the Warrior," in Anand Pandian and Daud Ali，eds.，*Ethical Life in South Asia*（Bloomington：Indiana University Press，2010）。穆罕默德·伊克巴尔（Muhammad Iqbal）在作品中对"自我"（khudi，self）作为道德戒律进行了与之平行和重叠的讨论，他通常被视作南亚现代穆斯林民族性的意识形态领袖人物。See Javed Majeed，*Muhammad Iqbal：Islam, Aesthetics and Postcolonialism*（New Delhi：Routledge，2009）.
② B. G. Tilak，*Shrimad Bhagavadgita-Rahasya or Karma Yoga Shastra*，trans. B. S. Suthankar（Bombay：Bombay Vaibhav Press，1935），510—565 and 667—709.
③ Devji，*Impossible Indian*；compare Jacques Ranciere，*On the Shores of Politics*，trans. Liz Heron（London：Verso，1995）.

"来说是如此普遍和根本","以至于仿佛这一思想并非自历史中所生（而始终存在）一样"。这种分离和死亡的美德将主权从国家中分离出来，并将其置于个人之中①。

主体的优先性是通过一套看得见摸得着的技术产生的，从独身主义到纺纱，这套技术在个人层面上运作。正如甘地经常说的，Swaraj（民族主义术语，指自我统治）的本质是自我改造，他挑战性地提出，如果在英国统治下能够做到这一点，那么，帝国对印度的控制就将变为一个无关紧要的问题②。与之类似，甘地将日常作为主体性的神圣框架，这种主体性具有伦理色彩，甚至具有高度的纪律性，和革命的清算不同，它带来了一种"耐心的政治"③。

对甘地来说，政治事件是他的核心准则，即真理或萨提亚（satya），得以出现并且可见的一个重要构成部分④。换句话说，无论是1901—1902年的德兰士瓦运动（Transvaal Campaign）还是1930年的食盐进军（Salt Satyagraha），这些高度可见的运动如今代表着在一个以暴力和战争为标志的世纪中非暴力的指标性现象（indexicality）。然而，这里的主张是，甘地认为真理不是一种话语行动或行为和修养的一个方面。相反，真理是一种启示的能力，显现在其最日常的演出之中。真理是政治的一种可见形式，在这种形式中，所有隐藏的东西都浮出水面，显示出构成实际世界的秩序。然而，作为政治的一种形式或作为一种可见形式，它只能在一连串的行动和事件，如德兰士瓦、占巴兰（Champaran）或食盐进军中被宣告。甘地以行走这一技术为政治实践，将其转化为每一个人都可以平等进行的政治行动，就如食盐

① Devji, *Impossible Indian*, 5—9.

② Mohandas Gandhi, *Hind Swaraj*, ed. Anthony J. Parel（Cambridge：Cambridge University Press, 2005），72—76.

③ Uday S. Mehta, "Patience, Inwardness, and Self-Knowledge in Gandhi's *Hind Swaraj*," *Public Culture* 23, no.2（2011）:417—429.

④ Shruti Kapila, "Gandhi before Mahatma: The Foundations of Political Truth," *Public Culture* 23, no.2（2011）:431—448.

进军所做的那样。行走的目的很简单，最终是为了制盐。这种商品的制造既必不可少，又要缴纳高昂到令人望而却步的税，它宣告了权力本质性但又真实的悖论。通过眼前的事情来破坏抽象的事物是甘地政治方案的核心。对真理或真理永恒（*satyagraha*）的坚持中断了现实得到公认或已形成共识的方面。相反，在真理永恒（英语译为坚持真理，the insistence on truth）的旗帜下，甘地以简单的破盐举动把抽象的压迫变为了可见的东西。所有这些动员都试图揭示印度人和白人、耕作者和大农场主、贫民和帝国之间关系的"真正"性质，或使其变得可见。它是激进恐怖分子的镜像，激进恐怖分子暗杀和炸毁其选定的目标，以此，他们通过暴力的自恋来识别压迫大多数人的权力肇事者，使其变得可见。因此，真理也被渲染成了暴力的反面①。

266

　　这种激进的真理政治，虽然不可能制度化，却标志着20世纪对人类经验的重新评价。尽管甘地偶尔会向托尔斯泰（Tolstoy）、罗斯金（Ruskin）和基督示好，但他很难被置于任何传统的政治思想谱系之中，哪怕数代历史学家都在为此努力。甘地自己关于"影响"的声明很有启发意义。虽然甘地没有声称自己"具有原创性"，并承认"读过很多书"，但他在《印度自治》开篇就说，"这些观点是我自己的观点……它们是我自己的，因为我希望按照它们来行动"。然而，与此同时，重点并不是某位思想家的直接历史影响，恰恰相反，当我们将甘地与尼采或福柯并置，才能理解作为20世纪的批评者的甘地。与这些思想家相似，甘地关注对人类的一种后启蒙和非历史主义的，甚至偶尔是反人类主义的解读，但与他们不同的是，甘地留下了一种大为不同的影响。

　　在求助于纺纱或独身主义等日常实践时，甘地规避了卡尔·施密特根据敌友之分而对政治所作的理解。然而，与此同时，关注自我牺牲和真理，即

――――――――――

① 通过将重点放在牺牲和自我改造上，甘地避开了自由主义、历史主义和马克思主义的主流和可用的政治语言。

"政治的道德化"，或者关注尚塔尔·墨菲（Chantal Mouffe）所说的在道德范围内推行政治，绝不仅仅是模糊朋友/敌人的对立①。它同样允许道德上和政治上的竞争主义（agonism），因为甘地也完全承认"他者"的观念②。甘地遇刺揭露出敌意的真正性质和印度教民族主义的隐秘生活。重要的是，完全承认社会论争/敌意，但以非暴力方式解决它，这种意识形态工作成为印度民主的根本，并被赋予了制度性生命。

当且仅当甘地作为印度自由的象征时，印度宪法才改写了现代政治三要素，自由、博爱和平等中的最后一个。作为自由运动的结果，民主令人费解的到来仍然是一个有争议的问题③。一种共和主义民主的方案，激进且雄心勃勃，它以平等为中心；但只有在通过宪政主义，承认"社会"，并将其整合为政治的一个方面时，这一方案才具有可能性。有人认为，按印度是一个共和国和一个民主国家这一原则制定宪法，将政治自由与解放（liberty）制度化了，但把普遍自由（freedom）置于"遥远的前景"（distant prospect）之中。一个独立的民族国家出现，它不是对利益的超越，也不是遥远的抽象概念，而是拥有全权和干预主义式的。乌代·梅塔认为，与欧洲和美国的例子相反，这在印度产生了一种"政治的绝对主义形式"④。然而他批判了汉娜·阿伦特的"预言"，即将政治权力与"社会"合一会导致恐怖，部分是因为这一预言仍未实现，但更主要是因为"社会"和它的上升已成为印度民主及其宪政主义的"政治"基础⑤。这一方案首先与 B. R.安贝德卡以及他与宏大叙事的激进决裂相连。

267

---

① Chantal Mouffe，*On the Political*（Milton Park，Abingdon：Routledge，2005）.

② Devji，*Impossible Indian*，67—93.

③ 苏米特·萨卡（Sumit Sarkar）认为，"反殖民的大众民族主义与民主的到来之间有着决定性的联系"，以及 20 世纪 40 年代末起草印度宪法的制宪会议的辩论后其出现了根本性的断裂。See his "Indian Democracy：The Historical Inheritance," in *The Success of India's Democracy*，ed. Atul Kohli（Cambridge：Cambridge University Press，2001），23—46.

④ Mehta，"The Social Question," 23—27.

⑤ Arendt，*On Revolution*，59—114. 她的核心论点在于平等只有在共和之下才有可能。

从斗争政治到差异政治：安贝德卡和竞争性民主

印度宪法的主要起草人 B. R. 安贝德卡是一位摆脱了许多既定轨迹的法学家。他是一名达利特（贱民、不可接触者，*Dalit*），尽管困难重重——考虑到区分婆罗门（Brahmin）和不可接触者的是知识本身——他还是获得了哥伦比亚大学的博士学位。不清楚他为什么选择哥伦比亚大学，但很明显，他没有遵循印度精英的习惯，去牛津或剑桥。无论他是否主动选择了与约翰·杜威（John Dewey）一起学习，杜威和埃德温·塞利格曼（Edwin Seligman）都是安贝德卡智识生活中的对话者①。作为一名激进的种姓批评者，他放弃了印度教而选择了佛教，而他进入公共生活要得益于他的法律专业知识。1919 年从伦敦政治经济学院回到印度后，安贝德卡被任命为英帝国围绕选举权和代表权进行的审议中关于种姓问题的唯一发言人。到 20 世纪 30 年代中期，种姓代表问题则使甘地和安贝德卡之间的敌对公开化。这种分道扬镳虽然标志着意识形态上的种种差异，但也可以被建构为印度政治生活的现在和未来的区别。

两人尖锐的核心分歧是，虽然甘地接受了对穆斯林群体在法律和选举上的独特代表权的承认，但他拒绝在这个问题上，同样承认低种姓和不可接触者亦有其差异性。而安贝德卡则在与甘地决裂前后都保持了坚定的态度，并且最终被证明是正确的。在他 1919 年的首次法律干预中，安贝德卡提出承认"社会"是政治的一个方面，而这是将会界定印度民主的关键策略。他在向印度选举权委员会作证时，宣称：

> 国会拒绝了除穆罕默德人（原文如此）以外的社群代表权，也拒绝了

---

① Arun P. Mukherjee, "B. R. Ambedkar, John Dewey, and the Meaning of Democracy," *New Literary History* 40, no.2（2009）:345—370.

268　　　放开提名,那么留给达利特的唯一途径就是在普通选民中战斗。如果所有
人都有平等的战斗自由,那的确就应该如此……但决不能忘记的是,国会
主要是由政治激进派和社会托利派的人组成。他们的口号是,社会和政治
是两件不同的事情,互不相干。对他们来说,社会和政治是两套衣服,可以
根据季节需要一次穿一件。这种心理学必然会被嘲笑,因为它太有趣了,
以至于无论是接受它还是拒绝它,都无法认真思考它。正如信奉这种观点
要付出代价,它也必将不得善终①。

在他首次如此宣称的 30 年后,印度宪法宣告了政治与社会分离的终结。对安
贝德卡来说,社会不平等是"做个自由印度人"这一观念的核心。只有在同
时承认"达利特"(被压迫者)和社会不平等的情况下,公民身份才会成为主
体与国家之间契约形式的媒介。这就需要在从教育和就业到选举代表制和政
府的所有公共机构内,普遍地为达利特人和"部落"保留位置(以作为平权
行动的一种形式)。

　　如果对提拉克而言,政治是日常的例外,对甘地而言,日常是政治事件
的神圣时刻,那么,安贝德卡对政治的参与就指向了甘地和提拉克都规避的
对象。就安贝德卡的方案来说,国家和法律变为了政治的关键场所。安贝德
卡最感兴趣的是,从施密特意义上的斗争政治(political)过渡到"差异政
治"(politics)以及这种政治的延续。换句话说,民主能以何种方式确保政治
不是例外事件或笼罩着毁灭阴影的战争,而关键是不抹杀差异?与不同的他
人和不平等者组成"政治联合"(political association,安贝德卡偏爱的术语)
的生活,活跃了安贝德卡的政治思想。结构性的、历史性的和基于种姓的社
会冲突,得到承认并被重新配置为制度化的和永恒的竞争。这就是说,从教
育到就业再到公职,通过在公共生活的各个领域基于种姓的平权行动,冲突

---

① B. R. Ambedkar, "Evidence before the Southborough Committee on Franchise," January
27, 1919, para. 33, http://www.ambedkar.org/ambcd/07.%20Evidence%20before%20the%
20Southborough%20Committee.htm(2013 年 7 月 14 日访问)。

被转化为非暴力的形式。安贝德卡的方案并不旨在消除或超越达利特和婆罗门之间泾渭分明的社会差异，而是要将这种不平等转化为一种政治关系。"政治联合"一词使他能够拒绝英国和帝国的主张，即印度只是一个"人群"（peoples）的集合体而不是一个民族。同时，这也使他能够接受印度本身的多样性，并使其合法化。

　　这给印度的民主性质带来了激进的后果。首先，安贝德卡的民主观是以放弃杀戮为前提的，但它又绝对承认对手。就胜利者和被征服者而言，这一政治与战争类似，其结果是决断主义的（decisionist）。对安贝德卡来说，尽管无法否认敌意，但它必须被驯服，并转化为一种对抗性的政治。他通过推行从共和主义到平权行动的法律实践和制度实践，做到了这一点①。

　　值得注意的是，民主的前提和关键之处便是使社会冲突成为政治的一部分，并作为一种竞争主义的形式。安贝德卡试图将社会冲突制度化，并通过平权行动将其纳入竞争性框架②。他通过三种关键策略阐述了社会竞争主义。首先，对安贝德卡来说，承认穆斯林的民族性并将其分离出去，实际上也就是建立巴基斯坦本身，是社会的民主竞争主义的必要前提③。令人震惊的是，在所有主要的民族主义者中，包括巴基斯坦的创始人穆罕默德·阿里·真纳（Mohammad Ali Jinnah），安贝德卡对穆斯林民族性进行了最清晰和最详尽的讨论。这之所以必要，是因为它与安贝德卡所设想的印度民主的性质有直接关系。也就是说，只有在承认了穆斯林民族性之后，印度种姓形式的社会对立的转变（个案）才能以民主的形式制度化。

　　在他漫长的职业生涯中，安贝德卡方案的基本假设是，种姓与穆斯林民族性不同，不能在领土上划定范围或省级化④。正如乌代·梅塔正确地观察

269

---

① David Held，*Models of Democracy*，2nd ed.（Cambridge：Polity，2003）.

② Christophe Jaffrelot，*India's Silent Revolution：The Rise of the Low Castes in North Indian Politics*（London：Hurst and Co.，2003）.

③ B. R. Ambedkar，*Pakistan or the Partition of India：The Indian Political What's What*！（Bombay：Thacker and Co.，1946）.

④ 在战时，甘地拒绝为达利特人提供单独的选举权，这一立场变得非常强烈。安贝德卡在印度独立后才占了上风。

到的那样，如果社会是印度宪法的基础，那么推而广之，被归纳为民族形式的正是种姓的不平等性①。长久以来的遗产依然存在：对达利特的默认成为民族主体观念的前提。就影响深远的安贝德卡方案而言，政治联合完全取决于对不平等的差异的承认②。他将社会对立作为政治竞争来重新思考，这种再思考进一步远离了 20 世纪中期与之相冲突的意识形态，即试图超越社会区别的共产主义。此外，法西斯主义虽然在欧洲也获得了短暂的流行，但与法西斯主义不同，安贝德卡的方案更类似于其政治同僚的方案，它没有将对抗具体化为一种消除分裂的手段，而是使其永远成为内在要素。

最后，安贝德卡和尼赫鲁一样，都求助于欧洲史和全球史。他所举的例子从罗马共和国、国际联盟延伸到美国实用主义。然而，对他来说，历史的作用不是将印度置于一个预先存在的、不断发展的和普遍的叙述中。相反，270 无论是罗马的例子还是英国的例子，它们都被看作法律证据和先例，并被用来切断印度与这些历史的联系。只有通过法律，这种与历史的割裂才得以可能。归根结底，这关系到一个只有通过与过去决裂才能建立的未来。

摆脱代表制、文化和身份，这一转向重启了政治的问题③。在 21 世纪，解放的全球语言是民主。根据不同政治理论家和哲学家的观点，这一语言的普遍性使得民主变得毫无意义，然而其他一些人则提醒我们注意后民主的当下和共识的暴政④。相比之下，印度雄心勃勃的意识形态实验重新制定了基

---

① D. R. Nagaraj, *The Flaming Feet and Other Essays*: *The Dalit Movement in India*（Ranikhet: Permanent Black, 2010）.

② Rochana Bajpai, *Debating Difference*: *Group Rights and Liberal Democracy in India*（New Delhi: Oxford University Press, 2011）.

③ Slavoj Žižek, *Welcome to the Desert of the Real*! *Five Essays on September 11 and Related Dates*（London: Verso, 2002）, to cite the most popular.

④ Jacques Ranciere, *Hatred of Democracy*, trans. Steve Corcoran（London: Verso, 2009）; and Pierre Rosanvallon, *Democracy Past and Future*, ed. Samuel Moyn（New York: Columbia University Press, 2006）.

本政治规则，以此，这些挑战了欧洲父亲身份的实验以另外的方式提出了劝诫。一种可能滋养民主欧洲的竞争主义，不仅如一些评论家和理论家所要求的那样，在印度早已确立，而且已经呈现出它自身的问题。如果全球思想史要成为一个融贯可行的学术辩论场所，它就需要把断裂和背离放在其关注的中心。因此，它需要背离欧洲思想史的传统方法论，即使它们在空间上扩展到帝国和地球的层面。与其说衍生、影响或交流是全球思想史的主要参考框架，不如说印度对一些全球性观念——不论是自由、平等和博爱的观念，还是"什么构成了政治"这一类观念——所带来的激进转变具有指导意义。在这个意义上，只有欧洲的来世才会构成类似全球思想史的东西，因为"欧洲"现在正由其他地方制造。

XIV 思想史与学科交叉的理想

沃伦·布雷克曼

学科交叉（Interdisciplinarity）是当代大学最普遍的价值观之一。它被视为一个关于超越学科"部落"身份的思想共同体的理想，一种整合研究和学习的愿景；它的目的不是维护学术地盘，而是出于世界及其问题的真正复杂性的需要。如果它是一个理想，那么，它也是一种现实，或者至少部分是现实。除了研究者个人跨越学科界限找到共同领域的大量例子，人文、社会科学、自然科学和专业学校的交叉学科中心、研究所和项目也聚集了众多人员和资源。作为智识工作的理想及制度现实，学科交叉既受到来自"下面"的推动，亦受到来自"上面"的推动：研究人员自发地建立联系和合作，甚至行政人员也将学科交叉视为实现许多不同目的的策略工具。学科交叉提供了一种同时将一系列冲动、动议、利益和实践统一起来的综合性术语，但是，它也可能掩盖了关于学科交叉理想的不同概念及不同实施方式之间的分歧和冲突。

思想史家有时会觉得，在历史系的典型学科家园中，自己即便不是一个被疏远的子领域成员，也是一个边缘子领域的成员。即使他们偶尔会对这种状况表示出失望，但他们至少也会经常将他们的活动描述为交叉学科研究，以此来自我安慰。事实上，在互联网上快速搜索一下，就会发现有大量宣称思想史"本质上"是或"天然"是交叉学科研究的例子。一种重复的咒语要么是哄我们入睡，要么它的重复出现引发了疑问。本文将选择后者而非前者。思想史以何种方式（或多种方式）来进行学科交叉？借由该问题的提出，我们可以对这一领域过去的状况和现状产生何种了解？在人们将思想史描述为一门交叉学科的同时，他们还可能经常将其描述为历史学的"分支学科"，这一事实揭示了什么？思想史如何与席卷现代大学的更广泛的学科交叉潮流相联系？

两种学科交叉

在 20 世纪美国的思想史学科的历史中，存在着两个对其学科交叉性进行了特别清晰的反思的时刻。第一个时刻集中于 20 世纪 30 年代及 40 年代初观念史的兴起和《观念史杂志》的创办。阿瑟·洛夫乔伊在 1919 年首次使用了"观念史"这一术语；1923 年，他在自己就任哲学教授的约翰·霍普金斯大学成立了"观念史俱乐部"。该俱乐部每月聚会，讨论成员及访客所提交的论文。固定参加聚会的人来自哲学界，但也有来自文学、古典学、历史学、医学和科学史以及政治学的研究者。这个俱乐部体现着学科交叉的社会交往和对话的理想，洛夫乔伊的这一构想已经表明了一种学科交叉承诺，这也是其"观念史"概念的核心部分。他最重要的思想史著作《存在的巨链》，开篇便是他对观念史最广为人知的定义："我所说的观念史是指比哲学史更具体、更不严格的东西。它主要由它所涉单元的特征来区分。"① 这便是"观念单元"，是洛夫乔伊坚信支撑着人类思想史的、持久的思想主题和基本哲学概念。他用化学作比喻，把思想史家描述为这样一类分析化学家，他们探寻在整个人类思想活动的历史中互相组合和重新组合的基本元素。像列奥·斯皮策（Leo Spitzer）这样的批评家立即抨击了这种"分析性"方法，而且，不可否认，洛夫乔伊的化学隐喻暗示了一种枯燥而简单化的还原主义。但事

---

① Arthur Lovejoy, *The Great Chain of Being: A Study of the History of an Idea* (Cambridge, MA: Harvard University Press, 1936), 3.

实上，他反复强调，"几乎所有重大的流行语都是模棱两可的，或者说是多声部的"，因此需要仔细研究"语义转换、模糊性和混淆的作用"。① 此外，他还坚持认为，历史学家必须考虑非理论因素、"地方性假设"、"无意识的心理习惯"和"形而上学的感染力"，这些都可能创造出对某些观念强有力的附着。

277　　洛夫乔伊在《观念史杂志》的创刊号上发表了一篇纲领性文章，阐述了他对于这份杂志的看法。他打算用它来抵制现代学术研究狭隘的学术专业化倾向。"一种先入之见、一种类别、一个假设、一个辩证的动机、一个耐人寻味的隐喻或类比、一个'神圣的词语'、一种思想情绪或明确的学说，首次出现在惯常属于某个历史学重大分支的舞台上……它可能，而且经常会跨越到十几个其他领域。"② 要追踪这些移动的目标，就需要一个百科全书式的议题和多个学科的合作。这份杂志在根本上是通过学科交叉的社会交往和对话，来复制观念史俱乐部的理想。然而，观念史并非仅仅是各个学科的附属品，甚至也不只是交叉学科研究的总和。相反，洛夫乔伊将其视为历史知识的最高形式。因此，在一份明确具有理想主义基调的声明中，他断言历史的"英雄"是智人（homo sapiens），因此，"思想的历史编纂学，其一般任务是尽可能展示有思想的动物所从事的——有时是幸运的，有时是灾难性的——最能体现其特征的职业"。③从这一论述中出现的学科交叉概念，将思想史描绘成了互不关联的学科之间的桥梁；它甚至更加坚定有力地将思想史想象成一种研究所有学科共同核心的元学科。

　　鉴于这一人文学科新兴领域事实上的脆弱性，人们不可能不震惊于洛夫乔伊大胆的帝国主义主张。当然，也存在抵制，譬如来自文学史家勒内·韦

① Arthur Lovejoy, *Essays in the History of Ideas* (Baltimore: Johns Hopkins Press, 1948), xii—xiii.

② Arthur Lovejoy, "Reflections on the History of Ideas," *Journal of the History of Ideas* 1, no.1 (January 1940): 4.

③ Ibid., 8.

勒克（René Wellek）的抵制——在一次著名的关于浪漫主义的交流中，他已然与洛夫乔伊展开交锋。当洛夫乔伊提出"严肃的反思性文学中的观念，在很大程度上当然是被稀释的哲学观念"①时，韦勒克立即抨击他将外部的、哲学的标准强加于想象的作品，简而言之就是不够学科交叉。②除反对者外，也有支持者存在，因为洛夫乔伊的基本姿态与美国高等教育中更广泛的学科交叉冲动交织在一起。在一战后的几十年中，对知识碎片化的关注，以及对于西方文明正在分崩离析的担忧，推动了对通识教育课程的呼吁。长期任芝加哥大学校长的 R. M.哈钦斯（R. M. Hutchins）所构想的"芝加哥计划"与通识教育家、哲学家莫蒂默·阿德勒（Mortimer Adler）息息相关，用哈钦斯的话说，通识教育旨在通过"制定一套课程框架，以唤起我们共同的人性要素……共同的观念和处理它们的共同方法"，克服"专业化、职业化和不合格的经验主义所造成的混乱"。③二战后，随着冷战的到来，无论是阿德勒还是哈钦斯都将这场运动带到了全国，哈钦斯是福特基金会的负责人，阿德勒则是一位受欢迎的哲学作家、哥伦比亚大学的教授和五十四卷本《西方世界名著》的编辑。人们已经令人信服地探查到阿德勒的通识教育观念和洛夫乔伊的哲学和历史概念之间的特殊联系。广义上讲，在基于西方文化的统一性、自由的价值和人类思想最终的和谐一体的学科交叉理想中，思想史和核

278

---

① 见 Gerald Graff，*Professing Literature*：*An Institutional History*（Chicago：University of Chicago Press，1987），185。韦勒克的疑虑在列奥·卡塔纳（Leo Catana）最近的一篇文章中得到了回应。卡塔纳认为，洛夫乔伊的"观念单元"概念隐秘地延续了 19 世纪哲学史家对"原则"和"系统"的强调。因此，他写道："洛夫乔伊的跨学科概念加强了 19 世纪哲学史家所认可的非历史性假设，在那里，观念单元即原则的替代概念，如今，它构成了各学科内容的演绎起点。"见 Catana，"Lovejoy's Readings of Bruno；or，How Nineteenth-Century History of Philosophy Was 'Transformed' into the History of Ideas," *Journal of the History of Ideas* 71，no.1（January 2010）：91—112。

② Hutchins，转引自 Graff，*Professing Literature*，164—165。

③ 见 Tim Lacy，"The Lovejovian Roots of Adler's Philosophy of History：Authority，Democracy，Irony，and Paradox in Britannica's *Great Books of the Western World*," *Journal of the History of Ideas* 71，no.1（January 2010）：113—137。

心课程及经典的拥护者找到了相互支持的共同立场。这一语境可能为为什么《观念史杂志》及其所代表的领域在二战后的二十多年中享有某种特殊魅力提供了最佳解释。①

20 世纪 60 年代和 70 年代，随着更多激进学者对美国大学的概念结构、规范和学科等级制提出挑战，支持一种普世主义的学科交叉形式的力量遭受了攻击。学科交叉从保存学术的工具变成了拆解学术和重建学术的工具。这种对学科交叉理想的批判性再发明利用了许多不同的动机：从对各学科认识论基础和方法论前提的批评，到以向包括女性、有色人种、非西方人或男女同性恋者在内的被排斥者敞开大门的方式重划学科的愿望。一些批评家试图揭露这些作为权威和特权堡垒的学科。受福柯的启发，一些人会指出学科的双重意涵，以强调现代社会的知识组织和规训机构之间的纠葛。从这一视角来看，"学科与出版"似乎是学术界的指导精神。还有人在批判理论的驱使下，特别是在 20 世纪 60 年代源自法国的反基础主义思想的驱使下，指责学科掩盖了知识虚构和建构的本质。因此，解构主义者迈克尔·瑞安（Michael Ryan）坚持认为，当下的学科界限掩盖了所谓的独立事业的"关系性"，并阻止人们认识到学科"'自身'一无所有，它们互相构成了一个复杂的异质力量系统中相互依赖的决定或区分"。同样，S. P. 莫汉蒂（S. P. Mohanty）呼吁学者们"暂停这一连续性的进程；以援引扰乱我们的……知识话语的那些激进但决定性的他异性，来质疑意义的不证自明"。②对学科的激进批判引发了大量热议，其中最激进的意见，是希望足够的热度能将各学科融为一体。尽管这一观念大体在 20 世纪 90 年代就已为人摒弃，但后来的评论家们

---

① 安东尼·格拉夫敦精彩地再现了那一时期，见 Anthony Grafton, "The History of Ideas: Precept and Practice, 1950—2000 and Beyond," *Journal of the History of Ideas* 67, no.1 (January 2006): 1—2。

② 瑞安和莫汉蒂的相关内容转引自 Stanley Fish, "Being Interdisciplinary Is So Very Hard to Do," in *There's No Such Thing as Free Speech, and It's a Good Thing, Too* (New York: Oxford University Press, 1994), 232—233。

很容易回想起它所激发的乌托邦主义、理想主义，甚至是"类宗教和类共有
的想象"。①当然，实验精神开启了一段在大学行政部门的带领下，倡导学科 　279
交叉的时期，这些新方案也许有时是回应师生的要求，但它们也热切地希望
管理校园的多样性，最大限度地提高效率，在招聘中进一步增加标准，通过
在已有学科之外重新组合资源和人员来削弱教师的自主权，并通过创办高知
名度的中心或延揽表面上能够整合传统学科知识的知名资深学者来提高声
望。显然，尽管鉴于各学科的力量持续存在这一证据，学科交叉很难成为 21
世纪的主导教育范式，但这种利益和动机的混合却延续了下来。②

　　伴随 20 世纪 60 年代而来的，是对大学学科结构和等级制度的广泛挑
战，这构成了第二个反思思想史及学科交叉的重要时刻的总体背景。而更具
体的情形则是，正当社会史的兴起对思想史所谓的精英主义和理想主义取向
造成外部威胁时，人们感到观念史遭受着方法和基本理论方面的内部危机。
例如，在这种氛围中，研究文艺复兴时期思想史的学者威廉·布尔斯玛
（William Bouwsma）就加入敦促全体历史学家进行"人类学转向"的大合
唱。基于这种他所希望的融合，布尔斯玛预见历史学的不同领域，包括观念
史，将被统一到意义史这一伟大布局之中。③海登·怀特和多米尼克·拉卡普
拉则更具影响，他们都敦促思想史家向文学学科敞开大门，从它们那里学
到，即使是话语性文本也可以从结构、叙事、修辞以及转义等方面来解读，

---

① 见 Neil J. Smelser, "Interdisciplinarity in Theory and Practice," in *The Dialogical Turn：
New Roles for Sociology in the Postdisciplinary Age：Essays in Honor of Donald N. Levine*,
ed. Charles Camic and Hans Joas（Lanham, MD：Rowman and Littlefield, 2004），52；及
Tanya Augsburg and Stuart Henry, eds., *The Politics of Interdisciplinary Studies：Essays on
Transformations in American Undergraduate Programs*（Jefferson, NC：McFarland, 2009），
228。

② Ethan Kleinberg, "Interdisciplinary Studies at a Crossroads," *Liberal Education* 94, no.1
（2008）：6. 克莱因伯格视为跨学科理想无处不在的地方，在其他人眼里则是具体项目的倒
退。例如，想想奥格斯堡和亨利在《跨学科研究的政治》一书中的文章。

③ William Bouwsma, "Intellectual History in the 1980s：From History of Ideas to History of
Meaning," *Journal of Interdisciplinary History* 12, no.2（Autumn 1981）：279—291.

这些方面并非仅仅是附带的，它们至少部分地构成意义和论据。洛夫乔伊的学科交叉观点基于以下主张，即在表面差异的背后，许多学科分享着相同的对象：观念单元；而拉卡普拉和怀特的观点则基于这样一种希望，即方法，换言之，批评理论，更具体地说，法国结构主义和后结构主义理论，可能会革新思想史的实践。

怀特和拉卡普拉代表了思想史领域中批判和创新的趋势，这些趋势对学科批判产生的激进影响并非不敏感。在多米尼克·拉卡普拉和史蒂文·卡普兰主编的、具有里程碑意义的《现代欧洲思想史：新评价和新视角》一书中，"学科交叉"一词只出现过一次，而且是用来描述学科之间的斗争，而非学科之间的联合。[①]不过，激进的学科交叉精神在该书的多篇论文中都有体现，譬如，马克·波斯特（Mark Poster）对福柯的讨论。波斯特认为，思想史的"文化暗示及最终的政治暗示"，促使福柯试图改变思想史的本质。[②]当然，在拉卡普拉自己的文章中，学科交叉精神也是一种指导性的推动力，他承认，一种"学科领域的重要性"是质疑思想史的关键。拉卡普拉拒绝那种意欲为"思想史在史学或一般学科中似是而非的自主性"进行辩护的愿望，相反，他选择将"思想史这一分支学科"描述为"在一些重要方面具有学科交叉特色"。[③]

20世纪80年代末，在拉卡普拉宣称要努力拆除旧的话语和实践形式，并产生新的话语和实践形式时，他简明扼要地阐述了最大程度的学科交叉应

[①] 见 Roger Chartier，"Intellectual History or Sociocultural History? The French Trajectories," *Modern European Intellectual History：Reappraisals and New Perspectives*, ed. Dominick LaCapra and Steven L. Kaplan（Ithaca，NY：Cornell University Press，1982），15。该论文集现在有了数字版，使得进行这种文字搜索成为可能。

[②] Mark Poster，"The Future According to Foucault：*The Archaeology of Knowledge* and Intellectual History," in LaCapra and Kaplan，*Modern European Intellectual History*，141.

[③] Dominick LaCapra，"Rethinking Intellectual History and Reading Texts," in LaCapra and Kaplan，*Modern European Intellectual History*，48. First published in *History and Theory* in 1980，拉卡普拉的论文也收于 LaCapra，*Rethinking Intellectual History：Texts Contexts Language*（Ithaca，NY：Cornell University Press，1983）.

具有的前提，那就是："要想真正具有挑衅性，这种多归属或混合的活动必须解决无法与现有学科和系科紧密相连，甚至在现有学科和系科中可能难以容身的重要问题，例如知识与批判理论、历史与批判，或文本与语境之间的关系等问题。在这一意义上，这项艰巨的任务就变成了围绕着问题领域，在一个移位和重新规划的参考框架中，重新对学科甚至系科加以阐释。"拉卡普拉多少有点沮丧地直接指出，"在这方面，相当明显的是，与制度层面相比，我们在话语层面取得了更多进展"。①

不过，有些学科比其他学科更乐于在这两个层面上都取得进展，也许没有哪个学科比得上英文学科，它接受理论，受新的对象、方法和启发式模型的吸引，它将自己重塑为一种文化研究形式，即便其传统的文学对象和惯常的分析模式开始在学术界和更广泛的文化界失去吸引力。至1992年，斯蒂芬·格林布拉特（Stephen Greenblatt）和吉尔斯·冈恩（Giles Gunn）已经可以谈论几十年来改变文学研究的"方法论和学科交叉方面的创举"了："解构、文化物质主义、性别研究、新历史主义。"②十年后，一名文学学者就可以讲述一位同事告诉他的情形："他再也无法想象在文化研究之外的任何语境下教授文学，也就是说，在这样一种背景中教授文学，其中，文学文本最多只是对某个意识形态主题、历史主题或理论主题的阐释，与任何其他文化表现形式并无二致。"③

即便历史学科在20世纪70和80年代参与了知识的学科交叉重组，但事实证明，它几乎完全不受激进力量的影响，这些激进力量主要通过清空传统的学科对象来再造文学研究。事实上，萨拉·马扎（Sarah Maza）是对的。

---

① Dominick LaCapra，"On the Line：Between History and Criticism，" *Profession* 89 （1989）：5.

② Stephen Greenblatt and Giles B. Gunn，"Introduction，" to *Redrawing the Boundaries：The Transformation of English and American Literary Studies*（New York：Modern Language Association of America，1992），1.

③ David F. Bell，"A Moratorium on Suspicion?，" *PMLA* 117（2002）：487.

莎拉·马扎强调："对一名历史学家而言，社会科学——政治科学、社会学、文化人类学——通常被认为是'安全的'交叉学科，而这个职业的主流则对应用于历史的文学及其他批评理论持怀疑态度。"①她的确是对的。实际上，281 即使是思想史家也基本上不为激进的学科交叉的诱惑所动。当然，思想史家可以，也确实在挑战看似自然的边界方面发挥了重要作用：他们为众多学科，包括历史学本身贡献了新的历史，这些历史不再是由各自学科内部提供的确认性叙述，而是强调包容和排斥的偶然行为、与权威的共谋、社会地位和文化资本的部署，等等。具有讽刺意味的是，这种批判的历史或多或少地表现出自信的历史化行为，因此，即使它们暴露了学科的建构性，它们也倾向于重申历史作为一种学科实践所具有的力量。至于受文学理论启发的学科交叉，时任《观念史杂志》编辑的唐纳德·凯利就代表许多思想史家发言，他警告说，不要受"后现代理论的诱惑和'文化批评'的诱惑"，并呼吁迷途者回到"他们真正的工作和他们自己的传统——这些并不像近期理论的爱好者所认为的那样可以忽略不计或可以抛弃"。②

思想史与学科交叉分类法

社会科学学家和其他探索交叉学科研究现象的学者已经带来了许多分类法，其中最有影响力的分类法之一源于 1970 年由经济合作与发展组织部分资助的一次国际会议。在随后于 1972 年出版的会议文集中，盖伊·米肖（Guy Michaud）首先将"学科交叉"（interdisciplinarity）与其他

① Sarah Maza, "Interdisciplinarity: (Why) Is It Still an Issue?," in *Interdisciplinarity*; *Qu'est-ce que les Lumières*?; *La reconnaissance au dix-huitième siècle* (*Studies on Voltaire and the Eighteenth Century*) (Oxford: Voltaire Foundation, 2006): 12, 8.

② Donald R. Kelley, "What Is Happening to the History of Ideas?," *Journal of the History of Ideas* 51, no.1 (January—March 1990): 24—25.

几个相关概念，如学科（discipline）、多学科（multidisciplinarity）、复合学科（pluridisciplinarity）和跨学科（transdisciplinarity）区分开来。米肖将"学科交叉的"定义为"一个描述两个或多个不同学科之间相互交流的形容词。这种相互交流可以从简单的观念交流到组织概念、方法、程序、认识论、术语……和数据的相互整合"①。由此出发，分类法进而将学科交叉解析为无数种形式。对这些尝试的仔细研究所产生的收益可能是递减的，但研究学科交叉的重要专家之一，朱莉·克莱因·汤普森（Julie Klein Thompson）卓有成效地用图表展现出，分类法通常沿着几条连续线分布，这些连续线表明了整合、互动和合作的程度：从部分整合到完全整合；从旨在改善结果的"方法论"学科交叉到旨在建立综合的普遍观点、认识论形式和概念框架的"理论性"学科交叉；从"搭桥"到"重建"；从以解决问题为名，对学科交叉进行"工具性"使用，到以转型为目标，对知识和教育结构展开"批判性"的学科交叉审视。②当学科交叉从社会科学转向人文学科时，普遍的论调就会转而变成：它不可能有牢靠的、固定的、精确的定义，而且学者们对什么才构成真正的学科交叉工作缺乏共识。当然，在勾画连续性时，克莱因所做的只是承认围绕学科交叉观念演变而来的主张、活动和结构的复杂性。

当人们把目光转向学科本身时，界定学科交叉的难度就大大增加。20世纪60、70及80年代，激进的学科交叉修辞依靠的不仅是对各学科的诋毁，还有把各学科诬陷为庞大僵化的陪衬物，这些陪衬物最初在偶然情况下诞生，之后就变成了僵硬的、类似物体的实体。学科轻易便获得其一般性定义：约翰·海尔布朗（Johan Heilbron）写道，学术界的组织结构是"建立在

282

---

① Guy Michaud, "Introduction," in *Interdisciplinarity: Problems of Teaching and Research in Universities* (Paris: Organization for Economic Cooperation and Development, 1972), 23—26.

② Julie Thompson Klein, "A Taxonomy of Interdisciplinarity," in *The Oxford Handbook of Interdisciplinarity*, ed. Robert Frodeman et al. (New York: Oxford University Press, 2010), 15—30.

学科分工基础上的判断和权威结构。这种分工是一种制度安排，由认知结构和社会结构组成，其构成不可分割，包括一套相当一致的概念、问题、参考和方法，以及基于各大学院系、委员会和专业协会的公认专家的相应的社会秩序"①。尽管这些最初的定义很精确，但对学科历史和认知基础的怀疑性质疑，让我们对学科本身的复杂构成变得敏感。布鲁诺·拉图尔和海尔布隆等评论家警告说，学科的稳定性经常是言过其实和理想化的。②在同质化标签背后是异质化的实践和思想传统。

以这种方式思考，学科的边缘就可能不像是明确的边界，而更像是过渡区。③即使是边缘的意象，也表明学科有着易于识别的核心，而一些科学社会学家会敦促我们把一个学科视为一个"专业群"。正如威利·斯特朗（Willy Østreng）所说，一个学科将是一个"多维网络，要在其中找到一个独立于其他学科的纯核心是很困难的"。④在一幅特别引人注目的景象中，艾琳·德林（Irene Dölling）和萨宾娜·哈克（Sabine Hark）这样来想象学科："与其说是围绕一个核心组成，不如说是像网状结构中的结一样被组织起来。"⑤也许最有用的学科评估方法是再次确定一些相互交叉的连续体。克莱因提出了几种：从在主题和精确性上高度专业的"受限制的科学"到如社会科学和生命科学这样的"构型科学"；从"共识"领域到"非共识"领域；从数学和自然科学等"高度规范领域"到社会科学，尤其是人文学科等"规范较少的领域"；

283 从物理学和化学等"高范式领域"到社会学和政治科学等"低范式领域"。⑥

① Johan Heilbron, "A Regime of Disciplines: Toward a Historical Sociology of Disciplinary Knowledge," in Camic and Joas, *The Dialogical Turn*, 23.

② Bruno Latour, *Pandora's Hope: Essays on the Reality of Science Studies* (Cambridge: Cambridge University Press, 1999), 296; Heilbron, "Regime of Disciplines," 34—36.

③ Willy Østreng, *Science without Boundaries: Interdisciplinarity in Research, Society, and Politics* (Lanham, MD: University Press of America, 2010), 21.

④ Ibid., 22.

⑤ Irene Dölling and Sabine Hark, "She Who Speaks Shadows Speaks Truth: Transdisciplinarity in Women's and Gender Studies," *Signs* 25, no.4 (2000):1196.

⑥ Julie Thompson Klein, *Interdisciplinarity: History, Theory, and Practice* (Detroit: Bloodaxe Books, 1990), 104.

宣称我们生活在一个后学科世界，这种说法似有严重夸大之嫌。学科仍然是现代大学的核心组织原则。它们承担着大部分的培养、教学和雇佣工作；它们充当门卫、监工，有时还充当警察。在每一个学科中，都有一些成员相当自信地认为他们很清楚自己学科的本质是什么。在许多情况下，大胆的学科交叉倡议最终似乎再次被一种学科逻辑占领，这里，学科力量是显而易见的。①此外，正如许多评论者所指出的那样，学科交叉之所以是一个清晰的概念，只是因为有多个学科存在；在只存在学科交叉的情况下，这个词和这个概念将变得毫无意义。毕竟，"交叉"（inter）这一词缀带有某种模糊性，因为它同时意味着联系和划分。此外，尽管在学科内所学的技能不是学科交叉工作的唯一的先决条件，但它们仍然是关键性的先决条件。林·亨特写道："学科实践，及其所有的内涵，如严格的训练、行为指导和潜在的责难，构成了学科之间以及学科内部学习的基础。"她坚称，最好的学科交叉工作"在它所跨越的各种学科中产生影响，而不是创造一个全新的、不同的间隙空间"。作为一名以不避讳学科交叉冒险而闻名的历史学家，亨特坚持认为我们应该更多把学科交叉理解为与学科身份认同之间的争斗，而非联合——即便是在其负面意义上，即作为正在进行的"交叉学科对话和谈判"的一个重要维度这一意义上。②

像亨特这样的反思可以追溯到 20 世纪 90 年代中期，它们是从更具乌托邦色彩的学科交叉中清醒地撤退的迹象。不过，即使人们充分承认各学科持续存在的力量，甚至部分地承认学科的可取性，他们仍然可以说，如今，人文和社会科学的各学科自觉地存在于强势学科和弱势学科之间流动的连续体中。思想史家常常声称他们的研究"在本质上"或"天生"就是交

---

① 例如可见辛迪·卡茨对妇女研究发出的感叹。Cindi Katz, "Disciplining Interdisciplinarity," *Feminist Studies* 27, no.2（Summer 2001）:519—525. 更宽泛地说，这是菲什所写的一篇精彩而特色鲜明的论战文章的论点，见 Fish, "Being Interdisciplinary Is So Very Hard to Do"。

② Lynn Hunt, "The Virtues of Disciplinarity," *Eighteenth-Century Studies* 28, no.1（Autumn 1994）:1—7.

又学科工作，可是在一个几乎任何学者都可以对其学术实践说同样的话的学术环境中，这一主张本身就不是一个非常发人深省的说法。显然，首先，思想史对学科交叉的主张是基于其广泛的研究范围，因为它跨越了人类思想和文化的诸领域。它的关键"对象"（尽管不是唯一的"对象"）由思想家和他们的文本组成。正如拉卡普拉所强调的那样，这些对象往往超越任何学科界限——他宣称"任何学科都无权支配弗洛伊德、马克思、尼采或乔伊斯"。①反过来，我们也可以同样准确地说，弗洛伊德、马克思、尼采或乔伊斯的思想涉及人类在当下的广泛关注，而这些关注在公认的各学科中找到了多处居所。②

284

洛夫乔伊已经认识到了这一点，但正如我们所看到的那样，他接着把学科交叉设想为事实上的元学科，这意味着他期望通过各学科来追踪一个观念单元的不同表现形式，并找到这些不同表现形式背后的某个标准。相较之下，当代人文领域的学科交叉则必须意识到各学科之间的差异和共同点。因此，认识到思想史与多个学科共享一系列对象，这就要求思想史家必须承认这些学科通常有不同的方法，甚至更重要的是，它们有着明显不同的问题和目标。在某些情况下，这些差异可以大到让人几乎认不出表面上共享的"对象"。"我的黑格尔并非你的黑格尔"，思想史家和哲学家聊到中途，很可能就会出现这种心照不宣的想法。然而，思想史家与哲学家，思想史家与政治理论家、文学学者，或思想史家与社会科学家可以相互交谈，而且他们确实在相互交谈。当双方都学会了对方的语言时，就会出现最好的对话。显然，一个人在多大程度上掌握了对方的领域，将决定接下来的对话是用皮钦语还是用克里奥尔语③。学科之间富有成效的交流还需要一种意识，一种可能比

---

① LaCapra，"Rethinking Intellectual History and Reading Texts，" 77.

② 在讨论这一点时，我受益于即将进行的一次访谈。Allan Megill and Xupeng Zhang，"Questions on Intellectual History and Its Neighbours，" *Rethinking History* 17，no.3（2013）.

③ 此处意指是混合使用两种学科语言，还是使用一种基于前种情况产生的新混合语言。——译注

仅仅获得另一学科的一些技术术语和规则更深入的意识，即：什么构成了对方的"问题"。以赛亚·伯林曾评论道：如果一名思想史家不理解什么是一个哲学问题，她将一事无成。这一评论可以推广到思想史学家涉足的所有领域。

当然，学习另一学科的语言、评价策略和目标是任何学科交叉工作的先决条件。然而，思想史面临的是此类挑战中特别有趣的一种，因为它与其他学科共享的"对象"可能不仅仅是**研究**对象。在许多情况下，这些对象也可能是其他学科的实践者自我理解的构成要素，例如，当一名哲学家与过去的某位人物或一组人物密切互动，并以此来塑造她对哲学生活的意识，即其目标、问题和前景时，这些人物在另一个学科环境中可能会是更遥远的历史理解对象。不同的互动可以形成两个截然不同的诠释循环。只要思想史家不仅仅研究明确表达的观念，还把注意力引向可理解性（intelligibility）的背景条件以及或多或少未阐明的假设（它们最远的形式是"心态"），他们就有可能会发现，自己在发掘的东西，在其他学科是**下意识**存在的。无论在这两种情况中的哪一种之下，思想史家研究的对象往往是另一学科自我认同的构成要素，这一事实就要求进行一些特别微妙和复杂的谈判，而当一位政治史学家和一位政治学家讨论思考选举政治动态的最佳方式时，可能就不需要这样的谈判了。

关于学科交叉的人文主义著作一再强调对话。在就人文学科内的学科交叉展开的讨论中，人类学家雷纳托·罗萨尔多（Renato Rosaldo）所作的讨论当属最佳之一。对他而言，学科交叉并非一种分工，亦非一种符合官僚和行政人员的技术官僚逻辑的观点，而是一种对话。罗萨尔多写道：按照这一尺度，"我对学科交叉外部边界所持的标准是无法进行重要的对话"。①这种对话在诸如非正式的研讨班和阅读小组等间隙性空间中特别繁荣（当然，最

285

① Renato Rosaldo, "Reflections on Interdisciplinarity," in *Schools of Thought: Twenty-Five Years of Interpretive Social Science*, ed. Joan W. Scott and Debra Keates（Princeton, NJ: Princeton University Press, 2001）, 69.

常见的间隙性空间是学者的私人研究，在那里，对话被内部化为文本的相遇）。思想史显然是这种对话的一部分，但它是作为对话者，而非作为空间本身。

这么说是为了让思想史具有某种"内在的"学科交叉性质。以克莱因所讨论的连续性来衡量，思想史是一种弱学科交叉的形式。它与数量惊人的学科共享对象；不过即使它必须对这些学科的方法、问题甚至习惯保持敏感，它也并没有分享这些方法、问题和习惯。相反，它给这些学科的研究对象带来了自己对历史解释的兴趣和自己的一套认知工具：各种可能的语境化策略，以及叙述的技艺（千万不要忘了这一点）。因为毕竟思想史家和其他具有历史思维的学者一样，对追踪和解释随时间而产生的变化感兴趣。

如果说思想史的学科交叉性较弱，那么反过来说，它也缺少某些凸显学科身份的有力标记，这种学科身份是以制度框架的标准来衡量的。除了在英格兰和欧洲大陆的少数地方，并没有思想史系、政治思想史系或观念史系。一些组织，如国际思想史学会，提出倡议，试图建立学科委员会和专业协会；但通常的情况是，思想史家发现自己受到一个更大学科——在美国的语境中，最常见的是历史学——的制度、组织和标准的影响。然而，美国的思想史家始终与他们的同事所关注的核心或经典问题保持着一种古怪的关系。如果一名像林·亨特这样的历史学家相当自信地谈到将学科交叉尝试取得的成果带回她原本的学科，那么，思想史家则是回到了一个有那么点不同的地方。如果思想史家与他们的历史学同事一样，关注重大的社会进程和政治进程，那么，他们也与文学研究、哲学和艺术史等领域的同事一样，对需要适当解释策略的显著文化对象感兴趣。许多历史学家会欣然同意思想史在加深对历史进程的理解方面具有效用，而思想史家可能会认为她的研究同样会带来对某一组文化对象的理解。当思想史家对语境和叙事的关注创造出一种必要之物时——这种必要之物不同于通常以对象为中心的学科核心，以对象为中心的诠释学关注便不可避免地使思想学家与历史学家的学科身份产生了一定距离。

　　事实上，我们最好将思想史的特征描述为弱学科交叉性与弱学科性相交的一种学术实践。这听起来可能不是一个特别令人振奋的特征描述，但它就是如此。毕竟，这里的弱并不是指工作的质量或价值弱，而是指它在学科当前的认识论和制度组织中缺乏牢固的位置。思想史不知道自己的位置，这非但不是缺点，反而可能是思想史的最大优势之一。朱迪斯·巴特勒（Judith Butler）曾就她自己与哲学学科相关的跨界理论工作的风格发问："是否可以说，不确定什么应该被承认为哲学、什么不应该被承认为哲学，这本身就具有某种哲学价值？"①对思想史，也可以提出同样的问题，尽管巴特勒有益的不确定性由此更为宽泛地延伸到什么应该被承认属于包括历史在内的一系列不同学科，和什么不应该被承认属于这些学科。

　　也许更令人振奋的表达方式是援引大卫·唐斯（David Downes）对作为一门"交汇学科"（rendezvous discipline）的犯罪学的描述，即，犯罪学是从一种非场所（non-place）的隐喻转向一种场所（place）的隐喻。正如唐斯对他自己的学科的理解一样，思想史也是一门与其他学科相遇的学科，它的活力和潜在的智识兴趣来自它身处众多其他学科的学者和学术研究的繁忙交汇点。②主管这个交汇点的不单是学科史，而更多是作为一种秉性的历史意识（historical-mindedness）和作为理解之必要条件的历史解释，因为事实上，各个学科都产生了自己的历史反思形式。这种历史意识产生了众多的兴趣重叠，并向仍在重要对话范围内的接触开放，即使这些接触并没有完全凌驾于离散的学科关注所具有的独特性之上，这最终保留了"交叉—学科的"（inter-diciplinary）这一修饰语所包含的联合和分裂的模糊性。

287

---

① Judith Butler, "Can the 'Other' of Philosophy Speak?," in Scott and Keates, *Schools of Thought*, 53.

② 在一次私下的交流中，唐斯证实了这一表述源于他，但他只在口头陈述中使用过。相关讨论可见 Jock Young, "In Praise of Dangerous Thoughts," *Punishment and Society* 5, no.1（2003）:97。

为折衷主义欢呼

虽然几乎每一位当代学者都以这样或那样的形式预示着学科交叉的来临，但它的优点却被一种对"浅薄涉猎"（dilettantism）的恐惧所遮蔽。这种担忧在于，如果要做好真正的学科交叉工作，就必须认真对待其他学科的方法和手段。不这样做，就会对折衷主义产生威胁。历史学家琼·兰德斯（Joan Landes）写到频繁且突然出现在文学中的一种忧虑："在时髦的折衷主义和实践良好的艰苦学科交叉工作之间存在着巨大的差异，这一差异还将继续存在。"兰德斯几乎立即承认："并非所有被认为是折衷主义的东西都不健康，全面处罚折衷主义可能比让它继续下去风险更大。"①尽管如此，思想史"固有的"学科交叉性质，特别是如果它被准确地描述为一种弱学科交叉形式，似乎使得人们特别有理由关注折衷主义，尽管人们可能希望思想史折衷主义的潜在有效性将为其赢得兰德斯的体谅。然而，除了一系列普遍化的焦虑，即任何学科交叉事业都可能产生尼尔·斯梅尔瑟（Neil Smelser）所谴责的"淡化、折衷的解释"之外，思想史的现状提出了关于折衷主义的更具体的问题，这些问题也需要得到解决。②

最后回到多米尼克·拉卡普拉 20 世纪 80 年代初的那篇富有影响的文章，他的学科交叉的载体是理论。他告诉我们，理论争论在转型期尤其迫切。③就在几年后，他写道："我们似乎处于某种暂时的平静期，一种并非前

---

① Joan B. Landes, "Trespassing: Notes from the Boundaries," in *The Interdisciplinary Century: Tensions and Convergences in Eighteenth-Century Art, History, and Literature* (*Studies on Voltaire and the Eighteenth Century*), ed. Julia V. Douthwaite and Mary Vidal (Oxford: Voltaire Foundation, 2005): 123.

② Smelser, "Interdisciplinarity in Theory and Practice," 55.

③ LaCapra, "Rethinking Intellectual History and Reading Texts," 82.

所未有的'过去不复存在，未来尚未到来'（no longer and not yet）的位置。"①显然，转型期尚未结束。与此同时，到 20 世纪 80 年代末，许多人都在谈论理论的终结；至 20 世纪 90 年代末，"我们的时代是一个**后理论时代**"的说法已成为老生常谈。②思想史从未完成拉卡普拉所向往的那种向全面而坚定的未来的过渡。但是，如果否认 20 世纪 80 年代的理论辩论所产生的深远影响，那将是愚蠢的，即便它们炽热的激情现正煜为余烬。如今，思想史家对语言转向的认识论问题保持着一种敏感，哪怕作者已死、作为语言效果的主体等最极端的主张已经让位于这样一种更温和的意识，即对语言的指称性真实的研究必须与语言本身的密度相平衡、理解作者意图的尝试必须与话语先于和超过任何言说者的预期意义的力量相权衡。此外，研究的边界在很大程度上被重设——只有极少的思想史家会坚持认为他们的研究对象存在于与政治、社会和文化对象及力量载体的无数次交流之外。不存在思想的原始领域这一基本假设是一种假定事实。如果说理论争论有助于推动思想史发展到目前的状况，那么，没有任何特定的理论观点或具体的方法能主导当前的实践。即便思想史家接受经验性研究永远不能脱离理论的自我意识，可是在目前的情况下，理论和方法的问题似乎更多受系于具体研究项目的紧迫性，而非得到对立性阐述的认识论或社会本体论。

288

21 世纪伊始，思想史家身处于一个折衷主义时期。这样的宣言必须立即面对根深蒂固、由来已久的指控，即折衷主义是弱化和自满的。作为一项既定原则，折衷主义如果不是遭到公然蔑视的话，通常也会遭到批评。布莱斯·帕斯卡尔（Blaise Pascal）哀叹蒙田折衷主义思想的混乱；社会主义者皮埃尔·勒鲁（Pierre Leroux）谴责维克多·古尚的折衷主义是一种"私生子

---

① Dominick LaCapra, "On the Line," *Profession* 89 (1989): 9.

② 如见 Martin McQuillan et al., *Post-Theory: New Directions in Criticism* (Edinburgh: Edinburgh University Press, 1999)。在《理论时代：关于撰写法国理论史》一文中，我试图论述理论的"终结"所带来的一些问题，见 "Times of Theory: On Writing the History of French Theory," *Journal of the History of Ideas* 71, no.3 (July 2010): 339—361。

哲学";最近,琼·斯科特(Joan Scott)宣称自己"反对折衷主义"。批评通常要么针对认识论上的混乱,要么针对政治静寂主义。有没有可能设想一个更具批判性的折衷主义概念?这里不是全面回答这个问题的场所,但让我指出折衷主义的几个要点。

首先,我将考察唐纳德·凯利在其富有洞察力的著作《观念的传承》(*Descent of Ideas*)中勾勒的思想史。凯利指出,某种形式的自我意识的历史化与正式的思想活动本身一样古老;但他也特别强调,在近代早期的博学家和折衷主义哲学家那里,观念史的实践真正开始出现,接着,它出现于维克托·古尚等折衷主义者身上。①折衷主义的冲动进入了 20 世纪的实践,在这种实践中,思想史研究对象公认的杂糅似乎使我们无法依赖一种方法论框架或坚持一种明确定义的哲学立场。思想史家对某种形式的语境主义的承诺强化了对于折衷主义敏感性的呼吁。语境化看似是一项直截了当的任务,但这具有欺骗性,它隐藏了一系列可能的方法和一种复杂性,这种复杂性暗示着在某种程度上需要折衷主义。然而,尽管语境主义对思想史家而言是不可或缺的,但它并非唯一有价值的分析工具;语境主义也不是任何一种方法论的专利。在这方面,当彼得·伯克(Peter Burke)提出语境主义与其说是一种方法论,不如说是一种视角,或者我们可以说它是一种**习惯**或态度时,他是颇有道理的。正如伯克所写:"谈论一种用于研究一个又一个的文本、对象或情境的'语境方法',而不考虑差异或环境,这显然是自相矛盾的。"②

历史主义的语境主义与当代规范性理论化之间的明显差距,存在于与思想史有着众多交集的学科之中;想要在这一问题上取得任何进展,就必须采取一种折衷态度。让我就这个问题表现得相当尖锐的领域——政治思想史,讨论这个问题。20 世纪 60 年代末,昆廷·斯金纳开创了一种极具影响力的新方法,用以研究政治思想史。在这种新方法所列之错误纲要中,当下主义

289

---

① Donald R. Kelley, *The Descent of Ideas: The History of Intellectual History* (Aldershot: Ashgate, 2002).

② Peter Burke, "Context in Context," *Common Knowledge* 8, no.1 (2002): 173.

是一宗大罪。斯金纳和他的追随者们围绕着一种理解过去政治文本的严格尝试而逐步取得进展，这种尝试即只在作者所处时代以及塑造了作者意图的辩论和语言中理解过去的政治文本。不过，斯金纳在更为晚近的时候调整了自己的立场，坚持认为政治思想史可以为当代批评理论作出贡献。他声称，对政治观念的语境主义研究"为我们提供了一种额外的手段，来反思我们所相信的东西，并通过让我们当下的信念对抗其他替代可能性来测试它们，以强化它们"。①哲学家罗伯特·兰姆（Robert Lamb）对斯金纳进行了尖锐的批判，他认为："一方面通过语境思考历史或政治，另一方面以斯金纳、〔卡里·〕帕罗宁（Kari Palonen）和〔詹姆斯·〕塔利（James Tully）希望的那样进行批判性思考，这两者之间没有必然联系。"兰姆进一步强调，"语境主义与斯金纳希望提出的各种政治主张之间的关系充其量只是一种偶然的关系"。②但是，如果这种关系是偶然的，那么语境主义与批判性思考之间的**无关**（non-relationship）也是偶然的。最后，批判很大程度上是针对兰姆坚持使用"必然联系"这一短语。为什么这么多哲学家都认为**必然**联系正是他们的专长，而**偶然**联系在某种程度上是较低级别的？为什么相信政治或者我们用来描述政治的批判性词汇可以满足逻辑学家对必然联系的要求？历史理解和当代批判之间的联系不可能是**必然**或**单一**的。像所有的政治事物一样，它必须得到论证。

对折衷主义自满由来已久的指控是什么？在《反对折衷主义》一文中，琼·斯科特将理论时代之后，冲突和基本辩论的减少视为静寂主义和保守主义肇始的征兆。她认为，我们目前的折衷主义时刻类似于法国复辟王朝时期，当时维克多·古尚不温不火的折衷主义成为"中庸之道"这一官方意识形态。然而，历史类比似乎只是部分正确。如果当代的保守势力利用折衷主 290

---

① Quentin Skinner，*Visions of Politics*，vol.1，*Regarding Method*（Cambridge：Cambridge University Press，2002），126—127.

② Robert Lamb，"Recent Developments in the Thought of Quentin Skinner and the Ambitions of Contextualism," *Journal of the Philosophy of History* 3（2009）：263—264.

义让辩论变得无效，那么，她所推崇的雅克·德里达身上的那种严格、无情的质询就会激起其自身形式的折衷主义。毕竟，折衷主义深深植根于怀疑主义传统。我们应该回想起它与怀疑主义的这种联系，即便我们也承认，确实有一条细线将折衷主义与融合主义区分开来，将唐纳德·凯利所说的"对真理的折衷探索"和"融合主义的和平愿望"区分开来。①

在对蒙田和折衷主义的精彩讨论中，皮埃尔·福斯（Pierre Force）提醒我们，研究古代思想的历史学家对皮浪怀疑主义和学园派怀疑主义进行了区分：皮浪怀疑主义践行"暂停判断，以达到一种带来内心宁静的冷漠状态"，而学园派怀疑主义者则将"暂停判断与一种探究（"探寻"[zetetic]）的姿态相结合。学园派怀疑主义者的职责（如西塞罗的《论学园派》中所描述的那样）是即便知道真理可能遥不可及，仍继续追寻真理。此外，学园派怀疑主义者会在各种哲学流派中进行挑选，如果某些观点看起来更合理，就会暂时接纳这些观点，他们以此来行使哲学自由"。②怀疑主义者通过研究其他非怀疑主义哲学家的思想来实践哲学。恰如福斯所言，这是一种"严肃而合理的折衷主义形式"。它既不轻率也不自满。③

这样的感受性并不会使人相信所有立场都同样有效，也不会让人相信所有立场都是可通约的。但它的确拒绝这样一种信念，即有一种真正的方法存在或等着我们去发现。按照这一标准来衡量，维克多·古尚为官方所认可的"折衷主义"与其说是折衷主义精神的体现，不如说是对折衷主义精神的歪曲。同样，无论琼·斯科特对当今旨在建立新"中庸之道"的折衷主义的描述是否准确，解构主义者质疑每一个基础性主张的意愿，都必然会使我们对任何一个体系、流派或思想大师的霸权主张产生严肃而合理的怀疑。归根结底，正如皮埃尔·福斯在对蒙田的论述中所说的那样，折衷主义者的价值在

① Kelley, *Descent of Ideas*, 52.

② Pierre Force, "Montaigne and the Coherence of Eclecticism," *Journal of the History of Ideas* 70, no.4（October 2009）:527.

③ Ibid., 532.

于她随时准备向所有人自由而公开地说话。如果这是折衷主义者的真正价值，那么折衷主义就不是一种威胁，而是人文科学中学科交叉对话理想的先决条件。思想史在这场对话中占有重要地位，并非因为本质上它是学科交叉的，而是因为，作为一门交汇学科、身处弱学科交叉和弱学科交汇处的它，是一门卓越的折衷学科。

索 引

译者说明

　　本书的翻译是一项集体工作，具体分工如下：邓振军译第 4 章，顾晓祺译第 6、13 章，关依然译第 10 章，沐越译第 1、3 章，熊颖哲译第 9 章，张柏豪译第 8 章，张智译导言及第 2、14 章，朱莹琳译第 5、7 章，左敏译第 11、12 章。

图书在版编目(CIP)数据

重思现代欧洲思想史/(美)达林·M.麦克马洪
(Darrin M. McMahon),(美)塞缪尔·莫恩
(Samuel Moyn)编;张智等译.—上海:上海人民出
版社,2023
书名原文:Rethinking Modern European
Intellectual History
ISBN 978 - 7 - 208 - 18258 - 5

Ⅰ.①重… Ⅱ.①达… ②塞… ③张… Ⅲ.①思想史
-欧洲-现代-文集 Ⅳ.①B506 - 53

中国国家版本馆 CIP 数据核字(2023)第 087112 号

责任编辑 张晓玲 张晓婷
装帧设计 树下无人

重思现代欧洲思想史

[美]达林·M.麦克马洪
                        编
[美]塞缪尔·莫恩

张 智 左 敏 等 译

出　　版　上海人民出版社
　　　　　(201101　上海市闵行区号景路 159 弄 C 座)
发　　行　上海人民出版社发行中心
印　　刷　苏州工业园区美柯乐制版印务有限责任公司
开　　本　720×1000　1/16
印　　张　22.5
插　　页　2
字　　数　311,000
版　　次　2023 年 8 月第 1 版
印　　次　2023 年 8 月第 1 次印刷
ISBN 978 - 7 - 208 - 18258 - 5/K · 3280
定　　价　128.00 元

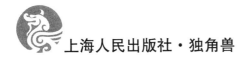
上海人民出版社·独角兽

"独角兽·历史文化"书目

[英]佩里·安德森著作
《从古代到封建主义的过渡》
《绝对主义国家的系谱》
《新的旧世界》

[英]李德·哈特著作
《战略论:间接路线》
《第一次世界大战战史》
《第二次世界大战战史》
《山的那一边:被俘德国将领谈二战》
《大西庇阿:胜过拿破仑》
《英国的防卫》

[美]洛伊斯·N.玛格纳著作
《生命科学史》(第三版)
《医学史》(第二版)
《传染病的文化史》

《重思现代欧洲思想史》

《欧洲文艺复兴》
《欧洲现代史:从文艺复兴到现在》
《非洲现代史》(第三版)
《巴拉聚克:历史时光中的法国小镇》
《语言帝国:世界语言史》
《鎏金舞台:歌剧的社会史》
《铁路改变世界》
《棉的全球史》
《土豆帝国》
《伦敦城记》
《威尼斯城记》

《工业革命(1760—1830)》
《世界和日本》
《激荡的百年史》
《论历史》
《论帝国:美国、战争和世界霸权》
《社会达尔文主义:美国思想潜流》
《法国大革命:马赛曲的回响》

阅读,不止于法律。更多精彩书讯,敬请关注:

微信公众号

微博号

视频号